事項	ゴロ合せ（対応語句は本文参照）	本文頁
用途規制	週8日働かないと家は買えない 図書館は8時に閉まる ハナ子は小学生 イヤナ大学病院 飲食店では、まずビ──ル 小・中・大で、いってみよう	425頁
	特定のヨゴれはムシ	424頁
	小さな車庫でも1人前 大きな車庫を見においで 2人で通った教習所 ホテルでダブルデート ボーリングもスケートも、もうイヤニなった ミーは、カラオケ好きザンス ヤミイチで賭け事 ミニシアターがナヤみのタネ 大きなシアターは無事故で営業 こういう場所は、ゴロツキの巣 ソープはゴメン 小規模工場ミニ工場 中規模工場ミミッちい ムヤみに建てるな大工場 危険が大きいヤナ工場	425頁
建蔽率	イヤニなった三郎 泣く子も黙るゴロツキ やっぱり耐火は無制限 よそでみんなが泣いている	433頁
容積率	寿司太郎	438頁
日影規制	名古屋は日影でかまわない	444頁
斜線制限	北・隣・道は、2・1・0	448頁
単体規定	ニヒルなキミとミーはエレベーターに乗りたいザンス	449頁
建築確認	どっひゃー！最後の木造倒産苦。ニコニコ笑うビルディング。 心臓移植で死ぬもよう	453頁
建築協定	人情だぜい！	457頁
国土法	市街化区域に住みたいな　それ以外はごめんだよ もっと外ならとんでもない	460頁

第4編　その他の分野

事項	ゴロ合せ（対応語句は本文参照）	本文頁
買換え特例	爺は、いい頃に売って、午後買った。	514頁

キャラクターとロゴのご紹介！！

本文中に登場して、
適切なアドバイスを致します。

虚心坦懐に（すなおに、という意味の古い言葉）
聞くがよいぞ！

覚えにくいポイントもこれでバッチリだ！

ここがクリアーできたら、脱帽ものだ！

深入りすると骨になる。
このぐらい読みとばしてもなんとかなるゾ！

卒業か、もう一度か、セルフチェックだ！

"忘れるな、鉛筆、消しゴム、この標語！"

　よく出るポイント
　キーポイント

これだけで1点取れる問題が
けっこう出る!!

2022年版

ご あ い さ つ

史上空前のわかりやすさ

　この本は、苦労して受かりたい方には、おすすめできません。**ラクに受かりたい方だけ**どうぞ。らくらく宅建塾シリーズの歴史の中でも、この2022年版こそ、最高のできばえ！　**史上空前のわかりやすさ**を実現しました。

お　願　い　　どのページでもいいですから、他の本と読み比べてから買ってください！

こんな超裏ワザが許されていいのでしょうか？！

例1　たとえば、重要事項説明書の記載事項。受験生泣かせのここも、な、なんと**和歌を一首**覚えるだけで卒業です（➡本文377頁）。

例2　それから、用途規制。誰でも苦労します。しかし、この本なら「**楽勝ゴロ合せ**」で、ラクラク征服できます（➡本文424〜425頁）。

　➡ どちらもほんの一例です。

ただ、どうしても活字にならない"本当の奥義"もあります。それは、**通信宅建超完璧講座**で伝授します。**"独学とは比較にならない得点力"**をお約束致します！

通信宅建超完璧講座は一般教育訓練給付制度厚生労働大臣指定講座（指定番号110190020019）です。

詳細は、宅建学院のホームページをご覧ください。

宅建学院　検索
https://www.takkengakuin.com/

2年連続全国最年少合格者輩出!!

通信宅建超完璧講座の受講生から、な、なんと2年連続で全国最年少合格者が誕生しました！

次は貴方の番です!!

宅建戦争終結!!

というわけで、ここに宅建戦争の終結を宣言します。宅建の"た"の字も知らない方から、2021年に惜しくも涙を飲まれた方まで、2022年に合格なさりたいすべての方に、この本を**無限の自信**をもっておすすめします！

本当に、こんなにラクに受かってしまっていいのでしょうか！？

2021年12月

　　　　　　　　　　　　　　　　　　　　　　　　　　　　宅建学院

も　く　じ

2022 年版・ごあいさつ

宅地建物取引士試験とは？

第 1 編　権利関係

第 1 章　制限行為能力者・意思表示………………………………………3

　第 1 節　制限行為能力者……………………………………………4

　第 2 節　意思表示……………………………………………………19

第 2 章　代　　理………………………………………………………36

第 3 章　時　　効………………………………………………………55

第 4 章　相　　続………………………………………………………69

第 5 章　物権の変動・危険負担・債権譲渡…………………………87

第 6 章　不動産登記法…………………………………………………101

第 7 章　共有・区分所有法……………………………………………121

　第 1 節　共　　有……………………………………………………121

　第 2 節　区分所有法…………………………………………………124

第 8 章　抵当権…………………………………………………………141

第 9 章　債務不履行・損害賠償・解除………………………………160

第 10 章　契約不適合の場合の売主の担保責任………………………178

第11章　連帯債務・保証債務……………………………………………187

　第1節　連帯債務…………………………………………………187

　第2節　保証債務…………………………………………………193

第12章　賃貸借………………………………………………………206

第13章　借地借家法…………………………………………………221

　第1節　借　　地…………………………………………………223

　第2節　借　　家…………………………………………………242

第14章　その他の事項………………………………………………255

第2編　宅建業法

第1章　宅建業………………………………………………………272

　第1節　4つの用語………………………………………………272

　第2節　免許と事務所……………………………………………277

第2章　宅地建物取引士………………………………………………295

第3章　営業保証金と保証協会………………………………………307

　第1節　営業保証金………………………………………………307

　第2節　保証協会…………………………………………………317

第4章　業務上の規制と媒介契約……………………………………324

　第1節　業務上の規制……………………………………………324

　第2節　媒介契約…………………………………………………332

第5章　報酬額の制限…………………………………………………339

第6章　「自ら売主」の「8つの制限」………………………………350

　第1節　クーリング・オフ（8つの制限その1.）……………351

　第2節　自己の所有に属さない物件の売買の制限

　　　　　（8つの制限その2.）……………………………………356

　第3節　手付金等保全措置（8つの制限その3.）……………360

　第4節　手付の制限（8つの制限その4.）……………………366

　第5節　損害賠償額の予定等の制限（8つの制限その5.）…367

　第6節　契約不適合担保責任の特約の制限（8つの制限その6.）…368

第7節　割賦販売契約の解除の制限（8つの制限その7.）……………370

第8節　所有権留保の制限（8つの制限その8.）………………371

第7章　重要事項説明書と37条書面……………………………372

第1節　重要事項説明書……………………………………372

第2節　供託所等の説明……………………………………381

第3節　37条書面……………………………………………382

第8章　監督処分と罰則………………………………………384

第9章　住宅瑕疵担保履行法…………………………………390

第3編　法令上の制限

第1章　都市計画法……………………………………………397

第1節　日本は5つに分けられる…………………………397

第2節　都市計画の決定……………………………………400

第3節　地域地区……………………………………………403

第4節　都市施設……………………………………………406

第5節　地区計画……………………………………………409

第6節　開発許可……………………………………………411

第2章　建築基準法……………………………………………422

第1節　用途規制……………………………………………423

第2節　道路規制……………………………………………426

第3節　防火地域・準防火地域……………………………428

第4節　建蔽率………………………………………………432

第5節　容積率………………………………………………436

第6節　高さ制限……………………………………………442

第7節　単体規定……………………………………………449

第8節　建築確認……………………………………………451

第9節　建築協定……………………………………………455

第3章　国土利用計画法………………………………………458

第4章　宅地造成等規制法……………………………………466

v

第5章	農地法	471
第6章	土地区画整理法	475
第7章	その他の法令	481

第4編　その他の分野

第1章	住宅金融支援機構（登録講習修了者免除科目）	485
第2章	公示価格	490
第3章	不動産の鑑定評価の方法	494
第4章	不当景品類及び不当表示防止法（登録講習修了者免除科目）	496
第5章	土地・建物（登録講習修了者免除科目）	500
第6章	税　　　　法	503
第1節	不動産取得税（都道府県税）	503
第2節	固定資産税（市町村税）	508
第3節	所得税（国税）	510
第4節	登録免許税（国税）	517
第5節	印紙税（国税）	520
第6節	その他の税	523

さくいん　526

宅地建物取引士試験とは？

① 宅建士試験の魅力

　宅建士試験（正式名称は、宅地建物取引士資格試験）とは、宅地建物取引士になるための試験だ。宅地建物取引士になると、次のような計り知れないメリットがある。

（1）仕事に役立つ！

　宅建士試験で身につけた知識は、不動産、金融関係等の仕事に、予想以上に役立つ。

（2）資格手当が付く！

　宅地建物取引業者は、事務所ごとに、従業者5人に1人以上の割合で、成年者である専任の宅地建物取引士を、置かなければならないことになっている。そのため、多くの企業で、宅地建物取引士に資格手当を出している。

（3）就職・転職・独立に有利！

　不況の時にも、企業の宅地建物取引士設置義務に変わりはないから、宅地建物取引士の資格が、就職・転職のパスポートになることは、今後も全く変わらない。もちろん、独立の道もある。

（4）マイホームの取得に役立つ！

　宅建士試験に合格するということは、不動産取引のプロとして十分な知識があるということだ。だから、マイホームの取得や買い替えの際、不利な物件をつかまされて損をするという心配がなくなる。資産の運用に、一生役立つ資格だ。

（5）自分に自信が付く！

　宅地建物取引士の資格は、一生有効だ。資格だけ取っておいて、仕事はしなくても、一向にかまわない。難しい試験に合格したという自信、そして、いざという時に生かせる資格があるという自信は、本当に何物

にも代え難いものだ。

2 受験手続き

（1）受験申込書等の配布
　7月1日から7月31日（申込締切日）までの予定（例年）。
　受験者の住所地の都道府県の協力機関（X頁の一覧表参照）で、無料でもらえるし、郵送してももらえる。また全国の主要書店でも配布している。
（2）受験申込みの受付（日程はいずれも予定、多少の前後はある。）
　受験者の住所地の都道府県の協力機関（X頁の一覧表参照）に郵送（7月1日〜7月31日）またはインターネット（7月1日〜7月中旬）で申込手続きをする。
　なお、申込みに際しては、写真（サイズ等は案内書参照）が必要だから、早めに用意しておくこと。
　※日程はあらかじめ必ず協力機関へお問い合わせ下さい。
（3）受験手数料
　7,000円（予定）
（4）試験の日時（予定）
　10月16日（日曜）午後1時〜3時
（5）合格発表
　11月30日（予定）

3 試験の形式等

（1）出題数　50問
　試験時間は2時間だから、1問当たり2分24秒だ。
　もっとも、マークシートに解答を記入する時間や、見直しの時間も必要だから、普段から、1問を2分で解くクセをつけておかないと、どうしても時間不足になる。

（2）形式　4肢択一

　1問につき、4つの選択肢が出題され、その中から、正解を1つ選ぶ。

（3）解答用紙　マークシート

　A4サイズ（この本の2倍の大きさ）の紙の解答欄の○印を、鉛筆で塗りつぶす。鉛筆は、HBまたはB、消しゴムは、プラスチック消しゴムを使用しなければならない（それ以外だと、採点機が解答を読み取れない）。

宅建士試験協力機関一覧（2021 年 10 月現在）

協力機関名	電話番号	協力機関名	電話番号
（公社）北海道宅地建物取引業協会	011-642-4422	（公社）滋賀県宅地建物取引業協会	077-524-5456
（公社）青森県宅地建物取引業協会	017-722-4086	（公社）京都府宅地建物取引業協会	075-415-2140
（一財）岩手県建築住宅センター	019-652-7744	（一財）大阪府宅地建物取引士センター	06-6940-0104
（公社）宮城県宅地建物取引業協会	022-398-9397	（一社）兵庫県宅地建物取引業協会	078-367-7227
（公社）秋田県宅地建物取引業協会	018-865-1671	（公社）奈良県宅地建物取引業協会	0742-61-4528
（公社）山形県宅地建物取引業協会	023-623-7502	（公社）和歌山県宅地建物取引業協会	073-471-6000
（公社）福島県宅地建物取引業協会	024-531-3487	（公社）鳥取県宅地建物取引業協会	0857-23-3569
（公社）茨城県宅地建物取引業協会	029-225-5300	（公社）島根県宅地建物取引業協会	0852-23-6728
（公社）栃木県宅地建物取引業協会	028-634-5611	（一社）岡山県総合協力事業団	086-232-1315
（一社）群馬県宅地建物取引業協会	027-243-3388	（公社）広島県宅地建物取引業協会	082-243-0011
（公社）新潟県宅地建物取引業協会	025-247-1177	（一社）山口県宅地建物取引業協会	083-973-7111
（公社）山梨県宅地建物取引業協会	055-243-4300	（公社）徳島県宅地建物取引業協会	088-625-0318
（公社）長野県宅地建物取引業協会	026-226-5454	（公社）香川県宅地建物取引業協会	087-823-2300
（公社）埼玉県弘済会	048-822-7926	（公社）愛媛県宅地建物取引業協会	089-943-2184
（一社）千葉県宅地建物取引業協会	043-441-6262	（公社）高知県宅地建物取引業協会	088-823-2001
（公財）東京都防災・建築まちづくりセンター	03-5989-1734	（一財）福岡県建築住宅センター	092-737-8013
（公社）神奈川県宅地建物取引業協会	045-681-5010	（公社）佐賀県宅地建物取引業協会	0952-32-7120
（公社）富山県宅地建物取引業協会	076-425-5514	（公社）長崎県宅地建物取引業協会	095-848-3888
（公社）石川県宅地建物取引業協会	076-291-2255	（一社）熊本県宅地建物取引業協会	096-213-1355
（公社）福井県宅地建物取引業協会	0776-24-0680	（一社）大分県宅地建物取引業協会	097-536-3758
（公社）岐阜県宅地建物取引業協会	058-275-1171	（一社）宮崎県宅地建物取引業協会	0985-26-4522
（公社）静岡県宅地建物取引業協会	054-246-7150	（公社）鹿児島県宅地建物取引業協会	099-252-7111
（公社）愛知県宅地建物取引業協会	052-953-8040	（公社）沖縄県宅地建物取引業協会	098-861-3402
（公社）三重県宅地建物取引業協会	059-227-5018		

過去 41 年間のデータ

年　　度	申込者数	受験者数	合格者数	合格率（倍率）	合格点
1981（昭和56）年	137,864人	119,091人	22,660人	19.0%（5.3倍）	35点
1982（昭和57）年	124,239人	109,061人	22,355人	20.5%（4.9倍）	35点
1983（昭和58）年	119,919人	103,953人	13,761人	13.2%（7.6倍）	30点
1984（昭和59）年	119,703人	102,233人	16,325人	16.0%（6.3倍）	31点
1985（昭和60）年	120,943人	104,566人	16,170人	15.5%（6.5倍）	32点
1986（昭和61）年	150,432人	131,073人	21,786人	16.6%（6.0倍）	33点
1987（昭和62）年	219,036人	192,785人	36,669人	19.0%（5.3倍）	35点
1988（昭和63）年	280,660人	235,803人	39,537人	16.8%（6.0倍）	35点
1989（平成1）年	339,282人	281,701人	41,978人	14.9%（6.7倍）	33点
1990（平成2）年	422,904人	342,111人	44,149人	12.9%（7.7倍）	26点
1991（平成3）年	348,008人	280,779人	39,181人	14.0%（7.2倍）	34点
1992（平成4）年	282,806人	223,700人	35,733人	16.0%（6.3倍）	32点
1993（平成5）年	242,212人	195,577人	28,138人	14.4%（6.9倍）	33点
1994（平成6）年	248,076人	201,542人	30,500人	15.1%（6.6倍）	33点
1995（平成7）年	249,678人	202,589人	28,124人	13.9%（7.2倍）	28点
1996（平成8）年	244,915人	197,168人	29,065人	14.7%（6.8倍）	32点
1997（平成9）年	234,175人	190,135人	26,835人	14.1%（7.1倍）	34点
1998（平成10）年	224,822人	179,713人	24,930人	13.9%（7.2倍）	30点
1999（平成11）年	222,913人	178,393人	28,277人	15.9%（6.3倍）	30点
2000（平成12）年	210,466人	168,095人	25,928人	15.4%（6.5倍）	30点
2001（平成13）年	204,629人	165,119人	25,203人	15.3%（6.6倍）	34点
2002（平成14）年	209,672人	169,657人	29,423人	17.3%（5.8倍）	36点
2003（平成15）年	210,182人	169,625人	25,942人	15.3%（6.5倍）	35点
2004（平成16）年	216,830人	173,457人	27,639人	15.9%（6.3倍）	32点
2005（平成17）年	226,665人	181,880人	31,520人	17.3%（5.8倍）	33点
2006（平成18）年	240,278人	193,573人	33,191人	17.1%（5.8倍）	34点
2007（平成19）年	260,633人	209,684人	36,203人	17.3%（5.8倍）	35点
2008（平成20）年	260,591人	209,415人	33,946人	16.2%（6.2倍）	33点
2009（平成21）年	241,944人	195,515人	34,918人	17.9%（5.6倍）	33点
2010（平成22）年	228,214人	186,542人	28,311人	15.2%（6.6倍）	36点
2011（平成23）年	231,596人	188,572人	30,391人	16.1%（6.2倍）	36点
2012（平成24）年	236,350人	191,169人	32,000人	16.7%（6.0倍）	33点
2013（平成25）年	234,586人	186,304人	28,470人	15.3%（6.5倍）	33点
2014（平成26）年	238,343人	192,029人	33,670人	17.5%（5.7倍）	32点
2015（平成27）年	243,199人	194,926人	30,028人	15.4%（6.5倍）	31点
2016（平成28）年	245,742人	198,463人	30,589人	15.4%（6.5倍）	35点
2017（平成29）年	258,511人	209,354人	32,644人	15.6%（6.4倍）	35点
2018（平成30）年	265,444人	213,993人	33,360人	15.6%（6.4倍）	37点
2019（令和元）年	276,019人	220,797人	37,481人	17.0%（5.9倍）	35点
2020（令和2）年10月	204,163人	168,989人	29,728人	17.6%（5.7倍）	38点
2020（令和2）年12月	55,121人	35,261人	4,610人	13.1%（7.6倍）	36点
2021（令和3）年	296,518人	―	―	―	―

宅建士試験は 1958（昭和 33）年から始まった。出題数は当初 30 問だったが、1965（昭和 40）年から 40 問になり、1981（昭和 56）年から 50 問になった。前頁の表が 50 問時代 41 年間のデータだ。

分野ごとの出題数（2009 ～ 2021 年度）

	1 2 3 4 5 6 7 8 9 10 11 12 13 14 15 16 17 18 19 20
本書第1編　権利関係 （本試験第 1 ～14問）	14問出題
本書第2編　宅建業法 （本試験第26～45問）	20問出題
本書第3編　法令上の制限 （本試験第15～22問）	8問出題
本書第4編　その他の分野 （本試験第23～25問、 　　　第46～50問）	8問出題 （税　法 2問） （その他 6問）
	1 2 3 4 5 6 7 8 9 10 11 12 13 14 15 16 17 18 19 20

一番ラクで確実な合格方法！！

（1）まず、インプットは…

　余計な知識は混乱のモト。合格に必要な知識だけ身につけるべし。それにはどうしたらいいか？　答えは、本書を繰り返し読むことに尽きる。本書には、合格するために必要なことが、全て書かれている。無駄な記述は一つもない。ここが、他のテキストとの違いだ。1000頁の本を1回読むより、500頁の本を2回読んだ方が、よほど効果がある。

　そして、最後の仕上げには、本書姉妹編「まる覚え宅建塾」を使うこと！！

（2）次に、アウトプットは…

　知識を身につけただけでは合格できない。身につけた知識を使いこなして、どんどん問題を解くこと。では、問題集はどれがいいか？　答えは、本書姉妹編「過去問宅建塾（3分冊）」と「ズバ予想宅建塾・分野別編必修問題集」に限る。この問題集を、全問正解するまで繰り返せば、得点目標は自動的に達成できる！！

　そして、「〇×マンガ宅建塾」と「ズバ予想宅建塾・直前模試編」も一緒に使えばおつりがくる！！

（3）最後に、奥の手は…

　上の（1）・（2）だけで誰でも合格できるが、もっとラクに確実に合格するにはどうしたらいいか？　答えは、通信宅建超完璧講座を受けることだ！！通信宅建超完璧講座では、本書をテキストとして使用する。現に、通信宅建超完璧講座の受講生から2年連続で全国最年少合格者が誕生した。巻末に詳しい案内が出ている。今すぐＴＥＬ！！

例題について

本書の例題のうち、実際の試験問題を例題にしているものは、以下のように省略して表示しています。

R 3-6-3

（令和3年宅建士試験の問6の肢3）※

H 30-25-2　類題

（平成30年宅建士試験の問25の肢2と類似している問題）

※令和3年の例題は、令和3年10月17日に実施された宅建士試験の問題となります。

要するに、こういうことです

インプット	「らくらく宅建塾」「マンガ宅建塾」「まる覚え宅建塾」 この3冊をしっかり読む。
アウトプット	まず、「過去問宅建塾(3分冊)」を解き、次に、「ズバ予想宅建塾・分野別編必修問題集」を解く。 そして「○×マンガ宅建塾」と「ズバ予想宅建塾・直前模試編」を解く。
奥の手	2年連続で全国最年少合格者を生み出した通信「宅建超完璧講座」を受ける。 通信講座問合せ先→04（2921）2020　宅建学院 宅建超完璧講座は一般教育訓練給付制度厚生労働大臣指定講座（指定番号 110190020019）です！！　詳しくは、巻末広告をご覧下さい。
耳寄り情報	宅建学院のホームページをご覧ください！

宅建学院　検索
https://www.takkengakuin.com/
類似の学校名にご注意ください。

第1編
権利関係

　1番難しいのが権利関係だ。他の分野と違って、直前の追い込みがきかない（本書ならある程度きく）。直前は、誰もが必死でがんばるから、他の分野については、皆、そこそこの得点力を身に付けて本試験場に来る。しかし、権利関係だけは、最後まで苦手のまま、という受験者が多い。合否の分かれ目は権利関係にある。権利関係が得意になれば、受かるのだ。本書だけに絞ってガンバレ!!

出 題 数 ➜ 14 問

第1章 制限行為能力者・意思表示

🧑 イントロ

原則　<u>契約</u>は、守らなければならない。これは、当たり前のことだ。たとえば、今、貴方が不動産屋さんからマンションを1億円で買う契約をしたとすると、貴方は代金の1億円を支払わなければならない。

例外①　さて、貴方が一人前の大人で、判断力が十分にあるならば、これで何も問題ない。

　しかし、世の中には、判断力が十分でない人（たとえば、子供や精神上障害がある人）もいる。それでも、契約通り1億円を支払う以外ないとしたら、判断力の不十分な人が、このせちがらい経済社会の中で手玉に取られ、食い物にされてしまう。

　そこで、民法は判断力の不十分な人を「**制限行為能力者**」（自分一人では契約ができない人、という意味）とし、このような人に契約を自由に**取り消す**権利を与えて**保護**することにした。貴方がこの「制限行為能力者」なら、売買契約を取り消すことができるのだ。

第1編｜権利関係

例外② 次に、貴方が一人前の大人でも、悪徳不動産屋さんからだまされて契約した場合はどうだろう。それでも契約通り1億円を支払う以外ないとしたら酷な話だ。

そこで民法は、このような場合には、契約を**取り消す**ことができる、とした。これを「**意思表示制度**」という。なお、「意思表示制度」には無効になるパターンもある。

さあ、第1節では「**制限行為能力者**」について勉強し、第2節では「**意思表示**」について勉強しよう。

例　題 制限行為能力者が行った契約は無効である。

解　答 制限行為能力者がやった契約は無効ではなく、**取り消すことができる**。意思表示制度には無効と取消しがあるが、制限行為能力者には取消しだけ。無効と取消しは違う。よって誤り。

無効≠取消し がポイントだ！

無効と取消しの違い

無　効 ➡ はじめから、全く何の効力も生じない。つまり、何も言わなかったのと同じこと。

取消し ➡ 取り消されるまでは一応有効だが、取り消されると、はじめから無効だったことになる。

第1節　制限行為能力者

　イントロで勉強したように、制限行為能力者とは、自分一人では契約ができない人という意味だ。契約のことを「**法律行為**」と言ったり、ただ単に「**行為**」と言ったりする。だから、行為（つまり契約）をする能力（こ

4

れが行為能力）が不十分な人が制限行為能力者であり、そういう人を保護する制度が制限行為能力者制度なのだ。

では、制限行為能力者には、どんな種類があるかというと、

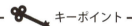

制限行為能力者には、次の4種類がある。

制限行為能力者
- ① **未成年者**
- ② **成年被後見人**
- ③ **被保佐人**
- ④ 被補助人

大事なのは、①〜③だ。順ぐりに勉強していこう。

1. 未成年者

民法第5条他【未成年者は何ができるか？】

原則 未成年者が**法定代理人**（親権者か**未成年後見人**のこと）の**同意**なしに自分一人で勝手にやった契約は**取り消せる**。

例外① **権利を得る**だけの契約（例 ただで物をもらう）と、**義務を免れる**契約（例 借金を棒引きにしてもらう）は、法定代理人の同意がなくても未成年者が自分一人で自由にやることができ、**取り消せない**。

例外② 法定代理人から**処分を許された**財産（例 学費や小遣い）は、いちいち法定代理人の同意を得なくても未成年者が自分一人で自由に処分することができ、**取り消せない**。

例外③ 法定代理人から**営業を行うことを許可**された場合には、その営業に関する契約は、いちいち法定代理人の同意を得なくても未成年者が自分一人で自由にやることができ、**取り消せない**。

> コメント

（1）未成年者とは？

未成年者とは、**18歳未満**の人のことだ。

（2）保護者は？

さて、未成年者の保護者といったら誰だろう。それは、親だ。親のことを民法では**親権者**と言っている。未成年者は判断力が不十分だから、親権者が保護者となっていろいろと面倒をみるわけだ。しかし、世の中には親がいない子供もいる。そういう場合には、**未成年後見人**という保護者が付けられることになっている。

そして、親権者や未成年後見人のことを**法定代理人**という。まとめると、

（3）法定代理人の４つの権限

では、法定代理人は、未成年者のためにどんなことをしてくれるのだろう。法定代理人には、次の４つの権限がある。

①　取消権

未成年者は、大人に比べると判断力が不十分なので、自分一人で契約をすると不利な契約をしてしまう恐れがある。たとえば、１万円の腕時計を10万円で売り付けられるかもしれない。そこで、未成年者が自分一人でやった契約は、自由に**取り消すことができる**ことになっている。世間ではあまり知られていないかもしれないが、これが法律だ。

では、誰が取り消すかというと、未成年者自身も取り消すことができるし、法定代理人も取り消すことができる。つまり、**取消権**（契約を取り消して、なかったことにする権利）は**本人**と**法定代理人**にあるのだ。

2 同意権

未成年者が自分一人の判断で契約をすると不利な契約をしてしまう恐れがあるが、法定代理人の同意を得た上で契約をするのなら、そんな心配はない。だから、未成年者が法定代理人の同意を得てやった契約は完全に有効で、**取り消せない**ことになっている。この同意を与える権利のことを**同意権**という。

3 追認権

未成年者が法定代理人の同意を得ないで自分一人でやった契約であっても、未成年者にとって有利な場合もある。そういう場合には、法定代理人が「**追認**」すると、はじめから**同意が与えられていた**ことになる。

キーワード　**追認**……事後承認のこと。追認すると、取り消し得る契約がはじめから完全に有効だったことに確定する。試験に出るのは、「追認の時から有効になる」のではなく、「契約の当初に**さかのぼって**有効になる」という点だ。

3月1日に契約　　→　**3月1日**から有効になる。
4月1日に追認　　　　（4月1日からではない！）

「さかのぼり」は、これからも出てくるから、「**坂登兄弟**」と覚えよう。追認は「**坂登一郎**」だ（後で、二郎以下が登場する）。

4 代理権

法定代理人は、未成年者に**代わって（代理**して）契約をすることができる。

例題 未成年者は、**単に権利を得、または義務を免れる契約**は、法定代理人の同意がなくても自分一人で有効になしうる。

解答 第5条の**例外①**の通り。権利を得るだけの契約や、義務を免れる契約は、未成年者が自分一人の判断で勝手にやっても、未成年者自身が損をする恐れはない。だから、法定代理人の同意はいらない。よって正しい。

> 未成年者は、同意なしにやった損する契約だけ取り消せる！

2. 成年被後見人

第9条【成年被後見人は何ができるか？】
成年被後見人がやった契約は取り消せる。

コメント

（1）成年被後見人とは？

世の中には、重い精神障害のために、それこそ1億円と1円の区別もつかないような人が実在している。そういう人を保護するために家庭裁判所が「この人を成年被後見人とします。」という審判（これを**後見開始の審判**という）をする。そうすると、その人は成年被後見人になる。「大人（成年）だが後見を受ける（被後見）人」というイミだ。つまり、成年被後見人とは、

1. 精神障害のために判断力（正式には**事理を弁識する能力**という）を欠く常況で、
2. **後見開始の審判**を受けた人

のことだ。そして、成年被後見人には、**成年後見人**という保護者がつけられる。この成年後見人も、**法定代理人**だ。

(2)「取り消せる」とは？

さて、成年被後見人という人は未成年者よりも、もっと判断力が弱い人なのだ。たとえば、成年後見人から、「貴方の家を1億円で売ってもいいですよ」という同意を与えられたとしても、1円で売ってしまうかもしれない。そこで、未成年者の場合と異なり、たとえ成年後見人の同意を得た上でやった契約であっても取り消せることになっている。

さらに権利を得るだけの契約や義務を免れる契約（損しない契約）も取り消せることになっている。行為の意味さえ理解できないからだ。できるのは、日用品の購入等の**日常生活上の契約**だけだ。

```
┌─────── 未成年者と成年被後見人の2つの違い ───────┐
│                                                  │
│  その1. 法定代理人の同意を得てやった契約も取り消せるか？  │
│         ┌─未成年者→取り消せない                  │
│         └─成年被後見人→**取り消せる**              │
│                                                  │
│  その2. **損しない契約**も取り消せるか？              │
│         ┌─未成年者→取り消せない                  │
│         └─成年被後見人→**取り消せる**              │
│                                                  │
└──────────────────────────────────────────────────┘
```

判断力があっても 判断力のことを法律の世界では「事理を弁識する能力」という。成年被後見人も時にはこの能力を回復することがあるが、それでも後見開始の審判が取り消されない限り成年被後見人だ。だから判断力を**完全に回復**している間にやった契約であっても**取り消せる**のだ。

(3) そ の 他

その他のポイントは、次のとおり。

1. 成年被後見人がやった契約を誰が取り消せるかというと**本人**と**成年後見人**だ（取消権）。

2 成年被後見人がやった契約も、成年後見人が**追認**すると取り消せなくなる（追認権）。
3 成年後見人は、成年被後見人に**代わって**契約をすることができる（代理権）。
4 未成年後見人も成年後見人も**複数**人付けてもOK。また、**法人**（たとえば、社会福祉法人）を未成年後見人や成年後見人に選任できる。
5 成年後見人が、成年被後見人の**居住**している「建物・敷地」の「売却・賃貸借・抵当権の設定」を行うには**家庭裁判所の許可**が必要だ。

例題 成年後見人が、成年被後見人に代わって、成年被後見人が居住している建物を売却する際、後見監督人がいる場合には、後見監督人の許可があれば足り、**家庭裁判所の許可は不要**である。（H28-2-3）

解答 成年被後見人に後見監督人がいる場合、成年後見人が、成年被後見人の居住している建物・敷地の売却・賃貸借・抵当権の設定を行うには、後見監督人の同意が必要だが、その場合でも**家庭裁判所の許可が必要**なので、誤り。

> **成年被後見人は、同意を得てやった損しない契約も取り消せる（ただし、日用品の購入等は別）。**

3. 被保佐人

第13条【被保佐人は何ができるか？】

被保佐人が、**保佐人の同意なし**に自分一人で勝手に次の契約をした場合には、その契約を**取り消せる**。

1 土地の売買・**5年を超える**賃貸借
　　注意1　5年ジャストなら取り消せない！
2 建物の売買・**3年を超える**賃貸借・増改築等の発注
3 高額商品の売買（➡タバコ1箱なら取り消せない）
4 **借金をしたり**、保証人になること
5 **贈与**をしたり、贈与の申し出や遺贈を断わること
6 1〜5の行為を制限行為能力者の法定代理人としてすること　注意2

第1章　制限行為能力者・意思表示

コメント

（1） 被保佐人とは？

　成年被後見人ほどではないが、精神障害のために、独り立ちするのはちょっと無理な人が、世間には実在する。そういう人を保護するために、家庭裁判所が保佐開始の審判をする。つまり、被保佐人とは、

　　　1　精神障害のために判断力が**著しく不十分**で（相当弱いこと）、

　　　2　**保佐開始の審判**を受けた人

のことだ。被保佐人には、**保佐人**という保護者が付けられることになっている。

（2） 何ができるか？

　さて、被保佐人は、独り立ちはちょっと無理とは言っても、未成年者や成年被後見人よりはしっかりした人（一人前に近い能力を持った人）なのだ。だから、被保佐人には、未成年者や成年被後見人に比べると保護の必要が少ない。そのため、被保佐人は原則として自分一人の判断で契約をすることができることになっている。

た　だ　ただ、一定の**重大な契約**（大損する恐れのある契約）をするときだけは**保佐人の同意**を得なければならず、同意なしにやった場合には**取り消す**ことができる。この一定の重大な契約というのが第13条の1～6等だ。この1～6等以外の契約は、保佐人の同意なしに被保佐人が自分一人でできる。1～6はしっかり覚えること！

注意2　たとえば、被保佐人Aが、成年被後見人Bの法定代理人だったとする。そして、Aの保佐人がCだったとする（Aは被保佐人であると同時にBの法定代理人）。この場合において、Aが、Cの**同意なし**にBの法定代理人として、1～5の契約をしたときは、その契約を**取り消せる**ということ。

(3) 保佐人の権限

1. 被保佐人が保佐人の同意なしにやった重大な契約を誰が取り消せるかというと、**本人**と**保佐人**だ（取消権）。

2. 被保佐人が保佐人の同意なしにやった重大な契約も、保佐人が**追認**すると取り消せなくなる（追認権）。

> 被保佐人は、同意なしにやった大損する契約だけ取り消せる。

4. 未成年者・成年被後見人・被保佐人に共通する問題点

第20条【相手方の催告権】

A 制限行為能力者と契約した人は、**保護者**に対して、1カ月以上の期限を付けて「追認するかどうか答えろ！」と**催告**（催促のこと）できる。もし、期限までに答えがないと、契約は**追認**されたことになる。

B 上のAのうち被保佐人と契約した人は、上のAの代わりに**被保佐人本人**に対して、1カ月以上の期限を付けて「保佐人の追認を得てこい！」と**催告**してもいい。

もし期限までに追認を得たとの答えがないと、契約は**取り消された**ことになる。

> コメント

貴方が、制限行為能力者と契約したつもりで考えてほしい。制限行為能力者と契約した相手方は、いつ契約を取り消されるか分からない不安な立場に立たされている。制限行為能力者の保護も大切だが、制限行為能力者と契約した相手方の立場も考えてあげる必要がある。

そこで、取消しか追認かをはっきりさせる権利が相手方に与えられているわけだ。この権利を**催告権**という。

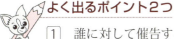

よく出るポイント2つ

① 誰に対して催告するのか（催告の相手方）
② 答えがないとどうなるのか（効果）

次の表を必ず覚えてほしい（**特に②が大事！**）。

		①催告の相手方	②効果
契約の相手方	A 未成年者 成年被後見人 被保佐人	保護者	追認
	B 被保佐人	被保佐人本人	取消し

考え方 なぜ上の表のような違いが出るのか？ それは「**単独で追認できる人**」に対する催告なら答えがなくても追認とみなせるが、「単独では追認できない人」に対する催告の場合までそうしてはかわいそうだからだ。

- 保護者 ➡ 単独で追認できる。
- 被保佐人本人 ➡ 単独では追認できない。

例題 被保佐人Aが、保佐人Bの同意を得ないで、自己所有の土地をCに売却した。CはAに対して1カ月以上の期間内にBの追認を得るよう催告したが、その期間内にAがBからの追認を得たとの通知をしなかった場合、売買契約は**追認**されたものとみなされる。

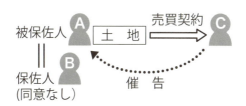

解答 被保佐人と契約した相手方が被保佐人本人に催告したが、期間内に答えがない場合、契約は**取り消されたものとみなされる**。よって誤り。

第1編 権利関係

第21条【制限行為能力者のウソ（詐術）】

制限行為能力者が、「私は行為能力者です」とウソをついて契約した場合には、契約を**取り消せなくなる。**

コメント

制限行為能力者の保護も大切だが、ウソをついた制限行為能力者まで保護する必要はないから、制限行為能力者が「自分は制限行為能力者ではない」とウソをつくと取消権を失う。

例　題 未成年者Aが、「**親の同意を得ている**」と詐術を用いて自己所有の土地をBに売却した場合、Aはこの売買契約を取り消すことは**できない。**

解　答 第21条のとおりだ。「同意を得ている」と言うのも「行為能力者だ」と言うのと同じだから、Aは保護に値せず、取消権を失う。よって正しい。

第126条【いつまで取り消せるか？】

制限行為能力者がやった契約は、制限行為能力者が ①**行為能力者になってから5年経過**した場合、または ②契約から20年経過した場合には、取り消せなくなる。

コメント

制限行為能力者がやった契約が永久に取り消せるとしたら相手方に酷だから、こう決められている。「行為能力者になる」とは、

　　① 未成年者が成年になることと、

　　② 後見開始の審判・保佐開始の審判が取り消されることだ。

例　題 A所有の土地が、AからBへと売り渡された。Aが未成年者の場合、Aは、法定代理人の同意を得ずに契約をしていても成年に達すれば、契約を取り消すことができなくなる。

解　答 成年になってから5年は取り消せる。よって誤り。

14

第1章　制限行為能力者・意思表示

第125条【法定追認とは何か？】

制限行為能力者が契約した後で、保護者が次のどれかをやると、その契約を追認したものとみなされる。

1. 相手方に契約の履行を「**請求**」する。
2. こちらから契約を「**履行**」する。
3. 契約によって手に入れた物を第三者に「**譲渡**」する。

楽勝ゴロ合せ　親は、「生　理　上」子供の契約の後始末をする。
　　　　　　　　　　　　請求・履行・譲渡

コメント

たとえば、未成年者Bが、法定代理人Cの同意を得ないでAから家を買ったとする。この契約は取り消せる。ところが、法定代理人Cが、相手方Aに、家の引渡しを請求したらどうなるか？　家の引渡しを請求する、ということは、当然、前提として、AB間の契約を追認した上でのことだとみることができる。そこで、そうみなすことにしたわけだ。

同様に　同様に、CがAに代金の支払い(履行)をしたり、Cが、この家を第三者Dに譲渡したりする場合も、CがAB間の契約を追認したものと

15

第1編｜権利関係

みなすことにしたのだ。

「請求」「履行」「譲渡」の3つは、法律上当然追認とみなされるという

意味で、「法定追認」という。覚え方としては、親というものは、

「生　理　上」子供がやった契約の後始末をするものだ、とでもこじつけ
請求・履行・譲渡
てしまおう。

相手方Ａ　🏠➡未成年者Ｂ
＝
法定代理人Ｃ

①引渡し請求　③建物譲渡🏠
②代金支払い
第三者Ｄ

本人は？ では、未成年者Ｂ本人が「請求」「履行」「譲渡」をしたら
どうか？　もちろんこれは法定追認とはならない（まだ取り消せる）。しか
しＢが**成年になってから**「請求」「履行」「譲渡」をした場合には、法定追
認となる（**取り消せなくなる**）！

....

例　題　未成年者Ｂが単独でＡから土
地を購入する契約を締結した
後、Ｂの法定代理人Ｃがこ
の土地をＤに**譲渡**した場合、
ＢはＡとの契約を取り消すこ
とができる。

Ａ　| 土　地 |売買契約➡未成年者Ｂ
＝
法定代理人Ｃ
譲　渡
Ｄ

解　答　ＣがＤにこの土地を譲渡する
ことによって、ＣはＡＢ間の契約を**追認**したものとみなされる。法
定代理人の追認により、Ｂが単独でやった契約は完全に有効になり、
ＢもＣも取り消すことはできなくなる。よって誤り。

....

　最後に、**第三者との関係**について勉強する。これが一番難しい
から、具体例で考えてみよう。事例問題の訓練だ。

16

第1章 制限行為能力者・意思表示

今、制限行為能力者Ａが独断で自己所有の建物をＢに売却し、Ｂはさらにこの建物をＣに売却したとする。さあ、ＡはＢとの契約を取り消してＣに建物を返せと言えるだろうか？

答えは、返せと言えるのだ！　どうしてかというと、ＢがＣに建物を売った後はＡは建物を取り返せなくなるとしてはＡの保護が不十分になってしまうからだ。民法は徹底して制限行為能力者を保護する立場をとっている。Ｃには気の毒だが、建物をＡに返さなければならない。どのくらいＡが保護されているかというと、

よく出るポイント①

Ｂが制限行為能力者Ａから建物を買っていたことを、第三者Ｃが**知らなかった**としても、ＡはＣから建物を取り返せる。このことを、

> 制限行為能力者の契約の取消しは、善意の第三者に対抗できる。

という。

キーワード　善　　意……善人という意味ではなく、「**知らない**」という意味。反対に、**悪意**といえば、悪人という意味ではなく、「**知っている**」という意味。

　　　　　　　対　　抗……「**主張する**」という意味。

よく出るポイント②

しかもＣが善意であることについて過失（不注意）がなかったとしても（**善意無過失**という）ＡはＣから建物を取り返せる。

よく出るポイント③

Ｃが建物の**所有権移転登記**を得ていたとしても、ＡはＣから建物を取り返せる（➡詳しくは92頁）。

17

第1編 │ 権利関係

5. 制限行為能力者制度のまとめ

絶対暗記！	未 成 年 者	成年被後見人	被 保 佐 人	
① どういう人か？	18歳未満の人	判断力を欠く ＋ 後見開始の審判	判断力が相当弱い ＋ 保佐開始の審判	
② 保護者は誰か？	親権者・未成年後見人 （＝法定代理人）	成年後見人 （＝法定代理人）	保佐人	
③ 保護者の権限の中で試験に出るポイントは何か？	取消権・同意権 追認権・代理権 がある	左の4つの 権限のうち、 **同意権がない！** だから ↓	取消権・同意権 追認権がある 注1	
④ どういう契約を取り消せるか？	同意なしにやった損する契約だけ取り消せる	**同意**を得てやった**損しない**契約も取り消せる（日用品の購入等は別）	同意なしにやった**大損する**契約だけ取り消せる（**5年超土地賃貸借等**）	
⑤ 誰が取り消せるのか？	本人・法定代理人	**本人**・法定代理人	本人・保佐人	
⑥ 催告権は誰に対して行使するのか？	法定代理人	法定代理人	保佐人 ↓	本 人 ↓
⑦ 催告に対して確答がない場合の**効果**は？	追 認	追 認	追 認	取消し
⑧「行為能力者だ」と**ウソ**をついて契約するとどうなるか？	**取り消せなくなる**			
⑨ いつまで取り消せるか？	**行為能力者になって5年たつと取り消せなくなる** （契約から20年たった場合も同じ）			
⑩ 取消しを**善意の第三者**に対抗できるか？	**で き る ！**			

注1 なお、家庭裁判所は、特定の行為について保佐人に代理権を与える旨の審判ができる。

注2 制限行為能力者には、この他、被保佐人より一段と一人前に近い行為能力を持つ**被補助人**という人がいる。被補助人には**補助人**という保護者が付けられる（②の話）。家庭裁判所は、被補助人が特定の行為をするには補助人の同意が必要との審判ができる（④の話）。

18

第1章　制限行為能力者・意思表示

第2節　意思表示

天の声　民法は暗記では対処できぬ。「考え出す」力が必要になるぞ。

1. 詐　欺

第96条【だまされて契約してしまったらどうなるか？】

① 詐欺にあって契約させられた被害者は ➡ 契約を取り消せる。

② しかし、この取消しは ➡ 善意無過失の第三者には対抗できない。

コメント

（1）取り消せる（①の話）

具体例で考えてみよう。今、Aが時価10億円の土地を所有していたとする。この土地に目を付けた詐欺師のBが、「Aさん、貴方の土地のすぐそば

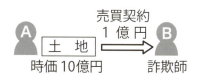

に公害発生施設ができることになりましたから、貴方の土地はタダ同然になりますよ」とAをだまし、この土地をAから1億円で買い取る契約をしたとする。つまり、Aは詐欺にあって契約させられた被害者だ。

この場合、Aはこの契約を守らなければいけないのだろうか？　それではいくらなんでも酷な話だ。

解決　そこで、詐欺の被害者は契約を取り消せることになっている。つまり、AはBとの契約を取り消せば、土地をBに引き渡さないでいいし、既に土地をBに引き渡していたとしても、土地を取り返すことができるのだ。ここまでは、それ程難しくないだろう。

（2）善意無過失の第三者（②の話）

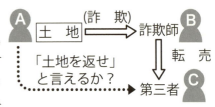

難しいのは、第三者がらみの場合だ。前の例で、AがBとの契約を取り消す前に、Bがこの土地を第三者Cに売り渡したとする（転売という）。さあ、その後でAはBとの契約を取り消してCから土地を取り返せるのだろうか？

考え方 もし、AがBにだまされたことをCが知っていたり（Cが悪意だったり）、Cは知らなかったが、知らなかったことについて落度（過失）があったなら（Cが善意有過失なら）、Cを守る必要はないからAはCから土地を取り返せる。

これに対して、AがBにだまされたことをCが知らず、落度もなかったら（Cが善意無過失なら）、Cを守る必要があるし、だまされたAにも多少の落度があるから、AはCから土地を取り返せない。つまり、詐欺の被害者は契約を取り消せるが、その取消しは**善意無過失の第三者には対抗できない**のだ。

例題 AがA所有の甲土地をBに売却した。AがBの詐欺を理由に甲土地の売却の意思表示を取り消しても、取消しより前にBが甲土地をCに売却し、Cが所有権移転登

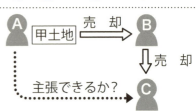

記を備えた場合には、CがBの詐欺の事実を知らなかったことにつき、**過失があったか否かにかかわらず**、AはCに対して甲土地の所有権を主張することができない。(H28-3-2)

解答 Cに過失があるなら（Cが善意**有**過失なら）、AはCに甲土地の所有権を主張できるが、Cに過失がないなら（Cが善意**無**過失なら）、AはCに主張できない。だから、「過失があったか否かに〜主張することができない」とある例題は誤り。

2. 強迫

第96条の続き【おどされて契約してしまったらどうなるか？】

強迫されて契約させられた被害者は ➡ 契約を**取り消せる**。

そして、この取消しは ➡ 善意無過失の第三者にも**対抗できる**。

コメント

（1）取り消せる

詐欺の次は強迫だ。Aが所有している時価10億円の土地に目を付けた地上屋のBが、「お前の土地を俺に1億で売らないと家に火をつけるぞ！」とAをおどし、この土地をAから1億円で買う契約をしたとする。Aは強迫の被害者だ。この場合、AはBとの契約を**取り消すことができる**。

（2）善意無過失の第三者

では、Bがこの土地を善意のCに転売したらどうなるだろうか？ 転売後に、AはBとの契約を取り消して、Cから土地を取り返せるのだろうか？

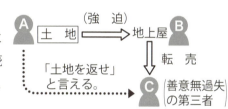

考え方　ちょっと考えると、Cは何も知らずにBから土地を買ったのだから守ってあげる必要がありそうな気もする。
しかし、よく考えてみると、Aは強迫の被害者だから、詐欺の場合と違って、何の落度もない。だから、AはCから土地を取り返せることになっている。
　つまり、強迫の場合は、詐欺の場合と違って、取消しを**善意無過失**の第三者に対抗**できる**のだ。第三者が所有権移転登記を得ていようと同じこと。Aの勝ち。Cの負け。
　この詐欺と強迫の違いはよく出題されるから要注意！

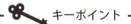 キーポイント

取消しを善意無過失の第三者に対抗できるか？

　　詐欺 ➡ 対抗**できない**
　　強迫 ➡ 対抗**できる**

（3）応用その①

転売以外のケースでも話は同じだ。Bが、詐欺または強迫をしてAから土地を買い取った。そしてBは、善意無過失の第三者Cのために、この土地に**借地権**（➡ 223頁）や**抵当権**（➡ 141頁）を設定した。

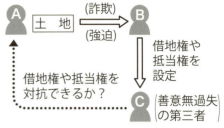

さて、その後でAがBとの契約を取り消したら、Cは、借地権や抵当権をAに対抗できるだろうか？

転売と同じ！ 答えは、転売（つまり所有権の移転）の場合と全く同じだ。ＡＢ間に**詐欺**があった場合にはＣは借地権や抵当権をＡに**対抗できる**が、**強迫**があった場合には**対抗できない**。

🔑 キーポイント

善意無過失の第三者Ｃが、Ｂから何を取得しても（①所有権でも ②借地権でも ③抵当権でも ④それ以外の権利でも）、

ＡＢ間の契約が ｛ 詐欺なら ➡ Ｃの**勝ち**
　　　　　　　　強迫なら ➡ Ｃの**負け**

（4）応用その②

ところで、詐欺・強迫をはたらくのは、買主とは限らない。ＣがＡをだましたり（詐欺）、おどしたり（強迫）して、Ａの土地をＢに売らせたとする。

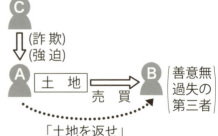

Ｂとしては、Ｃの援護射撃で土地を買ったようなものだから、Ｂが詐欺・強迫の事実について悪意・**善意有過失**ならＡはＢとの契約を取り消して土地を取り返せる。

では、Bが詐欺・強迫の事実について**善意無過失**だったらどうか？

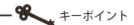 **Bは善意無過失の第三者だ！** この場合、詐欺・強迫の当事者はCとAであり、Bは局外にいるから善意無過失の第三者として扱えばいい。だから、CA間に**詐欺**があった場合にはAはBとの契約を**取り消せない**が（Bの勝ち）、**強迫**があった場合には**取り消せる**（Bの負け）。

キーポイント

Bが善意無過失の場合、AはBとの契約を取り消せるか？

CA間が ┌ 詐欺なら ➡ **取り消せない**
　　　 └ 強迫なら ➡ **取り消せる**

（5）いつまで取り消せるか？

詐欺の被害者も、強迫の被害者も、どちらも契約の時から**20年**たつと取消権そのものが時効消滅してしまい、取り消せなくなる。これは、制限行為能力者の場合と同じだ（➡ 14頁）。

キーポイント

制限行為能力者
詐欺
強迫
➡ 契約時から**20年**たつと取消権が時効消滅する。

例題 A所有の土地が、AからB、BからCへと売り渡された。AがBに強迫されて契約したのであれば、AはBとの契約を取り消すことはできるが、そのことを**善意無過失のCに対抗**することはできない。

解答 強迫の場合は、詐欺の場合と異なり、取消しを**善意無過失の第三者にも対抗できる**。よって誤り。

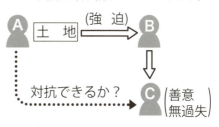

第1編 | 権利関係

3. 錯　　誤

第95条【勘違いで契約してしまったらどうなるか？】

1 錯誤（勘違いのこと）に陥って契約した人は ➡ 錯誤が（勘違いが）、重要なものである場合は、契約を取り消せる。

2 しかし、この取消しは ➡ 善意無過失の第三者には対抗できない。

コメント

（1）　取り消せる

たとえば、Aの土地をBが1億円で買う契約をしたが、Bは、Aの土地の隣の更地がAの土地だと勘違いしたとする。こういう場合が、錯誤による契約だ。それでも、Bが契約通り1億円を支払わなければいけないとしたら酷な話だ。そこで、Bは契約を取り消せることになっている。

（2）　重要な勘違いであることが必要

ただし、勘違いがあれば常に契約を取り消せるとなると、今度は契約の相手方に酷だ。だから、勘違いが重要なもの（目的及び取引上の社会通念に照らして重要なもの）である場合に取り消せることになっている。

（3）　動機に勘違いがある場合は？

動機に勘違いがある場合を動機の錯誤という。たとえば、Aが所有する甲土地の近くに新駅ができるという噂を信じて、BがAから甲土地を買ったが、新駅はできなかったとする。Bは甲土地の近くに新駅ができるから（これが動機）、甲土地を買ったわけだ。このような動機の錯誤の場合は、動機を表示しなかったら、取り消せない。

上記の場合において、

B「甲土地の近くに新駅ができるようなので、甲土地を売って下さい」・・・
　　動機を表示している。

B「甲土地を売って下さい」・・・動機を表示していない（→取り消せない）

| 注意！ | 動機の錯誤のことを、正式には「表意者が法律行為の基礎とした事情についてのその認識が真実に反する錯誤」という。 |

（4）勘違いした人（表意者）に、重大な不注意（重過失）が あったらどうなるか？

1 表意者に重過失があったら ➡ 自業自得と言える。だから、**取り消せない**。

2 ただし、1の場合でも（表意者に重過失があった場合でも）、相手方が、表意者に錯誤があることを知り、または重大な過失によって知らなかったときは、**取り消せる**（悪意・重過失の相手方を保護する必要はないから）。

難しく考える必要はない。次のとおりだ。

① 本来なら、取り消せる場合であっても、

　　　　　　　↓

② 表意者に**重過失**があるなら、取り消せない。

　　　　　　　↓

③ ただし、表意者に重過失があっても、相手方が**悪意・重過失**なら、取り消せる。

もう一押し ちなみに、表意者に重過失があっても、表意者と相手方が同じ勘違いをしていた場合も、取り消せる。

（5）第三者

毎度出てくる第三者との関係だが、錯誤の取消しは**善意無過失**の第三者には対抗できないことになっている。第三者との関係は大事な話なので、34頁の表を見て整理しておこう。

第1編 | 権利関係

4. 虚偽表示

第94条【架空の契約をでっち上げるとどうなるか？】

1 相手方と示し合わせて（通謀という）、ありもしない架空の契約をでっち上げても（虚偽表示という）➡ その契約は無効だ。

2 しかし、この無効は ➡ 善意の第三者には対抗できない。

コメント

（1）虚偽表示は無効（ 1 の話）

　虚偽表示とは、「相手方と示し合わせて、ありもしない架空の契約をでっち上げること」だ。たとえば、広大な土地を所有するA代議士が入閣することになったが、恒例の資産公開でマスコミにさわがれたくなかったので、B秘書と示し合わせて土地をBに譲渡していたことにしたとする。

無効だ この場合、AB間の契約は単なるでっち上げであり、AB間には本当に土地をやりとりする意思はないのだから、この契約は無効となる。つまり、土地所有権は依然としてAにある。たとえ登記名義がBになっていても、である。これが、虚偽表示は無効だということだ。

（2）善意の第三者（ 2 の話）

　しかし、B秘書が邪心を起こし、土地の名義が一応自分のものになっているのをいいことに、この土地をC不動産に売ってしまったとしたらどうだろう。さあ、この場合、A代議士はC不動産に「土地は俺のものだ。返せ」と言えるのだろうか？

26

第1章　制限行為能力者・意思表示

👌 **解　決**　もし、Ｃが、ＡＢ間の契約が虚偽表示（でっち上げ）だということを知っていたとしたら（悪意なら）、Ｃを保護する必要はないから、ＡはＣに「土地を返せ」と言える。

　しかし、Ｃが虚偽表示の事実について善意なら、Ｃを保護する必要があるし、Ａは人様に誤解を与えるふるまいをしていて（はためには、虚偽表示の結果、Ｂが所有者になったように見える）けしからん。Ａを保護する必要はない。そこで、Ｃが善意なら、ＡはＣに「土地を返せ」とは言えない。つまり、虚偽表示の無効は**善意の第三者には対抗できない**、とされているのだ。

🤓 **過失・登記は？**　Ａはけしからん人間だから、ＡとＣでは断然Ｃを保護すべきだ。だから、Ｃは善意でありさえすればＡに勝てる。つまり、①Ｃに**過失があっても**（善意有過失でも）②Ｃが所有権移転**登記を得ていなくても**、ＡはＣに虚偽表示の無効を対抗できない。

🤓 **ＡＢ間では？**　しかし、Ｃが登場した後もＡＢ間の虚偽表示が無効であることに変わりはない。つまり、Ａは、無効をＣに主張できないだけであって、**Ｂには主張できる**から念のため。

例　題　Ａ所有の土地が、ＡからＢ、ＢからＣへと売り渡され、移転登記もなされている。この場合、Ａが債権者の差押えを免れるためＢと通謀して登記名義を移転していたのなら、Ｃがそのことにつき**悪意**だった場合には、ＡはＣに対して、ＡＢ間の売買契約の無効を主張することができる。

（虚偽表示）
土　地　Ａ → Ｂ
移転登記
無効を主張できるか？ → Ｃ（悪　意）

解　答　ＡＢ間の売買契約は虚偽表示だから無効だ。そして、この無効は善意の第三者には対抗できないが、**悪意の第三者には対抗できる**。よって正しい。

まとめ

虚偽表示の無効を対抗できるか？
1. 善意の第三者 C → ×
   過失があろうとなかろうと
   登記があろうとなかろうと
2. 悪意の第三者 C → ○
3. 相 手 方 B → ○

（3）応　用

転売以外も同じこと。Aの土地が虚偽表示によってBに譲渡され、Bが第三者Cのためにこの土地に借地権や抵当権を設定したとする。この場合、CがAB間の虚偽表示について善意ならAはCの権利が無効だと主張できないが、Cが悪意なら主張できる。

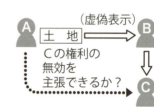

転売と同じ！

第三者CがBから何を取得しても（①所有権でも②借地権でも③抵当権でも④それ以外の権利でも）、

Cが 　善意なら → Cの**勝ち**
　　　悪意なら → Cの**負け**

（4）当事者と第三者の区別（難！）

「善意の第三者には対抗できない」という場合の第三者とは、すべての第三者ではなく、「虚偽表示の**後で新たに**利害関係を持った者」に限られる。「虚偽表示の**前からもともと**利害関係を持っていた者」は第三者ではなく当事者とみなされることになっている。これは**詐欺**の場合も同じだ。

第1章 制限行為能力者・意思表示

> 第三者か当事者か
>
> 利害関係を持ったのが、詐欺・虚偽表示の
> - 前 → 当事者
> - 後 → 第三者

当事者の例

Aの土地にBが一番抵当権を有し、Cが二番抵当権を有していた。Bが一番抵当権を放棄すると、本来ならCの抵当権が二番から一番に繰り上がるはずだ（➡145頁の条文 3 ）。

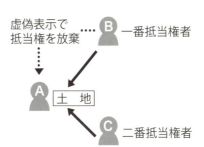

しかし Bの放棄が虚偽表示で無効の場合、Cは虚偽表示前から利害関係を持っていたため、当事者とみなされてしまう。だから、Cはたとえ善意でも第三者として保護されず、二番抵当権者のままだ。

（5）債権者代位権の話

Aの債権者Bは、Aの土地を差し押えて借金を取り立てようと思っていたが、Aがこの土地を虚偽表示でCに売ってしまった。Bは、どうしたらいいか？

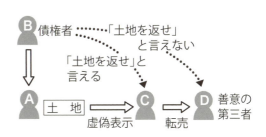

債権者代位権がある！ 債権者というものは、自分の債権を守るために債務者の権利を債務者に代わって行使（代位行使という）できることになっている。債権者のこういう権利を債権者代位権という（➡266頁で詳しくやる）。

第1編｜権利関係

ポイントは、債務者Aに代わって行使する以上

> 債務者A自身が行使できない権利は、
> ➡ 債権者Bも代位行使できない。

ということだ。だから、

BはCに勝つ Aが相手方Cに虚偽表示の無効を主張して土地を返せと言える以上、BはAのこの権利を代位行使して、Cに対して土地をAに返還するよう請求できる。同様に、CがAから土地の所有権移転登記を得ていたなら、BはAに代わって、登記の抹消を請求できる。

BはDに負ける では、その前に土地が既にCから善意の第三者Dに転売されていたらどうか？　この場合、Aは虚偽表示の無効をDに対抗できない。Aが行使できない権利はBも代位行使できないから、BはDにAC間の売買の無効を対抗できず、土地の返還を請求できない。

(6)「第四者」の話

Aの土地が虚偽表示でBに譲渡され、Bがこの土地を第三者Cに転売し、Cがさらに第四者（転得者という）Dに転売したとする。さあ、この場合、AはDに対して虚偽表示の無効を主張して土地を返せと言えるか？

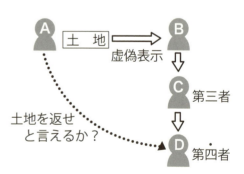

CD 悪意以外ダメ Cが善意なら、Aはその先の追及ができなくなり、Dは悪意でも土地を返さなくていい。逆に、Dが善意ならD自身が善意の第三

者として保護されるから(第四者も第三者なのだ)、**Cが悪意でも**Dは土地を返さなくていい。結局、Aが虚偽表示の無効をDに対抗できるのは、CD両方が悪意の場合だけだ。

C	D	AとDのどちらが勝つか？
善　意	善　意	D
善　意	悪　意	D
悪　意	善　意	D
悪　意	悪　意	A

5. 心裡留保

第93条【冗談で契約するとどうなるか？】

原　則　冗談のつもりで言ったこと（**心裡留保**という）でも、相手方が本気にすると（相手方が**善意無過失**だと）、

→　冗談ではすまされなくなる（**有効**となる）。

例　外　しかし、相手方が冗談を見抜いていたり（**悪意**）、うっかり信じた（**善意有過失**）場合には、

→　冗談ですまされる（**無効**となる）。

そして、心裡留保が例外的に**無効**となった場合には、

→　この無効は善意の第三者に**対抗できない**（ここは、いささか難解！）。

第1編 │ 権利関係

コメント

（1） 原則 → 有効

　心裡留保とは、冗談で契約することだ。たとえば、時価10億円の土地を所有しているＡが、友人のＢに冗談のつもりで、「俺の土地をお前に５億円で売ってやる」と言ったとする。こういう意思表示を心裡留保という。

　このＡの冗談（心裡留保）をＢが本気にした場合、Ａが、「いや、あれは冗談だよ」ですましていいとしたら信じたＢが気の毒だ。

　なぜなら、ＢがＡの冗談を過失なく信じたとしたら（善意無過失なら）、Ｂには何の落度もないから。一方、Ａには、相手方に誤解を与えたという落度がある。

　解　決　そこで、Ｂが**善意無過失**の場合には、ＡよりＢを保護すべきだから、冗談が冗談ですまされなくなり有効になる、とされている。これが、**心裡留保は原則として有効**だということだ。

（2） 例外 → 無効

　しかし、Ｂが、Ａの冗談を見抜いていたら（Ｂが悪意の場合）、Ｂを保護する必要はない。また、ＢがＡの冗談をうっかり信じた（善意だが過失があった）場合も、やはりＢを保護する必要はない（異論はあるかもしれないが、そういうことになっている）。

　解　決　そこで、こういう場合（Ｂが善意無過失でない場合、つまり**悪意または善意有過失**の場合）には、Ａは、「あの話は冗談だから無効だ」ですませてよいことになっている。これが、心裡留保が**例外として無効**になる場合だ。

（3） 善意の第三者

　さあ最後に、やっかいな第三者との関係を考えてみよう。Ａが冗談でＢに、「土地を売る」と言い、Ｂが悪意または善意有過失だった場合、Ａの意思表

32

第1章 制限行為能力者・意思表示

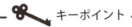

キーポイント

心裡留保 ─┬─ 相手方が**善意無過失** ➡ **有効** (「ゼムユ」が原則)
          └─ 相手方が**悪意・過失** ➡ **無効** (「アカム」は例外)

「**ゼムユ・アカム**」と覚えればよい。

大学時代の成績が全優だなどと自慢してる人間にロクなのはいないから、「全優はあかん」➡「ゼンユー、アカン」➡「ゼムユ・アカム」とでもこじつけて覚えてしまおう！

示は無効になる。ここまでは勉強済みだ。

さて、その後で、Bが第三者Cに、「Aから土地を買ったから貴方に転売してあげましょう」と話を持ちかけ、Cにこの土地を転売する契約を結んだら、AはCに、「AB間の契約は心裡留保で無効だから、その土地は俺のだ」と主張できるだろうか？

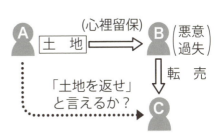

解決 心裡留保が無効な場合というのは、Aの冗談をBが見抜いていたか、うっかり信じた場合だから、AB間で架空の契約をでっち上げた場合（虚偽表示）と非常によく似ている。

33

そこで、虚偽表示の無効が善意の第三者に対抗できないのと同様に、心裡留保の無効も**善意の第三者に対抗できない**ことになっている。つまり、Aとしては、Cが悪意なら土地を取り返せるが、Cが善意なら土地を取り返せないことになる。

例題 Aは、自己所有の土地について、売る意思がないにもかかわらず、Bとの間で売買契約を締結した。この場合、Bがそのことについて**善意無過失**であれば、この契約は無効である。

解答 Aの意思表示は心裡留保だから、相手方Bが**善意無過失なら有効**になる。無効となるのは、Bが悪意または善意有過失の場合だ。「ゼムユ・アカム」をしっかり覚えること！　よって誤り。

6. 第三者のまとめ

	効　果	第三者に対抗できるか？ （ここが出る！）
① 制限行為能力者	取り消せる	○
② 詐　欺	取り消せる	善意無過失の第三者には✕
③ 強　迫	取り消せる	○
④ 錯　誤	取り消せる	善意無過失の第三者には✕
⑤ 虚偽表示	無　効	善意の第三者には✕
⑥ 心裡留保	善意無過失➡有効（ゼムユ） 悪意・過失➡無効（アカム）	（有効だから対抗は問題とならない） 善意の第三者には✕

34

覚え方（整理しておけば、ヒッカケ問題が出題されても安心だ）

① 表を見てみよう。無効が２つある。虚偽表示と心裡留保だ（無効グループ）。無効グループは➡善意の第三者には×（対抗できない）となっている。

② 残りの４つが取消しグループだが、このうち、制限行為能力者と強迫（の被害者）は守ってあげる必要性が高い➡だから、第三者に泣いてもらうことになっている。第三者に○（対抗できる）となっている。

③ 取消しグループのうち、②以外は➡善意無過失の第三者には×（対抗できない）となっている。

7．その他の事項

（1）権利能力

　権利能力とは、権利や義務の主体となることができる資格のことだ。では、制限行為能力者には権利能力があるのか？　もちろん**制限行為能力者**にも権利能力がある。だから、制限行為能力者も土地や建物などの所有者になれるのだ。

（2）意思無能力者

　酔っぱらいなどのように物事をキチンと判断できない人のことを意思無能力者という。そういう意思無能力者がやった契約は無効だ。たとえば、酔っぱらいが契約書にサインしたとしても、その契約は**無効**だ。

（3）公序良俗
　　こうじょりょうぞく

　公序良俗（公の秩序や善良の風俗のこと）に反する契約（**例**愛人契約）は**無効**だ。法律には、社会の秩序を維持するという目的もある。だから、公序良俗に反する契約を締結しても保護されないのだ。

35

第2章　代　理

1．代理の基本

第99条【代理とはどういうものか？】

代理人が意思表示をすると、

➡ 契約の効力は**直接本人に帰属**する。

コメント

　今、東京に住んでいるＡが、大阪のＣ所有の土地を１億円で買い取りたいと思った。しかし、Ａ自身は多忙のため、大阪に行ってＣと交渉する暇がない。さあ、Ａはどうしたらいいだろうか？

解　決　こういう時のためにあるのが、**代理**という制度だ。

　Ａは、信頼できる友人のＢにでも代理人になってもらって（**代理権**を与える）、大阪に行ってもらい、Ｃ（相手方という）との契約をまとめてきてもらえばいい。そうすれば、Ａ（本人という）は、自分で直接Ｃと交渉（意思表示だ）しなくても、土地を手に入れることができる。

第2章 代理

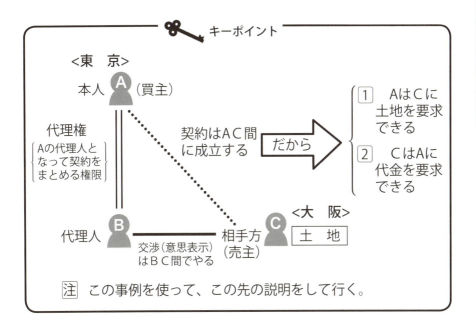

第101条【代理人が錯誤したり、詐欺・強迫にあったらどうなるか？】

代理人が勘違い（錯誤）によって契約したり、だまされたり（詐欺）、脅されたり（強迫）して契約させられた場合には、

→ その契約を取り消せるのは**本人**だ。

コメント

先程、99条で勉強したように、代理人の意思表示の効力が直接本人に帰属するのが代理制度だ。

ということは、代理人が錯誤によって契約したり、詐欺・強迫にあって契約させられた場合、錯誤、詐欺・強迫を理由とする契約の取消権も、代理人にではなく、直接本人に帰属することになる。

だから、**契約を取り消せるのは本人**だ。

第1編 権利関係

例題 Aの代理人Bが、CにだまされてDとの間でD所有の土地について売買契約を締結したが、詐欺の事実について、ADともに善意無過失だった場合、Aは当該契約を取り消すことはできない。（H26-2-エ類題）

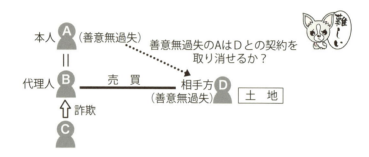

解答 代理人Bが詐欺にあって契約すると、その効力は直接本人Aに帰属する。だから「A自身がCの詐欺にあって善意無過失のDと契約した」と読み替えればいい（Bを省略してしまう）。さてこの場合、詐欺の当事者はAとCであり、**Dは善意無過失の第三者だ**（➡23頁）。
だから、AはDとの契約を取り消せない。よって正しい。

もうひと押し！ ちなみに、もしDが悪意または善意有過失なら、もちろんAはDとの契約を取り消せる。しかし、その場合も取消権はAだけにあり**Bにはない**から念のため。

第100条 【代理人が、「代理で参りました」と言うのを忘れると、どうなるか？】

原則 代理人は、「○○さんの代理で参りました」と言わなければならない（これを**顕名**という）。これを言わないと（顕名を欠くと）、

➡ **代理人自身が契約**したことになってしまう。

例外 しかし、たとえ顕名を欠いたとしても、相手方が、「○○さんの代理で来たんだな」ということを知っていたり（悪意）、知

り得た場合（善意有過失）には、

➡ **本人**に契約の効力が帰属する。

コメント

（1） 原 則

　先程、99条でやった事例の、C（相手方）になったつもりで考えてほしい。東京からBがやってきて、「Aの代理で参りました」（これが顕名）とは一言も言わず、ただ、「Cさん、貴方の土地を1億円で売ってくれませんか？」と言ったとする。そうしたら、Cとしては、買主はBだと思うのが当然だ。

解 決　そこで、「Bが買ってくれるのだな」と思って契約したCの期待を裏切らないように、**B自身が買った**ことになってしまうのだ。その結果、BはCに代金1億円を支払わなければならない。Bには気の毒だが、顕名を欠いたという落度がある以上、仕方ないことなのだ。これが顕名を欠いた場合の原則だ。

（2） 例 外

　しかし、BはAの代理で来たのだということを、Cが知っていた場合など（悪意か善意有過失）には、Bに責任を取らせる必要はないから、**本人Aが買った**ことになる。これが例外の場合だ。

- -

例 題　AがA所有の土地の売却に関する代理権をBに与えた。Bが自らを「売主Aの代理人B」ではなく、「売主B」と表示して、買主Cとの間で売買契約を締結した場合には、Bは売主Aの代理人として契約しているとCが**知っていても**、売買契約は**BC**間に成立する。（H21-2-1）

解 答　Bが「Aの代理で参りました」と言わなくても（顕名を欠いたとしても）、Cが、「BはAの代理で来た」ということを知っていたり（**悪意**）、知り得た場合（善意有過失）には、Aに契約の効力が帰属するので、売買契約は**AC**間に成立する。よって誤り。

- -

第1編 権利関係

> **第102条【ガキの使いでもいいのか？】**
> 　未成年者等の**制限行為能力者**でも ➡ **代理人になることができる**（ガキの使いでもOK！）。
> 　そして、この場合、本人は代理人が締結した契約を ➡ **取り消すことはできない**。

コメント

（1）代理人になれる

　99条で勉強したように、代理人が意思表示をすると、契約の効力は直接本人に及び、代理人には及ばない。ということは、99条でやった事例で、代理人Bが未成年者で、相手方Cにまるめ込まれて不利な契約をさせられたとしても（たとえば、1億円の土地を2億円で売り付けられたとしても）、その不利な効果（2億円の支払義務）は本人Aに帰属するから、代理人となった未成年者Bが損をするおそれはない。

　だから、未成年者等の制限行為能力者でも**代理人になることができる**とされている。要するに、　ガキの使いでもOK！　ということなのだ。

（2）取り消せない

　そしてこの場合、本人Aは未成年者Bが締結した不利な契約を、未成年者の行為であることを理由に**取り消すことはできない**。なぜなら、この不利な結果は未成年者を代理人に選んだ他ならぬA自身の自業自得だからだ。

注意！　ただし、制限行為能力者が**他の制限行為能力者の法定代理人**としてした契約の場合は、取り消すことが**できる**。たとえば、被保佐人Aに未成年の子Bがいたとする（AはBの親だから法定代理人だ）。この場合において、AがBの代理人として、Bの土地をCに売った場合は、取り消すことができるということ。

例題　Aの代理人Bが、Cと土地の売買契約をした場合、Bが未成年者で親権者の同意を得ていなかった場合には、AはCとの契

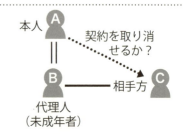

40

約を取り消すことができる。（H21-2-2類題）

解答 契約の効果はＡに帰属し、ＢにはＢ及ばないからＢを保護する必要はないし、不利な結果はＡの自業自得だから、Ａは契約を**取り消せない**。誤り。

第 103 条【代理人の権限が決められていない場合、何ができるか】

権限の定めのない代理人にできることは次の３つだ。

→ ① **保存**行為　（例 家の雨もりを修理する）
　　② **利用**行為　（例 家を賃貸して賃料をかせぐ）
　　③ **改良**行為　（例 家の壁紙をきれいなものに張り替える）

コメント

代理権は与えられたものの、具体的に何を代理できるかがはっきり決められていないことはよくあるものだ。

たとえば「後の事は君に任せるから、よろしくたのむ」というような場合だ。こういう任され方をした人のことを、権限の定めのない代理人という。この場合、上の ① ～ ③ のことができることになっている。

例題 権限の定めのない代理人は、保存行為しか行うことができない。

解答 保存行為だけではなく、他に、**利用**行為と**改良**行為もできる。誤り。

第 108 条【代理人がやってはいけないことが２つある】

① **自己契約**と、② **双方代理**は　→　**原　則**として禁止されている

（**例　外**あり）。

コメント

① 自己契約とは？

ＡがＢに、「俺の土地を誰かに高く売ってくれ」と頼み、売買契約の代理権を与えたとする。この場合、Ｂは自分以外の誰かに売らなければならず、Ｂ

自身が買主となること（これを、**自己契約**という）は禁止されている（無権代理となる➡47頁）。なぜなら、B自身が買主となるとしたら、Bは、代金額をうんと安くして、自分に有利な契約にしてしまい、Aの利益を害する危険性が高いからだ（以上が 原則）。

ただし、不利益を受けるA自身の**許諾**（事前）か**追認**（事後）があれば別だ。その場合には、Bは買主となることができる（以上が 例外）。

② 双方代理とは？

AがBに、「俺の土地をCに高く売ってくれ」と頼み、売却の代理権を与え、一方で、CがBに、「Aの土地を安く買ってくれ」と頼み、購入の代理権を与えたとする。このように、契約の当事者双方の代理人となることを**双方代理**という。

これでは、Bが、代金額を安くすればAに損をさせることになるし、逆に代金額を高くすればCに損をさせることになり、Bとしては、自分の依頼者の一方を裏切ることになる。だから、双方代理は原則として禁止されている（無権代理となる➡47頁）。

しかし、損をする人がそれでもいい、と言っているなら禁止する必要はない。そこで、あらかじめA C **両方の許諾**（片方ではダメ）を得れば、例外として、Bは双方代理行為を有効に行うことができる。

> BがAC双方の代理人となることは原則禁止。

例題 Bが売主Aの代理人であると同時に買主Cの代理人としてAC間で売買契約を締結しても、あらかじめ、**A及びCの承諾**を受けていれば、この売買契約は有効である。（H22-2-4）

解答 Bが、AとC双方の代理人となることは**双方代理**であり、原則として禁止されている。しかし、例外として、あらかじめAとC**両方の許諾**（片方ではダメ）を得れば、Bは双方代理を有効に行うことができるので、売買契約は有効だ。よって正しい。

第111条【代理権はどういう場合に消滅するか？】

代理権は、次の場合に消滅する。

$\begin{cases} \underline{本}人 \rightarrow \underline{死}亡・〔\underline{破}産※〕 &（「\underline{星は半分}」と覚える）\\ \underline{代}理人 \rightarrow \underline{死}亡・\underline{破}産・\underline{後}見開始の審判 &（「\underline{ダシは後}」と覚える）\end{cases}$

※本人が破産すると、委任による代理権は消滅する。しかし、法定代理の場合は、本人が破産しても代理権は消滅しない（だから「半分」）。それ以外の4つは全て委任による代理と法定代理に共通の消滅原因。

コメント

（1）代理は2種類

代理には、①委任による代理（任意代理ともいう）と、②法定代理の2種類がある。

キーポイント

① **委任による代理** ➡ 「大阪のCの土地を買ってきてくれ」というように、**本人から頼まれて**代理権を与えられる場合の代理。

② **法　定　代　理** ➡ 本人から頼まれて代理権を与えられるのではなく、法律の規定によって代理権を与えられる場合の代理。**親権者**と**未成年後見人**と**成年後見人**がこれに当たる。

この両者の、代理権の消滅原因の違いをしっかり覚えてほしい。

第1編 | 権利関係

（2）コトバの問題

本番では、「破産」と言わず「破産手続開始の決定」と表現する。次の３つは同じ意味だ。

> Aが**破産**する
>
> ＝Aが**破産者**になる
>
> ＝Aについて**破産手続開始の決定**がされる（←本番の表現）

例題 AがA所有の甲土地の売却に関する代理権をBに与えた。Aが**死亡**した後であっても、BがAの死亡の事実を知らず、かつ、知らないことにつき過失がない場合には、BはAの代理人として有効に甲土地を売却することができる。（H22-2-1）

解答 委任による代理（本人から頼まれて代理権を与えられる場合の代理）は、本人の**死亡**・破産と代理人の死亡・破産・後見開始の審判によって消滅する。だから、本人Aが死亡したら、代理権が消滅するので、BはAの代理人として有効に甲土地を売却することはできない。よって誤り。

2．復代理

第106条【復代理とはどういうものか？】

復代理人は、代理人の代理人ではなく ➡ **本人の**代理人だ。

> **コメント**

99条でやった事例を思い出してほしい。東京のAが大阪のCから土地を買うための代理権をBに与えた事例だ。ところが、代理人Bが交通事故にあい、大阪に行けなくなってしまったら、Bとしては、どうしたらよいか？

解決 もう一人代理人がいてくれたら問題は解決する。そこで、こういう場合、代理人Bはもう一人の代理人B'（これを復代理人という）を選任し、復代理人B'に大阪に行ってもらって契約をまとめてきてもらうことができることになっている。これが、復代理という制度だ。

第2章 代　理

第1編 権利関係

第二章 代理

　そして、復代理人B'が大阪のCとの契約に成功すると、契約の効力は誰に帰属するか？　もちろんAだ。Aが買主になる。つまり、復代理人B'は本人Aの代理人なのだ。これが、復代理人B'は代理人Bの代理人ではなく（もしそうだとしたら、99条により、Bが買主になってしまう）、**本人Aの代理人**だ、ということの意味だ。

　復代理人は代理人のスペアーだと考えるとわかりやすい。

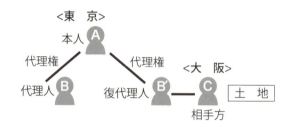

```
━━━━━ キーポイント ━━━━━
```

1　復代理人B'を選任しても、代理人Bは代理権を**失わない**（スペアーキーを作っても、マスターキーでも金庫は開く）。
2　復代理人B'の代理権は、代理人Bの代理権を**上回ることはできない**（スペアーキーでは別の金庫まで開けることはできない）。
3　代理人Bの代理権が消滅すると、復代理人B'の代理権も**消滅する**（マスターキーで開かなければスペアーキーでも開かない）。

例題　代理人が破産手続開始の決定を受けると、復代理人の代理権は消滅する。

解答　代理人が破産すると代理人の代理権は消滅する（➡ 43頁）。そして、復代理人の代理権は**代理人の代理権を基礎**とするから、代理人の代理権が破産によって消滅すると、復代理人の代理権も**自動的に消滅**する。よって正しい。

45

第1編｜権利関係

第104条、105条【復代理人を選任する場合の条件と責任】

絶対暗記！	どういう場合に復代理人を選任できるか？	代理人は復代理人の行為についてどういう責任を負うか？
委任による代理人	[1]**本人の許諾**を得た場合か、[2]**やむを得ない理由**（例、交通事故など）がある場合に限る。	**債務不履行責任**を負う。
法 定 代 理 人	**いつでも自由**に選任できる。	原 則 ➜ **全責任**を負う 例 外 ➜ **やむを得ない理由**により復代理人を選任した場合には、**選任監督責任**だけ負えばよい。

コメント

（1）委任による代理人

委任による代理人の場合は、本人から「貴方を男（女）と見込んで頼む」と言われた立場だから、別の人を勝手に復代理人としてはいけない。上の表にあるような場合に限って復代理人を選任できる。

（2）法定代理人

これに対して、法定代理人の場合は本人から頼まれて代理人になったわけではない（親権者は、子が生まれた時からいや応なく親権者なのだ）。だから、いつでも自由に復代理人を選任できる。その代わり、責任は重いのだ。

例 題 委任による代理人は、本人の許諾を得たときのほか、**やむを得ない事由**があるときにも、復代理人を選任することができる。(H29-1-2)

解 答 委任による代理人は、[1]本人の許諾を得た場合か、[2]**やむを得ない事由**がある場合は、復代理人を選任できる。よって正しい。

46

第2章 代　理

3．無権代理

第113条、116条【無権代理とはどういうものか？】

原　則 本当は代理人ではない者が、代理人のふりをして行った契約（これを無権代理行為という）は ➡ **無効**だ。

例　外 しかし、そういう契約も、本人が追認すると ➡ 無権代理行為の時点にさかのぼって有効になる（追認の時点から有効になるのではない！　坂登二郎）。

コメント

（1）**原　則** ➡ **無効**

　Bが、Aから何の代理権も与えられていないのに、勝手にCの所に行き、「私はAの代理人だが、貴方の土地をAに1億円で売ってほしい」と申し込み、契約をまとめたとする。こういう振る舞いのことを無権代理という。

　この結果、Aが買主にさせられ、1億円を支払わなければならなくなるとしては無茶苦茶な話だ。そこで、無権代理契約は原則として**無効**とされている。つまり、Aは1億円を支払う義務はない。

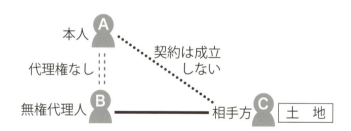

（2）**例　外** ➡ **有効**

　しかし、世の中には、渡りに舟という言葉がある。Aとしては、Bがまとめてきた話に乗りたくなる場合もあるだろう。たとえば、BがAの友人で、

47

第1編｜権利関係

Aが土地を探しているのを知り、気を利かせてCとの契約をまとめておいた場合などだ。

解 決 そこで、そういう場合には、Aは、Bの行った無権代理契約を**追認**すれば、無権代理行為を有効なものとすることができ、土地の買主になれるのだ。

よく出るポイント①

では、Aが追認すると、無権代理契約はいつから有効になるか？これが試験によく出るポイントだ。答えは、契約の**当初にさかのぼって有効**になる。追認の時から有効になるのではないから要注意！（これが坂登兄弟の二男、**坂登二郎**だ。一郎は➡8頁）

よく出るポイント②

追認はCに対して直接行うのが原則だが、Bに対して追認した場合にも、Cが**追認の事実を知れば**Cに対して追認したことになる。

例 題 無権代理人が3月1日に無権代理行為をし、本人が4月1日に追認をした。この場合、無権代理行為は**4月1日**から有効になる。（H26-2-ア類題）

解 答 3月1日に**さかのぼって**有効になる。よって誤り。

第114条、115条、117条 【無権代理人と契約した相手方を保護するための3つの制度】

① **催告権**（さいこくけん）

無権代理人と契約した相手方は、本人に対して、相当の期限を付けて「追認するかどうか答えろ！」と催告できる。

もし、期限までに答えがないと ➡ 追認を**拒絶**したものとみなされる（この催告は無権代理であることについて相手方が**悪意**でもできる）。

② **取消権**（とりけしけん）

無権代理人と契約した相手方は、**本人の追認がない間**（無権代理人に対して追認があったが、それを相手方が知らない間も同じ。➡上のよく出るポイント②）は ➡ 契約を取り消せる（この取消しは無権

第2章 代 理

代理であることについて相手方が善意の場合だけできる）。

③ 履行請求権・損害賠償請求権

　無権代理人と契約した相手方は、**本人の追認がない間は** ➡ 無権代理人に㋐契約の履行、または、㋑損害賠償を請求できる（これらの請求は無権代理であることについて相手方が善意無過失の場合にできる）。

　また、相手方が善意有過失であっても、無権代理人が悪意なら（自分に代理権がないことを知っていたなら）、相手方は、契約の履行または損害賠償を請求できる。

注意！ ただし、無権代理人が制限行為能力者の場合には、これらの請求はできない。

コメント

　113条の事例をここでもそのまま使う。相手方Cとしては、本人Aが無権代理人Bの無権代理行為を追認してくれるのが一番いいに決まっている。

　そこで、追認するかどうか、本人に対して催告する権利が相手方に与えられている。

　また、本人Aの追認がない場合には、相手方Cとしては、契約を取り消して何もなかったことにすることもできるし、逆に契約を取り消さず、悪いのは無権代理人Bなのだから、Bに「お前が土地の買主になって1億円支払え」と契約の履行を請求したり、損害賠償を請求したりすることもできる。

　難しいのは、相手方Cの善意・悪意と過失の有無によって、行使できる権限に違いがあることだ。

キーポイント

	相　手　方　が		
	善意無過失	善意有過失	悪意
① 催　告（確答なければ追認拒絶）	○	○	○
② 取消し（**追認されると取り消せない**）	○	○	×
③ 履行請求または損害賠償請求	○	原　則 ×	×

49

第1編 | 権利関係

例題 無権代理人と契約した**善意無過失**の相手方は、本人が無権代理行為を追認しない場合には、無権代理人に対して**損害賠償**を請求することはできるが、契約の**履行**を請求することはできない。(H18-2-4類題)

解答 善意無過失の相手方は、契約の**履行**または**損害賠償**を請求できる。誤り。

判例【無権代理人と本人の相続】

- ケース1 **無権代理人Bが**本人Aを相続しても ┐
- ケース2 **本人Aが**無権代理人Bを相続しても ┘ いずれにせよ

→ 善意無過失の相手方Cは契約の履行を**請求できる。**

注 「判例」とは、過去の裁判の判決のこと。法律と同じ効力がある。

コメント

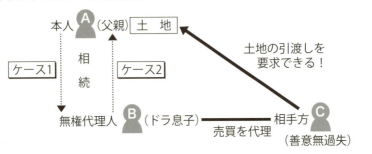

父親Aの土地を、ドラ息子のBが何の代理権も与えられていないのに、Aの代理人だと偽って善意無過失のCに売ったとする。さて、その後で……

ケース1 Aが死亡してBが単独でAを相続すると、
⇩
この土地はBのものになる。

ケース2 Bが死亡してAが単独でBを相続すると、
⇩
Aには、

土地がBのものになった以上、はじめから**Bが自分の土地をCに売った**ものとみなせば八方円満におさまるから、そうみなすことになっている。

⇩

だから、CはBに土地を引き渡せと請求できる。

暗記じゃダメ!! 理解が大事!!

① 本人としての立場と
② 無権代理人の相続人としての立場

がある。だから、

⇩

① Aは本人としての追認拒絶権を行使できる。
② しかし、それとは別にAはBから**無権代理人としての責任を相続**する。

⇩

だから、CはAに土地を引き渡せと請求できる。

(AはBの尻ぬぐいをさせられて気の毒だが仕方ない。イヤなら相続を放棄するしかない。)

いずれにせよ！

BがAを相続しても（ケース1）、AがBを相続しても（ケース2）、いずれにせよ善意無過失のCは土地を引き渡せと**請求できる**。

 ケース1の注意点！ 　無権代理人が、他の相続人とともに本人を共同相続した場合は、無権代理行為は当然に有効となるわけではない（共同相続人全員の追認があれば有効となる）。当然に契約を有効としてしまうと、他の相続人の追認拒絶権を一方的に奪うことになって、かわいそうだからだ。

ケース2の注意点！ 　なお、①Cが善意無過失の場合だけでなく②Cが善意有過失だが、Bが悪意の場合も土地を引き渡せと請求できる。①②以外の場合は請求できない。

例　題 　Aが、所有する甲土地の売却に関する代理権をBに授与し、BがCとの間で、Aを売主、Cを買主とする甲土地の売買契約を締結した。AがBに代理権を授与した後にBが**後見開始**の審判を受け、その後に本件契約が締結された場合、Bによる本件契約の締結は無権代理行為となる。(H30-2-4)

解　答 　代理人Bは**後見開始**の審判を受けたから、Bの代理権は消滅する。Bは代理権がないのだから、契約の締結をしても無権代理行為となる。よって正しい。

第1編　権利関係

次は表見代理について勉強しよう。まずは表を見てほしい

第109条、110条、112条【表見代理の種類】

ここは卒再

ココが出る!!

	こう出題される！ （下図は全部に共通だ）	答えは3つとも同じ
① **「オーバー」** → 代理人Bが**代理権限外**（＝オーバー）の契約をした場合	Aが自分の土地をCに**賃貸**する代理権をBに与えたところ、Bがその土地をCに**売却**してしまったらどうなる？ 〔**抵当権設定**の代理権を与えたら売却してしまった、でも同じこと。〕	相手方Cが**善意無過失**なら、AC間に売買契約が**有効**に成立する。
② **「アフター」** → 代理人Bが**代理権消滅後**（＝アフター）に契約をした場合	Aが土地売却の代理権をBに与えた後でBが**破産**して（**後見開始**の審判を受けて、でも同じこと）代理権を失った。その後でBがAの代理人として土地をCに売却してしまったらどうなる？	
③ **「ネバー」** → 本人Aが、本当はBに代理権を与えていない（＝ネバー）のに「私はBに**代理権を与えました**」と表示し、BがAの代理人として契約をした場合	Aが将来にそなえて土地売却の**委任状**をBに渡したが、まだ代理権を与えてはいなかった。ところがBが委任状を悪用して土地をCに売却してしまったらどうなる？	

代理権が ┌ ①オーバー
　　　　 ┤ ②アフター
　　　　 └ ③ネバー

本人Ⓐ ─── 土　地 ─── 契約は有効に成立する！
　│　　　　　　　　　　　　　　　　│
表見代理人Ⓑ ──契約を締結── 相手方Ⓒ（善意無過失）

なお、2+1のパターン（「アフターオーバー」のパターン 注意1）と3+1のパターン（「ネバーオーバー」のパターン 注意2）もある。

注意1 代理人BがAから甲土地の賃貸の代理権を与えられた。その代理権が消滅した後に（アフター）、Bが甲土地をCに売却（オーバー）したパターン。

注意2 本人Aが、本当はBに甲土地の賃貸の代理権を与えていないのに「私はBに賃貸の代理権を与えました」と表示した（ネバー）。その後に、Bが甲土地をCに売却（オーバー）したパターン。 注意1 のパターンも 注意2 のパターンも相手方Cが善意無過失なら、AC間に売買契約が有効に成立する。

コメント

表見代理とは、本当は完全な代理権がないのに、ちょっと見にはあるように見えるケースだ（=**表**から**見**ると**代理**みたい、ということ）。そういう誤解を相手方Cに生じさせた責任が本人Aにあるから、契約が有効になっても自業自得だ。もっとも、Cが善意無過失でない（＝悪意か善意有過失）ならCは保護に値しないから、表見代理は成立しない。

表見代理も無権代理の一種だ！

表見代理もちゃんとした代理権がない以上無権代理の一種だ。だから、相手方には1催告権、2取消権、3履行請求権・損害賠償請求権があるし（➡49頁のキーポイント）、本人は追認ができる。

例題 AからA所有の土地を売却する代理権を与えられたBが、Aの許諾を得て復代理人Cを選任した後で破産手続開始の決定を受けた。その後、Cが

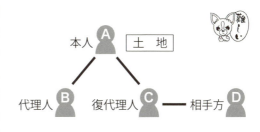

善意無過失のDにこの土地を売却する代理行為を行った場合、AがCの行為を追認するまでの間は、Dは当該契約を取り消すことができる。

| 解　答 | Bは破産により代理権を失う（➡43頁）。

代理人Ｂの代理権が消滅すると復代理人Ｃの代理権も消滅する（➡45頁 3 ）。

代理権消滅後の契約も、相手方Ｄが善意無過失だからＡＤ間に有効に成立する（表見代理 2 だ）。

しかし、表見代理も無権代理の一種だから、ＤはＡの追認があるまでの間はこの契約を取り消せる。よって正しい。

第3章　時効

1．時効には取得時効と消滅時効がある

第162条他【取得時効とはどういうものか？】

他人の物を、**自分の所有物にする意思**で次の期間占有し続けると、

➡ 他人の物を**起算日にさかのぼって**取得することができる（時効完成時から取得するのではない。**坂登三郎**）。

➡ ① 人の物だということを**占有開始時**に全く知らなかった（**善意無過失**）場合　➡ **10年間**

② それ以外（**悪意**か**善意有過失**）の場合　➡ **20年間**

> **コメント**

（1）取得時効と消滅時効

「あの話は、もう時効だよ」などというように「時効」なる言葉は、日常会話でもよく使われる。それを、もう少し詳しく勉強しようというわけだ。時効には、大きく分けて、

　Ⓐ 長い間他人の物を我が物顔で使っているとその物が自分の物になる時効（これを**取得時効**という）と、

　Ⓑ 長い間借金を返さないでいると債務が消えてなくなる時効（これを**消滅時効**という）

の2種類がある。第162条は、このうちの取得時効についての規定だ。②から先に説明する。

第1編　権利関係

第三章　時効

55

（2）悪意・有過失は 20 年

Aの土地にBが勝手に（無権限で）家を建てて住み始めたとする。このように、その土地が他人の所有地だということを

Aの土地にBが家を建てて住んでいる。

始めから知っている場合（悪意の場合。善意有過失の場合でも同じ）には、**20 年間占有**（いすわること）を続ければ、Bはこの土地の所有権を時効によって取得することができる（これが上の第 162 条の ② の場合だ）。

（3）善意無過失は 10 年

これに対して、Bが、Aとの間でこの土地について売買契約を締結した上で家を建てて住み始めたが、実はその契約は公序良俗に反するので無効だった、という場合はどうだろう。

この場合、契約は無効なのだから、Bは他人の土地を占有していることになる。

しかし、占有開始時には本当に自分の土地になったと思っていたはずだ（そうだとするとBは善意無過失）。こういう場合には、Bは **10 年間占有** を続ければ、この土地の所有権を時効によって取得することができる（これが第 162 条の ① の場合だ）。

占有開始時だけ

① の場合については、善意無過失でなければいけないのは **占有開始時だけ** であり、その後悪意になったとしても（他人の物だと気付いても）、占有期間は 20 年には延長されないことになっている（ここが大事！）。

（4）起算日にさかのぼる

さて、10年にしろ（①）、20年にしろ（②）、時効の期間が満了すると（これを時効の完成という）、土地はBのものになる。

では、いつからBのものになるのか？　ここも大事。第162条をよく見てほしい。そう、答えは、**起算日**（Bが土地を占有し始めた日）に**さかのぼって**Bのものになるのだ。

具体例

2001年4月1日からBが悪意で占有を開始し、2021年4月1日になったとする。そうすると、Bは**2001年**4月1日から土地所有者だったことになる（これが**坂登三郎**だ。一郎は➡8頁、二郎は➡48頁を復習）。

（5）所有権以外もＯＫ！

次に気を付けてほしいのは、時効取得できる権利は所有権だけではないという点だ。

では、どんな権利を時効取得できるのか？いろいろあるが、試験に出るのは**地上権**と**地役権**と**賃借権**だ。

（6）他人の占有でもＯＫ！＜その①　…「賃貸」の話＞

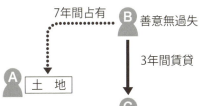

時効取得するためには10年（または20年）占有を続ける必要があるが、始めから終わりまで自分自身で直接占有し続ける必要はない。

賃借人が占有していれば→賃貸人が占有していることになる！

たとえば、Aの土地をBが善意無過失で7年間占有し、その後Bがこの土地をCに3年間賃貸した場合、

$$\underset{7\text{年}}{\text{B自身の占有期間}} + \underset{3\text{年}}{\text{Cの占有期間}} = 10\text{年}$$

となるから、Bはこの土地を時効取得できる。

(7) 他人の占有でもOK！＜その ② …「売買」の話＞

売買でも同じだ。BがAの土地を自分の所有物にする意思で7年間占有し、その後Bがこの土地をCに譲渡したとする。Cがこの土地を時効取得しようとする場合、Cは、Bの占有期間（7年）とC自身の占有期間を合わせて主張できるのだ。

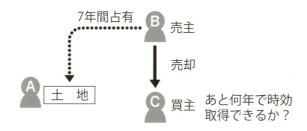

標語 買主は ➡ 売主の占有期間も合わせて主張できる！

難しいのは（大事なのは）、Cがあと何年占有すればいいかだ。答えは、BとCがそれぞれの占有開始時に善意無過失だったかどうかで決まる。

第3章 時効

B	C	Cはあと何年で時効取得できるか？	コメント
善意無過失	善意無過失	3年	最初に善意無過失なら、後に悪意になっても10年でOK。→だから、Bが善意無過失なら、Cは**善意悪意に関係なく**Bと合わせて10年でOK。
善意無過失	悪意か善意有過失	3年	← 同上
悪意か善意有過失	善意無過失	10年	最初に善意無過失でなければ、20年だ。→だから、Cはあと13年占有する必要あり。→もっとも、C自身が善意無過失なら**自分の10年だけ**でOK。
悪意か善意有過失	悪意か善意有過失	13年	← 同上

（8）Aが土地を譲渡したら？

　BがAの土地を時効取得するケースで、AがこのうちをCに譲渡したら、土地はBCどちらのものになるか？　答えは、AC間の譲渡がBの時効完成の前か後かで決まる。

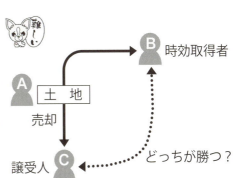

第1編 権利関係

第三章 時効

第1編｜権利関係

AC 間の**譲渡**が B の時効完成の	BC どちらが勝つか?	コ メ ン ト
前 なら　**例** B が善意無過失で A の土地の占有を開始して 7 年後に、A が土地を C に譲渡し、その 3 年後に B の時効が完成。	**B** が勝つ。**注** 登記は関係ない。C は A から所有権移転登記を得ていようといまいと、無登記の B に負ける。	きちんと登記されている他人の土地を自分のものにできるのが時効だ。 ↓ だから、C が登記を得ていても、その登記付きの C の立場がまるごと B に乗っ取られてしまうのだ。
後 なら　**例** B が善意無過失で A の土地の占有を開始して 10 年たち、B の時効が完成。その 1 年後に A が土地を C に譲渡。	BC の内 **先に登記を得た方** が勝つ。	**Bは** 時効によってせっかく土地が自分のものになったのに登記もしないで放っておいたなら、B に落度がある。 **Cは** 一方、C は C で、せっかく A から土地を譲渡されたのに登記もしないで放っておいたなら落度がある。 ↓ だから、二重譲渡（➡91 頁）同様先に登記を得た方が保護に値する。

前	スタート	7 年	10 年	11 年	→time
	占有開始	譲渡	時効完成		➡B の勝ち
後	占有開始		時効完成	譲渡	➡先に登記を得た方の勝ち

第 3 章 時効

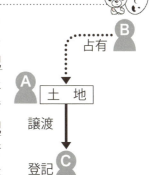

例 題 Bによる取得時効進行中のA所有の土地をAがCに譲渡し、その後Bの取得時効が完成した場合、①AからCへの所有権移転登記がBの時効完成前になされていればBは土地所有権の時効取得をCに対抗することができるが、②AからCへの所有権移転登記がBの時効完成後になされるとBは土地所有権の時効取得をCに対抗することができない。(H27-4-3類題)

解 答 よ～く考えよ！AC間の譲渡がBの時効完成の前だから、①②どちらもBの勝ち。AからCへの所有権移転登記が時効完成の前か後かは関係ないのだ。ヒッカかるな！①②どちらも、60頁の表の**前**パターンだから、Bは登記なしで土地所有権の時効取得を、登記を有するCに対抗できる。よって誤り。

① 譲渡 ➡ Cへの登記 ➡ 時効完成 ⎫
② 譲渡 ➡ 時効完成 ➡ Cへの登記 ⎭ ➡ どちらも**前**パターン
　　　　　　　　　　　　　　　　　 ➡ Bの勝ち

注意！ ②を**後**パターンと誤解しないように！

(9) 賃借人は所有権を時効取得できるか？

Aの土地をBが賃借して占有している。Bはこの土地の所有権を時効取得できるか？ 答えは、原則として×だ。

なぜなら、取得時効が成立するためには、ただ占有するだけではだめで、「**自分の所有物にする意思で**」（＝所有の意思をもって）占有する必要があるからだ。賃借人には、性質上「所有の意思」はないはずだ（たとえあっても、ないとみなされることになっている）。だから、Bはたとえ20年間占有を続けたとしても（たとえ20年間ずっと賃料を踏み倒し続けたとしても）、**原則**として、Aの土地の所有権を時効取得できない。

61

第1編 権利関係

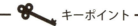

 例外あり！

例外として、BがAに対して「この土地は自分のものです」と、**所有の意思があることを表明**すると、その時から時効がスタートし、20年で（なぜなら悪意だから）BはAの土地を時効取得できる。

― キーポイント ―
賃借人は、時効取得できるか？
→ 原則 → ×
　例外 → 賃貸人に対して**所有の意思を表明**すれば○

話はまだ終わってない。お次は判例だ！

判例【賃借人の相続人は所有権を時効取得できるか？】

賃借人の相続人は所有権を時効取得できるか？
→ 原則 → ×
　例外 → 所有の意思をもって新たに「**事実上の支配**」を開始すれば○

 コメント

（1）原則

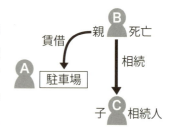

Aの駐車場をBが賃借していた（＝所有の意思なし）。その後、Bが死んでCがBを相続した。さて、Cがこの駐車場を時効取得してやろうと思っても、CはBの賃借人としての地位を受け継ぐため、Cの意思とは無関係に、**所有の意思はないものとみなされ**てしまう。だから、このままではCは20年間駐車場を使用し続けたとしても、原則として時効取得できない。

（2） 例外

しかし、原則あるところ例外あり。Cがこの駐車場に勝手に家を建てて住み始めたとしたら、Bから相続した賃借権とは別に、新たに「事実上の支配」を開始したことになり、時効取得することができる。

第166条【債権は放置しておくと消滅する。】

債権は、次の期間行使しないと消滅する。

1 債権者が権利を行使できることを知った時から5年間
2 権利を行使できる時から10年間

コメント

たとえば、売買代金債権や貸金債権などのような債権は、行使できること（払えと言えること）を知った時から5年間（または行使できる時から10年間）「払え」と言わずに放置しておくと時効が完成して消滅する。つまり、債権が消えてなくなり、「払え」と言えなくなるのだ。これが消滅時効だ。

債権以外は？ まず、所有権は時効によって消滅しない。そして、「債権と所有権」以外の財産権（地上権・永小作権・地役権・抵当権等）は権利を行使できる時から20年間行使しなかったら時効によって消滅する。

		時効期間（下記の場合に消滅する）
①	債権	1 行使できることを知った時から5年間行使しなかった 2 行使できる時から10年間行使しなかった 注意1
②	所有権	消滅しない
③	①②以外の 財産権 注意2	行使できる時から20年間行使しなかった

注意1 生命・身体の侵害による損害賠償請求権（これも債権だ）については、行使できる時から20年間となっている。生命・身体は大事だから2倍（10年間×2）になっているのだ。

例 殴られてケガをした（身体の侵害）場合は、損害賠償を請求できる。これが身体の侵害による損害賠償請求権だ。

第1編　権利関係

注意2　①②以外の財産権とは、地上権・永小作権・地役権・抵当権等のことだ。

例題　Aが甲土地を所有している。Aが甲土地を使用しないで20年以上放置していたとしても、Aの有する甲土地の**所有権**が消滅時効にかかることはない。(R2-10-4)

解答　**所有権**は時効によって**消滅しない**。よって正しい。

63頁で、債権は「権利を行使できる時から10年間行使しなかったら」時効によって消滅するということを勉強した。では「権利を行使できる時」とは何かということを勉強していこう。

第166条の続き【消滅時効はいつからスタートするか？】

消滅時効は ➡ 「権利を行使できる時」から進行する。
具体的に言うと、

① **確定期限付**の債権　　　　　　　➡ 期限が**到来**した時から進行
　（例　4月1日に支払う）　　　　　　（4月1日からスタート）

② **不確定期限付**の債権　　　　　　➡ 期限が**到来**した時から進行
　（例　自分の父親が死んだら支払う）（死んだ時からスタート）

③ **条件付**の債権　　　　　　　　　➡ 条件が**成就**した時から進行
　（例　宅建士試験に合格したら支払う）（合格した時からスタート）

④ 期限の**定めがない**債権　　　　　➡ **直ち**に進行
　（例　いつ支払うか決めていない）　（契約と同時にスタート）

コメント

（1）いつから10年？

今、Bが、Aから土地を1億円で買ったとする。つまり、売買契約が成立したわけだ。当然、Aは代金1億円を請求する債権を取得する。そして、この債権は10年間放っておくと時効によって消滅する。

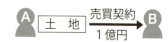

では、この10年間というのは、いつから10年間なのだろうか？　これが、消滅時効はいつから進行（スタート）するか、という問題だ。答えは、「**権利を行使できる時から**」進行する。

しかし、一口に「権利を行使できる時」と言っても、いろいろある。期限や条件がついていたら、消滅時効はいつから進行するのか？　その答えが、1〜4に書いてある。
「期限」と「条件」の違いは次の通り。

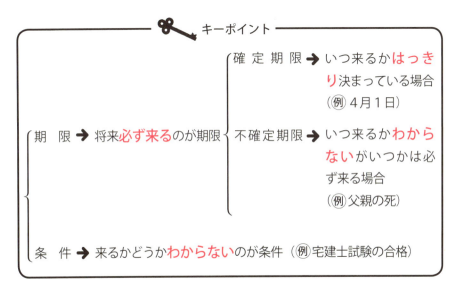

（2）個人的な都合とは無関係に進行

Aが交通事故にあおうと、入院しようと、Aの代金債権の消滅時効は進行する。Aには気の毒だが、時効は当事者の個人的な都合とは**無関係**に進行するのだ。

（3）時効の援用

「時効の利益を受けます（例時効が完成したので、私は借りたお金を返しません）」と主張することを時効の援用という。1債務者、2保証人・連帯保証人・物上保証人、3抵当不動産の第三取得者等が消滅時効の援用権者だ（1 2 3の人は消滅時効を援用できる）。

（4）あらかじめ放棄できない

ところで、ＡＢ間の売買契約で、ＢがＡに「代金１億円は必ず払います。たとえ、時効が完成しても、時効だから払わない、などとは絶対に言いません」と言っていたとしたらどうなるだろうか？

答えは、こういう約束をしていたとしても（たとえ契約書にその旨明記してあったとしても）、消滅時効が完成したら、Ｂは代金１億円を払わなくてよくなるのだ！

なぜなら、時効というものは、当事者の意思であらかじめどうこうできるものではないからだ。

時効の利益は ➡ あらかじめ放棄できない！

例題 Ａは、Ｂに対し建物を賃貸し、月額10万円の賃料債権を有している。Ｂが、Ａとの建物賃貸借契約締結時に、賃料債権につき消滅時効の利益は**あらかじめ放棄**する旨約定したとしても、その約定に法的効力は認められない。（H21-3-2）

解答 時効の利益は、**あらかじめ放棄できない**。だから、Ｂが、Ａと消滅時効の利益はあらかじめ放棄する旨の約定をしても、無効だ（法的効力は認められない）。よって正しい。

2．時効の完成猶予と更新

第147条【請求による時効の完成猶予・時効の更新】

1. 裁判上の請求をすると（訴えを起こすと）、
   ➡ 時効の完成が猶予される（時効は完成しない）。
2. そして、勝訴すると、
   ➡ 時効が更新する（時効期間がゼロに戻り、再び進行を始める）。

> コメント

（1）時効の完成猶予と時効の更新

　貴方が友達にお金を100万円貸してあげたとする。約束の返済期日を過ぎても返してもらえないとどうなるか？　そのまま放っておいたら、貸金債権は時効によって消滅してしまう（➡63頁）。

　では、どうすればよいのか？　答えは、裁判所に訴えを起こせばよい（**裁判上の請求**）。訴えを起こせば、とりあえず、時効の完成が**猶予**される（時効は完成しない）。そして、勝訴すれば、時効が**更新**する（それまで進行していた時効期間がゼロに戻り、再び進行を始める）。これで一安心だ。

　時効の完成猶予　➡　ストップ（時効は完成しない）
　時効の更新　　　➡　リセット（ゼロに戻る）

　ちなみに、訴えを起こしたが、後日訴えを取り下げた場合や、却下された場合（門前払いされること）でも、裁判が終了した時から**6カ月**を経過するまでは、時効は完成しない。

　勝　訴　　　　　➡　時効が更新する
　取り下げ・却下　➡　時効は更新しないが、6カ月間完成が猶予される

（2）口頭で請求したらどうなるか？

　口頭で「お金を返せ」と言うことを、**催告**という。もちろん、裁判上の請求より効力が弱い。だから、時効の更新は生じない。ただし、催告をした時から**6カ月**間は時効の完成が猶予されることになっている（6カ月間は時効が完成しない）。

　ちなみに、この期間に、更に催告してもダメだ。もし、これを認めると、催告→催告→催告……と永遠に催告を繰り返せば、いつまでたっても時効が完成しないことになるからだ。

第1編 | 権利関係

（3）承　　認

次に承認とは、債務者の側で、「確かに金を借りている。」と認めることだ。
これは、口頭で認めるだけで直ちに時効更新の効力を生じる。訴えなどの手
続きは一切いらない。

```
┌─────────── まとめ ───────────┐
│ ① 裁判上の請求      ➡ 時効の完成猶予＋勝訴で時効の更新 │
│ ② 口頭での請求（催告）➡ 時効の完成猶予（6カ月）        │
│ ③ 承認          ➡ 時効の更新                   │
└──────────────────────────────┘
```

さて、それはともかく、大事なのは、制限行為能力者が単独で承認した場
合の効力だ。

```
┌──── 制限行為能力者が単独で承認するとどうなるか？ ────┐
│ ① 未成年者  ┐                                    │
│           ├─➡ 承認を取り消して、時効の更新がなかったこと │
│ ② 成年被後見人┘    にできる。                        │
│ ③ 被保佐人  ─➡ 承認を取り消せず、時効が更新してしまう。  │
└───────────────────────────────────┘
```

注意！ 消滅時効が完成した後に債務者が債権を承認した場合には、債務
者は、時効が完成した事実を知らなかったとしても、時効を援用
することはできないことになっている。

例題 債務者が時効の完成の事実を知らずに債務の承認をした場合、その後、
債務者はその完成した消滅時効を援用することはできない。(H30-4-4)

解答 消滅時効が完成した後に債務者が債務を承認した場合には、債務者は、
時効が完成した事実を知らなかったとしても、完成した消滅時効を援用
することはできない。よって正しい。

第4章　相続

１．相続人と相続分

第887条、900条他【相続人は誰か？相続分はどれだけか？】

1 第１順位 → 直系卑属 $\frac{1}{2}$ ＋配偶者 $\frac{1}{2}$

2 第２順位 → 直系尊属 $\frac{1}{3}$ ＋配偶者 $\frac{2}{3}$

3 第３順位 → 兄弟姉妹 $\frac{1}{4}$ ＋配偶者 $\frac{3}{4}$

絶対暗記！

コメント

（1）相続とは？

　ある人が、財産（遺産）を残して死亡すると、遺族が遺産を相続する。この遺産を残して死亡した人を被相続人（相続される人ということ）といい、遺産を相続する人を相続人という。

（2）誰がいくら？

　問題は、遺族のうちの①誰が相続人となり、②いくら相続するかだ。これは、上に示した条文で決められている。まず、第１順位は直系卑属（子供や孫のこと）と配偶者（夫から見て妻、妻から見て夫のこと）だ。

誰が？ たとえば（次頁の図）、被相続人ＡがＢと婚姻（結婚のこと）していて、ＡＢ間に子ＣＤＥがいたとしたら、ＢＣＤＥが相続人となる。

第1編│権利関係

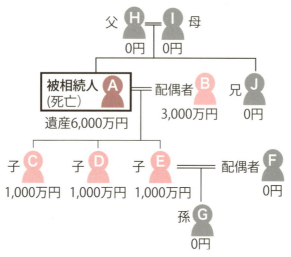

他に、被相続人の父H、母Iや兄Jがいても、その人達は相続人になれない。また、子EがFと婚姻しており、EF間に子G（Aから見れば孫）がいた場合、FやGは相続人となれない。なぜなら、FはAの直系卑属ではないからであり、Gは、Aの直系卑属だが、孫のGより子のEが優先的に相続人となるからだ。

いくら？ さて、BCDEが相続人になるわけだが、相続分はいくらずつになるかが次の問題だ。上の条文に出ている通り、子と配偶者が、$\frac{1}{2}$ずつ相続する。

たとえば、Aの遺産が6,000万円だったとすると、**配偶者Bは$\frac{1}{2}$の3,000万円を相続**する。残りの3,000万円を子CDEが相続する。

つまり、CDEは、相続する3,000万円を、**$\frac{1}{3}$の1,000万円ずつ相続**することになる。

第4章 相　続

（3）代襲相続

　ところで、上の例では、孫Gは相続人になれなかったが、Gが相続人になるのはどういう場合だろうか？　それは、次の3つだ。

1 死　亡……　子EがAより先に死亡していたか、またはAEが同時に死亡した場合、孫Gが子Eの代わりに相続人になる。飛行機事故などで、AEどちらが先に死亡したか不明の場合には、AEは**同時に死亡したものと推定**されて、Gが相続人になる。

2 欠　格……　子Eが遺産目当てにAを殺したらどうなるか？　TVドラマなどに出てきそうな話だが、親を殺した子は相続人になれないことになっている。

　これを、相続欠格とか、欠格事由という（殺害以外の事由もある）。そして、この場合、孫GがEの代わりに相続人になる。

3 廃　除……　殺害までいかなくとも、子EがAの生前、Aを虐待したらどうなるか？　Aとしては、Eには遺産をやりたくない、と思うだろう。その場合、Aは、家庭裁判所に、「自分が死んだら、Eには遺産を相続させないで下さい」と請求することができる。

　これを、廃除という（虐待以外の事由もある）。Eが廃除された場合、孫GがEの代わりに相続人になる。ポイントは次の2つだ。

注意！　たとえば、孫Gもすでに死亡していた場合において、ひ孫Hがいたなら、Hがさらに代襲して相続人になる。これを再代襲相続という。なお、兄弟姉妹が相続人となる場合は、兄弟姉妹の子は代襲相続できる。しかし、兄弟姉妹の孫は再代襲相続できない（兄弟姉妹が相続人となる場合は再代襲相続なし）。

71

> **遺言でもできる**　廃除は、①Aが**生きている間**に請求することもできるし、②Aが**遺言**ですることもできる。

> **親の身勝手はダメ！**　Aが全財産をD一人に相続させるためにBCEを廃除することはできない。なぜなら、廃除ができるのは、虐待等のひどい仕打をされた場合だけだからだ。**身勝手廃除はダメ！**

以上3つの場合に、孫Gは、子Eの代わりに相続人になる。この「代わりに相続人になる」制度のことを代襲相続という。

Gが代襲相続する場合、Gは、本来ならEが相続するはずだった分をそのまま相続するから、上の例で代襲相続を生じたとしたら、**Gの相続分は1,000万円**だ。

例題　Aには配偶者Bと、Bとの間の子C・Dがおり、Cには配偶者Eと、Eとの間の子Fがいる。AとCが乗った飛行機が事故にあい、AとCは死亡したが、**どちらが先に死亡したかは不明**であった場合、Aの相続人となる者は誰か。

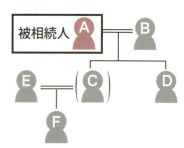

解答　まず、配偶者Bは常に相続人になる。そして、Aの子Dも相続人になる。Cについては、Aとどちらが先に死亡したか不明だから、Aと**同時に死亡したものと推定**されるため、CはAの相続人にはならない。なぜなら、相続人となるためには、被相続人の死後も生きていることが必要だからだ。そのため、Cの子FがCを代襲して相続する。最後に、Eは、Aの直系卑属ではないから相続人にならない。だから相続人は、B・D・Fだ。

（4）相続の承認と放棄

相続人は、自己のために相続が開始したことを知った時から３カ月以内（相続開始から３カ月以内ではない。相続開始を知った時から３カ月以内だ）に、1 単純承認するか、2 限定承認するか、3 放棄するかを選ばなければならないことになっている。そして、一度選ぶと、自由に撤回することはできない。

なお、３カ月以内に選ばないと、単純承認をしたことになる。この３つの意味は次のとおりだ。

1 **単純承認**……　被相続人が残した遺産も借金も全部受け継ぐ相続方法のこと。

2 **限定承認**……　被相続人が残した借金は遺産だけから返済し、遺産で返済し切れない部分については返済しない、という相続方法のこと。大事なのは、限定承認は相続人全員共同でなければできない、ということだ。限定承認をした者としない者がいたのでは、その後の処理がややこしくなるからだ。

3 **放　　棄**……　被相続人が残した遺産も借金も全く受け継がないことにすること。放棄について大事なのは、代襲相続を生じないということだ。

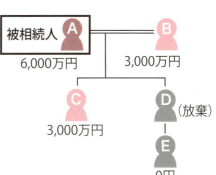

たとえば、Aが6,000万円の遺産を残して死亡したとする。Aには配偶者Bと、子C・Dがおり、Dには子Eがいたとする。Dが相続を放棄すると、相続人となるのは、BとCだけであり、EはDを代襲相続しない。つまり、遺産は、BとCが3,000万円ずつ相続することになる。

第1編 権利関係

　　　　　ちなみに、DがAより先に死亡していた場合には、E
　　　　　が代襲相続するから、Bが3,000万円、Cが1,500万円、
　　　　　Eが1,500万円をそれぞれ相続することになる。

━━━ キーポイント ━━━

代襲相続の原因となるか？

1　死　　亡　➡　○
2　欠　　格　➡　○
3　廃　　除　➡　○
4　放　　棄　➡　✕

例　題　相続人Aが自己のために相続の開始があったことを知らない場合であっ
　　　　ても、相続の開始から3カ月が経過したときは、Aは単純承認をしたもの
　　　　とみなされる。(H28-10-4)

解　答　相続の開始を**知った時**から3カ月以内に、1単純承認するか、2限定承
　　　　認するか、3放棄するかを選ばなければならない（選ばなかったら単純
　　　　承認したことになる）。だから、相続の開始を知らない場合は、相続の
　　　　開始から3カ月経過しても単純承認したことにならない。よって誤り。

（5）第2順位→直系尊属$\frac{1}{3}$＋配偶者$\frac{2}{3}$

　第1順位に関連した説明が長くなったが、次は、第2順位だ。

　遺族の中に、直系卑属がいない場合には、第2順位として、直系尊属（父
母や祖父母のこと）と配偶者が相続人になる。

誰が？　　たとえば、最初の事例（➡70頁）で、直系卑属（CDEG）
がいなかったとする。つまり、被相続人Aに、配偶者B、父H、母I、兄J
がいたとする（次頁の図）。この場合、相続人となるのはB・H・Iの3人だ。
Jは第3順位だから、H・Iがいる限り相続人となることはできない。

いくら？　　相続分は、直系尊属が$\frac{1}{3}$、配偶者が$\frac{2}{3}$だ。たとえば、Aの遺
産が6,000万円なら、配偶者Bは$\frac{2}{3}$の4,000万円を相続し、残りの2,000
万円を父母が半分ずつ相続する。つまり、Hが1,000万円、Iが1,000万
円を相続する。

74

第4章 相 続

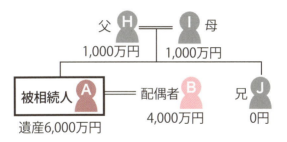

B：6,000万円×$\frac{2}{3}$ ＝4,000万円
H：6,000万円×$\frac{1}{3}$×$\frac{1}{2}$＝1,000万円
I：6,000万円×$\frac{1}{3}$×$\frac{1}{2}$＝1,000万円

（6）第3順位→兄弟姉妹 $\frac{1}{4}$ ＋ 配偶者 $\frac{3}{4}$

　最後が第3順位だ。直系卑属も直系尊属もいない場合に、ようやく兄弟姉妹が配偶者と一緒に相続人になる。

誰が？　たとえば、上の事例で、被相続人Aには直系卑属（CDEG）も、直系尊属（HI）もいなくて、配偶者Bと兄Jだけが遺族だったとする。

　この場合、BとJが相続人になる。

いくら？　遺産が6,000万円なら、相続分は、Bが $\frac{3}{4}$ の4,500万円、Jは $\frac{1}{4}$ の1,500万円だ。

　なお、JがAより先に死亡していた場合、Jに子がいれば（Aから見て甥か姪だ）、その子がJを代襲して相続する。

B：6,000万円×$\frac{3}{4}$＝4,500万円
J：6,000万円×$\frac{1}{4}$＝1,500万円

注意！　ちなみに、父母の一方のみを同じくする兄弟姉妹の相続分は、父母の双方を同じくする兄弟姉妹の $\frac{1}{2}$ だ。

第1編 権利関係

（7）遺産分割

B～Jは、今まで見てきたような順位と割合でAの遺産を相続する。しかし、現実には、6,000万円の遺産といっても、家や土地や車や現金やその他もろもろ合わせて6,000万円相当ということだ。そこで、実際に誰が何をもらうかを具体的に決める必要がある。これが遺産分割だ。試験に出るのは、次の2つだ。

1 分割前でも譲渡OK　遺産分割前は、相続財産（6,000万円）は相続人全員の共有財産になる。そして、後で勉強するように、各共有者は自分の持分を自由に譲渡できる（➡122頁 **ただし** ）。

だから、各相続人は、**遺産分割前でも**自分の相続分（＝まだ具体的に何がもらえるか未定の共有持分のこと）を第三者に自由に譲渡できる。他の共同相続人の**同意は不要**だ。

2 分割には全員の同意が必要　各共同相続人は、**原則**としていつでも遺産の分割を請求できる。**例外**は、被相続人Aが遺言で（**遺言でしかできない**）遺産分割を**禁止**した場合だ（禁止できるのは**5年間**が限度）。

さて、禁止がない場合に誰かが分割請求をすると、遺産分割協議（誰が何をもらうかを具体的に決める話し合い）をすることになるが、これには共同相続人**全員の同意**が必要だ。話し合いがまとまらなければ、各共同相続人は、家庭裁判所に分割を請求できる。

🔑 **キーポイント**

> 相続分の譲渡　➡　各自**単独**でできる（他の同意不要）。
> 遺産分割協議　➡　**全員**の同意が必要（さもなければ裁判）。

注意！　被相続人が銀行等に預けていたお金（預貯金債権）も遺産分割の対象だ。したがって、遺産分割前は自分の相続分であっても自由に口座からお金を引き出すことはできない。ただし、葬式費用等でお金が必要となることもあるから、一定額については、単独で権利を行使することができる（口座からお金を引き出すことができる）。

76

第4章 相 続

第1編 権利関係

第四章 相 続

| 例 題 | 被相続人は、**遺言**によって遺産分割を禁止することはできず、共同相続人は、遺産分割協議によって遺産の全部又は一部の分割をすることができる。(R元-6-1) |

| 解 答 | 遺言で遺産分割を禁止できる(ただし、**5年間**が限度)。よって誤り。 |

2. 遺 言
いごん(ゆいごん)

第961条他【遺言のポイント・前半】

1 制限行為能力者も遺言ができる。

① 未 成 年 者 ➡ 15歳になると遺言ができる(法定代理人の同意不要)。

② 成年被後見人 ➡ 判断力を回復している間なら、医師2人以上の立会いがあれば遺言ができる(成年後見人の同意不要)。

③ 被 保 佐 人 ➡ 自由に遺言ができる(保佐人の同意不要)。

2 胎児に遺産を与える旨の遺言も ➡ 有効だ。

3 遺言も死因贈与も ➡ いつでも自由に撤回することができる(撤回権を放棄できない)。

> **コメント**

自分の死後、遺産を誰にどれだけ与えるかを書き残しておくのが遺 言だ。遺言で遺産を与えられる人を受遺者という。

遺言は、1に示したような要件を満たせば、制限行為能力者でもできる。そして、2にあるように、まだ生まれていない胎児に遺産を与える旨の遺言も有効だ。

なお、一旦遺言をした後で、気が変わることもあるから、3のように、遺言はいつでも自由に撤回できることになっている。制限行為能力者でなくてもだ。ちなみに、遺言者が自分で故意に(わざと)遺言書を破棄(破ること)すれば、遺言を撤回したものとみなされる。3の死因贈与というのは、「自分が死んだら、これをあげるよ」と約束しておくことで、遺言と同じ扱いを受ける。

77

第1編 権利関係

例　題　Aが自己所有の土地をBに与える旨の遺言書を作成し、その遺言書にこれが最後の遺言であり、これを撤回することはない旨が明記されていたとしても、Aが後日その土地をCに贈与した場合、先の遺言は撤回されたものとみなされる。(H17-12-3類題)

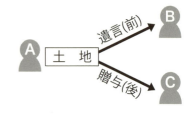

解　答　遺言は、いつでも自由に撤回することができ、遺言者A自身も遺言撤回権を**放棄できない**（放棄しても放棄は無効）。遺言者の最終的な考えをあくまで尊重するためだ。そして、遺言と矛盾する処分（Bへの遺言とCへの贈与は両立しない）がなされた場合には、前の遺言は後の処分によって**撤回されたことになる**。よって正しい。

第967条他【遺言のポイント・後半】

自筆証書遺言　　→　効力は同じで優劣なし。
公正証書遺言　　　　　　　だから
　　　　　　　　　　後の遺言の勝ち！

コメント

（1）効力は同じ

　遺言書は、自分で作成することもできるが（それが自筆証書遺言）、作り方がわからないなら、公証人役場（公証役場ともいう）という所で公証人と

いうプロに作ってもらうこともできる（それが公正証書遺言）。

プロが作ったから偉いということはなく、どちらも効力は同じだ。だから、Aが自分の土地をBに遺贈（遺言で遺産を与えること）すると公正証書で遺言した後で、同じ土地をCに遺贈すると自筆証書で遺言したら、後の遺言で前の遺言が撤回されたものとみなされ、後の遺言だけが有効になる。

後の遺言の勝ち！

注意1　自筆証書遺言は、遺言者が、全文・日付・氏名を自書し、これに印を押さなければならない。ただし、財産目録については、自書でなくてもOK（パソコン等からプリントアウトしたものでもOKということ。ただし、財産目録の各頁に署名押印することが必要）。

注意2　2人以上の者が同一の証書で、遺言することはできない（共同遺言はダメ）。

（2）違いは2つ

では、自筆証書遺言と公正証書遺言の違いは何かというと、2つある。

1　証人　いつでもどこでも自分一人で勝手に作れるのが自筆証書遺言の便利なところだ。だから、証人など不要。これに対して、公正証書遺言の方は、2人以上の証人が必要。

なお、この証人の資格だが、①未成年者（判断力不足で信用できない）と、②相続人や受遺者本人やその近親者（遺言内容に利害関係があって信用できない）は証人になれない。

2　検認　検認とは、遺言者の死後、家庭裁判所が確かに遺言書が存在しますと確認する手続のこと。遺言書の偽造を防ぐための手続だから、検認を受けなくても遺言が効力を生ずることに変わりはない。この検認の手続は、公正証書遺言には不要だ。

第1編｜権利関係

	効　力	証　人	検　認
自筆証書遺言	同　じ （**後**の遺言の勝ち）	不　要	必　要 （怠っても効力は**発生**）
公正証書遺言		２人以上必要 （**近親者**等はダメ）	不　要

注意！ 自筆証書遺言は、遺言書保管所（法務局のこと）で保管してもらうこともできる。遺言書保管所で保管した自筆証書遺言は検認不要だ。

（3）もう少し知識を補充！

事例 Aが自分の土地をBに遺贈する旨の遺言をして死亡。Aには相続人として子A'がいる。

遺言者 A　土地　遺贈 B 受遺者
相続人 A'（子）

1 Bが遺贈を放棄すると、土地はどうなるか？	相続人A'が**相続**する。
2 Bは遺贈の承認・放棄を撤回できるか？	ダメ！　Bは遺贈を承認（もらいます）することも放棄（いりません）することも自由だが、一旦どちらかの意思表示をすると勝手に**撤回できない**。
3 BがAより先（または同時）に死亡したらどうなるか？	遺言は**無効**になる（土地はA'が相続）。遺言が有効になるのは ➡ BがAより**後まで**生きていた場合だ。
4 遺言に**停止条件**（ただの条件のことを法律の世界ではこう言う）がついていたらどうなるか？	**原則** Aの死後、条件が**成就した時から**遺言は効力を生ずる。
	例外 条件成就**前**（または**同時**）にBが死ぬと ➡ 遺言は無効になる（土地はA'が相続）。

第4章　相　続

例題　Aが自分の土地を相続権のないBに遺贈する旨の遺言をした後、AB が同時に死亡した。この場合、Bの子B'がBを**代襲**してこの土地を相続する。（H25-10-2類題）

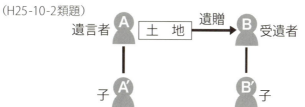

解答　ABが同時に死亡すると遺言は無効となる。そして、遺言が無効になった場合には、**代襲相続を生じない**ことになっている。なぜなら、遺贈は、BならBという特定のその人に遺産を受け取ってもらいたくて行うものなので、別の人(B')に受け取ってもらったのでは意味がないからだ。よって誤り。ちなみに、Aに相続人として子A'がいれば、この土地はA'が相続することになる。

豆知識　では、Aに相続人がいなかったらどうなるか？　その場合は、①**特別縁故者**（内縁の妻などのこと）が**家庭裁判所**の審判で遺産を取得し（これは相続とは別物）、②特別縁故者もいなければ遺産は**国庫**に帰属する。

3．遺留分

第1042条【遺留分の割合はどれだけか？】

① 兄弟姉妹には　➡　遺留分は**ない**

② **直系尊属だけ**が相続人の場合　➡　遺留分は遺産の $\frac{1}{3}$

③ それ以外の場合　➡　遺留分は遺産の $\frac{1}{2}$

第1編 権利関係

（コメント）

（1）遺留分とは？

　たとえば、被相続人が遺産を全部孤児院に寄付するという遺言を残して死亡した場合、遺族としては、一円も相続できないことになるのだろうか？

　親孝行は、遺産目当てでやるわけではないが、遺産があるならもらいたい、というのが人情だ。また、遺産がもらえないと、遺族の生活が破綻するということもあるだろう。そこで、遺言でも侵害することのできない遺族の遺産の取り分として、遺留分というものがある。

（誰がいくら）　遺留分を有するのは、配偶者、直系卑属、直系尊属だけであり、兄弟姉妹には遺留分は**ない**。

　遺留分の割合は、直系尊属だけが相続人の場合には、遺産の$\frac{1}{3}$で、それ以外の場合には、遺産の$\frac{1}{2}$だ。それ以外の場合というのは、遺留分を有する相続人が、㋐直系卑属と配偶者の場合、㋑直系卑属だけの場合、㋒配偶者だけの場合、㋓直系尊属と配偶者の場合だ。

（2）お金を請求できるだけ

　注意すべきは、遺留分を侵害する遺言等は**無効ではない**ということだ。遺言は有効で、遺留分を有する相続人が遺贈等を受けた者に対して、侵害された遺留分に相当する**金銭**の支払いを請求できるだけなのだ。この金銭の支払を請求できる権利を遺留分侵害額請求権という。

（公正証書遺言でも）　遺留分侵害額請求権は、公正証書遺言による遺贈の場合も、当然行使できる。公正証書遺言も自筆証書遺言も同じ効力なのだから（➡78頁（1））当り前の話だ。

（具体例）たとえば、被相続人Aが、6,000万円の遺産全額を孤児院に寄付するという遺言を残して死亡したとする。Aに、配偶者Bと子CDがいたとしたら、BCDは、孤児院に対して、遺産の$\frac{1}{2}$である3,000万円の支払を請求できる。

第4章 相続

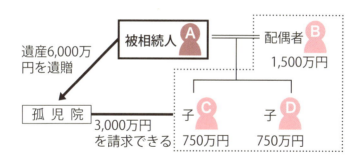

$$B：6,000万円 \times \frac{1}{2} \times \frac{1}{2} = 1,500万円$$
$$C：6,000万円 \times \frac{1}{2} \times \frac{1}{2} \times \frac{1}{2} = 750万円$$
$$D：6,000万円 \times \frac{1}{2} \times \frac{1}{2} \times \frac{1}{2} = 750万円$$

　この3,000万円に対して、ＢＣＤは、相続分の割合に応じた遺留分を有する。つまり、Ｂの遺留分は3,000万円の$\frac{1}{2}$の1,500万円であり、残りの1,500万円の$\frac{1}{2}$の750万円ずつが、ＣとＤの遺留分だ。

（3）遺留分の放棄

　ところで、Ａがどうしても遺産全額を孤児院に寄付したいと思ったら、どうしたらよいか？　それには、ＢＣＤが遺留分を放棄することが必要だ。そして、Ａの生前、ＢＣＤが遺留分を放棄するには、**家庭裁判所の許可**が必要とされている。そうしないと、Ａの圧力に屈して、ＢＣＤが無理やり遺留分を放棄させられる恐れがあるから、そういうことのないように、家庭裁判所がチェックするわけだ。

　では、ＢＣＤが家庭裁判所の許可を受けて遺留分を放棄した後、Ａが遺言をしないで死亡したら遺産は誰のものになるのか？　答えは、ＢＣＤが887条（➡69頁）によって相続する。つまり、遺留分を放棄しても、遺言がない場合には**相続人になれる**のだ。

念のためのまとめ　相続開始前（被相続人Ａがまだ生きている間）に「放棄」できるか？

第1編 権利関係

→ { 遺留分の放棄 → ○（今やったばかり）
    相続の放棄 → ×（→73頁（4））

（4）誕生石

唐突だが、「誕生石」という楽勝ゴロ合せを覚えよ。遺留分侵害額請求権のポイントだ。

楽勝ゴロ合せ	対応語句	コメント
誕（タン）	単（タン）独	遺留分侵害額請求権は共同で行使する必要はなく → 各自**単独**で行使できる！
生（ジョウ）	譲（ジョウ）渡	遺留分侵害額請求権は → 各自自由に**譲渡**できる！
石（セキ）	意思（イシ）表示	遺留分侵害額請求権を行使するには訴えを起こす必要はなく → **意思表示**だけでOK！

84

例題 配偶者Bと子C・Dを有するAが、6,000万円の遺産全額を孤児院に遺贈する旨の①**公正証書遺言**を残して死亡し、孤児院がこの遺贈を承認した場合、Cは孤児院に対する自己の②**750万円の遺留分侵害額請求権**をB及びDの③**同意を得ることなくEに譲渡**することができ、Eは孤児院に対して④<u>訴えによらずに</u> 750万円の金銭の支払を請求することができる。（H18-12-2類題）

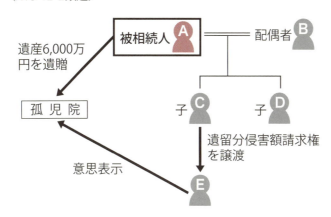

解答
① → **公正証書遺言**でも侵害額請求OK。
② → 83頁に示したとおり、**この金額**で正しい。
③ → 遺留分侵害額請求権は、**各自**自由に譲渡できる。
④ → 遺留分侵害額請求権の行使は、訴えによる**必要なし**。
よって、すべて正しい。

ダメ押しのまとめ！

	共同相続人の同意は必要か？
限定承認	**全員**の共同が必要
遺産分割協議	**全員**の同意が必要
相続分の譲渡	各自**単独**でできる
遺留分侵害額請求	各自**単独**でできる

第5章 物権の変動・危険負担・債権譲渡

1．物権の変動

第176条、第522条他【当事者間では意思表示だけで全てが決まる】

1 **契約の成立**（例 Aの家をBが買った＝売買契約の成立）
2 **物権の変動**（例 Aの家がBのものになった＝所有権の移転）
}には、

→ 当事者の**意思表示**（口約束）さえあればよく、他の何の手続き（①契約書の作成や、②登記や、③引渡しや、④代金の支払いなど）も必要ない。

（**例　外** 質権の設定には → 目的物の引渡しが必要）

（ コメント ）

（1）意思表示だけでＯＫ

　貴方が、この本をお買い上げになった時のことを思い出してほしい。契約書を作成しただろうか？　していないはずだ。つまり、「これ下さい」（これを契約の申込みの意思表示という）と、「毎度ありがとうございます」（これを契約の承諾の意思表示という）という意思表示（口約束だ）によって、本という動産（不動産以外の物を動産という）について、1売買契約が成立し、2所有権が移転したことになるのだ（所有権の移転などのことを物権の変動という）。

（2）不動産でも同じ

　では、不動産（土地と建物のことだ）の売買ならどうだろうか？　答えは、動産と同様、**意思表示だけ**で、1契約は成立するし、2物権の変動も生じる。

87

第1編 権利関係

具体例 たとえば、Bが
Aに、「貴方の家を1億円で売っ
てくれませんか?」と契約の申
込みの意思表示をし、AがBに

売買契約=口約束でいい
1億円

「はい、いいですよ」と承諾の意思表示をすれば、それだけで、□1AB間に家
の売買契約が成立するし、□2家の所有権はAからBに移転するのだ。しかも、
この意思表示というのは、単なる口約束で足りるから、電話でもできるし手
紙でもできる。他に何の手続きもいらない。

たとえば、①契約書を作成しなくても、②登記を移転しなくても、③家を
実際に引き渡さなくても、④代金1億円を支払わなくても、とにかく、**意思
表示さえあれば**、□1契約は成立し、□2所有権は移転するのだ。

注意! ただし、AはBに対し対抗要件を備えさせる義務(登記を移転する義務)
を負う。

(3) 質権は別

ただし、質権という権利を設定する場合(質屋から金を借りる場合)は、
意思表示だけではダメで、目的物(質草)を相手方(質屋)に**引き渡さな
ければ**、質権設定の効力を生じないことになっている。

注意! 契約が成立するには、意思表示だけではダメで、目的物の引渡しが必
要な契約を「要物契約」という。一方、意思表示だけで成立する契約
を「諾成契約」という。

(4) 物権と債権

ところで、権利には「物権」と「債権」がある。

物権とは、物を支配する権利のことで、所有権が代表選手だ。所有権以外
にもいろいろあるが(例 地上権、抵当権、占有権、地役権等)、個人が勝手
に物権を創設すると世の中が混乱するので、物権の種類は法律で決めること
になっている(物権法定主義という)。そして、所有権を移転したり、地上
権や抵当権を設定したりすることを物権の変動という。

一方、「債権」とは、人に何かを請求する権利(例 金を返せ、家を使わせろ等)

88

第5章　物権の変動・危険負担・債権譲渡

のことで、これは当事者の意思で自由に作り出せる（契約自由の原則という）。

物権と債権

権利 ┬ 物　権（物を支配する権利）➡ 勝手に作れない（物権法定主義）
　　　│ （例）所有権、地上権、抵当権等
　　　│ 債　権（人に何かを請求する権利）
　　　│ 　　　　　　　　　➡ **自由**に作れる（契約自由の原則）
　　　└ （例）賃借権（ちんしゃくけん）等

地上権と賃借権の比較

	地　上　権	賃　借　権
① **抵当権**を設定できるか？	○	✕
② 地主の承諾なしに**譲渡**できるか？	○	✕
③ **登記**できるか？	○	○

例　題　地上権の設定は、**登記**をしなければ効力を生じない。

解　答　地上権の設定は物権の変動の一種であり、**意思表示**だけで効力を生ずる。よって誤り。

（5）人の物を売る契約

　ところで、人の物を売ることはできるだろうか？　答えは「できる」だ。他人の物でも**有効**に売買することができるのだ（他人の物を売る契約は有効）。

　たとえば、Cの所有地をCとは全く赤の他人のAがBに売ることが有効にできる。この場合、Aは、Cの所有地を取得してBに移転するという義務（権利取得移転義務）を負うことになる。ちなみに、Aがこの義務を履行できなかったら、債務不履行だから（➡ 160頁）、Bは、①損害の賠償を請求でき

89

第1編 権利関係

るし②契約の解除もできる。

2．危険負担

> **第536条**【売買契約の目的物が不可抗力で滅失したらどうなるか？】
>
> 売買契約の目的物（例 買った家）が、引渡し前に、**不可抗力**によって（例 落雷で）、滅失（例 全焼）した場合は ➡ 買主は代金の支払いを**拒むことができる。**

コメント

たとえば、Aの家をBが1億円で買ったが、引渡しを受ける前に落雷でこの家が全焼した場合でも、買主は代金を支払う必要があるのか、という問題を**危険負担**という。

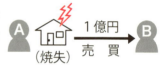

つまり、不可抗力で家が焼けるという危険（損失）をABどちらが負担するのか、という問題だ。どうなるのか？

解決 この場合の危険は、売主Aの側で負担する、ということになっている。だから、買主Bは代金の支払いを**拒むことができる**。Aには気の毒だが、Aに泣き寝入りしてもらうしかない。

第5章 物権の変動・危険負担・債権譲渡

3．物権変動の対抗要件

第177条【不動産物権変動の対抗要件は登記だ】

①不動産の物権変動（例 土地所有権の取得）は、

- **原則** 登記がないと ➡ 第三者に対抗できない（「俺の土地だ」と主張できない）。

- **例** ➡
  1. 二重譲渡
  2. 解除
  3. 取消 後
  4. 取得時効完成 後

- **例外** 登記がなくとも ➡ 次のような「極悪」な第三者には対抗できる（「俺の土地だ」と主張できる）。

- 「極悪」の例 ➡
  1. 不法占拠者
  2. 不法行為者
  3. 無権利者
  4. 背信的悪意者（いやがらせ）
  5. 登記申請の依頼を受けていた者
  6. 詐欺・強迫により登記を妨げた者

②登記には、**原則**として公信力はない（**例外**あり、これは難しい）。

コメント

（1）二重譲渡とは？

物権の変動が意思表示だけで生じることはすでに勉強した（➡87頁）。ということは、ひとつの不動産を2人の人に売ることもできてしまうわけだ。それを二重譲渡という。

具体例 Aが自分の土地を4月1日にBに売り、さらに、4月2日

にCにも売ったとする。契約は意思表示だけで成立するのだから、AB間の売買契約も、AC間の売買契約も、ともに有効に成立している（違和感があるかもしれないが、これが法律だ）。しかし、土地は1つしかない。

では、BとCのどちらが所有者になるのか？

解決 答えは、登記を得た方が所有者になる。もし、CがAから登記の移転を受けたとすると、Cの方がBより後に土地を買ったのに、CはBに「俺の土地だ」と主張（対抗）できることになる。

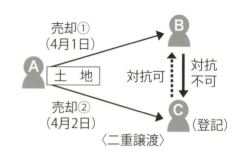

〈二重譲渡〉

なお、Cは登記さえ得れば、たとえBが自分より先に土地を買ったことを知っていたとしてもBに所有権の取得を対抗できる。つまり、悪意でもいいのだ。

（2）解除も同じ！

解除の場合も登記で決着を付けることになっている。
たとえば、Aの土地が、AからB、BからCへと売り渡されたが、AB間の契約が解除されたとする。この場合、AC間でどちらが土地所有権を相手方に対抗できるかは、解除がCへの転売の 前 だろうと 後 だろうと登記の有無で決まる。

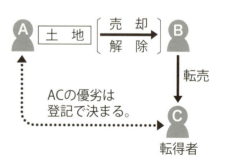

ACの優劣は登記で決まる。

転得者

（3）取消 後 の第三者は？

制限行為能力者の契約の取消しは善意の第三者にも対抗できる（→17頁

第5章 物権の変動・危険負担・債権譲渡

標語）とか、詐欺による契約の取消しは善意無過失の第三者には対抗できない（⇒19頁条文）ということは前に勉強済みだ。

しかし、よ～く思い出せ！前に勉強したのは、取消**前**に転売された場合の話だった。では、転売が取消**後**ならどうなるか？

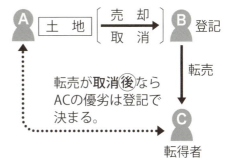

転売が**取消後**ならACの優劣は登記で決まる。

具体例 ①制限行為能力者Ａが自分の土地を自分一人でＢに売り登記もＢに移転したケースと、②ＡがＢにだまされて自分の土地をＢに売り登記もＢに移転したケースを考える。①②とも、ＡはＢとの契約を取り消せるのはおわかりだろう。では、その**取消後**にＢが、まだ自分に登記があるのをいいことにこの土地をＣに転売したら、ＡとＣのどちらが所有者になるのか？

解決 答えは、登記を得た方が所有者になる。この場合、ＡはＢに「取り消したのだから登記を戻せ」と請求できるし、ＣはＢに「買ったのだから登記を移転しろ」と請求できる。そこで、ＢからＡとＣに土地が二重譲渡されたものとみなして、先に登記を得た方が所有権を主張できることになっている（判例だ）。

(4) 取得時効完成**後**の第三者も同じ！

これは60頁で勉強済みだ。Ａの土地をＢが時効取得する一方で、Ａがこの土地をＣに譲渡した場合、①譲渡が時効完成**前**なら登記とは無関係にＢが所有者になり、②譲渡が時効完成**後**ならＢＣの内先に登記を得た方が所有者になる。

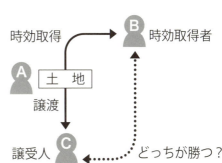

どっちが勝つ？

第1編｜権利関係

		どっちが勝つ（＝所有権を対抗できる）か？
1	二重譲受人同士	**登記**を得た方
2	解除者と**解除**前の転得者	**登記**を得た方
	解除者と**解除**後の転得者	**登記**を得た方
3	制限行為能力者と**取消**前の転得者	制限行為能力者 （たとえ転得者が善意無過失で登記を得ていたとしても）
	制限行為能力者と**取消**後の転得者	**登記**を得た方
	詐欺の被害者と**取消**前の転得者	転得者が ─ 善意無過失なら → 転得者（登記がなくても） 　　　　　└ 善意有過失・悪意なら → 詐欺の被害者（登記がなくても）
	詐欺の被害者と**取消**後の転得者	**登記**を得た方
	強迫の被害者と**取消**前の転得者	強迫の被害者（登記がなくても）
	強迫の被害者と**取消**後の転得者	**登記**を得た方
	錯誤者と**取消**前の転得者	転得者が ─ 善意無過失なら → 転得者（登記がなくても） 　　　　　└ 善意有過失・悪意なら → 錯誤者（登記がなくても）
	錯誤者と**取消**後の転得者	**登記**を得た方
4	時効取得者と時効**完成**前の譲受人	時効取得者（登記がなくても）
	時効取得者と時効**完成**後の譲受人	**登記**を得た方

㊡はすべて登記で決まる！

(5)「極悪」な第三者

さて、物権の変動を第三者に対抗するには登記が必要だというのが 原　則 だが、これには 例　外 がある。

次のような「極悪」な第三者Zに対しては、登記がなくても対抗できるのだ。1〜6はムリに暗記しなくとも、「極悪」イメージでなんとかなる。

1 **不法占拠者Z**……例 Aの土地にZが勝手に家を建てて住みついている場合、Aは登記がなくても、Zに「俺の土地だ。明け渡せ！」と主張できる。

2 **不法行為者Z**……例 Aの家にZが放火した場合、Aは登記がなくても、Zに「俺の家だ。弁償しろ！」と主張できる。

3 **無権利者Z**……

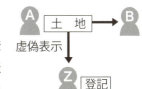

例1　Aが自分の土地をBとZに二重譲渡し、登記をZに移転したが、AZ間の契約が虚偽表示だった。AZ間の契約は無効（Zは無権利者）だから、Bは登記がなくても、Zに「俺の土地だ！」と主張できる。

注意!　①AB間の契約がAZ間の契約より**前**でも**後**でも、②Bが虚偽表示について**善意**でも**悪意**でも、結論は同じ！

例2　Aの印章を盗んでAになりすましたBが善意無過失のZにAの土地を売り、登記もZに移転。しかし、無権限のBから所有権を取得することはできないからZは無権利者だ。だから、Aは登記がなくても、Zに「俺の土地だ！」と主張できる。

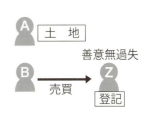

例3　土地をAとBが$\frac{1}{2}$ずつ共同相続したが、Aが勝手に単独名義に登記し、さらに土地をCに売り、登記もCに移転。しかし、Bの持分についてはAは無権限だ。無権限のAからBの持分を取得すること

はできないから、Bの持分についてはCは無権利者だ。だから、Bは登記がなくても、Cに「俺の持分だ！」と主張できる。

4 **背信的悪意者Z**……例Aの土地をBが買った。ZはBを困らせるためだけの目的でAから同じ土地を買って登記を得た（正常な取引競争ではなく単なるいやがらせ）。Bは登記がなくても、Zに「俺の土地だ！」と主張できる。

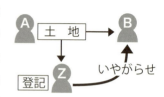

5 **登記申請の依頼を受けていた者Z**……
例BはAから土地を買い、司法書士Zに登記申請を依頼した。ZはBを裏切り、自分もAから同じ土地を買い自己名義に登記してしまった。Bは登記がなくても、Zに「俺の土地だ！」と主張できる。

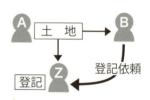

6 **詐欺・強迫により登記を妨げた者Z**……
例BはAから土地を買った。ZはBを脅して登記を妨げ、その間に自分もAから同じ土地を買い自己名義に登記してしまった。Bは登記がなくても、Zに「俺の土地だ！」と主張できる。

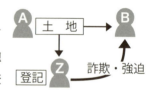

（6）公 信 力

ところで、登記には、必ずしも真実の権利関係が記されているとは限らない。

具体例 たとえば、父親Aの土地の権利書と実印をドラ息子のBが勝手に持ち出して自己名義に登記を移転したとしても、この登記は無効だ。

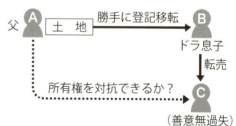

だから、善意無過失のCがこの登記を信じてBからこの土地を買ったとしても、Cは土地所有権を取得できない。このことを、「登記には**公信力**がない」（登記を信じても権利を取得できない）という。だからこの場合、Aは登記がなくともCに所有権を**対抗できる**。これが **原　則** だ。

例　外　しかし、例外として、Bが勝手に自己名義に登記を移転した事実をAが知りながら放置していた場合（黙認していた場合）には、Aを保護する必要はない。このケースは結果的に見れば、AとBが示し合わせてありもしない架空の所有権移転契約をでっち上げた（＝虚偽表示）に等しい。そこで、こういう場合（Aが知りながら放置していた場合）には、AB間で**虚偽表示**が行われたとみなすことになっている（判例だ）。虚偽表示なら無効だが、その無効は善意の第三者には対抗できない（➡26頁）から、AはCに所有権を**対抗できない**。

注　意　ここは非常に難しいから、よく理解できなくても悲観しないこと。

（7）動　産

今まで不動産の話ばかりしてきたが、動産（時計やカメラなど）の譲渡については、登記ではなく、**引渡し**が対抗要件とされている（対抗要件とは、第三者に対抗するために必要な要件ということ）。

例　題　Aから甲土地を購入したBは、所有権移転登記を備えていなかった。Cがこれに乗じてBに高値で売りつけて利益を得る目的でAから甲土地を購入し所有権移転登記を備えた場合、CはBに対して甲土地の所有権を主張することができない。（H28-3-3）

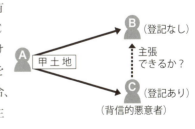

解　答　Cは、Bが登記を受けていないことに乗じ、Bに高値で売りつけて利益を得る目的で甲土地を購入しているから、背信的悪意者だ。だから、C

はBに対して甲土地の所有権を主張できない。よって正しい。ちなみに、BはCに対して登記がなくても所有権を主張できる。

4．債権譲渡

第467条他【債権譲渡とはどういうものか？】

① 債権は ➡ 譲渡を禁止・制限する特約（**譲渡制限**の特約）があっても、有効に譲渡できる。
（ただし、譲受人がこの特約について悪意・**重過失**であれば、債務者はその譲受人に対して履行を拒むことができる。）

② 債権譲渡を譲受人が債務者に対抗するには（「俺に払え」と言うためには）➡ 次の3つのうちの**どれか1つ**が必要だ。

➡
1 **譲渡人から債務者への通知**（口頭でOK）
2 債務者から譲渡人への承諾（口頭でOK）
3 債務者から譲受人への承諾（口頭でOK）

③ 債権が二重に譲渡された場合、二重譲受人間の優劣は ➡ 上の1～3のどれか1つが**確定日付のある証書**（例 内容証明郵便等）で行われたかどうかで決まる。

コメント

（1）債権譲渡とは？

たとえば、AがBに対して100万円の貸金債権（金銭債権）を有しているとする。この場合、Aは、Bに対する100万円の金銭債権をCに譲渡できる。

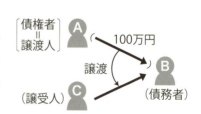

|注意| ちなみに、将来債権（まだ発生していない債権）であっても、譲渡できる。

そして、AB間の約束で、この債権は第三者に譲渡しないことにしていた場合（**譲渡制限**の特約がある場合）でも、譲渡できる（譲渡は有効）。

ただし、譲受人のCが、この特約を知っていたり（悪意）、知らなかったことにつき重大な過失（**重過失**）があった場合は、Bは、Cから「100万円払ってくれ」と言われても、支払い（履行）を拒むことができる。

（2）通知・承諾

さて、Aが、Bに対する100万円の債権をCに譲渡した場合、Cは、直ちにBに、100万円の支払いを求められるかというと、そうではない。

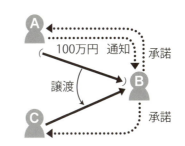

貴方がBの立場になって考えてほしい。いきなり、赤の他人のCが現われて、「Bさん、A氏が貴方に対して持っていた100万円の債権は、私が譲り受けましたので、私に100万円払って下さい」と言われたらどうだろう。「はい、分かりました」と安心して払うことはできないはずだ。Cの言っていることがウソだったとしたら、Cに払った後で、Aに、もう100万円払わなければならなくなるかもしれない。

解 決 そこで、こういう二度払いの心配をなくすために、A（譲渡人）からB（債務者）に対して譲渡の通知をしなければ、C（譲受人）はBに支払いを求められない（譲渡を対抗できない）ことになっている。もっとも、B自身が、譲渡があったことを認めているなら（Bの承諾）、AからBへの通知は不要だ。そして、このBの承諾は、Aに対して行ってもいいし、Cに対して行ってもいい。

結局、CがBに譲渡を対抗するには、

　　　　　1 AからBへの通知
　　　　　2 BからAへの承諾
　　　　　3 BからCへの承諾

の3つの**どれか1つ**があればそれで**必要十分**、ということになる。
この3つは、どれも口頭でできる（電話でもいい）。

（3）二重譲渡

難しいのは、二重譲渡の場合だ。たとえば、AがBに対して有する100万円の債権を、CとDに、二重に譲渡したとする。この場合、CがBに対して、「Dではなく俺が本当の譲受人だから俺に100万円払え。」と言うためには、どんな対抗要件が必要か？

解決 そのためには、①AからBへの通知、②BからAへの承諾、③BからCへの承諾、の3つのどれか1つが、「**確定日付のある証書**」なるもので行われる必要がある。確定日付のある証書とは、内容証明郵便等のことだ。

注意！ AがBに対して有する債権を、CとDとに二重譲渡し、AがCに対する債権譲渡もDに対する債権譲渡も確定日付のある証書でBに通知した場合、CとDの優劣は、通知がBに**到達**した日時の**先後**で決まる（先に到達した方の勝ち。確定日付の先後ではない）。ちなみに、通知が**同時**にBに到達した場合、CDは、両者ともBに対して、債権**全額**の弁済を請求できる（ただし、Bは、CDのどちらか一方に弁済すればOK）。

例題 譲渡制限の意思表示がされた債権の譲受人が、その意思表示がされていたことを**知っていた**ときは、債務者は、その債務の履行を**拒むことができ**、かつ、譲渡人に対する弁済その他の債務を消滅させる事由をもって譲受人に対抗することができる。(R3-6-3)

解答 譲渡制限の特約があっても、有効に譲渡できる。ただし、譲受人がこの特約について**悪意・重過失**であれば、債務者は、債務の履行を**拒むことができる**。また、譲渡人に弁済等の債務の消滅行為をすれば、そのことを譲受人に主張することができる。よって正しい。

第6章　不動産登記法

1. 登記記録とはどういうものか？

登記記録の見本

表題部	○○市○○町○丁目○番 地目　　宅地 地積　　330 ㎡	} 表示（に関する）登記
権利部	所有権（共有持分や買戻特約等も） 地上権 賃借権 （根）抵当権	} 権利（に関する）登記

コメント

（1）登記記録

　第5章では、二重譲渡の優劣は登記で決まることなどを勉強した。では、登記とはどういうものなのか。それをこれから勉強しよう。

　不動産とは、土地と建物のことだ。そこで、一筆（一区画ということ）の土地、一個の建物ごとに、登記記録を作成することになっている。この登記記録は、登記簿という磁気ディスク上に電磁的に記録されて登記所に保管されている。上に示したのが、登記記録の見本だ。

101

第1編｜権利関係

　なお、登記所には登記簿とは別に地図と建物所在図を備えることになっているが、この2つは登記簿とは扱いが違い、数筆の土地、数個の建物について**まとめて**作成してもかまわない。

（2）2つの部分

　登記記録は、土地の場合も、建物の場合も、①表題部と②権利部という2つの部分から成り立っている。表題部に記録される登記を表示に関する登記（表示登記）といい、権利部に記録される登記を権利に関する登記（権利登記）という。

　さあ、表題部と権利部を順ぐりに勉強してゆこう。

不登法第27条【表題部には何を記録する？】

表題部には　➡　土地・建物の「表示に関する登記」を記録する。

　コメント

（1）何を記録する？

　表題部は、登記記録の見出しの部分だ。つまり、その登記記録が、どこのどの土地・建物の登記記録なのかをはっきりさせるために、所在地の他、**【土地】**であれば①地目（主な用途により、宅地、田、畑、山林、原野等に区分して定められる）②地積（面積）等、**【建物】**であれば①種類（主な用途により、居宅、店舗、事務所、工場、倉庫等に区分して定められる）、②構造（木造かわらぶき二階建等）、③床面積等の物件の**物理的状況**（これが「表示に関する登記の登記事項」だ）を記録する。どこのどの土地・建物かが特定できればいいのだから、物件の**価格は記録しない**。

注意！　地目・地積に変更があったときは、所有者は**1カ月**以内に、変更の登記を申請しなければならない。

第6章　不動産登記法

（2）中心線

建物の床面積は、壁その他の区画（くかく）の中心線で囲まれた部分の水平投影面積（すいへいとうえいめんせき）だ。水平投影面積の意味など知らなくていい。「内側線」ではなく「中心線」だというところが出るポイントだ。

（3）1カ月以内

建物について、もうひとつ覚えてほしいのは、建物を新築したときと建物が滅失したとき（火災など）には、所有者は**1カ月以内**に**表示登記を申請する義務**があるということだ（固定資産税等（こていしさんぜい）の税金を徴収するために必要だから）。このうち、新築のときの最初にされる表示登記のことを特に「**表題登記**」という。

（4）どちらか一方

では、建物を2つの登記所の管轄区域（かんかつくいき）にまたがって新築した場合、両方の登記所に表示登記を申請するのか？　こういう場合は、**どちらか一方**の登記所が指定されることになっているから、両方に申請する必要はない。

（5）分筆（ぶんぴつ）・合筆（がっぴつ（ごうひつ））……土地の話

一筆の土地を数筆に分割する登記を分筆（ぶんぴつ）登記といい、逆に、数筆の土地を一筆に合併する登記を合筆（がっぴつ（ごうひつ）とうき）登記という。

分筆の注意点！　A地をA地とB地に分筆する場合、A地に設定されていた抵当権は、A地とB地の両方に存続するのが **原則**。 **例外** としてどちらか一方の土地だけに抵当権を存続させるには、損をすることになる抵当権者の**承諾**が必要。

合筆の注意点！　①所有権の登記が**ある**土地と所有権の登記の**ない**土地との合筆の登記はできない。また、②地目が相互に**異なる**土地（たとえば、地目が宅地である土地と地目が田である土地）の合筆の登記はできない。

第1編｜権利関係

（6）分割・合併……建物の話

付属建物を元の建物から分割して独立の建物とする登記を分割登記といい、逆にある建物を別の建物の付属建物として合併する登記を合併登記という。

合併の注意点！ 合併登記は、それぞれの建物に別々に抵当権が登記されている場合には **原　則** としてできない。なぜなら、合併登記後に2個の抵当権の関係がどうなるか、処理のしようがないからだ。しかし、**例　外** として、2個の抵当権の①登記原因、②日付、③登記の目的、④受付番号が同一であれば、何も問題ないから合併登記ができる。

例　題 建物が滅失したときは、表題部所有者又は所有権の登記名義人は、その滅失の日から **1月** 以内に、当該建物の滅失の登記を申請しなければならない。（H28-14-3）

解　答 建物が滅失したとき（火災など）には、所有者は **1カ月** 以内に滅失の登記（表示の登記）を申請する義務がある。よって正しい。なお、法律用語では、1カ月の期間のことを「1月」と書き「いちげつ」と読む。また、「当該」とは、「その」というイミ。

不登法第59条【権利部には何を記録する？】

権利部には ➡ 「権利に関する登記」を記録する。

コメント

（1）権利部は2つに分けられている

登記記録は、表題部と権利部に分けられている（➡ 102頁）が、権利部は、さらに甲区と乙区の2つに分けられている。

	どんな権利が登記されているか？
① 甲区	所有権
② 乙区	所有権以外の権利

104

第6章　不動産登記法

所有権以外の権利は、全て乙区に登記される。だから、地上権、賃借権、（根）抵当権、**配偶者居住権**等は乙区に登記されることになる。

ちなみに、賃借権と配偶者居住権は債権だが（➡89頁）登記**できる**ことに注意！

😎 言葉のイミ

　配偶者居住権　➡　夫が所有する**居住**用の建物に、夫婦仲良く住んでいた。ところが、夫が死亡してしまった。残された妻が住み慣れた住居から出ていくしかないとしてはかわいそうだ。そこで、残された妻は一定の場合、無償で、その住んでいた建物に居住する権利を取得できることになっている。これが**配偶者居住権**だ。

（2）何を記録する？

たとえば、Aの土地をBが4月1日に買ったとしたら、「4月1日にAからBに所有権が移転しました」という意味のことが権利部に記録される（所有権移転登記）。これ以外にも、およそ権利に関することは全て権利部に記録される。

1 たとえば、先程のAB間の売買契約が心裡留保により無効だったとしたら、AからBへの**所有権移転登記を抹消**することになるが、この抹消も権利部になされる。

2 また、AB間の売買契約に**買戻しの特約**が付いていたとしたら、この特約も権利部に記録される。

3 この他、たとえばAの土地をBCが共同購入して共有する場合には、BCの**持分**も権利部に記録される（持分が不明では困るので、持分は必ず記録される）。

という具合に、権利のことは全て権利部だ。

ちなみに、1〜3は、所有権に関する話だ。だから、権利部の甲区に記録される。

105

（3）登記義務なし

ところで、Aの土地をBが買った場合、ABは必ず所有権移転登記の申請をしなければいけないのだろうか？　答えは×だ。物権の変動（所有権の移転が代表選手だ）が生じても、登記するかしないかは、全く当事者の自由だ（自分のことは自分で自由に決めてよいという考え方＝**私的自治の原則**、が根底にある）。

だから登記せずに永久に放置しておいて一向にかまわない。この点、建物の新築・滅失の場合に、所有者に表示登記の申請義務があるのと異なる。

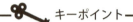

キーポイント

登記の申請義務はあるか？
- 建物の新築・滅失 → あり（1カ月以内に）
- **権利登記** → **なし**

（4）表題部所有者

さて、権利登記をするもしないも本人の自由ということは、表示登記だけしかなされず、権利部がない不動産も、日本全国に山ほど存在するということだ。

しかし、その場合にも、所有者が不明では固定資産税の徴収等で困る。そこで、そういう場合には、臨時に**表題部に所有者名を記録**することになっている。

注意！　コレハ権利登記デハナイ。だから、この段階で売買や相続等による所有権の移転が現実にあっても（それは当然ありうる）、表題部上で所有者名を**名義変更することはできない**。表題部はそういうことをする場所じゃない（一度登記したらそれっきり）。そういうことをする場所は、権利部だ。

(5) 所有権保存登記

さて、その権利部にはじめてなされる所有権の登記（「この不動産は俺のモノだ！」と宣言する登記）のことを、所有権保存登記という。コレハ権利登記デアル。

では、所有権保存登記をすることができるのは誰か？　それは、

> [1] (4)で勉強した**表題部所有者**（既に死亡しているならその**相続人**）
> [2] 所有者であることを**確定判決**で認められた者

だ。だから、表題部所有者からその不動産を譲渡された者が、いきなり自己名義で所有権保存登記をすることは、原則としてできない（例外は➡140頁）。

注意！　この確定判決は、112頁[6]の判決より意味が広く、**給付判決**でも**確認判決**でもOKだ。

例題　Aが建物を新築して表示登記（表題登記）をしたが、所有権保存登記をしないまま、この建物をBに売却した。その後Aが死亡してCが単独でAを相続した場合、BはCの承諾を得れば、**B名義の所有権保存登記**を申請することができる。

解答　この建物の登記記録の表題部にはAが表題部所有者として記録されているはずだから、所有権保存登記を申請できるのはAの**相続人のC**だ。Bは、確定判決で所有者だと認められていないので所有権保存登記を申請できない。Cの承諾を得てもダメ。よって誤り。

第1編 権利関係

この先の話 では、どうなるのかというと、まず、

① Cが所有権保存登記をし、次に
② C→Bと所有権移転登記をすることになる。

(6) 改姓は？

では、抵当権者「鈴木花子」さんが結婚して「山田花子」さんに改姓した場合にはどうするのか？ 当然、登記記録の権利部に記録されている「鈴木花子」の名前を「山田花子」に訂正する。では、その訂正はどこに記録するのか？ 当然権利部だ。この訂正手続のことを、「抵当権の登記名義人の**住所氏名**変更の登記」という。

「氏名の表示を変更するのだから表題部に記録するのだろう」と誤解しないように。ヒッカケ問題として出る。抵当権の登記名義人の名前を訂正するのだから権利部だ。

....

例題1 **配偶者居住権**は、登記することができる権利に含まれない。(R2-14-4)

解答 所有権、地上権、賃借権、配偶者居住権、（根）抵当権等が登記できる権利だ。このうち、賃借権と**配偶者居住権**は債権だが**登記できる**ことに注意！ よって誤り。

....

例題2 根抵当権の登記名義人の**住所の変更**の登記は、表題部に記録される。

解答 住所でも同じコト。表題部ではなく、**権利部**だ！ よって誤り。

....

108

不登法第4条【登記された権利の順位はどう決まるのか？】

登記された権利の順位は ➡ **登記の前後**で決まる。

> **コメント**

たとえば、一番抵当権と二番抵当権では、どちらが優先するかといえば、もちろん一番抵当権だ。では、一番二番の優劣は何によって決まるのか？ それは登記の前後で決まる。先に登記した方の勝ちということだ。

不登法第119条【登記事項証明書】

登記記録をプリントアウトした登記事項証明書は、
➡ **利害関係がなくても**交付してもらえる。

> **コメント**

（1）誰でも

登記は権利関係を公示するためのものだから、戸籍簿などとは違って、プライバシーというものはない。だから、**利害関係がなくても**、誰でも登記事項証明書を交付してもらえる。また、登記記録はコンピューター上の情報だから、オンラインで結ばれている他の登記所の登記記録も登記事項証明書としてプリントアウトしてもらえる。

（2）収入印紙

なお、登記事項証明書の交付は、タダではない。手数料を原則として**収入印紙**で納付する。

例題 登記事項証明書の交付の請求は、**利害関係を有することを明らかにすることなく**、することができる。(H27-14-1)

解答 登記事項証明書の交付は、利害関係がなくても、誰でもできる。だから、**利害関係を有することを明らかにする必要は****ない**。よって正しい。

2．登記手続のポイント

（1）申請が必要

Aの土地をBが買った場合、登記所が気を利かせてAからBへの所有権移転登記をやってくれるかというと、これはやってはいけないことになっている。なぜなら、登記を移転するかどうかは、当事者が自由に決めることだからだ（106頁でも出てきた私的自治の原則という考え方だ）。

そこで、登記をするには、当事者の**申請が必要**だというのが **原則** になっている。

例外 しかし、これには例外があって、**表示登記**は、公的なものだから、当事者の申請がなくても、登記官が職権でやることもできる。たとえば、建物の滅失の登記は、職権でできるのだ。

さて、実は、

原 則	当事者の**申請**が必要
例 外	**表示登記**は職権でOK

という公式だけではすまないのが登記法のやっかいなところだ。ここはリクツでどうなるものでもないので、次の2つを丸暗記してくれい！

第6章　不動産登記法

① **権利**登記なのに職権で（申請なしで）**できる**ケースあり！

誤って受理された**管轄違いの権利**登記を職権で**抹消**できるか？	○
登記官の過誤（＝ミス）で錯誤または遺漏のある（＝間違った）**権利**登記がなされた場合、それを職権で更正（＝訂正）できるか？	○

② **表示**登記なのに職権で（申請なしで）**できない**ケースあり！

土地の**分**筆・**合**筆登記を職権でできる場合はあるか？	○
建物の**分**割・**合**併登記を職権でできる場合はあるか？	×

イメージ学習法 土地は公共のモノだから○、建物は個人のモノだから×、というイメージで乗り切ってくれい！

（2）共同で申請

　人間というものは、自分に都合のいいことを言うものだ。たとえば、Ｂが、「Ａから土地を買ったので、自分の名義に移転登記をして下さい。」と登記所に申請したとする。Ｂはウソをついているかもしれない。しかし、売主のＡも一緒に申請したとしたらどうか？　今度は信用できる。

　つまり、登記によって得をする立場のＢ（登記権利者という）と、損をする立場のＡ（登記義務者という）が共同して申請すれば、その申請内容は真実だと考えることができる。そこで、登記の申請は **原則** として、**登記権利者と登記義務者が共同**してやらなければいけないことにしたのだ。

111

例 外 この原則には、次のような例外がある。

1. **所有権保存登記**……これは、はじめてなされる所有権の登記だから、そもそも登記義務者が存在しない。だから単独で申請できる。

2. **仮登記**……仮登記義務者の承諾があれば、仮登記権利者が単独で仮登記を申請できる。損する人が納得している以上、申請を認めてよいからだ。

3. **登記名義人の住所氏名変更の登記**……108頁（6）の「鈴木花子」さんと「山田花子」さんは同一人物だから、共同申請のしようがない。だから、「花子」さんが単独申請。

4. **相続による権利移転登記**……父親が死んで、土地を相続した子が、父名義から自分名義へと所有権移転登記を申請する場合、父の骨壺を持って申請に行っても仕方ない。だから、子が単独申請。

5. **表示登記**……物件の物理的状況を表示するのが表示登記だから、そもそも登記権利者と登記義務者という二当事者はいない。たとえば、建物を新築したら、新築した人が単独で申請できる。

6. **判決による登記**……BがAから土地を買ったのに、A（登記義務者）が登記に協力しない場合、Bは裁判を起こして「Aに登記手続を命じる確定判決」（**給付判決**）を勝ち取れば、単独で申請できる。

注意！ 「Bに所有権があると確認する確定判決」（**確認判決**）ではダメ。非常にまぎらわしいが、給付判決と確認判決は全く別物なのだ！

以上のまとめ。

原　則	申請は当事者双方が**共同**してやらなければならない。
例　外	① 所有権**保存**登記 ② **仮**登記（要承諾） ③ 登記名義人の住所氏名**変更**の登記 ④ **相続**による権利移転登記 ⑤ **表示**登記 ⑥ **判決**による登記　　　　　　　　　　｝単独申請OK

楽勝ゴロ合せ：**他**の**変****装**が**評****判**
（保存　仮登記　変更　相続　表示　判決）

注意1　**法人の合併**による権利移転登記や**収用**による権利移転登記も単独申請OKだ。

注意2　共有物分割禁止の定め（→123頁不分割特約）の登記は、共有者である全ての登記名義人が**共同**してしなければならない。

注意3　信託の登記の申請は、信託に係る権利の移転等の登記の申請と**同時**にしなければならない。

第1編 権利関係

（3）申請の方法

登記は、二重譲渡の優劣を決める大切なものだ。万が一にも記録内容にミスがあってはいけない。そこで、口頭による申請は絶対認めず（**例　外**なし）、権利登記も表示登記も、次のどちらかの方法で申請しなければいけないことになっている。

① オンラインで申請

インターネットを使う方法だ。本番では「電子情報処理組織を使用する方法」と表現されるから面喰らわないように。

② 書面か磁気ディスクを提出

登記所に出頭して提出してもいいし、**郵送**で提出してもいい。

例　題 登記の申請は、口頭によって行うことは絶対できない。

解　答 口頭による申請は絶対認められない。よって正しい。

受験テクニック

原　則には**例　外**が付きものだから、「絶対」「常に」という表現が出てくる問題文は十中八、九誤りと判断せよ。これを「**常に**」**は常に×のテク**という。

しかし、ごくまれに、このテクニックが通用しないケースもある。そのひとつが、この問題だ。あとでもう一つ出てくる（➡ 415 頁）。

（4）登記申請の代理権

委任による代理権は、本人が死亡すると消滅する（➡ 43 頁）。しかし、委任による登記申請の代理権は、本人が死亡しても**消滅しない**ことになっている。

例　題 登記の申請をする者の委任による代理人の権限は、本人の死亡よって**消滅する**。（R3-14-2）

解　答　委任による登記申請の代理権は、本人が死亡しても**消滅しない**。よって誤り。

3．登記識別情報　深入りするな！

（1）コワイ話
　貴方の家が貴方の名前で登記してあるとする。ところが、誰かが勝手に貴方の家の登記を移転してしまったら？……コワイ！　そんなことができないように、登記名義人（自分の名前で登記してる人）を守ってくれるのが**登記識別情報**だ。

（2）パスワードで守れ！
①　そもそも登記はコンピューターでやる。コンピューターの世界にはパスワードが付きモノ。たとえば、Aが土地の所有権保存登記をしたら、登記官から登記識別情報というパスワード（何兆通りもある数字とアルファベットの組合せ）が誰にもバレないように通知される。これは絶対誰にも知られちゃダメ。

②　さて、後日Aがこの土地をBに売り、AからBに所有権移転登記をすることになったとする。この登記の申請は、113頁で勉強したように、AとBが共同してやる。その申請の時、Aは自分の登記識別情報を登記所に**示さなければならない**。こうすることで、Aがニセモノじゃなく本人に間違いないという証明になるワケだ。

③　そして、Bが新しい登記名義人になるに際して、登記官はまた誰にもバレないようにBに新しい登記識別情報を通知する。それを他人に知られない限り、Bの登記を誰かが勝手に移転するのはムリ。こうして登記名義人は守られる。メデタシ。

第1編 権利関係

（3）登記官も黙ってない！

登記識別情報が示されたとしても、盗んだ情報かも知れない。この申請人はニセモノのようだ、と疑うに足る相当な理由があれば、登記官は申請人に出頭を求めたり質問をしたりして本人かどうかを調査しなければならない。

（4）登記識別情報が示せなかったら？

① 登記識別情報を忘れることもあるし、そもそも盗まれたら大変だから登記識別情報を通知しないでくれと言うことも認められてる。そういう場合は登記申請に際して登記識別情報を示せない。そこで、次のようにしてニセモノでないかどうかチェックする。

② 登記官から登記義務者に対して「こういう登記申請がありましたが、間違いないですネ？」と通知し（事前通知という）、登記義務者が「はい、間違いありません」と回答しない限り登記ができない。

③ しかも、所有権の登記に限っては、登記義務者が住所変更登記をしている場合には、前の住所にも通知をしなければならない。所有権は重要だから念には念を入れるというコト。

（5）プロがからめば別

登記識別情報が示せない場合であっても、

1 司法書士や弁護士が登記申請を代理した上で登記名義人が本人に間違いないと言っているか、

2 公証人が登記名義人を本人であると認証したなら、上の（4）②の事前通知だけは不要となる（（4）③の通知はそれでも必要）。

116

登記識別情報のポイント	
登記名義人になると、	登記官から**登記識別情報**が通知される。
登記名義人は登記申請に際して、	登記識別情報を**示さなければならない**。
本人じゃないと疑うに足る相当な理由があると、登記官は、	申請人に**出頭**要求や**質問**をして調査。
正当な理由で登記識別情報を示せないと、	事前通知 （回答がないと登記**できない**）
所有権の登記に限っては、	**前の住所**にも通知。
司法書士、弁護士、公証人がからむと、	**事前**通知は**不**要。**所有権**登記の**前の住所**への通知は**必**要。

第1編 権利関係

4．第三者の許可、承諾が必要なケース

	許可、承諾は必要か？
売買を原因とする農地の所有権移転登記をするには？	農業委員会・知事等の許可が**必要**。 （農地法で、許可がないと契約できないことになっているから。　➡ 472 頁）
時効取得を原因とする農地の所有権移転登記をするには？	農業委員会・知事等の許可は**不要**。 （時効は農地法に優先するため、無許可で所有権移転の効力が生ずるから。）
登記上利害関係を有する抵当権者がいる土地の所有権の登記を**抹消**するには？	抵当権者の承諾が**必要**。 〔抵当権者は抵当権を失うことになるから。〕
抵当権設定登記のある土地の**分筆**の登記をするには？	抵当権者の承諾は**不要**。 （抵当権は分筆後の両方の土地に存続するため、抵当権者に不利益はないから。）

5. 仮登記

不登法第105条他【仮登記とはどういうものか？】

1. 仮登記ができるのは ➡ 次の２つの場合だ。

   ➡ ① 物権の変動がまだ生じていない場合＝請求権保全のための仮登記（例、宅建士試験に合格することを条件に土地を売買した）

   ② 物権の変動は生じたが、登記申請に必要な情報が揃わない場合（例、土地を売買したが、土地の登記識別情報を忘れた）

2. 仮登記を本登記にすると ➡ 本登記の順位は**仮登記の順位**による。

コメント

（１）仮登記とは？

　仮登記とは、言わば、ツバを付けておくために取りあえずやっておく登記、というイメージでとらえよ！

具体例 たとえば、４月１日に、ＢがＡから、宅建士試験に合格することを条件として土地を買ったとする。まだ受かっていない以上、所有権はＡからＢへ移転していないから、移転登記はできな

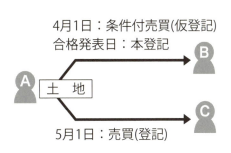

い。こういう場合、Ｂは仮登記をしておくことができる。

　そして、Ｂへの仮登記後も、Ａはまだ所有権を有している以上、たとえば５月１日に同じ土地をＣに売り、所有権移転登記をすることができる。その後、Ｂが試験に受かると、仮登記を本登記に改めることができるが、その場合、本登記の順位は４月１日の**仮登記の順位**になり、５月１日のＣの登記に優先することになる。

第1編 | 権利関係

つまり、土地はCではなくBのものになるわけだ。これが仮登記の威力だ（順位保全の効力という）。

> **注意！** Bの仮登記が本登記に改められると、Cの登記は**職権で抹消**される。だから、Bが仮登記に基づく本登記を申請するには、損をする立場のCの**承諾**を得なければならない。

（2）対抗力なし

なお、仮登記はあくまで「仮の」登記だから、**対抗力はない**。対抗力は、本登記に改められてから生ずる。

> **例　題** 所有権移転請求権保全のための仮登記をした場合、本登記の順位は、**仮登記の順位**による。
>
> **解　答** これが仮登記の威力だ。よって正しい。

（3）単独でできる

[1] 仮登記義務者の承諾がある場合と、裁判所による**仮登記を命ずる処分**がある場合は、仮登記権利者が単独で仮登記を申請できる。

[2] 仮登記の抹消は、仮登記名義人が単独で申請できる。また、仮登記名義人の承諾がある場合は、仮登記の登記上の利害関係人が単独で申請できる。

> **注意！** 「仮登記名義人」とは、前の頁（119頁）の図のBのことだ。また、「利害関係人」とは、前の頁（119頁）の図のAとCのことだ（つまり、仮登記の抹消はBが単独で申請できるし、AやCは、Bの承諾があれば、単独で申請できるということ）。

> **例　題** 仮登記は、仮登記の登記義務者の**承諾**があるときは、当該仮登記の登記権利者が単独で申請することができる。（H26-14-4）
>
> **解　答** 登記の申請は、原則として当事者双方が共同してやらなければならないが、仮登記の場合は、仮登記義務者の**承諾**があれば、仮登記権利者が単独で申請することが**できる**。よって正しい。

第7章 共有・区分所有法

第1節 共有

第251条他【共有物のルール】

1. **保存**行為は → 各共有者が**単独**でできる。
   (**例** 雨漏りの修理、不法占拠者に明渡しを求める)
2. **利用**行為は → 持分の**過半数**の賛成が必要(頭数の過半数ではない！)。
   (**例** 賃貸借契約の締結と解除)
3. **変更**行為は → **全員**の同意が必要。
   (**例** 増改築や建替え、売却、抵当権の設定)

コメント

(1) 共有とは？

共有とは、1つの物を2人以上で共同所有することだ。たとえば、ＡＢＣの3人が、別荘を共同購入したとする。そうすると、この別荘は、ＡＢＣの共有物になる。

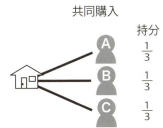

(2) 持　　分

では、ＡＢＣはそれぞれ、どれだけの割合の所有権を有するのか？　この所有権の割合のことを「持分」というが、それは、当然、出したお金の割合

第1編｜権利関係

による。では、いくらずつ出したかがはっきりしない場合はどうなるか？
その場合には、持分は各共有者平等と推定されることになっている。

（3）保存・利用・変更

1 さて、この別荘が雨漏りをしたらどうなるか？　各共有者には、持分
の大小にかかわらず、単独で修理（保存行為という）する権利がある。

2 この別荘を第三者Dに賃貸（これは利用行為だ）するにはどうしたら
いいか？　それは、共有者の持分の過半数の賛成があればできる。

3 それでは、この別荘に2階を増築（これは変更行為）する場合はどう
か？　それは、ABC全員の同意がなければできない。

以上の1～3について規定しているのが、前頁の条文だ。

ただし　ただし、売却については、別荘全体をDに売却するという場合
には、ABC全員の同意が必要だが、Aが自分の持分をDに譲渡するとい
う場合には、BCの同意は不要だ。抵当権の設定についても同様だ。共有物
全体に設定するには全員の同意が必要だが、各自が自己の持分に抵当権を
設定するのは単独でできる。

逆に　逆に別荘をDが不法占拠している場合、Aは単独で明渡しを請
求できる（→1）が、AがDに損害賠償を請求する場合には、A自身の持
分の割合だけしか請求できず、BCの分まで請求することはできない。

ちなみに　共有物全部を占有する共有者がいたとしても、他の共有者は、
当然に明渡しを求めることができるわけではない。

（4）管理費用を滞納すると？

ところで、ABCは、各自、持分に応じて（たとえば1年の3分の1ずつ）
別荘の全部を使用できる。そして、別荘の管理費用は、各共有者が持分に
応じて負担する。

第7章　共有・区分所有法

では、たとえばＡが、管理費用を滞納している場合、ＢＣはどうすることができるか？　Ａが**１年以内**に支払わない場合は、ＢＣはＡの持分を買い取ることができる。

　また、Ａが管理費用を滞納したまま、自分の持分をＤに譲渡した場合には、ＢＣは、**Ｄに対しても**、Ａの滞納分の支払いを請求できる。

（5）分　　割

　各共有者は、原則としていつでも自由に、共有物の**分割を請求**できることになっている。もし協議がととのわなければ、**裁判所に請求**することもできる。

　不分割特約　しかし、土地なら分筆できるが、別荘となると分割のしようがないから、別荘を競売し、代金を持分に応じて分けることになる。しかし、それでは、共有者の１人が分割を請求すると他の共有者も別荘を手放さねばならなくなってしまうので、例外として共有物の分割を禁ずる特約（**不分割特約**）をしておくことができる。この不分割特約があれば、裁判所に分割を請求することも**できない**。

　不分割特約の有効期間は**５年が限度**（遺産分割禁止の５年と共通。➡76頁参照）だが、更新することができる。

（6）人のモノは自分のモノ

　最後に、共有者の１人が**持分を放棄**した場合や、死亡したが**相続人**も特別縁故者（内縁の妻などのこと）も**いない**場合は、その人の持分はどこへ行ってしまうのか？　答えは、他の共有者のものになる（国庫には帰属しない。➡81頁の豆知識とは違う！）。

....

例　題　ＡとＢが共有する建物につき、Ａがその持分を放棄した場合は、その持分は**Ｂに帰属**する。(H29-3-4)

解　答　共有者の１人が持分を放棄したら、その人の持分は**他の共有者のもの**になる。よって正しい。

....

123

第1編 権利関係

第2節　区分所有法

1. 専有部分・共用部分・敷地利用権

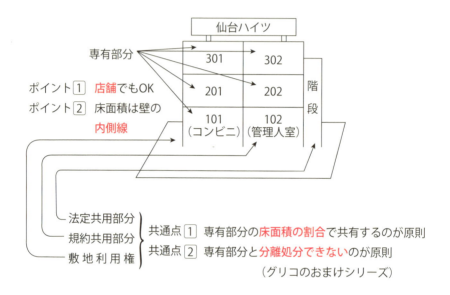

（1）区分所有法とは？

　マンションには、Ⓐ分譲マンションと、Ⓑ賃貸マンションがある。このうち、区分所有法（正式名称は建物の区分所有等に関する法律）が適用されるのは、分譲マンションの方だ。

　マンションといっても、**居住用に限らない**。1棟の建物の中の区分された部分が分譲される限り、使用目的を問わず（店舗でも事務所でも倉庫でも）区分所有法は適用される（**ポイント1**）。

（2）専有部分

　さて、Aが仙台ハイツの301号室を買ったとする。Aが取得した301号室の所有権のことを区分所有権という。そして、この区分所有権の対象となっている301号室のことを専有部分という。

　試験に出るのは、この専有部分の床面積だ。これは、壁その他の区画の「内側線」で囲まれた部分の水平投影面積で算出する。中心線ではない。専有部分の床面積は内側線、を「専内→センナイ→仙台」とこじつけて覚えてもらうために「仙台ハイツ」を引き合いに出したのだ（**ポイント**２）。

仙台ハイツの皆様、申し訳ございません。

第1編｜権利関係

（3）共用部分

　マンションには、一戸建てと違って、入居者が共同で使うスペースがある。それを共用部分といい、次の2種類がある。

1 **法定共用部分**……　これは、階段・廊下・エレベーターなどのように、構造上みんなで使うようにできている部分のことだ。

2 **規約共用部分**……　これは、管理人室・集会室・附属建物などのように、本来は専有部分となり得るスペースを、マンションの規約で、分譲せず共用部分にすると定めた部分のことだ。

　床面積の割合で共有　さて、どちらの共用部分も、原則として、区分所有者（各戸の持ち主）全員の共有に属することになっている。では、共有持分はどういう割合か？　答えは、**原　則**として専有部分の床面積（くどいようだが内側線で算出）の割合だ。もっとも **例　外**として規約で別段の定めをすることもできる。

　グリコのおまけ　そして、共用部分の持分は、専有部分の所有者が持っていなければ意味がない。だから、共用部分の持分を専有部分と分離して処分することは **原　則**としてできず、専有部分を譲渡すると共用部分の持分も一緒に付いて回ることになっている。たとえば、Aが301号室（専有部分）をBに売ると、Aが持っていた法定・規約どちらの共用部分の持分も、グリコのおまけのように付いてきて、Bのものになるのだ（**グリコのおまけシリーズ**1）。

（4）共用部分の登記

　規約共用部分は本来は専有部分となり得る（分譲し得る）スペースだから、規約共用部分であることについて、第三者との間に対抗の問題を生ずる。そこで、規約共用部分である旨の登記が必要になるが、この登記は表題部にする。

126

これに対して、法定共用部分は、もともと分譲の対象にならないのだから法定共用部分である旨の**登記はできない**し、**登記なしで第三者に対抗できる。**

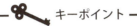

> - **規約**共用部分　→　**表題部**に登記
> - **法定**共用部分　→　登記**できない**
>
>
> **規約の表に法はない**

（5）敷地利用権

マンションは空中に浮かんでいるわけではないから、専有部分の所有者は、敷地を利用する何らかの権利にもとづいて専有部分を所有しているはずだ。この権利を敷地利用権という。具体的には、敷地の所有権・地上権・賃借権などだ。

敷地利用権は、区分所有権とは別個の権利だから、**区分所有権は敷地の部分には及ばない**ことに注意してほしい。敷地利用権には、先程勉強した共用部分と、次の2つの共通点がある。

> **敷地利用権のポイント（＝共用部分との共通点）**
>
> 1　敷地利用権は　→　専有部分の**床面積の割合**で各区分所有者が共有する（**規約**に別段の定めがあれば別）。
>
> 2　敷地利用権は　→　専有部分と**分離処分できない**（規約に別段の定めがあれば別）。
>
> ［専有部分を譲渡すると、敷地利用権も、グリコのおまけのように付いてくる＝**グリコのおまけシリーズ** 2］

第1編 | 権利関係

	「専有部分の床面積の割合で共有」の **例外** は?	「専有部分と分離処分不可」の **例外** は?
共用部分	規約	区分所有法に別段の定めがある場合のみ
敷地利用権	規約	規約

例題 各共有者の共用部分の持分は、規約で別段の定めをしない限り、**共有者数で等分**することとされている。(H28-13-4)

解答 各共有者の共用部分の持分は、規約で別段の定めをしない限り、**専有部分の床面積の割合**による。よって誤り。

2．区分所有建物の管理

これだけの賛成があれば	こういうことができる	定数を規約で変更できるか?
$\frac{1}{5}$ 以上	集会の**招集**	**頭数**も**議決権**も減らせる
$\frac{3}{4}$ 以上	共用部分の**重大**な変更	**頭数**だけ**過半数**まで減らせる
	規約の設定・変更・廃止	✕
	違反者への**措置**（使用禁止・競売・引渡請求）	✕
	管理組合の**法人化**	✕
	大規模滅失の**復旧**	✕
$\frac{4}{5}$ 以上	**建替え**	✕

128

第7章　共有・区分所有法

集会に来い！
5・1（$\frac{1}{5}$以上）（招集）

しみったれの重大な　　規約　　違反に　　報　　復だ！
4・3（$\frac{3}{4}$以上）（共用部分の重大な変更）（規約設定等）（違反者への措置）（法人化）（復旧）

しのごの言わずに　　建替えろ！
4・5（$\frac{4}{5}$以上）　　　　　　（そのまんま）

注意1　どの定数も、Ⓐ **区分所有者**（の頭数）とⒷ **議決権**（これは専有部分の床面積の割合）の両方について満たすことが必要だ。

　　　たとえば、仙台ハイツの区分所有者が5人いて、その中のAの専有部分が他の4人より狭い場合、A単独で集会の招集を要求することはできない。

注意2　上の表に出ていない事項を集会の決議で決めるには、**過半数**の賛成が必要（本来それが 原 則 で、上の表は 例 外 をまとめたものだ）。例えば、管理者の選任や解任をするのは、過半数の賛成が必要だ。

コメント

（1）書面・代理もOK

　区分所有建物の管理については、区分所有者の集会で決めることになっている。集会決議の定数を示したのが上の表だ。集会では、上の表を見れば分かるように、建替え決議までできるわけだから、各区分所有者としては、仕事の都合などで集会に出席できない場合でも、議決権を行使できなければ困る。そこで、**書面**や電磁的方法（電子**メール**等のこと）だけでなく**代理人**による議決権の行使も認められている。

（2）3つの言葉

　ところで、試験では、①包括承継人、②特定承継人、③占有者、という言葉がよく登場する。その意味は次の通りだ。

①　**包括承継人**……相続人等のこと。たとえば、仙台ハイツ301号室の区分所有者Aが死亡し、子のBが301号室を相続したら、BがAの包括承継人だ。

第1編｜権利関係

2 **特定承継人**……譲受人のこと。たとえば、Aが301号室をCに売ったら、CがAの特定承継人だ。

3 **占有者**……賃借人等のこと。たとえば、Aが301号室をDに賃貸したら、Dが301号室の占有者だ。

効力が及ぶ さて、集会の決議や規約は、上の 1 ～ 3 の人に対しても効力が及ぶことになっている。なぜなら、現に建物を使っている人に効力が及ばなければ意味がないからだ。

出席・意見 ただ、集会決議や規約に拘束されるからには、自分の言い分も聞いてもらいたいことだろうから、占有者は、集会に**出席**して**意見**を述べることができる（ただし、占有者は区分所有者ではないから、**決議**には参加できない）。

集会の議長 集会には、議長が必要だ。誰が議長になるのかというと 1 管理者がいる場合は、**管理者**が議長になり、 2 管理者がいない場合は、集会を召集した区分所有者の1人が議長になる。

注意1 管理者は、少なくとも**毎年1回**集会を招集しなければならない。

注意2 集会招集通知は、少なくとも集会の日の**1週間前**に発しなければならない。ただし、この1週間という期間は、規約で**延長**してもOKだし、**短縮**してもOKだ。ちなみに、区分所有者**全員**の同意があるときは、招集の手続きなしで、集会を開くことができる。

注意3 集会の議事録には、議長と集会に出席した区分所有者の2人が**署名**をしなければならない。

注意4 管理者は、規約に特別の定めがあるときは、**共用部分を所有**することができる。

例題 集会は、区分所有者**全員**の同意があれば、招集の手続を経ないで開くことができる。（H29-13-4）

解答 区分所有者**全員**の同意があるときは、招集の手続きなしで、集会を開くことができる。よって正しい。

では、次に128頁の表をもう少し詳しく勉強する！

130

第7章　共有・区分所有法

第1編　権利関係

第七章　共有・区分所有法

◼ 1　共用部分の重大な変更　◼

> 共用部分の**重大な変更**には、
> ➡ $\frac{3}{4}$ 以上の賛成が必要。
> 注意！ **頭数**だけ規約で**過半数**まで減らせる。

（1）重大な変更とは？

共用部分の変更（例 非常階段の取付け）には、次の2つがある。

1 **軽微な変更**……**形状または効用の著しい変更を伴わない変更**
2 **重大な変更**……それ以外の変更

　このうち、1 は、過半数の賛成で決定でき（➡ 129 頁 注意2 ）、2 には、4分の3以上の賛成が必要だ。なお、「著しい変更」とはどんな変更なのかは、ケースバイケースであり、一概に言えないし、「著しい変更」に当たるかどうかを判断させる問題は出ない。次のような形で出題される。

（2）頭数だけ過半数まで減らせる

　重大な変更には 原 則 として Ⓐ 頭数と Ⓑ 議決権（床面積）の両方について $\frac{3}{4}$ 以上の賛成による集会決議が必要。 例 外 として Ⓐ 頭数だけは規約で過半数まで減らせるが、Ⓑ **議決権**の方は規約をもってしても**変更できない**。

例 題　形状又は効用の著しい変更を伴う共用部分の変更については、区分所有者及び議決権の各4分の3以上の多数による集会の決議で決するものであるが、規約でこの**区分所有者の定数**を過半数まで減ずることができる。（R3-13-2）

解 答　重大変更は4分の3以上の賛成が必要だが、**頭数**（区分所有者の定数）は規約で**過半数**まで減らせる。よって正しい。

（3）多数派の横暴はダメ！（パート 1 ）

　変更の結果、専有部分の使用に**特別の影響**が出る場合（例 非常階段で窓をふさがれてしまう）には、その影響を受ける専有部分の所有者の**承諾**がなければ、重大な変更であれ**軽微**な変更であれできないことになっている。多

第1編｜権利関係

数決で押し通すことは許されない。

（4）保存行為は単独で

共用部分の**保存行為**（例雨漏りの修理）は、各区分所有者が**単独**でできる。

2　規約の設定等

規約の設定・変更・廃止には、
→ $\frac{3}{4}$ 以上の賛成が必要。
注意！ $\frac{3}{4}$ は規約で変更できない。

（1）規約とは

規約とは、その区分所有建物のルールのことだ。たとえば、「仙台ハイツではペットは飼えない」というようなことを規約で決める。

閲　覧　ところで、先程勉強したように、特定承継人等も規約の拘束力を受ける。そこで、マンションの購入希望者としては、どんな規約があるのか、買う前に知っておく必要があるから、規約の**閲覧**を請求する権利が認められている。

（2）公正証書

それから、4分の3以上の賛成で規約を設定するのは、区分所有建物の分譲**後**のことだ。分譲**前**は、分譲業者が**公正証書**（78頁でも出てきた公証人というプロに作ってもらう文書）によって、一定の事項を設定することができる。

たとえば、仙台不動産㈱が仙台ハイツを建てた場合、仙台不動産㈱は、分譲前なら、公正証書によって、「仙台ハイツ規約」を設定できるのだ。

（3）多数派の横暴はダメ！（パート [2]）

規約の設定・変更・廃止が一部の区分所有者の権利に**特別の影響**を及ぼす場合には、その人の**承諾**がなければ決定できず、多数決で押し切ることはできない。

132

第7章 共有・区分所有法

注意1 規約と議事録は、**管理者**（管理者がいない場合は、規約または集会の決議で定められた者）が保管する。

注意2 規約と議事録の保管場所は、**建物内の見やすい場所**に掲示しなければならない。なお、通知は不要だ。

注意3 規約と議事録の保管者は、**利害関係人の請求**があった場合、正当な理由がある場合を除いて、閲覧を拒んではならない。拒んだら過料だ。

例題 規約の保管場所は、**建物内の見やすい場所**に掲示しなければならない。(H30-13-3)

解答 規約の保管場所は、**建物内の見やすい場所**に掲示しなければならない。よって正しい。

3 違反者への措置

Ⓐ **使用禁止**
Ⓑ **競売**
Ⓒ **引渡請求**
→ ① $\frac{3}{4}$ **以上**の賛成 ＋ ② **裁判**が必要。

注意！ $\frac{3}{4}$ は規約で変更**できない**。

（1）3つの手段

マンションでは、壁一枚向こうでは赤の他人が生活しているのだから、お互いに迷惑をかけないよう、共同生活のルールを守らなければいけない。

では、ルール違反（規約違反ということではなく、常識違反ということだ。問題文では「**共同の利益に反する行為**」と表現される）の人がいたら、他の区分所有者としては、どんな手を打てるか？

次の3つの手段がある。

3つの手段

Ⓐ 仙台ハイツの301号室の所有者のＡが毎晩カラオケパーティーをやり、うるさくて仕方がない。

第1編 権利関係

第七章 共有・区分所有法

第1編｜権利関係

> → 他の居住者は、Aに、相当期間301号室の**使用を禁止**することができる。
>
> Ⓑ 使用禁止では効き目がない場合には、
>
> → 他の居住者は、301号室を**競売**して別の人に買い取ってもらい、Aを仙台ハイツから追い出すことができる。
>
> Ⓒ Aが301号室をBに賃貸したところ、Bが毎晩カラオケパーティーをやり、迷惑千万。
>
> → 他の居住者は、AB間の賃貸借契約を解除して、301号室をAに**引き渡す**よう、Bに請求できる。

Ⓐ～Ⓒをやるにはどれも、①4分の3以上の賛成による集会の決議に基づき、②裁判(訴訟)を起こすことが必要だ。次に勉強する**管理組合法人も**、Ⓐ～Ⓒの手段を取ることができるが、その場合も、①と②の手続きが必要だ。

（2）　Ⓐ～Ⓒ以外

なお、カラオケはうるさいからやめてくれ、と請求するだけなら、裁判によらずに、各区分所有者は**単独**で請求できる。また、上のⒶ～Ⓒのような強い内容の請求ではなく、ただカラオケをやめてくれと裁判で請求する場合は、集会の**過半数**の決議があればいい。

> ### まとめ
>
> | 停　　止　　請　　求 | → | 単　独 |
> |---|---|---|
> | 停　止　請　求　訴　訟 | → | 過半数 |
> | **使用禁止・競売・引渡**請求訴訟 | → | $\frac{3}{4}$以上 |

例題 **使用禁止**の請求は、区分所有者及び議決権の各4分の3以上の多数による集会の決議に基づき、訴えをもって行わなければならない。

解答 Ⓐの手段だ。①4分の3以上の賛成と、②裁判が必要だ。全く正しい。

第7章　共有・区分所有法

④ 法 人 化

> 管理組合を**法人**にするには ➡ $\frac{3}{4}$**以上**の賛成が必要。
>
> 注意！ $\frac{3}{4}$ は規約で変更**できない**。

　管理組合は、区分所有者が話し合って作るのではなく、区分所有者全員が初めから自動的に（自分の意思とは**無関係**に）管理組合の構成員にされている。マンションの管理は、全員の責任だからだ。

　大事なのは、管理組合を法人にするための手続きだ。それには、① 区分所有者および議決権の各4分の3以上の賛成による集会の決議があることが必要だ。

　細かいことを言うと、実はこの他にも、② 主たる事務所の所在地で登記をすることと、③ 理事と監事を置くことも必要だが、よく出るポイントは、①だ。

例　題　管理組合は、区分所有者及び議決権の各**4分の3**以上の賛成による集会の決議で法人となる旨定めることができるが、この定数について規約で**別段の定め**をすることはできない。

解　答　$\frac{3}{4}$ は規約で変更できないから、正しい。

⑤ 復 旧

> **大規模な滅失**（建物全体の価格の2分の1を超える部分の滅失）の場合、共用部分を復旧するには ➡ $\frac{3}{4}$ **以上**の賛成が必要。
>
> 注意！ $\frac{3}{4}$ は規約で変更**できない**。

（1）専有部分の復旧

　落雷でマンションが半焼したとする。専有部分も焼けたし、共用部分も焼けた。この場合、専有部分は、各区分所有者が自分で**自由**に復旧工事をすることができる。専有部分は自分だけの所有物なのだから当然だ。

135

第1編 権利関係

（2）共用部分の復旧

では、焼けた共用部分の復旧工事はどうかというと、これは、焼けた規模によって復旧の手続きが異なる。

① 大規模なら4分の3以上

まず、大規模な滅失（専有部分と共用部分を合わせた建物全体の価格の2分の1を超える部分の滅失）の場合には、区分所有者及び議決権の各**4分の3以上**の賛成による集会の決議で、滅失した共用部分を復旧することを決めることができる。これが上に示したポイントだ。

② 小規模なら過半数

小規模な滅失（建物全体の価格の2分の1以下の部分の滅失）の場合には、各区分所有者は、単独で、滅失した共用部分の復旧工事をすることができる。

ただし、各区分所有者が単独で復旧工事をする前に、小規模滅失の復旧の決議（この決議の定数は、129頁 注意2 の 原則 どおりだ。つまり、区分所有者及び議決権の各**過半数**の賛成で、小規模滅失の復旧の決議をすることができる）や建替えの決議があったときは、各区分所有者は単独で滅失した共用部分の復旧工事をすることができない。

....

例 題 建物の価格の2分の1を超える部分が滅失したときは、集会で、区分所有者及び議決権の各**過半数**の賛成で、滅失した共用部分を復旧する旨の決議をすることができる。

解 答 大規模滅失の復旧には、過半数ではなく、**4分の3以上**の賛成が必要。よって誤り。

....

6 建 替 え ■

建物全体を取り壊して**建て替える**には、

➡ $\frac{4}{5}$ **以上**の賛成が必要。

注意！ $\frac{4}{5}$ は規約で変更**できない**。

仙台ハイツの301号室を買ったAが、一生301号室に住み続けられると

思っているとしたら、それは甘い。A一人がいくら反対しても、区分所有者及び議決権の各5分の4以上の賛成による集会決議で、仙台ハイツの建替えを決めることができるのだ。

よこせ！ もしそうなった場合、建て替え派は、Aに対して301号室を時価で**売り渡すよう請求**できる（ただし、Aからの**買取請求は不可**）。

例題 集会において建替え決議がなされた場合、当該決議に賛成しなかった区分所有者Aも、建替えに参加しなければならない。

解答 **売渡し請求**に応じて出ていくという選択もあるから、誤り。集会決議で負けた以上、今まで通り住み続けるのはムリだが、いや応なく建替えに参加させられるわけではない。ただし、Aの方から「**買い取れ**」とは言えない。

建替え決議を目的とする集会の招集通知は特別扱い 建替えに賛成するかしないかを短期間で決めることはできない。だから、建替え決議を目的とする集会の招集通知は、少なくとも集会の日の**2カ月**前に発しなければならない。ただし、この2カ月という期間は、規約で**延長**してOKだ（短縮はダメ）。130頁の 注意2 との違いに注意しよう。

3．区分所有建物の登記

区分所有建物の登記記録の見本

表題部	○○市○○町○丁目○番 仙台ハイツB棟　101号室 1階の100㎡
権利部	所有者A

　区分所有建物を新築したら、一棟の建物（仙台ハイツB棟）に属する全ての区分所有建物（全3戸なら3戸全部）の表題登記を**まとめて申請**しなければならない。なぜなら、所在地も仙台ハイツB棟という名称も3戸全てに共通だから、バラバラにならないようにするためだ。

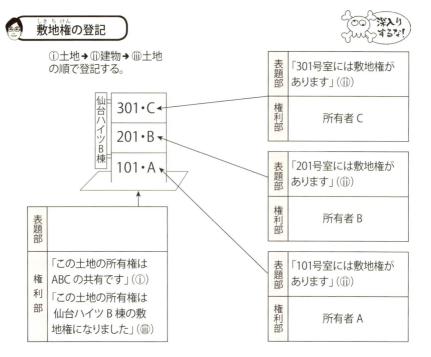

| スタート | 土地登記記録に、ⓘの登記をすると敷地利用権が「**敷地権**」になる。 |

→ 次に、建物登記記録にⓘⓘの登記（これが「**敷地権についての表示の登記**」）をする。

→ 次に、土地登記記録にⓘⓘⓘの登記（これが「**敷地権である旨の登記**」）をする。

⇨ ⓘ～ⓘⓘⓘの登記がなされると、専有部分と敷地権が合体し、以後、土地登記記録は不要となる。つまり、

⇨ ① 専有部分と敷地権を分離処分する登記は **原則** として禁止される（**例外** あり！）。
② 専有部分に登記をすると、敷地権にも登記をしたことになる。
③ 敷地権についての登記は、**原則** として禁止される（**例外** あり！）。

コメント

127頁で勉強したように、専有部分と敷地利用権は、分離処分できないのが原則だ（**グリコのおまけ**）。そこで、登記も、建物登記記録だけでこと

が足り、土地登記記録は不要だ、というようにできれば、こんな便利なことはない。それができるのだ。そのための手続きが上に示した手続きだ。これは非常に難解だ。

手続き①

まず、「登記された敷地利用権」のことを**敷地権**という。たとえば、仙台ハイツB棟の敷地が、区分所有者ABCの共有地の場合、土地登記記録に所有権の登記をすると（①だ）、ABCの敷地利用権は敷地権になる。

手続き②

そして、次に、建物登記記録に、「この建物の敷地利用権は敷地権ですよ」ということを登記する。これを、「**敷地権についての表示の登記**」といい、各専有部分の表題部（仙台ハイツB棟は全3室だから、計3カ所）に登記する（②だ）。

手続き③

「敷地権についての表示の登記」をしたら、次は、敷地の土地登記記録の権利部に「この土地は敷地権の目的（対象）となりました」ということを登記する。この登記を「**敷地権である旨の登記**」という（③だ）。これは職権でなされる。

こうしておけば、土地登記記録だけを見た人にも、この土地が仙台ハイツB棟の敷地権の対象だということが分かる。これで手続完了だ。

以上の手続きの結果、**専有部分と敷地権が合体**し、以後、土地登記記録は必要なくなる。つまり、次の3つの効力が生ずるのだ。

3つの効力

1. 専有部分と敷地権を**分離処分**する登記は、**原則**として禁止される（例、専有部分だけの所有権移転登記は不可）。

   例外として、土地が敷地権の目的となる前（ⓘ以前）に**既に登記原因が生じていた**ケースだけは登記できる。

2. 専有部分に登記をすると、敷地権にも登記をしたことになる（例、専有部分の所有権移転登記によって、**敷地権の移転にも対抗力**を生ずる）。

3. 2から分かるように、敷地権自体について登記をする必要がなくなるし、敷地権を分離処分することもできないから、敷地権については、もはや**原則**として**登記が禁止**される（例、敷地権を目的とする抵当権設定登記は不可）。

   例外は1と同じ。土地が敷地権の目的となる前（ⓘ以前）に**既に登記原因が生じていた**ケースだけは登記できる。

コメント

区分所有建物の場合は、**表題部所有者から所有権を取得した者**も、いきなり自己名義で所有権保存登記（➡ 107頁）をすることができる。

|注意！| ただし、敷地権付きの区分所有建物である場合は、敷地権の登記名義人の**承諾**が必要だ。

|例題| 区分建物の所有権の保存の登記は、**表題部所有者から所有権を取得した者も、申請することができる。**（H28-14-4）

|解答| 区分建物（区分所有建物）の場合は、**表題部所有者から所有権を取得した者も、いきなり自己名義で所有権保存登記をすることができる。**よって正しい。

第8章 抵　当　権

🧑 イントロ

　貴方が人にお金を貸す立場になったら、一番最初に何を考えるだろうか？そう、必ず返してくれるかどうか、ということが一番心配なはずだ。そこで、貸したお金を確実に取り返すための方法が2つ用意されている。

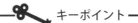

> キーポイント
>
> ｛物的担保 ➡ 抵当権（ここで勉強する）
> 　人的担保 ➡ 保証債務（第11章で勉強する）

さあ、この章では、まず抵当権について勉強しよう。

1．抵当権とはどういうものか？

第369条【抵当権とはどういうものか？】

　抵当権者（つまり債権者だ）は、債務者が債務を弁済しない場合には、抵当権の目的（対象ということ）となっている財産を競売して、貸した金（被担保債権という）を取り立てることができる。

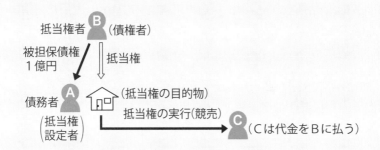

（1）抵当権とは？

　前頁の図を見てほしい。たとえば、Aが自分の家に抵当権を設定して（抵当に入れて）Bから1億円を借りたとする。Aが債務者（抵当権設定者）で、Bが抵当権者（債権者）だ。その後、Aが約束通り1億円を返せば（弁済すれば）何も問題はない。Aが金を返さないときが、抵当権の出番だ。Bは抵当権を実行すればいい。

　つまり、抵当権の設定されているAの家を競売するわけだ。その結果、Cが買手となったら、Cは代金をAではなくBに支払う。こうして、Bは金を取り返すことができる。これが抵当権というシステムだ。

（2）意思表示だけで設定できる

　さて、AB間での抵当権の設定には、登記や、目的物の引渡しや、契約書の作成は必要だろうか？　抵当権の設定は、物権の変動の一種だ。そこで、87頁を見てほしい。そう、物権変動は、当事者の**意思表示だけ**で生ずるのだ。つまり、抵当権の設定は、口約束だけで完全に有効に成立し、登記も引渡しも契約書もいらない。

（3）登記は対抗要件

　ところで、抵当権を設定した後も、Aは今まで通りこの家に住み続けることができるし、家を第三者Dに売却することも自由だ（譲渡に抵当権者Bの**承諾不要**）。

　ただし、BがDに抵当権を**対抗**するには、抵当権の**登記**が必要だ（不動産物権変動の対抗要件は登記➡91頁復習）。

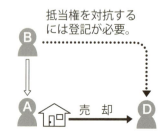
抵当権を対抗するには登記が必要。

第8章 抵当権

キーポイント

抵当権 ┌ 当事者間 ➡ 登記なしで**効力**を生ずる。
　　　 └ 対第三者 ➡ 登記がないと**対抗**できない。

第1編 権利関係

第八章 抵当権

（4）妨害排除請求

　次にAがこの家を壊そうとしたら、Bはやめるよう請求できる。これを妨害排除請求という。抵当権の目的物が損傷（壊すこと）されると、Bは抵当権を実行して弁済を受けることができなくなるからだ。

例 題　抵当権設定者が抵当権の目的物を第三者に譲渡する場合には、**あらかじめ抵当権者に通知**をしなければならない。

解 答　抵当権設定者は、抵当権の目的物を**自由に譲渡できる**。抵当権者の承諾もいらなければ、抵当権者に**通知**する必要もない。よって誤り。

第370条【抵当権の効力は何に及ぶか？】

抵当権の効力は、

➡ ┌ ① 付加一体物（付合物）（例、**雨戸**）
　 │ ② 抵当権**設定時**からあった従物（例、**畳**）、┐
　 └ 　 従たる権利（例、**借地権**）　　　　　　　　┘ に及ぶから、

これらも競売できる。

コメント

（1）何に及ぶか？

　先程の例で、債務者Aが借金を返さないと、抵当権者Bは家を競売できる。この場合、家の中にあるテレビや家具も家と一緒に競売できるかというと、それはできない。

　では、家と一緒に競売できる物は何か？　それは、

143

第1編 | 権利関係

① 付加一体物（目的物に付合した物）と、

② 抵当権設定時からあった従物、従たる権利だ。

　付加一体物というのは、雨戸のように、もはや家の一部と考えてよい物であり、従物というのは、畳のように、家の一部とまではいかないが、それに近いものだ。なお、抵当権設定後に備えられた従物、従たる権利には抵当権が及ばないから、念のため。

借地権にも及ぶ　さらに、借地権は従たる権利だ。だから、借地上の家に抵当権を設定した場合、抵当権の効力は、抵当権設定時からあった借地権にも及ぶ。

（2）天然果実

　天然果実とは、農作物などのこと。天然果実には抵当権の効力は**及ばない**。たとえば、リンゴ畑に抵当権を設定しても土地とリンゴの木までは抵当権が及ぶが、リンゴの実には及ばない。今までどおりの収穫を上げて早く借金を返しなさい、という趣旨だ。

注意！　ちなみに、賃料などのことを法定果実という。なお、債務不履行があった後は、天然果実についても、法定果実についても、抵当権の効力が**及ぶ**ことになっている。

例　題　土地に抵当権を設定すると、その土地の上にある**建物**にも抵当権の効力が及ぶ。

解　答　土地と建物は、**別個独立の不動産**だ。建物は土地の付加一体物でも従物でもない。だから、抵当権の効力は土地だけに及び、建物には及ばない。よって誤り。

第369条後半【抵当権は何に設定できるか？】

　抵当権は、不動産（土地・建物）だけでなく　➡　**地上権・永小作権**にも設定できるが　➡　**賃借権**には設定できない。

コメント

　抵当権を、土地と建物に設定できるのは、感覚的に分かる。他に何に設定

できるかが試験に出るポイントだ。答えは、地上権と永小作権だ。賃借権には設定できない点が要注意（➡89頁の表を復習）。

例 題 地上権も抵当権の目的とすることができる。

解 答 抵当権を設定する対象を抵当権の目的という。地上権もOKだ。正しい。

第373条他【抵当権の順位はどう決まるのか？】

① 抵当権の順位は ➡ 登記の前後で決まる。
② 抵当権の順位を変更するには ➡ ①抵当権者全員の合意と、②利害関係者の承諾が必要だが ➡ 抵当権設定者の承諾は不要だ。
③ 一番抵当権が消滅すると ➡ 二番抵当権が一番に繰り上がる。

コメント

（1）順位の決め方

　抵当権は、1つの目的物の上に、何重にも設定できる。たとえば、AがBから8,000万円借りて自分の土地に抵当権を設定し、更にCからも8,000万円借りて同じ土地に再び抵当権を設定することができる。

　この場合、BとCの優劣（順位）はどうやって決まるかというと、登記の前後で決まる。Bの方がCより先に登記したとすると、BはCに優先する（Bが一番抵当権者で、Cは二番抵当権者となる）。

　さらに、AがDからも8,000万円借り、抵当権を設定しなかったとすると、DはBCに劣後する。

（2）弁済額

　この状態で抵当権が実行されてAの土地が競売され、Eが1億円で買ったとすると、この1億円から、一番抵当権者のBが、まず優先的に8,000万円の弁済を受け、二番抵当権者のCが、残りの2,000万円の弁済を受け、ただの債権者（無担保）のDは、1円も取れない、ということになる。

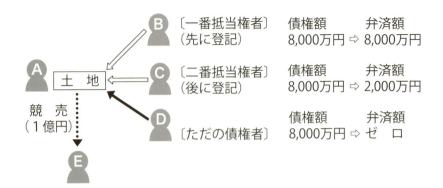

(3) 利息

　Bは、元本8,000万円は、全額優先的に弁済を受けられるが、利息については、何年分でも優先的に弁済を受けられるわけではなく、最後の2年分に限って優先的に弁済を受けられる。そうでないと、CやDに比べて余りにもBが優遇され過ぎてしまうからだ。

　もっとも、他の債権者（CやD）がいない場合には誰も迷惑しないから、最後の2年分に制限されず、Bは利息全額について抵当権による満足を得られる。

(4) 順位の変更　　深入りするな！

　さて、Cとしては、自分が一番抵当権者になりたいに決まっている。そこで、BC間の話し合いで（実際には相当のお金を支払って）、抵当権の順位を変更することができる。

　この順位の変更には、BCの合意の他に、利害関係者の承諾が必要だ。この利害関係者というのは、転抵当権者（抵当権を担保に取っている人のこと。たとえば、BがFから5,000万円借りるに当たって、Aの土地に対する抵当権をFに対する担保として差し出す場合、Fが転抵当権者）などのことだ。抵当権設定者は利害関係者ではない。だから、BCが抵当権の順位を変更するには、Aの承諾は不要だ。

（5）順位の上昇

ところで、抵当権を実行される前に、Ａがまじめに働いてＢへの 8,000 万円の債務を完済したとする。そうすると、Ｂの一番抵当権はもはや、必要なくなるから、自動的に消滅する。その後どうなるかというと、Ｃの二番抵当権が、自動的に、一番抵当権へと**繰り上がる**のだ（順位の上昇）。

つまり、Ｃはその後抵当権を実行すれば、8,000 万円全額の弁済を受けられるわけだ。

例題 Ａは、Ａ所有の甲土地にＢから借り入れた 3,000 万円の担保として抵当権を設定した。ＡがＣから 500 万円を借り入れ、これを担保するために甲土地にＣを抵当権者とする第２順位の抵当権を設定した場合、ＢとＣが抵当権の順位を変更することに合意すれば、**Ａの同意がなくても、甲土地の抵当権の順位を変更することができる。**（H28-4-3）

解答 必要なのは、①抵当権者ＢＣの合意と、②利害関係者の承諾だ。抵当権設定者のＡは利害関係者ではないから、**Ａの同意（承諾）がなくても、**抵当権の順位を変更できる。よって正しい。

第 388 条【法定地上権の条件は何か？】

法定地上権が成立するための条件は ➡ 次の２つだ。

1. **抵当権設定時に、土地の上に建物が存在**していたこと。
    (ということは ➡ 抵当権設定後に建物が滅失し、**再築**
     されても ➡ 法定地上権は成立する。)

2. その土地と建物が、**抵当権設定時に、同一人物の所有物**だったこと。
    (ということは ➡ 抵当権設定後に土地か建物の一方が
     第三者に**譲渡**され、所有者が別々になっても ➡ 法定
     地上権は成立する。)

第1編 権利関係

> **コメント**

　法定地上権とは何か？　たとえば、Aが庭付き1戸建て住宅を所有していたとする。そのAがBから1億円を借り、土地だけに抵当権を設定したとする。その後、抵当権が実行されて土地が競売され、Cがこの土地を買ったとする。さあこの場合、CはAに対して、「俺の土地から建物を撤去しろ」（建物収去土地明渡しの請求）と言えるだろうか？

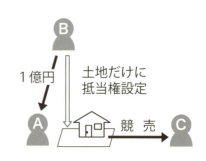

　競売の結果、土地はCの所有物になったのだから、本来ならCはAにそういう要求ができるはずだ。しかし、それではAに気の毒だし、建物を取り壊すのは世の中のためにも、もったいない（資源がムダになる）。

> **解　決**　そこで、こういう場合には、AはCの所有物となった土地に、自動的に地上権を取得できることにした。この地上権のことを、法律上当然に取得する地上権だから、法定地上権という。

> **あと2つ押さえよ！**
>
> 　試験に出るのは、法定地上権が成立するための条件で、それは上の条文に示した通りだ。この他のポイントとしては、①Aの建物が**無登記でも**法定地上権は成立することと、②土地と建物の**両方に抵当権**が設定された場合でも法定地上権は成立することに注意してほしい。

> **例　題**　Aは、A所有の甲土地にBから借り入れた3,000万円の担保として抵当権を設定した。Aが、A所有の甲土地に**抵当権を設定した当時**、甲土地上に**A所有の建物**があり、当該建物をAがCに売却した後、Bの抵当権が実行されてDが甲土地を競落した場合、DはCに対して、甲土地の明渡しを求めることはできない。（H28-4-1）
>
> **解　答**　土地と建物が、**抵当権設定時に、A の所有物**だったのだから、抵当

設定後に建物がCに売却され、所有者が別々になっても、法定地上権は成立する（Cは法定地上権を取得する）。だから、DはCに甲土地の明渡しを求めることはできない。よって正しい。

第389条【一括競売とはどういうものか？】

更地に抵当権が設定された後でその更地に建物が建てられると
→ 抵当権者は、土地と建物の**両方を競売**できるが → 優先弁済を受けられるのは、**土地の代金**からだけだ。

コメント

たとえば、AがBから1億円を借り、Aの所有する更地（建物の建っていない土地）に抵当権を設定したとする。抵当権設定後も、Aはこの土地を使用できるし、建物を建てることも自由だ（Bの承諾不要）。

しかし、建物を建てた後で、敷地だけを競売するのは非常に困難だ（買手がつきにくい）。

解決

そこで、Aが建物を建てたら、Bは、**土地と建物をまとめて競売**できることにしたのだ（これを一括競売という）。これなら、Bは土地が売れなくて困るということはない。

ただ、もともと、抵当権は土地だけに設定されていたのだから、競売代金のうち、Bが他の債権者よりも優先的に弁済を受けられるのは、**土地の代金**からだけだ。

例題

庭付き一戸建て住宅を所有するAが、債権者Bのために、土地だけに抵当権を設定した場合、Bは、土地と建物の両方を、一括して競売することができる。

解答

一括競売ができるのは、まず**更地**に抵当権が設定され、その後、建物が建てられた場合に限る。初めから建物が建っている敷地に抵当権を設定した場合には、一括競売はできない。Bは、土地だけを競売するしかない。よって誤り。

第395条【建物の明渡猶予期間】

抵当権が設定されている建物（土地はダメ）を賃借した人は
➡ 抵当権が実行されて建物が競売されても明渡しを**6カ月**間猶予してもらえる。

> コメント

（1）抵当権者に対抗できる賃貸借なら ➡ Cの勝ち

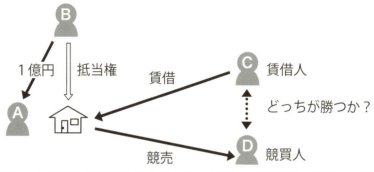

たとえば、Aが所有する建物をCがAから賃借し、賃借権を登記して対抗力を備えたとする（210・211頁で勉強することだが、実は登記しなくても引渡しを受ければ対抗力は認められる）。その**後**でAがBから1億円借りてこの建物に抵当権を設定したとする。この場合、Cの賃借権はBの抵当権に**対抗できる**から、Bが抵当権を実行して建物が競売され、Dが競買人になったとしても、Cは建物をDに明け渡さなくてOK。

（2）抵当権者に対抗できない賃貸借なら ➡ Dの勝ち

それに対して、CがAからこの建物を賃借して賃借権の対抗力を備える**前**からBが抵当権を有していた場合には、Cの賃借権はBの抵当権に**対抗できない**。その結果、Bが抵当権を実行してDが建物の競買人になると、Cは建物をDに明け渡さなければならない。しかし、「直ちに出て行け！」はいくらなんでもあんまりだ。そこで、**6カ月**間は明渡しを待ってあげるよ、ということにしたのがこの条文というワケ。

> **例題** 抵当権者に対抗することができない**土地**賃借人は、抵当権が実行されてその土地が競売された場合、土地の明渡しを6カ月間猶予される。
>
> **解答** 土地賃借人よりも弱い立場の建物賃借人だけを保護するための制度だから、**土地じゃダメ**。よって誤り。6カ月間の明渡し猶予は、建物賃借人だけの特権！

第379条他【第三取得者の立場は？】

抵当権の設定されている不動産を買った人（担保不動産の第三取得者という）は、次の3つの方法で抵当権を消滅させることができる。

- ① 被担保債権の**弁済**
- ② **抵当権消滅請求**
- ③ **代価弁済**

コメント

（1）第三取得者とは？

Aの土地には、BのAに対する1億円の債権を担保するために抵当権が設定されていた。CがAからこの土地を8,000万円で買った。この場合のCを第三取得者という。さて、Cとしては、抵当権が実行されてせっかく買った土地の所有権を失ってはたまらないから、抵当権を消滅させたい。その方法は次の3つだ。

（2）その①・被担保債権の弁済

被担保債権さえなくなれば、抵当権は自動的に消滅する（➡157頁・条

第1編 | 権利関係

文②）から、CがAの代わりに1億円をBに弁済すれば、それで抵当権は消滅する。他人の債務を勝手に弁済できるのかという問題を後で勉強するが（➡255頁Q2）、Cは弁済をするについて正当な利益を有する第三者だから、OKだ（たとえAの意思に反しても弁済できる）。そして、Cはこの1億円をAに求償（立て替えて払った後で本人に請求すること。償還請求ともいう）できる。

　しかし、なにもそこまでAの面倒を見たくないなら、他に手はないか？

（3）その②・抵当権消滅請求

　ある。それが、抵当権消滅請求だ。これは、第三取得者が抵当権を消滅させるための切り札だ。

① まず、CがBに書面で「これこれの金額（たとえば8,000万円）を払うから抵当権を消してくれ！」と通知する。ここで提示する金額はCが勝手に決めていい。土地の代金額（8,000万円）より上でも下でもOK。

② Bがこれを承諾し、Cが8,000万円を弁済すれば、1億円は完済されていないにもかかわらず抵当権は消滅する（8,000万円はAの債務の弁済に当てられ、BはAに対して2,000万円の無担保債権を有することになる ➡ 8,000万円は（2）同様CがAに求償できる）。

③ Bが8,000万円では安すぎると思えば、2カ月以内に抵当権を実行して競売を申し立てることができる（これをしないでいると承諾とみなされる）。

　ちなみに　　債務者と保証人は、抵当権消滅請求はできない。債務者や保証人が、抵当権を消滅させたかったら、債権者にお金を返して消滅させるのが筋だからだ。

152

> **抵当権消滅請求のポイント**
>
> 1 Bが抵当権を実行する前であれば、Cはいつでも抵当権消滅請求ができる。
> 2 Cは、抵当権消滅請求が終るまでAへの代金（8,000万円）の支払いを拒絶できる。
>
> > 代金を払っても、どうせ抵当権消滅請求がうまく行けばCはAに求償ができ（上の②）、払った金が戻って来て現金のやり取りがムダだから。

（4）その 3 ・代価弁済

以上のように、Cには抵当権消滅請求という切り札がある。そこで、Bとしては、ＡＣ間の売買の代金を自分に払ってもらえるなら、もうそれで我慢しようという気になっても不思議はない。そのための制度が代価弁済だ。

① まず、BがCに土地代金8,000万円をAではなく自分に払ってくれと**請求する**。
② これに応じてCがBに8,000万円を弁済すると、抵当権は消滅する（その結果、BはAに対して2,000万円の無担保債権を有することになる）。以上が代価弁済（抵当権者の請求に応じて代価を弁済すると抵当権が消滅する制度）だ。

（5）抵当権が実行されたら？

以上の3つ（1被担保債権の弁済、2抵当権消滅請求、3代価弁済）のどれもなされないままに抵当権が実行されたらどうなるか？　当然土地は競売にかけられる。しかし、その場合も、Cが競売に参加して競買人になれば（競り落とせば）、土地を手放さずにすむ。つまり、**第三取得者も競買人になれる**という点がポイント。

（6）時効は 20 年だが……

さて、抵当権が実行されずに 20 年経過すると、抵当権は時効消滅する（➡ 63 頁）。だから、C は抵当権の付いていない土地の所有者となる。

では、A がこの土地を C に売らなかった場合はどうか？ その場合まで抵当権の時効消滅を認めては、A を甘やかし過ぎだから不可！ つまり、抵当権の時効消滅を主張できる人と主張できない人がいるということ。

抵当権の時効消滅を主張できるか？

| 債務者・抵当権設定者は | ➡ | × |
| **第三取得者**・後順位抵当権者は | ➡ | ○ |

2. 抵当権の 4 つの性質

第 372 条他【4 つの性質の 1 番目＝物上代位性】

目的物の、①滅失、②売却、③賃貸等を原因として、債務者が他人からお金をもらう場合には、

➡ 抵当権**その他**の担保物権を有する者は、そのお金を差し押さえることができる (差押えは、債務者にお金が**支払われる前**にしなければならない)。

コメント

（1）滅失の例

たとえば、A が B から 1 億円借りて、A 所有の家に抵当権を設定したとする。ところが、この家が火事で焼失したら B は抵当権を失うのか？

答えは×だ。A が、火災保険に入っていたなら、A は、保険会社から**保険金**をもらえる。

この、保険金請求権は、家が姿を変えたものだから、抵当権は、この保険

金請求権の上に生き残るのだ。Bは、保険金を差し押さえて、債権の弁済に充てることができる（これを物上代位という）。

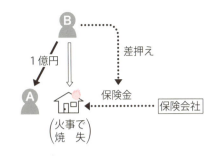

ただ、保険金をAが受け取った後では、A自身のお金と保険金がまざって区別できなくなるから、差押えは保険金が支払われる前にやらなければならない。Aが保険金を受領した場合には、もはやBは物上代位できない。

（2）売却・賃貸も

保険金に限らず、たとえば、Aがこの家をCに売却した場合に、Cから受け取る代金や、Aがこの家をDに賃貸した場合にDから受け取る賃料なども、Bは、Aへの支払い前に差し押さえることができる（Aが受領したらアウト）。

（3）他の担保物権にも共通

ところで、債権を物によって担保する方法（物的担保＝担保物権）は、抵当権だけではない。他にも、留置権や先取特権や質権がある。

債務者がもらうはずのお金を差し押さえることができるという性質（これを物上代位性という）は、抵当権だけのものではなく、先取特権や質権にも共通する性質だ（留置権には物上代位性はない）。

例題 抵当権の目的物が滅失した場合には、抵当権の効力は、その滅失により、債務者が受け取るはずの金銭にも及ぶ。

解答 目的物が姿を変えた金銭の上に、抵当権は存続する。よって正しい。

第372条他の続き【4つの性質の2番目＝不可分性】

抵当権その他の担保物権は、

→ 被担保債権全額が弁済されるまで、目的物全部に効力を有する。

コメント

たとえばAがBから1億円借りて、A所有の100㎡の土地に抵当権を設定したとする。AがBに、9,900万円まで返済した場合、Bの抵当権は、99㎡分について消滅するか？

答えは×だ。最後の1円を返済してもらうまで、抵当権は100㎡の土地全部に効力を有する。こういう性質を不可分性という。抵当権以外の担保物権にも共通する性質だ。

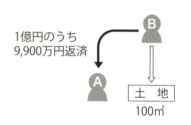

例題 担保物権は、被担保債権の全額が弁済されるまで、目的物全部に効力を有する。

解答 不可分性だ。抵当権以外の担保物権にも共通の性質だ。よって正しい。

第369条他【4つの性質の3番目＝随伴性】

被担保債権が譲渡されると、

→ 抵当権その他の担保物権も一緒に移転する。

（グリコのおまけシリーズ ③）

コメント

たとえばAがBから1億円借りて、A所有の土地に抵当権を設定したとする。BがAに対する1億円の債権をCに譲渡すると（債権譲渡について詳しくは➡98頁を復習）、抵当権もグリコのおまけのように付いてきて、自動的にCに移転し、CがBから取得した1億円の債

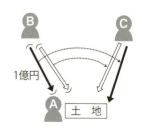

権を担保することになる。こういう性質を随伴性という。**抵当権以外の担保物権にも共通**する性質だ。

なお、グリコのおまけシリーズ①と②は、126頁と127頁を復習しよう。

例題 CのAに対する1億円の債権を担保するために、Bの所有する土地に抵当権が設定されている場合に、Cがこの債権をDに譲渡し、CからAのみに対して債権譲渡の通知が**口頭**でなされれば、DはAに対してこの債権の譲受けを対抗できるが、Bに対しては**登記の移転**がなければ、抵当権の譲受けを対抗できない。

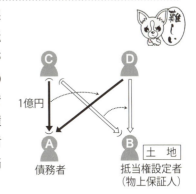

解答 ★まず前置き。抵当権設定者と債務者は同一人物とは限らない。本問のBのように、債務者以外の人が抵当権設定者となる場合を**物上保証人**という。
★さて、本題。被担保債権が譲渡されると抵当権も一緒に移転するのは、物上保証人がいても全く同じ。そして、Dは、Aに対する被担保債権譲受けの対抗要件（これは口頭での通知か承諾でOK ➡ 98頁の条文②）さえ備えれば、もうそれだけで**自動的**に物上保証人Bに対しても抵当権の譲受けを対抗できることになっている。**登記の移転がなくとも**Bに対抗できるのだ。ピンとこないかもしれないが、これが随伴性の威力だ。よって誤り。

もうひと押し！ では、Dが抵当権の譲受けを対抗するために登記が必要になるのはどんな場合か？ 答えは、Bがこの土地を**第三者**Eに**譲渡**した場合だ。

第369条他の続き【4つの性質の4番目＝付従性】

抵当権その他の担保物権は
➡ ①被担保債権が成立しないと自分も**成立**しないし、②被担保債権が消滅すると自分も**消滅**する。

債権なければ担保なし！

第1編　権利関係

> **コメント**

　たとえば、AがBから1億円借りて、A所有の土地に抵当権を設定したとする。ところが、1億円を借りる契約が心裡留保によって無効だった場合、抵当権だけ残るのか？

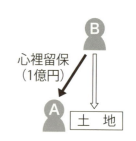

　答えは×だ。抵当権も**成立しなかった**ことになる。なぜなら、抵当権は、債権を担保するためのものである以上、被担保債権が存在しないのに、抵当権だけ存在しても無意味だからだ。こういう性質を、付従性という。**抵当権以外の担保物権にも共通**する性質だ。

> **例　題**　抵当権設定後10年が経過して被担保債権が時効消滅しても、抵当権の消滅時効期間は20年だから、債務者は抵当権の消滅を主張できない。

> **解　答**　弁済であれ時効であれ、いかなる原因で被担保債権が消滅しても、抵当権は自動的に消滅するから誤り。

> **注意！**　154頁（6）と混同するな！　154頁（6）は、被担保債権が残っている場合に抵当権だけの時効消滅を主張できるか（債務者等は×、第三取得者等は○）の問題だ。被担保債権が時効消滅した場合には、債務者等も抵当権の消滅を主張できるのだ。

3．根抵当権（深入りするな！）

　根抵当権とは何か。たとえば、小売店Aが、毎日商品を問屋Bからツケで仕入れているとする。このツケを、Bが確実に回収するためには、Aの不動産に抵当権を設定すればいい。しかし、毎日、新しいツケ（被担保債権）が発生するわけだから、その都度、たとえば昨日100万円、今日200万円という具合に抵当権を新しく設定していたのでは手間がかかりすぎて不便だ。

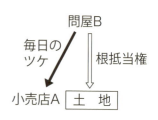

第8章 抵 当 権

解 決 そこで、たとえば1億円なら1億円というワクを設けて抵当権を設定し、毎日のツケが、合計1億円に達するまでは、すべてその1個の抵当権に面倒を見てもらえれば、こんな便利なことはない。そういう便利な方法が根抵当権という制度だ。先程の1億円なら1億円というワクのことを**極度額**という。この極度額の限度内で、毎日のツケが自動的に担保される。そして、毎日変動する被担保債権の額をはっきり固定させることを**元本の確定**という。

利息は？ 普通の抵当権では、利息は最後の2年分だけ優先弁済を受けられる（➡146頁（3））。ところが、根抵当権にはこういう制限はない。何年分ということではなく、**極度額が限度額**となる。根抵当は難解だが、ポイントは次の表だ。

	利害関係者（後順位抵当権者等）の**承諾**は必要か？	元本**確定後**でもできるか？
① **被担保債権**の範囲の変更	不要	×
② **債務者**の変更	不要	×
③ **元本確定期日**の変更	不要	×
④ **極度額**の変更	**必要**	○

注意1 元本確定前は①～④の全部ができる。

注意2 ちなみに、元本確定前の根抵当権には、随伴性はない。

例 題 根抵当権者は、元本確定**前**に、後順位抵当権者の**承諾を得ずに**、根抵当権の**被担保債権の範囲**を変更できる。

解 答 上の表の①そのままだ。被担保債権の範囲の変更は、元本確定後はできないが、確定前なら、後順位抵当権者の承諾なしにできる。よって正しい。

159

第9章 債務不履行・損害賠償・解除

1．債務不履行

第415条他【債務不履行の種類】

債務不履行（契約違反のこと）
- ① **履行遅滞**（例 引渡期日が来たのに家を引き渡さない）
- ② **履行不能**（例 売主のタバコの火の不始末で家が焼失した）

コメント

（1）債務不履行とは？

　債務不履行とは、契約違反のことだ。たとえば、Aの家をBが1億円で買う契約（売買契約だ）が成立した。

　そして、家は4月1日に引き渡す約束になっていたのに、4月1日になってもAが家を引き渡さなかったとする。これは契約違反だ。そういうのを債務不履行という。債務を履行しない（約束を果たさない）という意味だ。

（2）履行遅滞と履行不能

　ところで、債務不履行については、次の2つのタイプを覚えておこう。
①一つは、今言った、4月1日になったのに引き渡さない、というタイプだ。
②もう一つは、たとえば、Aのタバコの火の不始末で、この家が焼失してしまった、というタイプだ。

　①は、債務の履行が遅滞しているわけだから**履行遅滞**といい、②は、債務の履行が不可能になったわけだから**履行不能**という。まず、この2つの用語を覚えてほしい。

（3）履行遅滞中の不可抗力は？

　では、Aが引渡期日が過ぎたのに家を引き渡さないでいたら、家が放火で焼失した場合はどうか？　答えは、放火という不可抗力も、引渡しを遅らせていたAの責に帰すべき事由によるものとみなされ（Aに帰責事由があるものとみなされ）、タバコの火の不始末と同じ扱いとなる。

　履行遅滞中の不可抗力は債務者の責任！

第1編 | 権利関係

第412条【いつから履行遅滞になるのか？】

	いつから**履行遅滞**になるか？
1 確定期限付の債務 （例 4月1日に引き渡す）	期限が**到来した時**から履行遅滞になる。 （4月1日から）
2 不確定期限付の債務 （例 Bの父親が死んだら引き渡す）	債務者が、①期限の到来後に請求を**受けた時**または②期限の到来を**知った時**のいずれか早い時から履行遅滞になる。 （Aが、①Bの父親が死んだ後に請求を受けた時または②Bの父親が死んだことを知った時のいずれか早い時から）
3 条件付の債務 （例 Bが宅建士試験に受かったら引き渡す）	債務者が、条件が成就したことを**知った時**から履行遅滞になる。 （Aが、Bが宅建士試験に受かったことを知った時から）
4 期限の定めのない債務 （例 いつ引き渡すか決めてない）	債務者が、請求を**受けた時**から履行遅滞になる。 （Aが、家の引渡しの請求を受けた時から）

162

第9章　債務不履行・損害賠償・解除

コメント

　債務をなかなか履行しないのが履行遅滞だが、では、一体いつから履行遅滞になるのか？　その答えが前頁の表だ。

例　題　AはBに建物を売却する契約を締結した。Aの父の死亡後に当該建物を引き渡す旨を定めた場合は、Aは、父の死亡後に履行の請求を受けた時又は父が死亡したことを知った時のいずれか**早い時**から履行遅滞の責任を負う。

解　答　この期限は、**不確定期限**だ。だから、Aは、①期限の到来後（父の死亡後）に請求を受けた時または②期限の到来を知った時（父が死んだことを知った時）のいずれか**早い時**から履行遅滞の責任を負う。よって正しい。

注意！　ちなみに、①弁済の提供をしたのに、債権者が受領を拒んだときや②債権者が弁済を受領することができないときなどは、弁済者は、供託所に弁済の目的物を供託できる（供託すれば債権は消滅する）。

この先の勉強のスケジュール

　Aの家をBが買ったのに、Aが家を引き渡さない。この場合、Bとしてはどういう手を打てるか？　答えは、次の2つの手を打てる。

債務不履行の2つの効果　➡　債権者は
　1　**損害賠償**を請求できる。
　　（➡次の2．で勉強）
　2　契約を**解除**できる。
　　（➡その次の3．で勉強）

この2つを、この先、順ぐりに勉強してゆく。

例　題　債務不履行によって契約を**解除**した債権者は、さらに**損害賠償**をも請求することはできない。

解　答　債務不履行の効果は、上に示した通り、1損害賠償請求と、2解除だ。この2つは、**両方同時にできる**。つまり、解除した上、更に損害賠償を請求することもできるのだ。よって誤り。

163

第1編 権利関係

２．損害賠償

第415条他【損害賠償のポイント】

1 債権者は、債務者に対して ➡ 債務不履行によって生じた損害の賠償を請求できる。 注意！

注意！ 債務者に帰責事由がある場合に、損害の賠償を請求できる（帰責事由がない場合は、請求できない）。

2 賠償は ➡ 金銭で支払うのが原則だ（特約があれば別）。

コメント

　要するに、被った損害をお金で弁償してもらえる、ということだ。たとえば、Ａの家をＢが１億円で買ったが、引渡しが約束より１カ月遅れたとする。そのため、Ｂが、それまで住んでいたアパートを引き払うのも１カ月遅れ、１カ月分の家賃10万円を余計に支払うハメになったとしたら、この10万円をＢはＡに請求できる、というわけだ。

　また、Ａのタバコの火の不始末が原因でこの家が焼失した場合には、ＢはＡに１億円の賠償請求ができる。

　なお、債務不履行があっても、債務者に帰責事由がない場合（要するに、債務者が悪くない場合）は、損害賠償を請求できない。ちなみに、この後に勉強する解除は、債務者に帰責事由がない場合でも、できる。

	債務者に帰責事由がある（債務者が悪い）	債務者に帰責事由がない（債務者は悪くない）
損害賠償請求	○	✕
解除	○	○

○ ➡ できる
× ➡ できない

164

第9章　債務不履行・損害賠償・解除

第420条【損害賠償額を予定することができる】

　契約の当事者は、もし債務不履行があったらいくら支払う（金銭でなくてもよい）ということを約束しておくことができる（損害賠償額の予定＝違約金の定め）。この約束をしておくと、債権者は、

→ { ① 実害が**ゼロでも**予定額をもらえるし、逆に、
    ② 実害が**もっと大きくても**予定額しかもらえない。

コメント

　いざ債務不履行が生じてから損害賠償を請求してみても、実害の額をめぐって話合いがまとまらないことはよくある。そうなると裁判を起こすしかないが、時間も費用もかかる。そこで、当事者間で、事前に損害賠償額の予定（＝違約金の定め）をしておくことができる。

具体例　たとえば、Aの家をBが買う場合、引渡しが1日遅れるごとに1万円払う、と約束しておく。そうすると、いざ引渡しが1日遅れると、Bは実害がゼロでも1万円もらえるし、逆に、実害が2万円あったとしても、1万円しかもらえないことになる。

　なお、この約束は、**契約と同時にする必要はなく**、実際に債務不履行を生ずる前までにしておけばいい。

....

例　題　損害賠償額の予定をした場合でも、債権者は、実害額が予定額より大きいことを**証明**すれば、予定額を超えて損害賠償請求をすることができる。

解　答　損害賠償額を予定した場合には、たとえ実害額がもっと大きいことを証明してもムダだ。予定額に甘んじるしかない。よって誤り。

....

165

第1編｜権利関係

第419条【金銭債務は特別扱い】

① 金銭債務の履行遅滞の場合、債権者は、原則として年3%の利率（当事者間の約定でもっと高くすることもできる）で損害賠償を請求できる。そして、債権者は、

➡ ⎰ 1 実害がゼロでも年3%の損害賠償をもらえるし、逆に、
　　⎱ 2 実害がもっと大きくても年3%の損害賠償しかもらえない。

② 金銭債務の債務者は ➡ 不可抗力で遅れた場合でも（故意も過失もなくても）、履行遅滞になる。

> コメント

（1）金銭債務とは？

　金銭債務とは、代金の支払いや借金の返済のような、お金を払う債務のことだ。金銭債務は、他の一般の債務と違って、何かと特別扱いされている。

（2）履行不能なし

　まず、金銭債務には、履行不能がない。金銭債務の履行不能というのは、債務者が無一文になった、という意味ではなく、日本政府が転覆して日本銀行券が紙切れになった状態を意味する。民法は、そういう事態を想定していないのだ。だから、金銭債務には、履行遅滞だけがある。

（3）実害の証明不要

　さて、金銭債務の履行遅滞の場合、債権者は、年3%の利率（もっと高率の約定があればその率）で損害賠償を請求できる。実害の大小にかかわらず、年3%だけもらえる。たとえば、1億円の支払いが1年遅れたら、債権者は実害がゼロでも300万円の賠償を請求できるし、実害が1,000万円あったとしても、300万円しか請求できない。つまり、実害の証明は必要ないわけだ。

第9章 債務不履行・損害賠償・解除

（4）不可抗力でも

次に、金銭債務の債務者は、たとえ不可抗力で支払いが遅れた場合でも履行遅滞になり、年3％の賠償を支払わされる。金銭万能の世の中だからだ。

たとえば、銀行のシステムにトラブルがあり、銀行の機能が麻痺したが、たとえそういう事情で、約束の期日に振込みができなかった場合であっても、履行遅滞になるのだ。

> **例　題**　ＡＢ間の金銭消費貸借契約において、借主Ｂは当該契約に基づく金銭の返済をＣからＢに支払われる売掛代金で予定していたが、その入金がなかった（**Ｂの責めに帰すべき事由はない。**）ため、返済期限が経過してしまった場合、Ｂは債務不履行には陥らず、Ａに対して遅延損害金の支払義務を負わない。(H24-8-4)
>
> **解　答**　金銭債務の債務者が支払いに遅れたら、たとえ債務者に**責任がなくても**（帰責事由がなくても）、履行遅滞になる。だから、Ｂは債務不履行（履行遅滞）になり、Ａに対して遅延損害金を支払う義務を負う。よって誤り。

3．解　　除

第541条他【解除のやり方】

債務不履行により、債権者が契約を解除するには、

→　1 相当の期間を定めて履行するよう**催告**をし、それでも、その期間内に履行がない場合に、解除できる（**原　則**催告必要）。

2 ただし、催告をしても無意味な場合（**例**履行**不能**）は、催告せずに、直ちに解除できる（**例　外**催告不要）。

コメント

（1）解除とは？

債務不履行の2つ目の効果が、契約の解除だ。解除とは、契約を一方的に

167

第1編 | 権利関係

なかったことにすることだ（契約をキャンセルすることだ）。相手方の承諾はいらない。ただし、契約の解除をするには、原則として、**催告**が必要だ。

（2）原則として、催告必要

たとえば、Aの家をBが買い、4月1日に引き渡す約束だったのに、4月1日になってもAが家を引き渡さなかったとする。この場合、Aは履行遅滞になっているが、Bは直ちに契約を解除することはできない。AとBは、せっかく縁があって契約までこぎつけたのだから、なるべく債務が履行されることが望ましい。

そこで、Aにもう一度チャンスを与えようというわけだ。相当の期間（具体的に何日間かはケースバイケースだ）を定めて、たとえば、4月10日までに引き渡せ、とBがAに**催告**をする。それでもAが4月10日までに履行しない場合に、はじめてBは契約を解除できる。

注意！　ただし、債務の不履行が**軽微**なときは、解除できない。

（3）催告不要となる場合

これに対して、履行不能の場合、たとえば、Aの家がAのタバコの火の不始末で焼失した場合はどうか。この場合には、目的の家はもはやこの世に存在しないのだから、催告をしても無意味だ。

だから、Bは催告せずに直ちに解除できる。このように、催告をしても無意味な場合は、催告せずに直ちに解除できるのだ（催告不要）

次の場合、催告せずに直ちに解除できる（催告不要）

1　全部の**履行が不能**

2　債務者が債務の全部の履行を拒絶する意思を**明確**に表示したとき

3　一部の履行が不能である場合または債務者が一部の履行を拒絶する意思を**明確**に表示した場合において、残存する部分のみでは契約の**目的を達成できないとき**

4　契約の性質または当事者の意思表示により、**特定の日時**または一定の

第9章　債務不履行・損害賠償・解除

期間内に履行をしなければ契約の目的を達成できない場合において、債務者が履行をしないでその時期を経過したとき

5 債権者が催告をしても契約の目的を達成するのに足りる履行がされる見込みがないことが明らかであるとき

4の具体例　たとえば、子供の誕生日のプレゼント用のぬいぐるみを買ったとする。ところが、買ったぬいぐるみが届かないまま、誕生日が過ぎてしまった。誕生日が過ぎた後に、ぬいぐるみが届いても意味がない。だから、催告せずに直ちにぬいぐるみの売買契約を解除できるということ。

（4）判例を押さえよ！

条文の知識だけでは不十分！　3つほど判例を押さえよ！

	こういう場合には?	こうなる！
判例1	履行遅滞のケースで、1催告期間が**不相当に短かったり**（10秒以内に引き渡せ!）2期間を**定めず**に催告したら（早うせんかい!）どうなる?	それでも催告自体は**有効！** ただし、解除するには**相当の期間**（1週間とか10日とか）が経過することが必要。
判例2	催告の時に、「催告期間内に履行しないなら、**改めて意思表示をせずに**（=自動的に）解除だ」と言ったらどうなる?	そうなる！　本来は、催告期間経過後に改めて解除の意思表示が必要。しかし、左のような**省略型もOK**。
判例3	契約の時に、「これこれの事態が生じたら**意思表示なしで**（=自動的に）解除だ」と決めておいたらどうなる?	そうなる！　こういう条件（解除条件という）付きの契約なら、催告も解除の意思表示もなしに、**自動的に**解除の効果も生じる。

第1編　権利関係

第九章　債務不履行・損害賠償・解除

第540条【解除は撤回できない】

解除の意思表示は ➡ 撤回できない。

解除は片道切符

> コメント

　債権者から契約を解除された債務者の立場になって考えてほしい。解除されて、もう契約はなかったことになったつもりでいたのに、突然、解除を撤回されたら、どうなるか。

　無くなったと思っていた債務が復活し、たとえば、再び家を引き渡さなければならなくなる。もともと、債務者に債務不履行があったとはいえ、これではあんまりだ。だから、債権者は一度解除したら、二度と**撤回できない**。

例題　債権者は、債務者が原状回復行為に着手するまでは、既に行った解除の意思表示を**撤回**することができる。

解答　もっともらしく書いてあるがダメだ。解除は**撤回できない**。よって誤り。

第544条【当事者が数人いたらどうなる？】

当事者の一方が数人いる場合、解除の意思表示は、

➡ **全員から**、または、**全員に対して**しなければ無効だ。

解除するのもされるのも、みんな一緒にやりなさい！

> **コメント**

たとえば、Aの家をBとCが共同購入したが、Aが家を引き渡さないので、BCが契約を解除するには、解除の意思表示をBとCの**両方が**やる必要がある。

同様に、BCが代金を支払わないために、Aの方から解除する場合も、BC**両方に対して**解除の意思表示をしなければいけない。

> **なぜか？** Bだけ解除してCは解除しない、ということを許すと、その後の法律関係はどうなるか？ ちょっと考えてみても、どうなるかよく分からない。ややこしくてトラブルになりそうだ。だから、そういうトラブルの元になるようなことは禁止されているのだ。

> **ということは** ということは、たとえば、BCが解除権を持っていたが、Bが解除権を放棄したらどうなるか？ 残りのCだけで解除することは許されないから、結局**Cも解除権を失う**ことになる。

> **例題** 債務者が債務を履行しない場合であって、債務者がその債務の全部の履行を拒絶する意思を明確に表示したときは、債権者は、相当の期間を定めてその履行を催告することなく、**直ちに**契約の解除をすることができる。（R2-3-4）
>
> **解答** 催告しても無意味なとき（例 債務者が債務の全部の履行を拒絶する意思を明確に表示したとき）は、催告せずに、**直ちに**解除できる。よって正しい。

第1編｜権利関係

> **第545条【解除の効果は何か？】**
>
> ① 解除の効果は、解除の時から生ずるのではなく ➡ 契約の当初にさかのぼって生ずる（坂登四郎）。
> ② だから、解除の結果、金銭を返還する場合、利息は解除時からではなく ➡ 受領時から付けなければならない。
> ③ 解除の結果、返還してもらえるはずの不動産が既に第三者に転売されている場合、返還してもらえるかどうかは ➡ 登記の有無で決まる。

コメント

（1）さかのぼる！

　解除とは、契約をはじめからなかったことにして、全て白紙に戻すことだ。だから、解除の効果は、契約の当初に**さかのぼって**生じる（坂登兄弟の四男・坂登四郎だ。一郎➡8頁、二郎➡48頁、三郎➡57頁を復習してほしい）。「解除の効果は、解除の意思表示の時に生じる」というヒッカケ問題が出るから要注意（もちろん×だ）。

（2）原状回復義務

　そして、解除の結果、契約は、はじめからなかったことになるのだから、契約の当事者は、受け取った物があれば、お互いに返還しなければならない。これを原状回復義務という。お互いの原状回復義務は同時履行の関係にある。

具体例 たとえば、Aの家をBが1億円で買う契約をした後で、この契約が解除されたとすると、

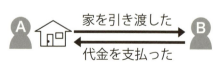

①家が既に引き渡されていたなら、BはAに家を返還しなければならないし、②代金が既に支払われていたなら、AはBに代金を返還しなければならない。

172

利息は？ さて、②の場合、代金を返還するということは、人から預っていたお金、つまり借りていたお金を返すのと同じことだ。だから、利息を付けて返さなければならない（利率は年3%➡166頁）。

問題は、いつからの利息を付けるかだが、Aは、代金を受け取った時から定期預金にするなどのメリットを受けていたわけだから、**受け取った時からの利息**を付けなければならない。「解除の時からの利息を付ける」というヒッカケが出る（もちろん×だ）。

|注意！| なお、金銭以外の物を返還するときは、受け取った時以後に生じた**果実**も返還しなければならない。

（3）第三者との関係

ところで、Aから家を買ったBが、この家をCに転売した後で、AB間の売買契約が解除されたとする。この場合、AはCから家を返してもらえるか？

答えは、**登記**の有無で決まる。つまり、Aが登記を有していれば返してもらえるが、登記がCにあれば返してもらえない（これは、実は94頁で既に勉強済みだ）。

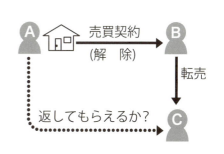

|例　題| 解除後の原状回復で、返還すべき金銭があるときは、**解除の時点**からの利息を付けなければならない。

|解　答| ヒッカケだ。解除時からではなく、**受領時**からの利息を付ける。よって誤り。

第557条【手付とはどういうものか？】

① 売買契約で、買主が手付を交付した場合、

→ ⎰ 1 買主は → 手付を**放棄**（これは**意思表示**だけでOK）すれば契約を解除できる。
　 ⎱ 2 売主は → 手付の**倍額を返還**（これは**現実の提供**が必要）すれば契約を解除できる。

② 買主も売主も → **相手方**が契約の履行に着手した後は、手付による解除はできなくなる（自分の側だけが履行に着手しているなら解除できる）。

> コメント

（1）システム

たとえば、BがAから家を1億円で買う契約をしたとする。ところが、その翌日、BがCから同じような家を、5,000万円で売ってやると言われたら、貴方がBだとしたらどういう気持ちになるだろうか？

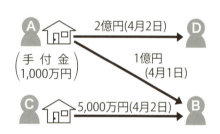

Aとの契約をなかったことにして、Cと契約したい、と思うはずだ。そんな虫のいい話が通るかというと、BがAに手付金を払っていた場合には、通るのだ。

手付放棄 たとえば、BがAに1,000万円の手付を交付していたとする。その場合、Bはこの1,000万円を放棄すれば、Aとの契約を解除できる。1,000万円は、Aへの迷惑料というわけだ。

手付倍返し 逆に、Aの方から解除することもできる。たとえば、AがBとの契約後に、Dから、同じ家を2億円で売ってほしいと言われたら、Aは手付の倍額の2,000万円をBに返還して、Bとの契約を解除し（いわゆる手付倍返し）、家をDに売ることができる。

|注意！| 手付放棄は、「放棄します」と**意思表示**するだけでいい（電話でOK。現金は動かないから）。しかし、手付倍返しの方は、「倍返しします」と意思表示するだけ（これを「口頭の提供」という）では無効だ。「現実の提供」（ゲンナマを目の前に差し出す）がなければ解除の効果を生じない。

―― キーポイント ――
- 手付放棄 → **意思表示**だけでOK
- 手付倍返し → **現実の提供**が必要

なお、手付契約（＝手付の交付）は、売買契約自体と同時に行う必要はなく、売買契約締結**後**に手付を交付することも有効だ。

さて、ともかく手付が交付されていれば、ＡからもＢからも解除でき、お互い様というわけだ。

（２）相手方が履行に着手したらダメ

ただ、お互い様で済ませられるのは、相手方が契約の履行に着手していない間に限る。相手方が履行に着手した後で解除すると、相手方に迷惑がかかり過ぎ、手付の額だけでは穴埋めにならない。だから、**相手方**が履行に着手した後は、手付による解除はできない。

もっとも、自分の側だけが履行に着手しただけなら、履行の着手がムダになるのは自分でかぶればすむことだから、解除できる。

|具体例| 先程のＡＢ間の売買でＢが中間金（残金の一部を支払う場合のお金のこと。内金ともいう）を支払ったらどうなる？

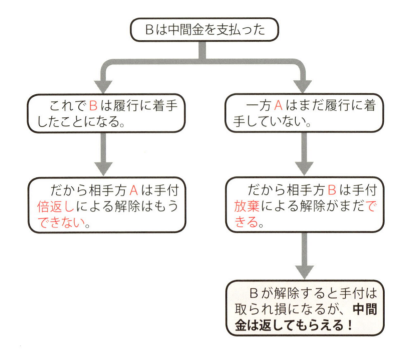

（3）債務不履行とは別物

　ところで、手付による解除は、債務不履行による解除とは全く別物だ。だから、相手方に**債務不履行がなくとも**、手付の放棄または倍返しによって、契約を解除できる。

　では、手付を交付している場合に、当事者の一方が債務不履行をしたらどうなるか？　その場合には、相手方は、債務不履行による解除ができる。その場合の解除は、手付による解除ではないから、買主は**手付の返還**を求めることができるし、損害賠償額は、手付の額とは全く無関係に、**実害の算定**によって決められる（損害賠償額の予定や違約金の定めがあれば、もちろんその額になる）。

（4）合意解除なら手付はどうなる？

　解除には合意解除（一方的に解除するのではなくお互いの合意で解除すること）というのもある。双方の合意で契約をなかったことにするのだから、一方が迷惑料を出す理由はない。だから、買主は**手付の返還**を求めることができる。

　　　　　　　　　手付のゆくえ

　　　　　債務不履行解除　┐
　　　　　合　意　解　除　┘ → 買主に返る！

例題　違約金の定めのある売買契約で買主が手付を交付した場合、買主の代金支払いの履行遅滞によって売主が契約を解除すると、買主は違約金を支払わなければならないが、手付の返還を求めることはできる。

解答　債務不履行による解除の場合、手付は買主に返還される。たとえ買主側の債務不履行であってもだ。もちろん買主は違約金は支払わなければならない。よって正しい。

例題　Aは、中古自動車を売却するため、Bに売買の媒介を依頼し、Bの媒介によりAは当該自動車をCに売却した。売買契約が締結された際に、Cが解約手付として手付金10万円をAに支払っている場合には、Aは**いつでも**20万円を償還して売買契約を解除することができる。（H29-5-3）

解答　**相手方**が履行に着手した後は、手付による解除はできない。だから、AはCが履行に着手した**後**は、手付による解除ができない。よって「いつでも～解除することができる」とある例題は誤り。

第10章 契約不適合の場合の売主の担保責任

1. 契約不適合の場合の売主の担保責任

　売買契約の買主が、「こんなはずじゃなかった」と、売主に文句を言いたくなる場合、どんな責任を追及できるだろうか。
　その責任のことを、契約の内容に適合しない場合（契約不適合の場合）の売主の担保責任という。これから、順番に勉強していこう。

全 体 像

買った物が契約不適合の場合は、

買主は、責任を追及できる（文句を言える）。

コメント

（1）契約不適合とは？

　買主は、引渡しを受けた物が約束した物と違っていた場合には「契約不適合だ。責任を取ってくれ」と言える。ところで、契約不適合とは何か？　それは、次の4つだ（次の4つのどれかに該当したら、「責任を取ってくれ」と言える）。

> **キーポイント**
>
> 契約不適合とは次の4つ。
> 1. **種類**が不適合（種類が違う）
> 2. **品質**が不適合（品質が悪い）
> 3. **数量**が不適合（数量が足りない）
> 4. **権利**が不適合（移転した権利が契約の内容に適合しない）注意！
>
> 注意！　買った物件の一部が売主以外の人の所有物だったり、買った物件に抵当権が付いていた場合が、4の例だ。

たとえば、日本酒を買ったのに焼酎だった（種類が不適合）、テレビを買ったが壊れていた（品質が不適合）、ビールを10本買ったのに9本しかなかった（数量が不適合）、土地を買ったら一部が他人の物だった（権利が不適合）
➡「契約不適合だ。責任を取ってくれ」と言えるという話だ。

（2）　買主が請求できる権利（責任追及の方法）

（1）で勉強したように、契約不適合があったら、買主は「責任を取ってくれ」と言える（責任を追及できる）。では、どのようにして責任を追及できるかというと、それは、次の4つだ。

> **キーポイント**
>
> 責任追及の方法（文句の言い方）
> 1. **追完請求**（何とかしろ）
> 2. **代金減額請求**（代金を下げろ）
> 3. **損害賠償請求**（損害を払え）
> 4. **契約解除**（契約をキャンセルする）

> **ここまでのまとめ**
>
> **契約不適合**（①種類が×②品質が×③数量が×④権利が×）の場合には ➡ 買主は、売主に対して責任追及（①追完請求 ②代金減額請求 ③損害賠償請求 ④契約解除）できる。

2．追完請求

> **第562条【追完請求の方法は3つある】**
>
> ① 引き渡された目的物が種類・品質・数量に関して契約の内容に適合していないときは（契約不適合のときは）、買主は、売主に対し、①**目的物の修補**、②**代替物の引渡し**、③**不足分の引渡し**による履行の追完を請求できる。
>
> 注意！　移転した権利が契約の内容に適合していないときも、追完を請求できる。
>
> ② ただし、売主は、買主に不相当な負担を課するものでないときは、買主が請求した方法と**異なる方法**による追完ができる。

コメント

（1）追完請求の方法は3つある

　「契約不適合だ。何とかしてくれ」というのが追完請求だ。その追完請求の方法（何とかしてくれ）が3つある。

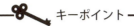

> 追完請求の方法は3つ
> ① **目的物の修補**（直して）
> ② **代替物の引渡し**（代わりの物をくれ）
> ③ **不足分の引渡し**（足りない分をくれ）

　責任追及の方法が4つあった。そのうちの1つが追完請求だ。そして、その追完請求の方法が3つあるということ。

（2）　異なる方法による追完でもＯＫ

　ただし、売主は、買主に不相当な負担を課するものでないときは、買主が請求した方法と**異なる方法**による履行の追完ができる。たとえば、買主が修補してくれと請求してきた場合でも、代替物を引き渡して勘弁してもらうことができるのだ（「買ったオモチャ壊れていたよ。修理して」と言われたが、修理しないで、代わりのオモチャを渡して勘弁してもらうことができる。修理するより、代わりの物を渡す方が安くつくこともあるからだ）。ただし、買主に迷惑をかけるわけにはいかないから、買主に不相当な負担を課するものでないことが必要だ。

（3）　買主に落度があったら

　当たり前の話であるが、契約不適合が買主の**責めに帰すべき事由**（買主の落度）によるものであるときは、買主は、追完請求できない。

第1編｜権利関係

3．代金減額請求

第563条【代金減額請求のやり方】

引き渡された目的物が種類・品質・数量に関して契約の内容に適合していないときは（契約不適合のときは）、

① 相当の期間を定めて履行の追完の**催告**をし、それでも、その期間内に履行の追完がない場合は、買主は、その不適合の程度に応じて ➡ 代金減額請求できる（**原 則** 催告必要）。

② ただし、催告をしても無意味な場合（**例** 追完**不能**）は、催告せずに、**直ちに**代金減額請求できる（**例 外** 催告不要）。

注意！ 移転した権利が契約の内容に適合しない場合も、代金減額請求できる。

コメント

（1）代金減額請求のやり方（**原 則** 催告必要）

契約不適合がある場合には、代金減額請求ができる。この代金減額請求をするには、原則として、相当の期間を定めて、追完をしてくれ（つまり、①修補②代替物の引渡し③不足分の引渡しをしてくれ）と**催告**をする必要がある。そして、その期間内に追完がない場合に、はじめて代金減額請求ができる。

（2）催告をしても無意味な場合（**例 外** 催告不要）

ただし、催告をしても無意味な場合がある。たとえば、追完が**不能**な場合だ（追完が不能なのに「追完してくれ」と催告しても、意味がない）。だから、このような場合には、催告せずに**直ち**に代金減額請求できる。

182

第10章　契約不適合の場合の売主の担保責任

キーポイント

催告せずに直ちに代金減額請求できる場合（催告不要な場合）

① 追完が**不能**

② 売主が追完を拒絶する意思を**明確**に表示したとき

③ 契約の性質または当事者の意思表示により、**特定の日時**または一定の期間内に履行をしなければ契約の目的を達成できない場合において、売主が履行の追完をしないでその時期を経過したとき

④ 買主が催告をしても契約の目的を達成するのに足りる履行がされる見込みがないことが明らかであるとき

（3）買主に落度があったら

　当たり前の話であるが、契約不適合が買主の**責めに帰すべき事由**（買主の落度）によるものであるときは、買主は、代金減額請求できない。

4．損害賠償請求と契約解除

第564条【債務不履行と同じやり方】

　契約不適合がある場合、買主は、

➡ 債務不履行の規定に従って**損害賠償請求**や**契約解除**ができる。

コメント

　契約不適合（①種類が×②品質が×③数量が×④権利が×）の場合には、買主は、債務不履行の規定に従って（つまり、債務不履行の場合と同じやり方で➡160頁を復習）、**損害賠償請求**や**契約解除**ができる。

183

第1編 権利関係

5. 担保責任の期間の制限

第566条【目的物の種類、品質に関する担保責任の期間の制限】

売主が**種類**または**品質**に関して契約の内容に適合しない目的物を買主に引き渡した場合において、　➡　買主がその不適合を**知った時**から**1年**以内にその旨を売主に**通知**しないときは、買主は、その不適合を理由として、追完請求・代金減額請求・損害賠償請求・契約解除できない。

コメント

（1）期間制限の対象となるのは？

契約不適合については4つあった（種類・品質・数量・権利）。ただし、この期間制限の対象となるのは、4つのうちの**種類**と**品質**だけだ。数量と権利については、対象にならない。

キーポイント

	期間の制限の対象となるか？ （第566条が適用されるか？）
① 種類が不適合（種類が違う）	○
② 品質が不適合（品質が悪い）	○
③ 数量が不適合（数量が足りない）	×
④ 権利が不適合（移転した権利が 　契約内容に適合しない）	×

184

（2）知った時から１年以内に通知しないと……

　種類または品質に不適合があった（種類が違う・品質が悪い）ということを、買主が知った時から１年以内に「不適合があったよ」と売主に通知しなかったら➡買主は、その不適合を理由として、追完請求・代金減額請求・損害賠償請求・契約解除できない。

（3）売主が悪意または善意重過失なら

　ただし、売主が引渡しの時に不適合（種類が違う・品質が悪いということ）を知っていたり、または重大な過失によって知らなかったときは（悪意または善意重過失のときは）、この限りでない。つまり、売主が悪意または善意重過失なら、買主は、知った時から１年以内に「不適合があったよ」と売主に通知しなかった場合でも、追完請求・代金減額請求・損害賠償請求・契約解除ができるのだ。

第1編 権利関係

6．担保責任を負わない旨の特約

第572条【担保責任を負わない特約もあり】

① 売主と買主間で、担保責任を負わない旨の特約ができる（この特約は**有効**）。

② ただし、この特約をしていても、売主が**知りながら告げなかった**事実については、売主は責任を免れることができない。

コメント

（1）担保責任を負わない特約は有効

売主と買主間で、売主は不適合を理由とする担保の責任を負わない旨の特約をすることもできる。つまり、「売主は担保責任を負いません」という特約は**有効**なのだ。

ただし、この特約をしていても、売主が**知りながら告げなかった事実**については、売主は責任を免れることができない（買主は責任を追及できる）。

注意！ なお、売主自ら第三者のために設定し、または第三者に譲り渡した権利についても、売主は責任を免れることができない（**例** Aが自分の甲土地にBのために抵当権を設定して、その甲土地をCに売った場合➡AC間で「Aは担保責任を負わない」という特約をしていたとしても、Aは責任を免れることができない）。

第11章 連帯債務・保証債務

第1節　連帯債務

第436条他【連帯債務とはどういうものか？】

1. 債権者は、連帯債務者のうちの1人に対して → 債務**全額**の履行を請求することができる。
2. 連帯債務者のうちの1人が全額を弁済すると → 他の連帯債務者も債務**全額**を免れる。
3. 弁済した連帯債務者の1人は、他の連帯債務者に → **負担部分**の割合で求償することができる。

コメント

たとえば、ABCの3人が個人タクシーに乗り、目的地に着いたら、メーターが9,000円になっていたとする。この場合、ABCの3人が負担している9,000円の債務が連帯債務の例だ。内容は次の3つだ。

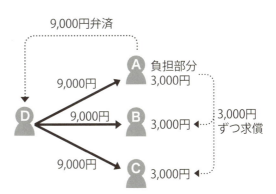

1 まず、運転手Dは、ＡＢＣのどの1人に対しても、9,000円全額を請求できる。

2 そして、たとえばＡが9,000円を支払ったとすると、それでメーターはゼロになる。つまり、誰か1人が弁済すれば、それで全員が債務を免れる。

3 車から降りてから、Ａは、Ｂに3,000円、Ｃに3,000円を請求する。これを求償という。この3,000円が、各自の負担部分だ。負担部分は、特にＡＢＣ間で取り決めがなければ、平等となる。

例題 債権者が、連帯債務者の1人に対して請求することができるのは、その債務者の**負担部分**のみである。

解答 債権者は、**各**連帯債務者に対して、債務**全額**の履行を請求できる。負担部分に限定されない。よって誤り。

第439条他【連帯債務者の1人による相殺等】

連帯債務者の1人（Ａ）が債権者（Ｄ）に対して債権（9,000円）を有する場合 ➡ Ａが相殺をしないなら、Ａの**負担部分**（3,000円）の限度において、他の連帯債務者（ＢＣ）は、履行を拒むことができる（つまり、6,000円払えばOKとなる）。

コメント

（1）前置き

まず前置きから。先程の話で、ＡがＤに対して9,000円の債権を持っていたなら、Ａは自分の財布から現金9,000円を出さなくとも、「相殺する」と言えば、それでタクシー料金をチャラにすることができる（相殺については、256頁で勉強する）。

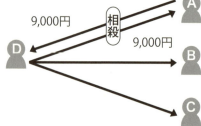

もちろんＡは、ＢとＣに 3,000 円ずつ求償できる（ＡはＤに対する 9,000 円の債権を失うから、現金 9,000 円を弁済したのと同じに扱う）。

（2）本　　題

さて、本題だ。Ａが寝ていて、Ｂが料金を支払うことになったらどうか？

この場合Ｂは、Ａの**負担部分**（3,000 円）の限度において、履行を拒むことができる（3,000 円については、支払を拒むことができる）。つまり、Ｂは、6,000 円を支払えば OK だ。

第 438 条以下【他の連帯債務者に効力が及ぶ場合】

連帯債務者の１人に、次のことが起こると ➡ 他の連帯債務者にも効力が及ぶ。

1 相　　続
2 更　　改

> コメント

（1）他の連帯債務者に効力が及ぶ場合

連帯債務者の１人が債務を弁済（相殺でも同じこと）すれば、それで連帯債務者全員が債務を免れることは先程勉強した。つまり、１人の弁済や相殺が、他の連帯債務者に効力を及ぼすわけだ。

これと同じように、連帯債務者の１人に生じた事が**他の連帯債務者にも効力を及ぼす**ことが、あと２つある。それが、①相続と②更改だ。

第1編 | 権利関係

具体例 ＡＢＣの
３人が、Ｄに対して、9,000
円の連帯債務を負っている
事例で考えてみよう。

```
                              Ⓐ  負担部分
                    9,000円      3,000円
          Ⓓ        9,000円    Ⓑ  3,000円
                    9,000円
                              Ⓒ  3,000円
```

① 相　続

　　ＡがＤの子供で、
Ｄが死亡し、Ａが相続人になったとする。そうすると、Ａは、Ｄの財
産を受け継ぐが、その財産の中には、ＡＢＣに対する9,000円の債権
も当然含まれている。

　　その結果、Ａは、自分自身に対して9,000円の債務を負い、同時に、
自分自身に対して9,000円の債権を有する、という奇妙な立場に立た
される。これでは奇妙だから、こういう場合、9,000円の連帯債務は
消滅することになっている。

　　この相続による連帯債務消滅の効力はＢＣにも及ぶ。つまり、ＢＣ
も9,000円の連帯債務を免れることになる。後は、Ａが、Ｂに対し
て3,000円、Ｃに対しても3,000円を求償できるだけだ。

② 更　改

　　更改とは、従前の債務に代えて、新たな債務を発生させる契約のこ
とだ。たとえば、ＡがＤとの間で「9,000円（従前の債務）ではなく、
私（Ａ）の腕時計を引き渡します（新たな債務）」と約束（契約）すれ
ば、9,000円の連帯債務は消滅することになっている。

　　この更改による連帯債務の効力はＢＣにも及ぶ。つまり、ＢＣも
9,000円の連帯債務を免れることになる。後は、Ａが、Ｂに対して
3,000円、Ｃに対しても3,000円求償できるだけだ（相続と同じだ）。

190

第11章 連帯債務・保証債務

（2）他の連帯債務者に効力が及ばない場合

ここまで、他の連帯債務者に効力が及ぶ場合を勉強してきたが、もちろん、他の連帯債務者に効力が及ばない場合もある（実は、及ばない場合の方が多い）。効力が及ばない場合のうち、大事なのは、次の6つだ。

具体例 これも、ＡＢＣの3人が、Ｄに対して9,000円の連帯債務を負っている事例で説明する。

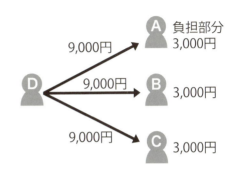

1 請　求

請求の効力は、他の連帯債務者には**及ばない**。たとえば、ＤがＡに対して請求しても、他の連帯債務者ＢＣには請求したことにならないのだ。

67頁で勉強したように、請求は時効の完成猶予・時効の更新事由だ。だから、ＤがＡに対して請求したら、Ａについては、時効の完成猶予・時効の更新が生じる。しかし、Ａに対する請求の効力は、他の連帯債務者には及ばないから、ＢＣについては、時効の完成猶予・時効の更新は**生じない**。

2 承　認

承認の効力は、他の連帯債務者には**及ばない**。たとえば、ＡがＤに対して承認しても、他の連帯債務者ＢＣは承認したことにならないのだ。

68頁で勉強したように、承認は時効の更新事由だ。だから、ＡがＤに対して承認したら、Ａについては、時効の更新が生じる。しかし、Ａの承認は、他の連帯債務者には及ばないから、ＢＣについては、時効の更新は**生じない**。

第1編 権利関係

③ 免　除

「支払わなくていいですよ」というのが免除だ。免除の効力は、他の連帯債務者には**及ばない**。たとえば、DがAに対して「9,000円支払わなくていいですよ」と言ったとしても、その効力は他の連帯債務者BCに及ばない（Aは1円も支払う必要はないが、BCは9,000円を支払う必要がある）。

④ 時　効

時効の効力は、他の連帯債務者には**及ばない**。たとえば、Aに消滅時効が完成しても、その効力は他の連帯債務者BCに及ばない（Aは1円も支払う必要はないが、BCは9,000円を支払う必要がある）。

⑤ 無効・取消し

連帯債務者の1人に無効・取消しの原因があったとしても、他の連帯債務者には無影響だ。たとえば、Aの心裡留保により、AD間の契約が無効だったり、Aが制限行為能力者だったため、AD間の契約が取り消されても、BCには無影響だ。

（**無影響とは？**） 無影響の意味は、BCは依然としてDに対して9,000円の連帯債務を負うということだ。Aの負担部分が消えて、BCは6,000円の連帯債務を負うことになると考えたら間違いだ（それでは、無効・取消しがBCに影響を与えたことになる）。**9,000円のまま**だ。

⑥ 期限の猶予

たとえば、DがAに対して、「支払いを1カ月間待ってやる」と言ったとしても、**BCには無影響だ**。BCは本来の弁済期に弁済しなければならない。

192

第11章 連帯債務・保証債務

他の連帯債務者にも効力が**及ぶ**場合	他の連帯債務者には効力が**及ばない**場合
[1] 弁 済 [2] 相 殺 [3] **相 続** [4] 更 改	[1] **請 求** [2] 承 認 [3] 免 除 [4] 時 効 [5] 無効・取消し [6] 期限の猶予

例題 債務者A、B、Cの3名が、内部的な負担部分の割合は等しいものとして合意した上で、債権者Dに対して300万円の連帯債務を負った。DがAに対して裁判上の**請求**を行ったとしても、特段の合意がなければ、BとCがDに対して負う債務の消滅時効の完成には影響しない。(R3-2-1)

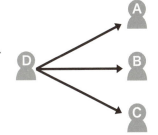

解答 **請求**の効力は、他の連帯債務者には**及ばない**。だから、DがAに請求しても、BとCがDに対して負う債務の消滅時効の完成には影響しない。よって正しい。

第2節　保証債務（ほしょうさいむ）

🧑‍🦱 イントロ

　人にお金を貸すときには、確実に取り返したいと思うのが人情だが、そのための方法が2つある。何と何か？　141頁を思い出してほしい。抵当権と保証債務だ。
　抵当権は、第8章で勉強済みだから、ここでは、保証債務を征服する。

193

1. 保証債務

第447条【保証人の責任はどのくらい重いか？】

① 保証人は、主たる債務者（主債務者ともいう）が弁済しない場合には、
→ 主たる債務者に代わって、主たる債務（主債務ともいう）とそれに付随するものすべて（①元本だけでなく、②利息や③**違約金**や④**損害賠償**も）履行しなければならないが、
→ 保証契約締結後に一方的に責任を加重されることはない。

② 保証人が①の責任を果たさない場合にそなえて、
→ 主たる債務とは別個に、**保証債務についてのみの**違約金を定めたり、損害賠償の予定をすることができる。

> コメント

（1）責任の重さ

　保証人になったばかりに人生がめちゃめちゃになった、という話をお聞きになったことがあるだろう。保証人になるのは、それほど大変なことなのだ。そのため、保証人になる契約（保証契約）は、**書面**または電磁的記録でやらないと効力を生じないことになっている（口頭で契約しても無効！）。

　10頁で勉強したように、被保佐人が保証人になるには、保佐人の同意が必要だ（忘れてたらこの機会に覚えること）。被保佐人は、大損する恐れのある契約をする場合だけ保佐人の同意が必要だから、保証人になることは大損する恐れがあるということだ。では、どのくらい大変なのか？

> たとえば　たとえば、BがAから100万円を借り（これを主たる債務という）、Cが保証人になったとする（Cは保証債務を負担）。そうすると、Bが100万円を支払わない場合、①CがBの代わりに100万円を支払わなければならなくなる。

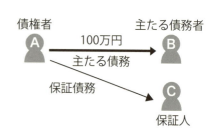

第11章　連帯債務・保証債務

　元本の100万円だけでなく、②利息を生じたら、利息もCが支払わなければならない。さらに、BがAに支払うべき③違約金や④損害賠償までCが支払わされることになる。

　つまり、主たる債務100万円だけでなく、それに付随する利息その他一切を保証したことになるのだ。

もっとも　もっともそれは、すべてCが保証人になる時点で覚悟していたことだから仕方ない。しかし、保証契約締結後にAB間の合意で一方的に債務額が150万円に増額されたとしたらどうか？
ここまで面倒を見る義理はない。だから、この場合Bの債務額は150万円になるが、Cの保証債務の額は100万円のままだ。一方的に責任を加重されることはないのだ。

（2）まだある

　Cは保証人として、上のような責任を負っているわけだが、Cがその責任を果たさない場合にそなえて、Aとしては、何か手を打っておくことはできないかというと、それができるのだ。

　主たる債務とは別に、**保証債務自体についての**違約金や損害賠償をあらかじめ取り決めておくことができる。

例　題　主たる債務者に債務不履行があった場合、①主たる債務者が債権者に対して支払うべき**違約金**や**損害賠償**も保証債務の対象に含まれるが、それとは別に、②**保証債務自体についてのみの**違約金や損害賠償の額を約定しておくことはできない。

解　答　前半は○だが、後半が×。下線①は保証債務の対象だが、それとは別個に、下線②をあらかじめ約定しておくことができる。よって誤り。

195

第1編 | 権利関係

第452条他【催告・検索の抗弁権とは何か？】

催告の抗弁権

債権者が主たる債務者に請求しないで、いきなり保証人に請求してきたら、

→ 保証人は、「まず主たる債務者に**催告**しろ」とつっぱねることができる。

検索の抗弁権

つっぱねられた債権者が主たる債務者に催告したが弁済してもらえない場合でも、

→ 保証人は、主たる債務者に「**執行の容易な財産**」（簡単に強制執行＝差押えできる財産）があることを証明すれば、再びつっぱねることができる。

コメント

保証人は、主たる債務者が弁済できない場合に、代わりに弁済するためにいる。そこで、こういう2つの抗弁権（つっぱねる権利）が与えられた。

「執行の容易な財産」のポイント2つ

1 債務全額に足りなくとも、**相当額**の財産でOK。
2 現金はOKだが**不動産**はダメ（執行が大変）。

第457条前半【保証人は履行を拒むことができる】

主たる債務者が債権者に対して債権を有する場合 → 保証人は、履行を拒むことができる。

196

第11章　連帯債務・保証債務

> **コメント**

保証人は大変な責任を負っている。少しは保証人を保護する規定があってもいい。前条もそれだし本条もそれだ。

> **たとえば**

たとえば、BがAから100万円借りて、Cが保証人になったとする。この場合、BがAに対して100万円の債権（反対債権という）を有していたとすると、Bとしては、借りた100万円を返す代わりに、両方の債権債務を相殺してチャラにすることが

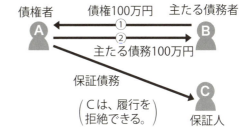

できる。そして、この場合、Cは債務の履行を拒むことが**できる**（100万円の支払いを拒絶できる）。

> **注意！** Bが相殺権を有する場合だけでなく、取消権・解除権を有する場合も、Cは履行を拒むことができる（Cには履行拒絶権がある）。

保証人を保護する制度は3つある

1. 保証契約締結**後**に一方的に責任を**加重**されることはない。
2. **催告・検索**の抗弁権
3. 履行**拒絶**権（主たる債務者が相殺権・取消権・解除権を有している場合）

第457条後半【時効の更新についてのポイント】

① 債権者が主たる債務者に対して「請求」（勝訴等を要す）したり、
② 主たる債務者が債権者に対して「承認」（口頭でOK）をすると、

→ 1 主たる債務の消滅時効が更新されるだけでなく、2 **保証債務の消滅時効も更新**される。

第1編 権利関係

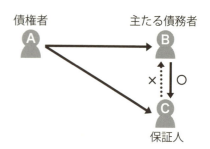

コメント

右図でいうと、Ｂの債務の消滅時効が更新されれば、「請求」が原因でも、「承認」が原因でも、Ｃの債務の消滅時効も自動的に更新されるということ（Ｂ → Ｃは○）。

 逆はダメ！ しかし逆にＡがＣに請求したり、Ｃが承認したりしても、Ｂの債務の消滅時効は更新されない（Ｃ → Ｂは ×）。

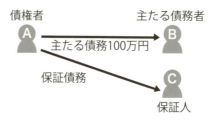

水はＢ上からＣ下に流れる！

例題 ＡがＢに対して100万円の債権を有し、Ｃが保証人になっている場合、①ＡがＢに履行の**請求**をすると、ＢだけでなくＣにも時効更新の効力を生ずるが、②Ｂが債務を**承認**しても、Ｃには時効更新の効力を生じない。

債権者　　　　　　主たる債務者

Ａ　主たる債務100万円　　Ｂ

保証債務　　　　　Ｃ
　　　　　　　　　保証人

解答 問題文にただ単に「請求した」と書いてあったら、「請求して勝訴等した」と読むこと（本番でも）。だから、下線①は○。しかし下線②は×。Ｂが債務を**承認**した場合も、**ＢＣ両者に**時効更新の効力を生ずる。よって誤り。

第448条他【付従性と随伴性】

[付従性]
① 主たる債務が成立しないと ➡ 保証債務も成立しない。
② 主たる債務が消滅すると ➡ 保証債務も消滅する。

債権なければ担保なし！

[随伴性]
主たる債務が譲渡されると ➡ 保証債務も一緒に移転する。

（グリコのおまけシリーズ④）

コメント

（1）付従性と随伴性

　付従性と随伴性は、抵当権のところで勉強済みだ（156頁以下を必ず復習すること！）。要するに、保証債務は、主たる債務を担保するためのものだから、主たる債務が存在しないところに、保証債務だけ存在してはおかしい。
　そこで、主たる債務の不成立・消滅の場合、保証債務も当然に不成立・消滅となるし、主たる債務が譲渡されれば、保証債務も自動的に移転することになっている。

　譲渡の対抗要件は？ 主たる債務が譲渡された場合、譲受人は**主たる債務者に対してだけ**債権譲渡の対抗要件（**口頭**の通知か承諾➡98頁の条文②）をそなえれば、もうそれだけで自動的に保証人に対しても債権の譲受けを対抗できる。

例題 AがBに対して100万円の債権を有し、Cが保証人になっている場合に、Aがこの債権をDに譲渡し、AからBのみに対して**確定日付ある証書によらずに**譲渡通知がなされたならば、Dはこの債権の譲受けをBには対抗できるがCには対抗できない。

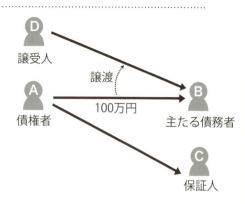

解答 AからBへ口頭で譲渡通知がなされれば、Dは債権の譲受けをBに対抗できるが、もうそれだけで自動的に**Cにも対抗できる**。確定日付ある証書もCへの通知も不要。よって誤り。物上保証人のケースと同じだ（➡ 157頁の例題を復習！）。

（2）誰と誰の契約か？

ところで、保証人は、誰との間で保証契約（私が保証人になります、という契約）を締結するのかお分かりになるだろうか？ 答えは、債権者との間で締結する。右図でいえば、**ＡＣ間**だ。ＢＣ間ではない！

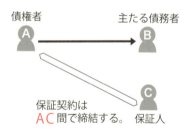

だから、保証契約は、**Ｂの意思を無視**してＡＣだけで締結できる。

例題 保証人は、主たる**債務者の意思に反して**保証をすることはできない。

解答 保証契約は、**債権者と保証人との間に締結されるから**、主たる債務者の意思に反して保証することも可能だ。主たる債務者としては、「余計なことをしてくれるな」と言いたいこともあろう。しかし、文句は言えないのだ。よって誤り。

第 11 章　連帯債務・保証債務

まあ、現実には、Bが保証人を立てる**義務**を負っていて（**例**「保証人を立てなきゃ金を貸さない」とサラ金Aから言われた）BがCを拝み倒して保証人になってもらう場合が多い。しかし、その場合も保証契約は**ＡＣ間**で締結する。

では、Bが保証人を立てる義務を負う場合、どんな**条件**が付いて回るのか？

第 450 条【保証人の条件は何か？】

	保証人の条件 （債務者が保証人を立てる**義務**を負う場合、どういう**条件**をそなえた人を保証人に立てなければならないか？）	変更の条件 （債権者は、どういう場合に保証人の**変更**を請求できるか？）
債権者が保証人を**指名しなかった**場合	1 **弁済資力**（べんさいしりょく） 2 **行為能力**（こういのうりょく） の両方を有する人	保証人が 1 **弁済資力**を失った場合（**例**破産）に**限り**、変更を請求できる（弁済資力ある別人を差し出せ！と言える）。 注意！ 保証人が 2 **行為能力**を失っても、変更請求**できない！**
債権者が保証人を**指名した**場合	**無条件**（自分が指名したのだから、どんな人でもかまわない。）	**できない**（債権者に人を見る目がなかったのだから後でどうなろうと自業自得。）

201

第1編　権利関係

> コメント

(1) 保証人の条件

　①弁済資力（主たる債務者に代わって弁済するだけの資金力）がなければ保証人の責任を果たせないし、②行為能力がないと保証契約を取り消せる（→ 10 頁の第 13 条④）。いずれにせよ、債権者はたまらぬ。だから、①と②が必要。もっとも、債務者に保証人を立てる**義務**がない場合は、その必要なし。

(2) 変更の条件（ 注意！ の解説）

　行為能力がないために保証契約を取り消せるのは、保証契約**締結時**に制限行為能力者だった場合だ。締結時に行為能力があったのなら保証契約は完全に有効だから、**締結後**に後見（保佐）開始の審判を受けて行為能力を失っても、もはや保証契約を**取り消せない**。
→　だから、債権者は安泰。
→　だから、債権者が保証人の変更を請求できるのは、保証人が①**弁済資力**を失った場合**だけ**。

(3)「指名した場合」は何もできない

　以上のリクツは、債権者が保証人を指名しなかった場合の話だ。「指名した場合」は、①弁済資力や②行為能力のない保証人でもＯＫだし、後で保証人が①弁済資力を失っても（例 破産）、債権者は保証人の**変更を請求できない**。結局、

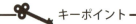

保証人の変更請求ができるのは　→　**指名によらない**保証人が**弁済資力**を失った場合だけ！

第456条【分別の利益とは何か？】

保証人が2人以上いる場合 ➡ 保証債務は**頭割り**になる。

コメント

BがAから100万円借りて、CとDが保証人になった。この場合、保証債務は**頭割り**になり、AはCとDに各50万円ずつしか請求できない。この保証債務を頭割りで勘弁してもらえることを**分別の利益**という。

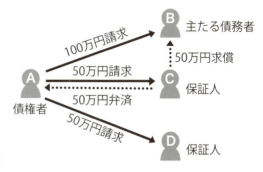

Cが弁済すると？ CがAに50万円弁済すると、CはBに50万円求償できるが、Dには1円も求償できない。

第501条【保証人と第三取得者の優劣は？】

保証人は第三取得者よりエライ！

コメント

事例で押さえよ。AがBから金を借り、自分の土地に抵当権を設定するとともにCが保証人になった。その後、DがAからこの土地を買った（Dは第三取得者）。さて、

Cが弁済すると Cが保証人としてBに弁済すると、①CはAに求償できるだけでなく、②Bに**代位**して（Bになり代わって）Dに対して抵当権を実行**できる**。だから、Cの勝ち！

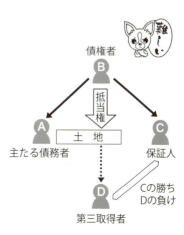

第1編 権利関係

Dが弁済すると しかし、Dが被担保債務をBに弁済して抵当権を消滅させても、①Aに求償することはできるが（➡151頁（2））、②Bに代位して（なり代わって）Cに対して保証債務の履行を請求することは**できない**。「Cの勝ち・Dの負け」ということ。

2．連帯保証

> **第454条他【連帯保証とは何か？】**
>
> 連帯保証は、次の2点が通常の保証債務と違う。
>
> ➡ ① 連帯保証人には ➡ **催告・検索の抗弁権**がない。
> 　② 連帯保証人には ➡ **分別の利益**がない。

コメント

（1）催告・検索の抗弁権なし

　通常の保証よりも、もっと強力な保証が連帯保証だ。通常の保証の場合、保証人には催告・検索の抗弁権があるが、連帯保証人には**催告・検索の抗弁権はない**。

　たとえば、BがAから100万円借りて、Cが連帯保証人になったとする。AがCに弁済を求めた場合、Cは、「まずBに請求してくれ」と抗弁することは許されない。つまり、Aは、いきなりCから全額の弁済を受けられる。通常の保証より強力だ。

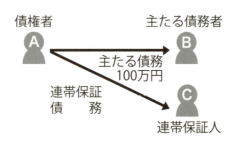

204

（2）分別の利益なし

頭割りにならないということ。たとえば、BがAから100万円借りて、CとDが連帯保証人になったとする。この場合、AはCにもDにも100万円**全額**を請求できる。CDは通常の保証人より責任が重い。

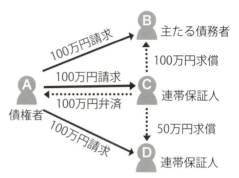

Cが弁済すると？ CがAに100万円を弁済すると、CはBに100万円、Dに**50万円**求償できる（もちろん合計で100万円に達したら終り）。

	CDが通常の保証人の場合（203頁）	CDが連帯保証人の場合
AはCにいくら請求できるか？	50万円	100万円
その金額をCがAに弁済すると、Cは誰にいくら求償できるか？	Bに50万円（Dには**ゼロ**）	Bに100万円 Dに**50万円**

（3）念のためのまとめ

Cが通常の保証人の場合と連帯保証人の場合で、請求・承認により、誰に時効更新の効力が生じるかをまとめておく。

	通常の保証	連帯保証
Bへの請求	BC	BC
Bの承認	BC	BC
Cへの請求	C	**C**
Cの承認	C	**C**

第12章　賃貸借

　第12章・13章から合わせて2問以上出題されようぞ。

　賃貸借とは、賃料を払って物の貸し借りをする契約だ。物は不動産（例、アパート）でも、動産（レンタカー）でもいい。

　これに対して、世の中には奇特な人がいて、タダで物を貸してくれることがある。これを使用貸借という（➡ 268頁）。

賃貸借と使用貸借の区別

- 賃 貸 借　➡　有償（賃料を支払う）
- 使用貸借　➡　無償（タダ）

第606条他【賃貸人の義務は何か？】

① 賃貸物の使用・収益に必要な修繕は　➡　**賃貸人**の義務だ。

だから
↓

賃借人が「**必要費**」を支出したときは　➡　1 **直ちに**、2 **全額**を、賃貸人に請求できる。

② 賃借人が「**有益費**」を支出したときは　➡　1 **賃貸借終了時**に、2 全額または現存**増加額**（**賃貸人**が選択する）を、賃貸人に請求できる。

第12章 賃貸借

コメント

（1）雨漏りは賃貸人が直す

たとえば、Aの家を、Bが月額10万円の家賃で借りる契約が成立したとする。その結果、AはBに家を使用させ、BはAに賃料を支払う義務（債務）を負う。

では、もし、この家の屋根がいたんで、雨漏りをするようになったら、それは誰が修理しなければならないか？答えは A だ。なぜならAは、家をちゃんと住める状態でBに使用させる義務を負っているからだ。だから、Bには、Aに対して、「雨漏りを直してくれ」と請求する権利がある。

注意！ ただし、Bの落度（帰責事由）によって修理が必要となった場合には、Aは修理する義務を負わない。

（2）「必要費」

しかし、Bとしては、Aが修理してくれるのを待ち切れないこともあろう。そこで、一定の場合 注意！ には、Bが自分で工務店に依頼するなどして、屋根を修理し、かかった費用をAに請求することができる。雨漏り修理費用は、家を住める状態にするために、必要な費用だから、「必要費」という。

> ①いつ、②いくら？
>
> 試験に出るポイントは、それを①いつ、②いくら請求できるか、という2点だ。答えは、①直ちに、②全額を請求できる。

注意！ 一定の場合とは、次の①と②だ。
- ① BがAに修理が必要である旨を通知し、またはAがその旨を知ったにもかかわらず、Aが相当の期間内に必要な修理をしない場合。
- ② 急迫の事情がある場合（例 急いで修理しないと危険）。

第1編 | 権利関係

（3）Aの権利でもある

なお、家はAのものなのだから、Aにとっては、雨漏り直しは義務であると同時に、権利でもある。だから、Aが雨漏りの修理をしようとする場合、Bは、それを拒むことはできない。

（4）「有益費」

では次に、Bがこの家の壁紙が薄汚れてきたので、10万円かけて張り替えた場合はどうだろうか。この10万円を、BはAに、直ちに全額請求できるかというと、今度はそうはいかない。壁紙の張り替えは、雨漏りの修理とは違って、家を住める状態にするために、どうしても必要なことではない。より住み良くするためのことに過ぎない。そういうことのためにかかった費用を「有益費」という。

---

①いつ、②いくら？

ここでもポイントは、BはAに、①いつ、②いくら請求できるかだ。まず、①「いつ」かというと、賃貸借終了時だ。次に、②「いくら」についてだが、10万円の壁紙も、賃貸借終了時には、汚れて3万円くらいの価値しか残っていないかもしれない。

そこで、Aとしては、①Bが支払った10万円の実費全額を返してもいいが、②賃貸借終了時に現存している増加額（上の例なら3万円）を返すこともできる。①・②どちらの金額を返すかは、Aが選ぶ（Bが選ぶというヒッカケに注意！）。

つまり、有益費については、①賃貸借終了時に、②「①Bが支出した実費全額」か、または「②現存する増加額」のどちらか好きな方をAが選んで、Bに返せばいい。

例 題 賃借人が、有益費を支出したときは、賃貸借終了時に、支出額全額または現存増加額のいずれかを、**賃借人**が選択して、賃貸人に請求することができる。

解 答 支出額全額か現存増加額かを選択するのは、賃借人ではなく、**賃貸人**だ。よって誤り。

208

第611条他【賃借人の義務は何か？】

賃料支払い義務のポイントは、次の2点だ。
1. 宅地建物の賃料は　➡　**月末払い**が原則。
2. 賃借物の一部が滅失などによって使用収益できなくなった場合
   ➡　賃借人に落度（帰責事由）がないときは、賃料は、使用収益をすることができなくなった部分の割合に応じて、**減額**される。

コメント

賃借人の義務は、賃料を支払うことだ。賃料は、後払いが原則で、宅地建物については、月末払いが原則だ。上記の2については、次の例題をやってほしい。

例題 Aの家をBが、月額10万円の賃料で賃借していたが、落雷により家が半焼し、家の一部が使用及び収益をすることができなくなった。この場合、賃料は、使用及び収益をすることができなくなった部分の割合に応じて、減額される。

解答 落雷だから、Bに落度（帰責事由）はない。だから、使用収益できなくなった部分の割合に応じて、減額される。よって正しい。

第601条他【契約書作成料はどっちが負担するか？】

契約書作成などの契約費用は
　　　　➡　賃貸人と賃借人が**折半**する。

コメント

契約書の作成などにかかった費用は、お互いのためのものだから、賃貸人と賃借人が、**折半**して負担することになっている。

第1編 | 権利関係

| 第605条他 | 不動産賃借権の対抗力はどういう場合に認められるか？ |

1. 借地権の対抗力は、次の場合に認められる。
   → ① 借地権が「登記」されている場合
     ② 借地上の**建物が**「登記」されている場合
     ③ 借地上に建物があったことが「掲示」されている場合

2. 建物賃借権の対抗力は、次の場合に認められる。
   → ① 建物賃借権が「登記」されている場合
     ② 建物の「引渡し」があった場合

コメント

（1）借地権の対抗力

借地権の対抗力というのはこういうことだ。たとえば、Aの土地をBが賃借し、家を建てて住んでいたとする。さて、ここで、AがこのにCに譲渡した場合、CはBに対して、「俺の土地だ、明け渡せ。」と言えるだろうか？

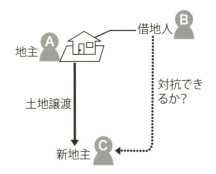

Bが、借地権をCに対抗できるなら（借地権に対抗力があるなら）、Bは土地をCに明け渡す必要はない。ではどういう場合に、借地権の対抗力が認められるのか？

それは次の3つ

① 借地権の「登記」

まず、借地権が「登記」されている場合。223頁で勉強するように、借地権は、地上権の場合と賃借権の場合があるが、いずれにしても、登記でき、登記により対抗力を生じる。

210

2 借地上の建物の「登記」

　では、借地権が登記されていない場合には、BはCに土地を明け渡すしかないのか？　そんなことはない。借地権の登記がなくとも、**借地上の建物**がB名義で「**登記**」されていれば、Bは借地権をCに対抗できる。

|注意！|　この登記は、権利登記でも**表示**登記でもOK。ただし**自己名義**に限る。だから、たとえ同居している長男名義で登記してあっても対抗力は認められない。

3 建物があったことの「掲示」

　それでは、Bが借地上に**登記**した建物を所有していたが、その建物が火災で全焼するなどして、滅失してしまったら、どうなるだろうか。この場合でも、Bは建物があったことを、立札を立てるなどの方法で土地の見やすい場所に「**掲示**」すれば、依然として、借地権の対抗力を保持することができる。

　なお、この立札には、
　　① 滅失した建物を特定するために必要な事項
　　② 滅失の日
　　③ 建物を建て直す旨
を記載する必要がある。

　なお、掲示による対抗力は永久ではない。建物滅失の日から**2年間**が限度だ。

（2）建物賃借権の対抗力

　次に、建物賃借権の対抗力を勉強する。たとえば、Aの家をBが賃借していたところ、Aがこの家をCに譲渡したとする。Bはどういう場合に、Cに賃借権を対抗できるだろうか？

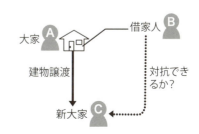

> それは次の２つ

1 建物賃借権の「登記」

まず、建物賃借権が「登記」されている場合。土地賃借権だけでなく、建物賃借権も、登記できる。

2 建物の「引渡し」

では、登記がないなら、BはCに賃借権を対抗できないかというと、そんなことはない。登記がなくとも、BがAから建物の「引渡し」を受けていれば、それだけで、賃借権をCに対抗できる。

つまり、Bとしては、借家に実際に住んでいれば、Cから明渡しを要求される心配はないわけだ。

例題 借地権者Aは、賃借した甲土地につき借地権登記を備えなくても、Aと同姓でかつ同居している未成年の**長男名義**で保存登記をした**建物**を甲土地上に所有していれば、甲土地の所有者が替わっても、甲土地の新所有者に対し借地権を対抗することができる。（H30-11-4）

解答 登記は、権利登記でも表示登記でもOKだが、**自己名義**に限る。よって誤り。

第622条の2【敷金のポイント】

1 未払賃料に敷金を充当するかどうかを決めるのは
　→ 賃**貸**人（賃借人じゃない！）
2 敷金を返還しなければならないのは
　→ 明渡完了時（賃貸借終了時じゃない！）

> コメント

（1）敷金とは？

大家さんとしては、賃料を踏み倒されるのが一番困る。そこで、賃借人の債務不履行に備えて担保として預っておくお金が敷金だ。

たとえば、Aの家をBが月額10万円で賃借し、AがBから30万円の敷金を預ったとする。Bが1カ月分の賃料を滞納した場合、Aは敷金の内の10万円を未払賃料の弁済に充当する（あてる）ことができる（充当するかどうかは**Aの自由**）。

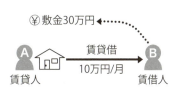

（2）賃貸人が決める

ではBの方から、「先月分は敷金から充当してくれ」と主張できるか？

答えは×。充当するかどうかを決める権限はBにはない。**Aにある**。そうでなければ、Aは自分の意思に反して担保を失わされてしまうからだ。だからAとしては、敷金には手を付けず、あくまで10万円払えとBに請求しても一向にかまわない（**Aの自由**）。

（3）敷金の返還時期

さて、あくまで払えと言われてBがこの10万円を払えば、敷金は30万円丸々残る。この30万円はもともとBのものだから、Aはいつかは返さなければならない。では、一体いつ返せば良いのか？

答えは、**明渡完了時**だ（賃貸借終了時じゃない！）。つまり、賃貸借が終了しても、Bが建物を明け渡さない場合にはAは敷金を返さなくてOKだ（敷金の返還より、建物の明け渡しが先ということ）。

それどころか それどころか、その後で実際に明渡しが完了するまでの間に生じた一切の債務（例 いすわっていた間の**賃料**）を差し引いた残額だけ返還すればOKだ。あくまでAが保護される。

注意！　なお、Bが適法に賃借権を譲渡した（➡214頁）ときも、AはBに敷金を返さなければならない。

（4）応用問題

Bが10万円滞納している状態のとき、Bの債権者CがBの敷金返還請求権を差し押さえたら、Aは滞納分10万円の弁済に敷金を充当することができなくなるか？　答えは×。AはCに遠慮せずに**充当していい**。

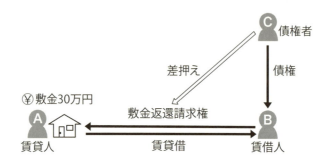

背後にあるリクツは　差押えとは、BのCがBに代わって行使するということ。➡だからAとしては、Bに主張できることはそのままCにも主張できる。➡だから充当できる、というワケ（➡30頁の債権者代位権と同じリクツだ）。

第612条他【賃借権の譲渡・転貸は、勝手にはできない】

① 賃借人が、①賃借物を**転貸**したり、②賃借権を**譲渡**するには、
　➡賃貸人の「**承諾**」が必要だ。
② 賃借人が賃貸人の承諾を得て賃借物を転貸すると、
　➡賃貸人は、①賃借人にも、②**転借人**にも、賃料を請求できる。

コメント

（1）転貸・譲渡とは？

たとえば、Aの家を賃借しているBが、転勤することになり、別の場所に引越したとする。その場合、Bは、Aから借りている家を空けておいても、

賃料を支払わなければならない。そこで、Bとしては、この家をCに転貸（又貸しのこと）したり、賃借権をCに譲渡できれば、損をしないですむ。

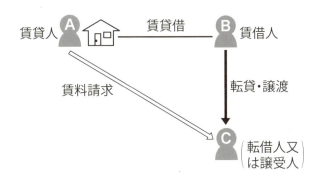

しかし、Aとしては、Bならば大切な家をていねいに使ってくれるだろうと思って貸しているわけだから、どこの誰とも分からないCに、勝手に家を使わせてもらっては困るはずだ。

解決 そこで、BがCに、1この家を転貸したり、2この家の賃借権を譲渡したりするには、Aの**承諾**を得なければならないことになっている。

解除の条件は？ Bの無断転貸・無断譲渡が「**背信的行為**」のレベルに達すると（AB間の「信頼関係」が破壊されると）、AはBとの賃貸借契約を解除できる。つまり無断転貸・無断譲渡があっても常に解除できるわけではなく、「**背信的行為と認めるに足りない特段の事情があるとき**」（信頼関係が破壊されていないとき、という意味の判例表現）は、解除できないから注意！

転貸ではないケース BがAの土地を賃借してその土地の上に建物を建て、その建物をBがCに賃貸する場合、Aの承諾は必要か？　答えは×だ。なぜなら、Bは自分の所有物（＝建物）をCに賃貸するだけであり、Aからの賃借物（＝

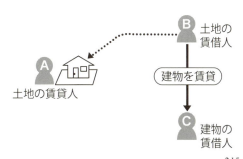

土地）をＣに**転貸するのではない**からだ。

（２）Ｃにも請求できる

さて、Ａの承諾を得て、適法に転貸が行われると、どうなるか？　Ａは**ＣにＣにも直接賃料を請求**できることになるのだ。

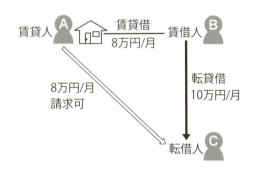

たとえば、ＡＢ間の賃貸借の賃料が月額８万円で、ＢＣ間の転貸借の賃料が月額10万円だとする。この場合、誰が誰に、いくら請求できるか？　答えは、

　　①ＡがＢに　８万円
　　②ＢがＣに　10万円
　　③**ＡがＣに８万円**

を請求できる。もちろん、Ａは、ＢＣ両方から８万円ずつ計16万円もらえる、というわけではなく、いずれか一方から８万円もらえるだけだし、Ｃも、Ｂに10万円支払い、更にＡにも８万円支払って計18万円支払わなければならないというわけではなく、Ａに８万円払えば、Ｂには２万円しか払わなくていい。

例題　賃借人が賃貸人の承諾を得て賃借物を転貸した場合、賃貸人は**転借人**に対して、直接賃料を請求できる。

解答　賃貸人が、賃借人だけでなく、**転借人に対しても**、賃料を直接請求できるようになるのが、承諾転貸の効果だ。よって正しい。

第12章 賃貸借

（3）事例研究（難！ しかし出る！）

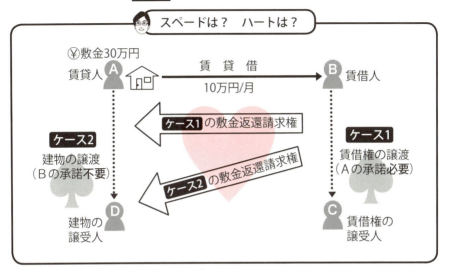

ケース1 賃借権の譲渡（賃借人の交替）

BがAに敷金30万円を交付して、Aの建物を賃料月額10万円で賃借し、引渡しを受けた。この場合、

- ♠ Bが賃借権をCに譲渡するには、
  - → Aの承諾が**必要**。条文どおり（➡214頁）。説明不要。
- ♥ では、BがAの承諾を得て賃借権をCに譲渡した場合、敷金30万円の返還請求権はどうなるかというと、
  - → Cには**移転せず**、Bが行使する。なぜなら、敷金はもともとBのお金だったのに、Cが返還を受けてはBがかわいそうだからだ。

ケース2 建物の譲渡（賃貸人の交替）

BがAに敷金30万円を交付して、Aの建物を賃料月額10万円で賃借し、引渡しを受けた（ここまではケース1と同じ）。この場合、

- ♦ Aが、建物をDに譲渡すると、AB間の賃貸借関係はどうなるかというと、
  - → Dが自動的に賃貸人の地位をAから承継し（引き継ぎ）、賃貸借関係は**自動的にDB間に移転**する。これが、212頁上の[2]で勉強し

217

た「賃借権に対抗力があれば賃借物が譲渡されても明渡しの必要なし」
ということの意味だ。

♠ だから、Aが建物をDに譲渡するには、

→ Bの承諾は不要。なぜなら、明渡しの必要がない以上、新しい賃貸
人が誰であろうと実害はないからだ。

♣ もっとも、DがBに「私が新しい賃貸人だからこれからは私に賃料を
払うように」と対抗するには、

→ DはAから建物の所有権移転登記を受ける必要がある。所有者であ
ることを対抗できなければ賃貸人であることも対抗できないからだ。

♥ 最後に、敷金30万円の返還請求権はどうなるかというと、

→ BがDに対して行使する。なぜなら、これからはDが賃料債権者に
なる以上、賃料債権を担保する敷金もグリコのおまけのように随伴す
るからだ（**グリコのおまけシリーズ** [5]）。

	♠ 譲渡に相手方（Aまたは B）の承諾は必要か？	♥ 敷金関係は 移転するか？
ケース1 （賃借人の交替）	必　要	×
ケース2 （賃貸人の交替）	不　要	○

第12章 賃貸借

第1編 権利関係

第十二章 賃貸借

第617条他【賃貸借は、一体どういう場合に終了するのか？】

賃貸借は ➡ 次の場合に終了する。

（1） 期間の満了（50年が限度）

（2） 解約の申入れ（期間の定めがない場合の話）

解約申入れ後 { ① 土地 ➡ 1年 ② 建物 ➡ 3カ月 } 経過すると終了する。

（3） 解　　除

（4） 賃借物の全部滅失

＜コメント＞

（1） 期間の満了

　賃貸借は、一体どういう場合に終了するかというと、4つある。まず第一に、賃貸借期間が満了した場合。賃貸借の期間は、原則として50年が限度だ。50年を超える期間を約定しても、自動的に50年に短縮される。

　なお、例外は借地借家法に規定されている。それは、後で勉強する。

（2） 解約の申入れ

　では、賃貸借期間を定めなかった場合はどうなるのか？　その場合には、各当事者は、原則として、いつでも、「もうそろそろ賃貸借を終りにしませんか」と言うことができる。これを解約の申入れという。

　解約の申入れがあると、①土地賃貸借ならそれから1年後、②建物賃貸借ならそれから3カ月後に賃貸借は終了する。

　なお、これにも後で勉強するように借地借家法に例外が規定されている。

219

第1編 | 権利関係

（3）解　　除

第三に、**解除**によっても賃貸借は終了する。ここでいう解除には、①167頁の3.で勉強した**債務不履行**（**例**　賃料不払いや、無断転貸等）による解除だけでなく、②**合意**解除（賃貸人と賃借人の合意で賃貸借を終了させること）も含まれる。

（4）賃借物の全部滅失

最後に、たとえば、Aの家をBが賃借していたが、この家が落雷で全焼してしまったらどうなるか？　賃貸借の目的物がこの世から無くなったら、もうそれ以上賃貸借を続けることは不可能だ。

だから、賃借物の**全部**が滅失などにより使用収益できなくなった場合には、賃貸借は**自動的に終了**する。解除など、特別の意思表示は不要だ。

....

例　題　建物の賃貸借において、期間の満了前に第三者の放火によってその建物の全部が滅失し使用及び収益をすることができなくなった場合には、賃貸借は終了する。

解　答　賃借物の全部が滅失などにより使用収益できなくなったら、賃貸借は、当然に終了する。よって正しい。

....

第13章　借地借家法

第12章・13章から合わせて2問以上出題されようぞ。

―― キーポイント ――
借地借家法は何のためにあるかと言うと
→ ズバリ「**借主を保護**するため」にある。

コメント

　第12章で勉強したのは、主に「民法上の」賃貸借だ。「民法」は、貸主と借主が対等な力関係にあることを前提として作られている。しかし、現実には、貸主と借主は対等ではない。貸主（地主さんや大家さん）の方が、借主より強い立場にある。大げさに言えば、貸主は狼で、借主は羊だ（ということになっている）。

　そこで、民法の規定を修正し、狼から羊を保護するために作られたのが借地借家法だ。その根本精神をあらわしたのが次の条文だ。

借地借家法第9条他【借主を守れ！】

原則
借地借家法の規定と異なる特約は ┌ ① 借主に**有利**な特約　→　**有効**
　　　　　　　　　　　　　　　 └ ② 借主に**不利**な特約　→　**無効**

コメント

　か弱い羊の借主を手厚く保護しようという **原則** だ。たとえば借地借家法には、「物価の変動等のため借賃が不相当（安すぎる・高すぎる）になっ

第 1 編 | 権利関係

たら ➡ 借賃の増額請求（貸主から）・減額請求（借主から）ができる」という趣旨の条文があるのだが、当事者がこの規定と異なる特約をするとどうなるか？

1 「貸主は増額請求できない」と特約すると、この特約は

➡ 借主に有利だから**有効**。

➡ だから、いくら物価が上がって借賃が安すぎることになっても、貸主は増額請求**できない**。

2 「借主は減額請求できない」と特約しても、この特約は

➡ 借主に不利だから**無効**。

➡ だから、物価が下がって借賃が高すぎることになれば、借主は減額請求**できる**。定期建物賃貸借は別（➡ 254 頁）。

借地借家法第 33 条他【 例　外 】

例　外

第 33 条【造作買取請求権】（➡ 250 頁）⎫ は借主に不利な特約だが
第 36 条【愛人を守れ！】（➡ 249 頁）⎭ ➡ **有効**

コメント

　原則あるところ例外あり。それなりのワケがあって認められた例外だ。今は触れぬ。該当箇所を見られよ。

借地借家法第 25 条【借地借家法が適用されないケースとは？】

1 **一時使用**の目的で借りたことが明らかなケース ⎫
（例 選挙事務所の設置） ⎪
 ⎬ には
2 **旧**借地法・借家法が適用されるケース ⎪

➡ 借地借家法は適用されない。　　　　　（若干例外あり）

第13章 借地借家法

コメント

① 一時使用

　いくらか弱い羊とはいっても、土地や建物をほんの一時的に使用するために借りた場合まで手厚く保護する必要はない、ということ。

② 旧借地法・借家法

　今の借地借家法は、平成4年8月1日から施行（実施）されたが、それ以前の旧法（当時は借地法と借家法という別々の法律だった）は、今の借地借家法よりも、もっと借主を手厚く保護する内容だった。そこで、旧法の下で締結された契約には、現行法（今の法律）の施行後も旧法を適用して借主を保護し続けることにした。だから、現行法は適用されない。

例　題　仮設建物を建築するために土地を**一時使用**として1年間賃借し、借地権の存続期間が満了した場合には、借地権者は、借地権設定者に対し、建物を時価で買い取るように請求することができる。（H24-11-4）

解　答　一時使用の目的で借りたことが明らかなケースだ。だから、借地借家法は**適用されない**。したがって、建物を買い取るように請求することはできない（➡ 235頁）。よって誤り。

　この先、借地と借家を別々に勉強する。

第1節　　借地

借地借家法第2条【借地権とは何か？】

借地権 = ┤
　　　　　① 建物所有の目的 ＋ **地上権**
　　　　　② 建物所有の目的 ＋ **土地賃借権**

223

第1編 権利関係

> ### コメント

　借地権とは、「建物の所有を目的とする地上権または土地賃借権」のことだ。つまり、借地権は、地上権（物権）の場合と、賃借権（債権）の場合があるわけだ。地上権と賃借権の違いについては、89頁を復習しよう。

　なお、地主のことを借地権設定者という。

....

例　題　借地権とは、建物の所有を目的とする**土地賃借権**だけのことである。

解　答　もうひとつ、建物の所有を目的とする**地上権**もあるから、誤り。

....

借地借家法第3条【借地権の存続期間は何年か？】

借地権の存続期間は　➡　**30年**

（契約で、もっと長い期間を定めた場合は別）

> ### コメント

（１）何年か？

　借地権の存続期間は、30年とされている。この意味は、当事者間の契約で、存続期間を定めなかった場合には、存続期間は、自動的に30年になるということだ（法定期間）。

　では、契約で存続期間を定める場合（約定期間）は、自由に定められるかというと、そうはいかない。30年以上の期間を契約で定めることはできるが、30年未満の期間を定めてもそれは無効で、自動的に30年に引き上げられる。

　　　　　　　　　　　　　具　体　例

例1　存続期間を**定めなかった**場合　➡　存続期間は**30年**となる。

例2　存続期間を**20年**と定めた場合　➡　存続期間は**30年**となる。

例3　存続期間を**40年**と定めた場合　➡　存続期間は**40年**となる。

第13章　借地借家法

民法では、賃借権は、最高 50 年だったが（忘れてたら➡ 219 頁を復習）、借地権は、最低 30 年（賃借権でも地上権でも）というわけだ。

（2）堅固も非堅固も

ところで、借地権とは、「建物の所有を目的とする地上権または土地賃借権」のことだが、ここでいう「建物」には、鉄筋コンクリートの建物（堅固な建物という）も、木造の建物（非堅固な建物という）も、どちらも含まれる。

つまり、どういうタイプの建物の所有を目的とする借地権であっても、存続期間は、**一律に 30 年**以上ということだ。

（3）建物が滅失しても

では、借地権の存続期間が満了する前に（たとえば 20 年目）、借地上の建物が滅失してしまったら借地権も消滅するのだろうか？

答えは×だ。建物がなくなっても、借地権は**存続期間が満了するまで**なくならない。建物滅失の原因も関係ない。① **火災**で焼失した場合でも、② 建物の寿命がきて自然に**朽廃**した場合でも、③ 借地人が自分で**取り壊し**た場合でも、いずれにせよ、存続期間が満了するまでは、借地権はなくならない。

| **例　題** | A所有の甲土地につき、Bとの間で賃貸借契約が締結された。賃借権の存続期間を 10 年と定めた場合、本件賃貸借契約が居住の用に供する建物を所有することを目的とするものであるときは存続期間が **30 年**となる。（H29-11-2） |

| **解　答** | 30 年未満の期間を定めてもそれは無効で、自動的に 30 年に引き上げられる。だから、存続期間を 10 年と定めた場合、存続期間は **30 年**となる。よって正しい。 |

225

第1編 | 権利関係

借地借家法第4条他【更新・その①(合意更新)】

当事者が合意によって借地契約を更新する場合、更新後の存続期間は

① 第1回目の更新の場合には ➡ 更新の日から **20年**

② 第2回目以降の更新の場合には ➡ 更新の日から **10年**

（①、②とも、当事者がもっと長い期間を定めた場合は別）

　コメント

（1）更新は4通り

借地契約の更新は4通りある。4つとも通称だ。

その① **合意**更新

その② **請求**更新

その③ **いすわり**更新

その④ **建替え**更新

（2）合意更新

　これから順ぐりに勉強してゆくわけだが、まず本条は、その①の合意更新だ。当事者間の合意によって、借地契約が更新される場合、更新後の存続期間は、

① 第1回目の更新の場合には、更新の日から20年（当事者がもっと長い期間を定めれば、その期間）であり、

② 第2回目以降の更新の場合には、更新の日から10年（これも、当事者がもっと長い期間を定めれば、その期間）だ。

例　題 AとBとが期間満了に当たり借地契約を最初に更新する場合、更新後の存続期間を15年と定めても、**20年**となる。(R2-11-4)

解　答 最初の更新（つまり、1回目の更新）の場合、当事者間で20年より**短い期間**を定めたときは、存続期間は**20年**となる。よって正しい。

226

第13章　借地借家法

借地借家法第5条他【更新・その②、③（請求更新、いすわり更新）】

原　則　借地権の存続期間が満了したが、まだ**建物がある場合**には、
借地権者は、

① 更新を「請求」するか（**請求更新**）、

② 土地の「使用を継続」することによって（**いすわり更新**）

➡ 借地権設定者（地主のことだ）の意思を無視して一方
的に借地契約を更新してしまうことができる（期間は、
Ⓐ第1回目の更新の場合は**20年**、Ⓑ第2回目以降の更
新の場合は**10年**だ）。

例　外　これに対して、借地権設定者が更新を阻止するには、

➡ ①**正当事由**に基づいて、②**遅滞なく異議**を述べるこ
とが必要だ。

（　コメント　）

（1）請求更新・いすわり更新

　4つある更新の2番目（請求更新）と、3番目（いすわり更新）の話だ。
先程勉強した合意更新がまとまれば、何も問題ないが、合意が成立しなかっ
た場合、借地権者としては、土地を明け渡すしかないのだろうか？

解　決　答えは×だ。借地借家法では、借地人は、か弱い羊ということ
になっており、手厚く保護されている。そこで、

① 借地人が、更新してくれなくちゃイヤだ、とダダをこねれば、ダダ
が通ることになっている（**請求更新**）。

② また、いすわりを決め込めば、いすわった方の勝ち、ということに
なっている（**いすわり更新**）。

227

第1編 | 権利関係

（2）阻止するには？

さて、請求更新にしろ、いすわり更新にしろ、借地権者が一方的に押し通すわけだから、借地権設定者（地主）としては、たまったものではない。そこで、地主としては、「請求」や「いすわり」に対して、**遅滞なく異議**を述べれば、更新を阻止できることになっている。

ただ、この異議を述べるためには、「**正当事由**（言い分がもっともだと認められる事情）」なるものが必要だとされている。正当事由があるかどうかは、様々な事情を総合的に判断して決める。

キーポイント

1 当事者双方が、その土地をどの程度必要としているか ➡ 地主側が土地を必要とする程度が高い程、正当事由があると認められやすくなる。

2 **財産上の給付**（立退料）の申出 ➡ 地主側が、立退料を払ってあげるよ、と申し出ると、正当事由があると認められやすくなる。

よく出るポイント①

「地主は、自ら使用の必要がある場合に限って更新を阻止できる」との特約は、

➡ 正当事由を認めにくくする特約であり、借地人に**有利**

➡ **有効**

よく出るポイント②

「地主は、立退料さえ払えば更新を阻止できる」との特約は、

➡ 正当事由を認めやすくする特約であり、借地人に**不利**

➡ **無効**

228

（3）建物がある場合とない場合

　請求更新もいすわり更新も、どちらも**建物がある場合**に限って認められる。借地権の存続期間満了時に建物がないなら、どちらの更新も認められない。これが上の条文だ。

🙂 **民法上のいすわり更新**　ところが、実はいすわり更新には、上の条文、つまり借地借家法上のいすわり更新とは別に「**民法上のいすわり更新**」がある。こちらは建物が**ない**場合に生じる。この場合地主は、正当事由が**なくても**、異議さえ述べれば（「遅滞なく」の必要もない）更新を阻止できる。民法は借地借家法よりずっとルーズだ。

🙂 **民法と借地借家法の違い**

いすわり更新を阻止するには
→ ｛ 建物がある場合　→　正当事由**必要**（借地借家法）
　　建物がない場合　→　正当事由**不要**（民法）

　なお、民法上の更新には、いすわり更新はあるが、「民法上の請求更新」というものは**ない**から念のため。

例題　Aの土地に建物の所有を目的とする賃借権を有するBが、この借地権の存続期間満了後**建物が存在していない**に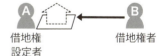

もかかわらずこの土地の使用を継続すれば、Aがそれを知っていて異議を述べない限りAB間の土地賃貸借契約は更新されるが、Aがこの異議を述べるには**正当事由は不要**である。

解答　建物が**ない**ケースだから借地借家法は適用されず、**民法上**のいすわり更新が生じる。民法なら、Aは**正当事由がなくても**、異議さえ述べれば更新を阻止できる。よって正しい。

第1編 | 権利関係

借地借家法第7条他【更新・その4（建替え更新）】

借地権の存続期間満了前に、借地権者が、借地権設定者の承諾を得て残存期間を超えて存続するような建物を再築（増築じゃダメ）すると

➡ 借地権は、Ⓐ承諾日かⒷ再築日のどちらか早い方から20年間存続することになる。

> **「承諾」を得ずに再築する奥の手**
>
> 借地権者が、借地権設定者に、「建物を再築するぞ」と一方的に通知し、借地権設定者が、**2カ月**以内に異議を述べないと
>
> ➡「承諾」したものとみなされる（**みなし承諾**）。

コメント

4つある更新の最後が、この建替え更新だ。建替えの原因は何でもいい。**火災**で建物が焼失したから再築するのでもいいし、まだ使える建物を**取り壊して**再築するのでもいい。いずれにせよ、せっかく借地権の残存期間を超えて存続するような建物を再築した以上、20年間使わせてあげよう、ということだ。だから、借地権のもともとの残存期間が20年以上あるなら、この規定は適用されず、**残存期間**によることになる。

なお、**増築**では建替えといえないから建替更新を**生じない**。再築に限る。

....

例題 借地権の存続期間満了前に、借地権者が、借地権設定者の承諾を得て建物を再築すると、借地権は、**残存期間満了後**20年間存続する。

解答 「残存期間満了後」ではなく、「Ⓐ**承諾日**かⒷ**再築日**のどちらか早い方」から20年間存続する。よって誤り。

....

第13章 借地借家法

ここで、期間をまとめておく

	更新後の存続期間
合意更新 注1	1回目は → **20**年 2回目以降は → **10**年
請求更新	
いすわり更新	
建替え更新	**20**年

注1　合意更新は → **当事者**がもっと長い期間を定めればその期間になる。

注2　**裁判所**が存続期間を定めるケースは → **ない**。

借地借家法第8条【更新後に建物が滅失したらどうなるか？】

（1）借地権者側

更新後に建物が滅失したら、
→ 借地権者は借地権の消滅を一方的に申し入れることができ、申入れ後**3カ月**経過すると借地権は消滅する。

（2）借地権設定者側

更新後に、借地権者が、借地権設定者の**承諾を得ずに**残存期間を超えて存続するような建物を再築したら、
→ 借地権設定者は、借地権の消滅を一方的に申し入れることができ、申入れ後**3カ月**経過すると借地権は消滅する。

第1編 | 権利関係

コメント

（1）借地権者側

　借地権の存続期間中に建物が滅失しても、それだけでは借地権は消滅しない。しかし、借地権者としては、建物もないのに地代を払い続けるのはかなわない。そこで、借地権者からの一方的な申し入れで、借地権を消滅させることができることにしたわけだ。

更新後に限る　注意しなければいけないのは、この申入れができるのは、「**更新後に**」建物が滅失した場合に限られる、ということだ。つまり、最初の存続期間中に建物が滅失しても、この申入れはできないことになっている。これは、最初の30年間分の地代は、地主側としても、当^あてにしているからだ。

（2）地主側

　逆に、地主側からも、借地権消滅の申入れができる。それは、借地権者が、地主に**無断**で建物を再築した場合だ。ここでも、注意すべきは、借地権消滅の申入れができるのは、無断再築が、「**更新後に**」行われた場合に限る、という点だ。

．．

例　題　**最初の**存続期間中に建物が滅失した場合、借地権者は、借地権消滅の申入れをすることができる。

解　答　借地権消滅の申入れができるのは、「**更新後に**」建物が滅失した場合に限られるから、誤り。

．．

借地借家法第11条【地代の変更でモメたらどうなるか？】

　地代の増減について話し合いがまとまらない場合には、

→　裁判で決着がつくまで、借地権者は、「**相当と認める額の地代**」（今まで通りの額という意味）を支払えばよい。

第13章 借地借家法

> 📝 **コメント**

借地権は、30年以上という長期で設定されるから、その間には物価もずい分変動する。そこで当事者は、今までの地代が不相当になったら、増額（地主から）や減額（借地人から）を請求できることになっている。しかし、話し合いがまとまらない場合には、裁判で決着をつけることになるが、裁判には何年もかかる。その間、いくら支払っておけばよいかというと、今まで通りの額を支払っておけばよいことになっている。

ただし、後日判決が出て、増額・減額が認められたら、今までの額との差額に、**年1割の利息**を付けて清算しなければならない。

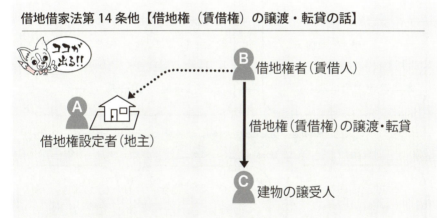

借地借家法第14条他【借地権（賃借権）の譲渡・転貸の話】

上図のケースで、
（1）BがCに借地権（賃借権）を譲渡・転貸するには、
　　→Aの**承諾**が必要
（2）Aが承諾しないなら
　　→Cは建物の**押し売り**ができる（**建物買取請求権・その①**）
（3）裁判所に泣きついて
　　→Aの承諾に代わる**許可**をもらうという手もある（**裁判所に泣きつけ・その①**）

第1編 権利関係

（1）BがCに借地権（賃借権）を譲渡・転貸するには
➡ Aの承諾が必要

まず頭の整理から。

> Aの土地にBが借地権（地上権か賃借権）を有している。Bがこの借地権を第三者Cに譲渡・転貸するには、Aの承諾は必要か？
> ➡ 答えは、借地権が地上権か賃借権かで異なる。

地上権

Aの承諾不要
（➡ 89頁復習）

注意！ このケースには、本条適用の余地なし。

賃借権

Aの承諾必要

注意！ このケースでも、借地上の建物の賃貸をする場合にはAの承諾は不要。つまり、

借地上の建物を賃貸する場合

Aの承諾不要
（➡ 215頁復習）

注意！ 借地上の建物を賃貸しても、土地の借地権（賃借権）を転貸することにはならないから、承諾は不要だ。

借地上の建物を譲渡する場合

Aの承諾必要

注意！ 借地上の建物を譲渡すると、土地の借地権（賃借権）も譲渡することになるので、承諾が必要になる。

借地権（賃借権）の譲渡・転貸

Aの承諾必要

234

第13章 借地借家法

> **例題** 賃貸人Aから賃借人Bが借りたA所有の甲土地の上に、Bが乙建物を所有している。Bが乙**建物**をCに**賃貸**する場合、Bは、その賃貸についてAの承諾を得なければならない。
>
> **解答** Bは自分の所有物である乙**建物**を**賃貸**するだけだ。だから、Aの承諾は**不要**だ。よって誤り。

（2）Aが承諾しないなら
→ Cは建物の押し売りができる

CがBから建物を取得したが、Aが借地権（賃借権）の譲渡・転貸を承諾しない場合、Cは建物の購入代金をどうやって回収したらいいのか？

解決 Cには「譲渡・転貸を承諾してくれないなら、Aよ、お前が建物を買い取れ！」と、押し売りする権利が認められている（**建物買取請求権・その①**）。Aは買い取りを拒絶できない。Cからの一方的な買取請求の結果、いや応なく売買契約が成立してしまう。

よく出るポイント①
CがAに請求できる金額は、**建物の時価**だけ。**借地権**の価額を加算することはできない。

よく出るポイント②
Aが建物の時価を支払うまで、Cは建物の引渡し（つまり土地の明渡し）を**拒める**。

よく出るポイント③
しかし、その拒んでいる間もCは土地を使用しているわけだから、Aに**地代相当額を返還**しなければならない。

（3）裁判所に泣きついて
→ Aの承諾に代わる許可をもらうという手もある

（2）の押し売りでは、結局Cはこの建物を使用できない。では、何が何でも借地権（賃借権）をB→Cへ譲渡・転貸する方法はないか？

第1編 権利関係

解決 ある！　Bは、裁判所に申し立ててAの**承諾に代わる許可**をもらえばいい。この許可が得られれば、Aの意思を無視して借地権（賃借権）の譲渡・転貸ができることになっている。

→ 裁判は時間も費用もかかるからイヤという人は（2）の「押し売り」をどーぞ、何が何でもという人は（3）の「承諾に代わる許可」をどーぞ、という"選べる制度"だ。

競売だと？　Cがこの建物をBから売買によって取得する場合だけでなく競売（例 抵当権の実行）によって取得する場合にも、借地権（賃借権）の譲渡・転貸にはAの承諾が必要。

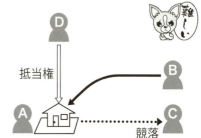

注意！　競売だと、何となくAの承諾が不要になりそうな気がするかもしれないが、そんなことはない。なぜなら、競売はBが借金を返さないから行われるのであり、無関係のAにとばっちりを与えるべきではないからだ。

例　Bの建物にDが抵当権を有していた ➡ Dが抵当権を実行しCが建物を競落した ➡ CがBから借地権（賃借権）の譲渡を受けるにはAの承諾（または承諾に代わる裁判所の許可）が必要。

誰が申し立てるのか？　さて、Cが建物を売買で取得しようと競売で取得しようと、Aの承諾に代わる裁判所の許可さえあれば、CはAの意思に反しても借地権（賃借権）を得られる。

では、裁判所に許可の申立てをすることができるのは誰か？　答えは、売買なら**B**（Bが自分の意思で売るから）、競売なら**C**（Bが自分の意思で売るのではないから）だ。

236

第13章 借地借家法

	B→Cの建物の移転が	
	売買なら	競売なら
借地権（賃借権）の譲渡・転貸にAの**承諾**は必要か？	必要	**必要**
Aが承諾しない場合、**建物買取請求権**を行使できるのは誰か？	C	C
Aの承諾に代わる裁判所の**許可**を申し立てることができるのは誰か？	**B**	C

例題 BがAの土地を賃借して建てた建物にDが抵当権を有する場合、Dが**抵当権を実行**するには、Aの承諾を得なければならない。

解答 こんな規定はない。DはAの意思を無視して抵当権を**実行できる**から、誤り。

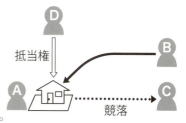

この先の話 抵当権が実行されてCがこの建物を競落したら、

① B→Cの借地権（賃借権）の譲渡にはAの承諾が**必要**。
② Aの承諾が得られないなら、Cは**建物買取請求**もできるし、
③ Aの承諾に代わる**裁判所の許可**を申し立てることもできる。

第1編 | 権利関係

借地借家法第13条【建物買取請求権・その②】

借地権の存続期間が満了したのに**更新しない場合**には ➡ 借地権者（**転借地権者**も）は、借地権設定者に、建物を時価で**買い取らせる**ことができる（**建物買取請求権・その②**）。

> **コメント**

（1）どういう話か？

　借地権の存続期間が満了した場合に、建物があれば、借地人としては、請求更新やいすわり更新で、契約を更新させることができるのが原則だ。

　しかし、借地権設定者側から、①正当事由にもとづいて、②遅滞なく異議が述べられれば、更新を阻止されてしまう（➡ 227頁復習）。その場合、借地人は、まだ使える建物を取り壊さなければならないのか？

解　決　答えは×だ。借地人には、「更新してくれないなら、地主よ、お前が建物を買い取れ！」と、押し売りする権利が認められている（**建物買取請求権・その②**）。地主は、買取りを拒絶できず、いや応なく売買契約が成立する。その結果、借地人は、建物建築の投下資金を回収できる。

（2）無断再築でも押し売りOK

　ところで、更新には、建替え更新というのもあった。建替え更新は、地主の承諾（または、みなし承諾）がある場合に限って生じる。

　では借地人が、地主の承諾を得ずに、残存期間を超えて存続するような建物を再築し、残存期間が満了したらどうなるか？　当然、更新は生じない。

　ではその場合に、借地人は、勝手に再築した建物を、本条によって地主に買い取らせることはできるだろうか？　答えは、できるのだ！　ちょっと、借地人を甘やかし過ぎだとお感じになるかもしれないが、何分、か弱い羊なので、**無断再築**の場合まで押売り権が保障されているのだ。

（3）債務不履行解除の場合はダメ

しかし、いくらか弱い羊の保護といっても、限度がある。借地人の**債務不履行**によって借地契約（土地賃貸借契約）が解除された場合は、借地人は保護に値しないから、建物買取請求権を行使**できない**。

（4）転借地権者もOK

図を見よ。転借地権者というのは借地権者Ｂから更に借地権の設定を受けたＣのことだ。詳しくいうと、①Ｂが地上権者でＣがＢから土地を賃借するケースと、②Ｂが土地賃借人でＣがＢから土地を転借するケースがある（こだわるな！）。

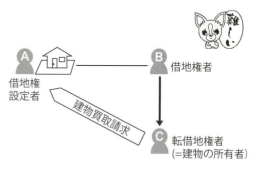

大事なのは ➡「ＡＢ間の借地契約の存続期間が満了したのに更新しない場合、転借地権者Ｃは建物買取請求権を借地権設定者Ａに対して直接行使**できる**」という点だ。

借地借家法第17条【裁判所に泣きつけ・その②】

建物の**増改築**を、借地権設定者が承諾しない場合には、
　➡ 借地権者（**転**借地権者も）は、裁判所から借地権設定者の**承諾に代わる許可**をもらうことができる（裁判所に泣きつけ・その②）。

🔶 コメント

借地権者は、建物の増改築を**自由にできる**のが原則だ。しかし、当事者間の特約で、増改築には地主の承諾を要すと定めることがよくある。本条は、そういう特約がある場合のためのものだ。

本条は、地主が首をたてに振らなくとも、裁判所に泣きついて許可を得れ

ば、増改築ができることにして、か弱い羊（借地権者）を保護しているのだ。この権利は、転借地権者にも保障されている。

借地借家法第15条【自己借地権の要件は何か？】

自分で自分の土地の借地人になることは、

→ **他人と共になる場合だけ**できる。

> コメント

（1）自己借地権とは？

たとえば、Aが自分の土地に図のような3階建てのマンションを建て、101号室をBに、201号室をCに分譲し、301号室は分譲しないで自分で住もうと考えたとする。この場合、BC

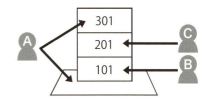

の敷地利用権（→127頁復習）を所有権にすると、Aは、敷地をBCと3人で共有することになる。

しかし、Aが、敷地を全部自分の所有地のままにしておきたい場合にはどうしたらいいか？　その場合には、敷地利用権を借地権（地上権か賃借権）にすればいい。そうすれば、A所有の敷地に、ABCの3人が借地権という敷地利用権を有することになる。その場合、Aは301号室の敷地利用権として、自分の土地に自分で借地権を有することになる。奇妙な感じがするが、そういうのを自己借地権という。

（2）他人と一緒の場合だけ

そして、この自己借地権を有することができるのは、地主が**他人と一緒**に借地権者となる場合に限られる（自分一人じゃダメ）。ここがポイントだ。

第13章　借地借家法

借地借家法第22条他【更新しない借地権もある】

ココが出る!!		A 居住用・非居住用 どちらでも○か?	B 書面で契約する 必要はあるか?
更新しない3つの借地権	1 事業用定期借地権 ・10年以上50年未満 注意1 ・非居住用の事業用建物（事務所、店舗等）しか建てられないタイプ	非居住用に限る 注意2 居住用賃貸マンションはダメ!	公正証書に限る
	2 定期借地権 ・50年以上	どちらでも○	公正証書等の書面で契約しなければならない（公正証書が望ましいが公正証書以外の書面でもOK）
	3 建物譲渡特約付借地権 ・30年以上 ・借地権設定者が建物を買い取り、借地権を消滅させるタイプ	どちらでも○	書面不要 （口頭でOK）

注意1　事業用定期借地権には、① 10年以上30年未満と② 30年以上50年未満の2タイプがある。

コメント

軒を貸して母屋を取られる、という言葉があるが、地主としては一度土地を貸すと、請求更新・いすわり更新・建替え更新によって、永久に土地を返

241

第1編 | 権利関係

してもらえなくなる恐れがある。いくら借地人が、か弱い羊だと言っても、少しは地主の立場も考えてあげる必要がある。

　そこで、更新を生じない特別の借地権として、上の3つのタイプが用意されている。

念のために一言　上の3つ以外の一般の借地借家契約の場合は、Ａ居住用・非居住用**どちらにも**借地借家法は適用されるし、Ｂ契約は**口頭**でOKだ。

．．．

例　題　存続期間が満了したが、まだ建物があり、借地権者が土地の使用を継続している場合、借地権設定者は、**正当事由がなくとも**土地の明渡しを請求できる場合がある。

解　答　**更新しない借地権**を設定した場合には、いすわり更新を生じないから、正当事由がなくとも、土地の明渡しを請求できる。よって正しい。

．．．

第2節　　　借　家

借地借家法第29条他【建物賃借権の存続期間は何年か？】

建物賃貸借の存続期間は　➡　1年以上に限る。

⎛ 1年未満の期間を定めると ➡ 期間の**定めがない**ものと
⎝ 　　　　　　　　　　　　　　みなされる。　　　　　　　　⎞

例　外　定期建物賃貸借（253頁）は1年未満でもOK。

コメント

（1）何に適用されるか？

　借地の次は借家だ。借地借家法は、建物については、賃貸借の場合だけ適用される。つまり、**使用貸借**（タダ借り）には適用がない（➡ 268頁）。しかし、建物賃貸借である限り、居住用の建物に限らず、**営業用**の建物であっても、借地借家法は適用される。

242

（2）存続期間

さて、問題はその建物賃貸借の存続期間だ。これは、借地権の場合と異なり、当事者が定めないのに法律で自動的に何年になる、ということはない（借地権は、定めがなければ自動的に30年になるのだった➡224頁復習）。つまり、建物賃貸借は、期間の定めがなければ、「**期間の定めがない賃貸借**」となり、定めがあればその期間となる。ただし、1年未満の期間を定めると、期間の定めがない賃貸借となる。

具体例

- **例1** 存続期間を**定めなかった**場合 ➡ 期間の**定めがない**賃貸借となる。
- **例2** 存続期間を**10カ月**と定めた場合 ➡ 期間の**定めがない**賃貸借となる。
- **例3** 存続期間を**10年**と定めた場合 ➡ 存続期間は**10年**となる。
- **例4** 存続期間を**30年**と定めた場合 ➡ 存続期間は**30年**となる。

なお、「期間の定めがない賃貸借」はどうやって終了するかというと、次の条文で勉強するように、「解約の申入れ」によって終了する。

例題 木造の建物について賃貸借契約が締結されたが、期間の定めがなされなかった場合、存続期間は30年となる。

解答 期間を定めなかったのだから、「**期間の定めがない賃貸借**」となる。だから誤り。借地権の場合と異なり、建物賃貸借には、法定期間（自動的に何年と定まる期間）はない。

借地借家法第26条他【建物賃貸借の更新と終了】

（1）期間の定めがある場合

原則 期間が満了しても ➡ 建物賃貸借は**自動的に更新する**。
（更新後の賃貸借は、特約がない限り「期間の定めがない賃貸借」となる）。

> **例外** 期間満了の「1年前から**6カ月前**までの間に」更新拒絶通知(「条件を変更しなければ更新しない旨の通知」でもいい)をすれば更新を阻止できる。
>
> → ┌ Ⓐ 賃**貸**人からの更新拒絶通知には → 正当事由が**必**要
> 　 └ Ⓑ 賃**借**人からの更新拒絶通知には → 正当事由は**不**要
>
> **(2) 期間の定めがない場合**
>
> 　建物賃貸借は → **解約申入れ**によって終了する。
>
> → ┌ Ⓐ 賃**貸**人からの解約申入れには → ①正当事由が**必**要であり、
> 　│　　　　　　　　　　　　　　　　　 ②解約申入れ後**6**カ月を経過すると終了する。
> 　└ Ⓑ 賃**借**人からの解約申入れには → ①正当事由は**不**要であり、
> 　　　　　　　　　　　　　　　　　　 ②解約申入れ後**3**カ月を経過すると終了する。
>
> **(3) いすわり更新**
>
> 　(1)の更新拒絶通知による終了でも ┐
> 　(2)の解約申入れによる終了でも 　┘
> 　　→ 賃貸借終了後も賃借人が建物の**使用を継続**すると、賃貸人が**遅滞なく異議**を述べない限り、**更新**を生じる。

🔵 コメント

(1) 更新拒絶通知と解約申入れ

　建物賃貸借には、(1)期間の定めが**ある**場合(1年以上だ)と、(2)期間の定めが**ない**場合がある。どちらの場合も、か弱い羊(賃借人)が、なるべく借家から出て行かなくていいように手厚く保護されている。ここはもう条文の内容を覚えてもらうしかない。ポイントをまとめ直しておく。

第13章　借地借家法

	（1）　更新拒絶通知 （期間の定めが**ある**場合）	（2）　解約申入れ （期間の定めが**ない**場合）
Ａ 賃**貸**人	1 正当事由**必**要 2 １年前から６カ月前	1 正当事由**必**要 2 **6**カ月経過後
Ｂ 賃**借**人	1 正当事由**不**要 2 １年前から６カ月前	1 正当事由**不**要 2 **3**カ月経過後

例　題　Ａを賃貸人、Ｂを賃借人とする甲建物の賃貸借契約が締結された。賃貸借契約について期間の定めをしなかった場合、ＡはＢに対して、いつでも解約の申入れをすることができ、賃貸借契約は、解約の申入れの日から**3**月を経過することによって終了する。（R3-12-1）

解　答　期間の定めがない建物賃貸借の場合、**賃貸人**から解約の申入れをしたときは、解約申入れ後**6**カ月を経過すると終了する。よって誤り。

借地借家法第32条【借賃の変更でモメたらどうなるか？】

建物の借賃の増減について話し合いがまとまらない場合には、

➡ 裁判で決着がつくまで、建物賃借人は、「相当と認める額の借賃」（今まで通りの額という意味）を支払えばよい。

コメント

　これも、借地権の場合（➡ 232頁復習）と全く同じだ。裁判で増額・減額が認められた場合に、今までの額との差額に、**年１割の利息**を付けて清算しなくてはならないことも同じ。

245

借地借家法第34条他【転借人を守れ！】

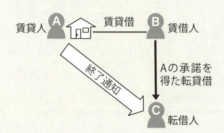

上図のケースで、
（１）ＡＢの賃貸借が合意解除されても
　　　ＢＣの転貸借は終了しない。
　　　（＝ＡはＣを追い出せない。）
（２）ＡＢの賃貸借が期間満了または解約申入れによって終了しても
　　　① それだけではＢＣの転貸借は、終了しないが、
　　　→ＡがＣに終了通知（「ＡＢの賃貸借は終了しました」という通知）をすれば、それから6カ月経過後にＢＣの転貸借も終了して、ＡはＣを追い出せる。
　　　② Ｃが建物の使用を継続すると、Ａが遅滞なく異議を述べない限りＡＢの賃貸借が更新されてしまう（いすわり更新）。
（３）ＡＢの賃貸借がＢの債務不履行によって解除されると、
　　　→ＢＣの転貸借も自動的に終了する。
　　　（＝Ａは終了通知をしなくてもＣを追い出せる。）

コメント

◆　Ａの建物をＢが賃借し、ＢがＡの承諾を得てこの建物をＣに転貸しているケースの話。Ｂだけでなく、Ｃもか弱い羊だというのが借地借家法の精神だ。

◆　まず、(１)の合意解除（→220頁(３)）。ＡとＢが「賃貸借をやめましょ

第13章 借地借家法

う」と合意するのは自由だが、それでＣが追い出されてはかわいそうだから、**Ｃを守ることにした**。

◆ これに対して、（3）の債務不履行は**ひたすらＢが悪い**。それなのにＡが建物の明渡しを求められないとしては理不尽だ。もっともＣは悪くないのに追い出されて気の毒だが、Ｂのような悪者から転借したのが運の尽き、ということ。

◆ さて、（2）は（1）と（3）の中間だ。ＢＣの転貸借は、ＡＢの賃貸借を基礎としている。親ガメがこければ子ガメもこけるはずだが、寝耳に水の明渡し請求だとＣに酷だから、**終了通知後6カ月**という猶予を与えた（これが①）。

◆ 最後に（2）の②だが、転貸借では実際に建物を使っているのはＣだから、Ｃの使用継続を**Ｂの使用継続とみなして**、いすわり更新をＡＢ間に成立させることにした、というわけ。

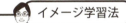 イメージ学習法

ＡＢの賃貸借の終了をＣに対抗できるか？
- （1）**合意**解除 → × 注意！
- （2）**期間満了・解約申入れ** → △
- （3）**債務不履行解除** → ○

注意！ ただし、合意解除の当時、ＡがＢの債務不履行による解除権を有していたときは、Ｃに対抗できる（Ｂが債務不履行をした。しかし、その債務不履行を理由に解除しないで、合意解除した場合の話）。

例題 ＢがＡから賃借している建物をＡの承諾を得てＣに転貸している場合に、Ｂの債務不履行を理由としてＡがＡＢ間の賃貸借契約を解除しても、ＣはＡから**その旨の通知**を受けてから**6カ月間**はこの建物を使用することができる。

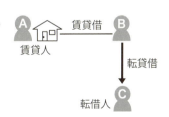

第1編　権利関係

> **解答**　債務不履行による解除の場合にはAからCへの「その旨の通知」（終了通知のこと）は**不要**であり、Cに6カ月の猶予は**与えられない**。よって誤り。

借地借家法第19条【借地と借家の違い】

賃借人が賃借権を第三者に**譲渡・転貸**しようと思ったが、賃貸人が承諾してくれない。さあ、この場合賃借人が裁判所に泣きついて、賃貸人の**承諾に代わる許可**をもらうことができるかというと、

　　　　　　　{ **借地**の場合 → **できる。**
　　　　　　　{ **借家**の場合 → **できない！**

コメント

借地には、233頁で勉強したように、賃貸人（借地権設定者）の承諾に代わる裁判所の許可という制度があるが、借家にはそんな制度は**ない！**　なぜなら、建物は土地と違って、使う人によっていたみ方が全然違うため、賃貸人の意思を無視するわけにはいかないからだ。

借地借家法第35条【借地上の建物の賃借人を守れ！】

借地上の建物の賃借人が、借地権の存続期間の満了を知らなかった場合 → 最高で**1年間**まで、土地建物の明渡しを裁判所から猶予してもらえる。

コメント

たとえば、Aの土地にBが存続期間30年の借地権を有し、建物を所有しており、CがBから、この建物を賃借していたとす

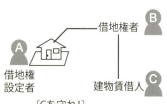

る。この場合、Bの借地権が、30年の存続期間の満了によって消滅し、更新もしなかった場合、本来なら、Bは土地をAに明け渡さなければならず、当然、Cも出て行かなければならないはずだ。

　しかし、Cが、Bの借地権の存続期間がいつ満了するのか知らなかった場合まで、Cが出て行かなければならないとしては、か弱い羊（C）を路頭に迷わせることになる。

解　決　そこで、Cが、Bの借地権の存続期間が満了することを知らなかった場合（正確には、存続期間満了の1年前までに知らなかった場合とされている）には、Cが、それを知った時から最高で1年間、Cは土地建物の明渡しを、裁判所から猶予してもらうことができる。

借地借家法第36条【愛人を守れ！】

居住用建物の賃借人が、その建物で愛人と同棲中に死亡したが、**相続人がいない**場合には　➡　愛人は賃借権を承継することが**できる。**

注意！　本条に反する特約も**有効！**

コメント

（1）どういう話か？

　借地借家法は、なかなか粋な法律だ。建物賃借人が、その建物で愛人（事実上夫婦と同様の関係にある同居者）と同棲中に死亡したら、賃借権はどうなるか？　相続人がいれば、相続人が賃借権を相続する。

　では、相続人がいなかったらどうなるか？　その場合、賃借権が消滅するとしては、愛人が路頭に迷ってしまい、かわいそうだ。

解　決　そこで、愛人は賃借権を承継する（引き継ぐ）ことができるとされている。ただ、賃借権を引き継ぐということは、借賃を支払う**義務も引き継ぐ**ことだから、それがいやなら、賃借人の死亡を知ってから**1カ月以内**に「出て行く」と言えばよいことになっている。

第1編｜権利関係

（2）居住用建物に限る

本条は、愛人のねぐらを守るための条文だから、非居住用建物には適用なし。

（3）本条に反する特約も有効！

本条に反して、「愛人は賃借権を承継できない」と特約することも有効。なぜなら、借地借家法に反するために無効になるのは、借主に不利な特約だけであり、愛人に不利な特約はかまわないからだ。

借地借家法第 33 条【建物賃借人は、畳等の押し売りができる！】

賃貸人の同意を得て建物に付加した造作（畳とか雨戸のことだ）を、

➡ 建物賃借人（転借人も）は、賃貸借終了時に、賃貸人に時価で買い取らせることができる（造作買取請求権）。

注意！　本条に反する特約も有効！

（コメント）

（1）どういう話か？

借地人に建物の押売り権（➡ 238 頁復習）があるのと同じで、建物賃借人には自分で入れた畳などの造作を、賃貸人に買い取らせる権利がある。

建物賃借人が賃貸借終了時に「畳を買い取れ！」と請求すれば、それだけで売買契約が成立してしまい、賃貸人側に拒否権はない。

（2）本条に反する特約も有効！

本条に反して、「造作を買い取らせることはできない」と特約することも有効。なぜなら、こういう特約が無効になるとしたら ➡ 後で買い取らされてはかなわないと賃貸人がビビり ➡ 造作を付加することに同意しなくなり ➡ 結局賃借人が不便な思いをすることになるからだ。

(3) 明渡しは拒めない

さて、(2)のような特約はないものとして話を進めよう。

問題は買取請求の結果、売買契約が成立したのに、賃貸人が代金を支払ってくれない場合だ。その場合にも、賃借人は「造作の代金をもらうまでは出ていかない」と建物の明渡しを拒むことは**できない**ことになっている。この点は、建物買取請求権と異なる（➡235頁・よく出るポイント②を必ず復習！）。

(4) 債務不履行解除の場合はダメ

賃借人の**債務不履行**によって賃貸借契約が解除された場合には、賃借人は保護に値しないから、造作買取請求権を行使**できない**。この点は、建物買取請求権と同じだ（➡239頁(3)を必ず復習！）。

(5) 転借人もOK

図のような転貸借が成立したとする。ＡＢ間の賃貸借が終了することによってＢＣ間の転貸借も終了する場合 ➡ Ｃは造作買取請求権をＡに対して直接行使できる。この点も、建物買取請求権と同じだ（➡239頁(4)を必ず復習！）。

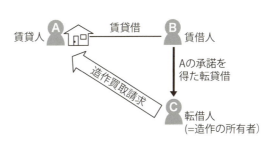

第1編 権利関係

	建物買取請求権 （借　地）	造作買取請求権 （借　家）	
買取請求権を否定する**特約**は有効か？	無効	有効	⎫ ⎬ 借地・借家 ⎪ で違うのは ⎭ このマス目
代金が支払われるまで明渡しを**拒否**できるか？	〇	×	
借主の**債務不履行**で契約解除された場合にも買取請求権を行使できるか？	×	×	⎫ ⎬ このマス目 ⎪ は借地・借 ⎭ 家で同じだ
転借地権者や**転**借人も買取請求権を直接行使できるか？	〇	〇	

違いは特許、採点は同じ！

↓　　↓　　↓　　↓　　↓
借地・借家の違いは／「特約」のマス目と／「拒否」のマス目だ／「債務不履行」のマス目は／「転借人」のマス目／借地・借家で同じだ

252

借地借家法第38条他【更新しない建物賃貸借もある】

次の2つの場合には ➡「期限が来たら確実に終了し、更新しない建物賃貸借」を行うことができる。

1 公正証書等の書面で契約する定期建物賃貸借（定期借家ともいう。➡詳しくは254頁）。
  （公正証書が望ましいが、公正証書以外の書面でもOK）

2 取り壊す予定の建物を、取り壊しまでの間だけ賃貸する場合（これも書面が必要）。

コメント

建物賃借人が、いくら、か弱い羊だからといっても、永久にいすわられてはたまらない。そこで、例外的に上の2つの場合には、確実に明け渡してもらう条件で賃貸することができることにした。これは、241頁で勉強した更新しない借地権と同じ趣旨だ。では、違いは何か？　表にまとめた。

	書面で契約する必要はあるか？
事業用定期借地権	公正証書に限る
定期借地権	書面必要
建物譲渡特約付借地権	口頭でOK
定期建物賃貸借	書面必要
取壊し予定建物の更新しない賃貸借	書面必要
一般の借地借家契約	口頭でOK

では、次に、253頁①を少し詳しく勉強する！

【定期建物賃貸借】

（1）存続期間

期間に**制限はない**。どんなに短くても、どんなに長くてもOKだ。

（2）書面を交付して説明する

賃貸人は、**あらかじめ**、賃借人に対し、契約の更新がなく、期間の満了により賃貸借は終了することについて、その旨を記載した**書面**を交付して説明しなければならない（この書面は契約書とは別個独立の書面であることが必要だ）。

この説明をしないと、「更新がない」という特約は無効になる。しかし、借家契約の全部が無効になるわけではない（「更新のある」通常の借家契約となるということ）。

（3）いつ終了するのか？

存続期間が**1年以上**の場合、賃貸人は、期間の満了の**1年**前から**6カ月**前までの間に、賃借人に対して、「期間の満了により賃貸借契約が終了しますよ」と通知しなければ、期間満了による終了を賃借人に対抗することができない（賃借人を追い出せない）。

では、賃貸人が、1年前から6カ月前までの間に通知をしないでこの期間を経過してしまった場合はどうだろうか。この場合でも、期間経過後に通知すれば、その通知の日から6カ月経過後に賃貸借が終了し、賃借人を追い出せる。

なお、**居住用**で、床面積が**200㎡未満**の場合には、転勤等のやむ得ない事情により、賃借人が建物を自己の生活の本拠として使用することが困難となったときは、賃借人は、解約を申し入れることができる。そして、解約申入後**1カ月**を経過すると終了する。

（4）借賃減額請求

「借主は減額請求できない」との特約は、借主に不利だが、定期建物賃貸借の場合は、**有効だ**。

第14章　その他の事項

1 「弁済」は

Q1　弁済って何？
A　代金を支払ったり、借りたお金を返したり、要するに、債務を履行することだ。

Q2　債務者以外の第三者も債務者に代わって弁済できるの？
A　
- 正当な利益を**有しない**第三者は → 原則として、債務者・債権者の意思に**反して**弁済できない。
- 正当な利益を**有する**第三者は → 債務者・債権者の意思に**反しても**弁済できる。

  例　債務者の父親というだけでは、正当な利益を**有しない**。ではどういう場合に正当な利益を有するといえるか？　その例は➡ 151頁（2）を復習！

  例　借地権者Aから、借地上の建物を借りているBは、Aが借地の地代の支払いを怠っている場合、Aと地主の意思に**反しても**地代を弁済できる（Bは、正当な利益を**有する**から）。

Q3　受領権者（債権者等のこと）以外の第三者に間違って弁済してしまった！どうなる？
A　その第三者が
1. いかにも本当の受領権者のような顔をしていて（例　貯金通帳とハンコを盗んできた犯人とか、本物の領収証を盗んできた犯人等）、かつ、
2. 債務者がその者を本当の受領権者と信じ込んで（**善意無過失**で）弁済した場合には、

→ 弁済は**有効**になる。

その結果、**債務は消滅**し、本当の債権者（被害者）は、債権を失う（通帳とハンコを盗まれたらおしまいということ）。逆に言えば、債務者としては、後日被害者が現れても、もう一度弁済しなくてよい、ということだ。

Q4　弁済って、どこでやるの？
A　**債権者の「今現在の」住所**でやる。だから、債権者が引越してしまったら、引越先まで出向いて弁済しなければいけない。

第1編 権利関係

> 注意！ ただし、特定物（例 土地・建物）の引渡しは、特定物が存在した場所でやる。

Q5　債権者が領収証（受取証書）をくれない場合でも債務者は弁済しなきゃいけないの？

A　NO！　領収証ももらわずに弁済してしまうと、弁済したという証拠が残らないから、後で、もう一度払わされる恐れがある。だから、債務者としては、領収証をくれるまで弁済を拒絶できる。それで、**履行遅滞**（➡160頁参照）にもならない。

Q6　100万円借りて、利息が3万円生じて、元利合計103万円になったけど、100万円しか弁済できない。これで、元本は0になり、利息の3万円だけ残るの？

A　NO！　弁済額が、元利合計に足りない場合には、**まず利息**に優先的に充当し、残額を元本に充当することになっている。だから、この場合には、利息は0になり、元本が3万円残ることになる。

Q7　100万円借りたけど、お金が工面できないから、代わりにダイヤの指輪で弁済できる？

A　それは相手方しだいだ。債権者と債務者で**契約**すれば、お金以外のもので弁済すること（代物弁済という）ができるが、債権者の意思を無視して、一方的に指輪を押し付けることはできない。

> 注意！ 自分振出しの小切手を提供しても、債務の本旨に従った弁済の提供にはならない。ちなみに、銀行振出しの小切手なら、安心だから、債務の本旨に従った弁済の提供になる。

② 「相殺」は

Q1　相殺って何？

A　たとえば、AがBに100万円貸していて、BもAに100万円貸していたとする。この場合、AがBに100万円弁済し、更にBがAに100万円弁済してもいいが、それでは手間がかかって無駄だから、**実際に弁済しないで、貸し借りをチャ**

ラにすることができる。これが相殺だ（定義は不要）。なお、相殺を行うことを相殺を「援用する」と表現することになっている。

Q2 では、Aが東京、Bが大阪に住んでいたとしても、相殺できるの？

A OK！ 相殺は、離れていても、電話1本でできる。これが、実際に弁済するとしたら、どこで弁済するのだったか忘れ

ておいでだろうか？ 答えは、債権者の今現在の住所だ（255頁で勉強したばかりだ）。だから、この場合、本来なら、Aは大阪のBの家に、Bは東京のAの家に、100万円を届けなければならない。それが、相殺なら離れていても、電話1本でできるのだから、相殺とは便利な制度だ。

Q3 Bの債務（Aの債権）の弁済期が4月1日で、Aの債務（Bの債権）の弁済期が6月1日で、今日が5月1日だとしたら、相殺はできるの？

A Aからは相殺できるが、Bからは相殺できない。相殺するということは、自分の債務を弁済し、相手にも債務を弁済させるのと同じことだ。自分の債務は、まだ

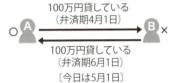

弁済期が来ていなくとも、自分から期限の利益を放棄して弁済するのは自由だが、相手方の債務の方は、まだ弁済期が来ていないのに、無理矢理弁済させるわけにはいかない。だから相殺は、相手方の債務が弁済期にある側（相手から今すぐ金を取り立てられる側）からしかできないのだ。だからAからは○、Bからは×だ。

Q4 Q3の例で、Aの債権に弁済期の定めがないとしたら、5月1日に相殺はできるの？

A 期限の定めがない（→162頁④）ということは、いつでも履行の請求ができるということだ。だから、Aの債権の弁済期は到来しているものとして扱えばいい。だから、5月1日の時点では、Aからは○、Bからは×。6月1日以降は、AからもBからも○だ。

Q5 では、Q3の例で、7月1日に相殺が行われたら、相殺の効力はいつ生じるの？

A 6月1日に生じる。7月1日ではない！ 両方の債務の弁済期がともに到来した時を、相殺に適する状態、つまり「相殺適状」になった時（どちらからでも相殺できる時という意味）という。相殺の効力は、この「相殺適状」に

なった時にさかのぼって生ずることになっている（**坂登五郎**だ。一郎➡8頁、二郎➡48頁、三郎➡57頁、四郎➡172頁をおっくうがらずに復習！）。なお、相殺適状になった時にさかのぼって相殺の効力が生じる以上、相殺に、条件や期限を付けても全く無意味だ（どうせさかのぼるのだから）。だから、相殺には、**条件や期限は付けられない**ことになっている。

Q6　ところで、Q3の例で、10年が経過し、Aの債権だけ時効消滅し、Bの債権だけ残ったとしたら、Aは100万円弁済するしかないの？

A　NO！　その場合でも、Aは相殺できる。自分の債権が**時効消滅する前には相殺適状**にあったのに、時効完成後は自分の債務だけ弁済するしかないとしては、あまりにもAに気の毒だ。だから、Aは相殺できることになっている。

Q7　AがBを車ではねた（➡264頁⑥の**不法行為**だ）。その結果、BがAに対して100万円の損害賠償請求権を取得した。一方、AはBに対して、弁済期の到来している貸金債権を100万円有しているものとする。さあ、相殺はできるかな？

A　**不法行為**を働いたけしからんAが、自分の財布から賠償金を出さずに相殺でチャラにするのは横着すぎる！　そんなことは**許されない**。だから、一定の場合は、**Aからの相殺は×**。しかし、**Bからなら〇**。

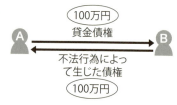

注意！　一定の場合とは、Bの有する債権が①Aの**悪意**による不法行為に基づく損害賠償債権、②BがAから**生命・身体**を侵害されたことによる損害賠償債権の場合だ。①②の場合は、Aからの相殺は×なのだ（Bからなら〇）。

Q8　AのBに対する100万円の債権をAの債権者Cが**差し押さえ**たら、BがAに対して100万円の債権を持っていても、Bは相殺できなくなるの？

A　それは、BがAに対する債権を取得した時期次第だ。つまり、Bが相殺して、Cが差し押さえた債権A→Bを消滅させることが、Cに気の毒かどうかで決まる。

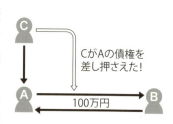

キーポイント

Bが債権B→Aを取得したのが、Cが債権A→Bを差し押さえたのより

→
- **前**なら → Bは相殺をCに対抗**できる**。
  （後から出てきたCは保護の必要なし）
- **後**なら → Bは相殺をCに対抗**できない**。
  （先に差し押さえたCを保護すべし）

ただし、差押え後に取得した債権（債権B→A）であっても、①その債権がCの差押え前の原因で生じたものならBはCに対抗できる。なお、②その債権が差押え前の原因で生じたものであっても、その債権はもともと他人Dが取得したものであり、それをCの差押え後にDからBが取得したものならBはCに対抗できない。

③ 「委任」は ココが出る!!

Q1 委任って何？

A たとえば、AがBに、本を1冊買ってきてもらうように、契約を人にまかせるのが委任だ。Aを委任者、Bを受任者という。

Q2 BはAに報酬は請求できるの？

A NO！ 委任は、**タダ働きが原則**だ（無償契約）。だから、特約があれば別だが、特約がない限り報酬は請求できない。慈善事業みたいなものだ。

Q3 それなら、Bは、Aのために買った本をていねいに運ぶ必要はないね？

A これもNO！タダ働きとはいえ、人様から契約をまかされた以上、信頼に応えなければいけない。だから、Bは、本の取扱いに「**善良な管理者の注意義務**」（細心の注意を払えという意味）を負う。

Q4 Bは、他にどんな義務を負うの？

A BはAから**請求**があった時は、委任事務処理の状況を**報告**しなければならない。もっとも、Aからの請求もないのに、**定期的**に報告する必要は**ない**。

Q5 では、本の代金はどうなるの？ Bが立て替えるの？

A NO！ タダ働きで、そこまでやらされちゃかなわない。Aに前払いを請求

第1編 権利関係

できる（**費用の前払い請求権**）。

Q6 委任契約は、どういう場合に解除できるの？

A AからでもBからでも、**いつでも**解除できる。ただし、相手方に不利な時期に解除した場合は、**やむを得ない**事由があったときを除き、損害を賠償しなければならない。

Q7 解除以外で、委任が終了するのはどんな場合？

A { 委任者の　➡　死亡・破産
　　受任者の　➡　死亡・破産・後見開始

だ。これは、委任による代理の終了原因（➡ 43頁復習）と全く同じだ。

Q8 委任契約が終了したら、受任者はその後一切何の義務も負わないの？

A そんなことはない。委任はお互いの信頼関係を前提としているから、委任契約が終了しても、「**急迫の事情**」（緊急事態）があれば、受任者はそれなりの対処をする義務（善処義務）を負う。たとえば、債権の消滅時効が今まさに完成しようとしていたら、それを更新するなどだ。

例　題 報酬の支払いを受ける受任者Aは、契約の本旨に従い、**自己の財産に対するのと同一の注意**をもって委任事務を処理しなければならない。（R2-5-2）

解　答 有償の場合も無償の場合も、**善良な管理者の注意義務**を負う。自己の財産に対するのと同一の注意ではダメだ。よって誤り。

---

④ 「**請負**」は ココが出る!!

Q1 請負って何？

A 洋服屋がスーツのオーダーを請け負ったり、工務店が家の建築を請け負ったりするように、何かを完成させることを請け負う契約が請負だ。

Q2 お客さん（注文者）は、お金（報酬）をいつ支払えばいいの？

A 完成品の**引渡しと同時**だ。つまり、（1）請負人は報酬を受け取る前にまず先に注文品を**完成**させる義務（**先履行**義務）を負い（金を払わなければ仕事を完成させないとは言えない）、（2）完成品の**引渡**義務と報酬支払義務が**同時履行**の関係にある（金を払わなければ引き渡さないと言える）。

260

第14章　その他の事項

第1編　権利関係

第十四章　その他の事項

キーポイント

｛　仕事の**完成**と報酬の支払い　➡　仕事の完成が**先履行**義務
　　完成品の**引渡し**と報酬の支払い　➡　**同時履行**義務

Q3　完成したスーツのサイズが合わなかったら（契約の内容に不適合だったら）、
　　注文者はどうしたらいいの？

A　①サイズを直してもらうこともできるし（追完請求）、②報酬の**減額を請
　　求**することもできるし、③損害賠償を請求することもできるし、④契約を解
　　除することもできる。

請負人の担保責任

目的物が欠陥品（不適合）だった場合、注文者は請負人に対して、次のこ
とができる。
　　①　追完請求　注意！
　　②　**報酬減額請求**
　　③　損害賠償請求
　　④　契約解除
　注意！　修補請求（直して）は、追完請求に含まれる。だから、直して
　　　　　もらうことができる。

Q4　注文者の方が悪かったらどうなるの？

A　①注文者の提供した材料の性質や②注文者の与えた指図によって欠陥品がで
　　きた場合まで責任を取らされるとしたら、請負人がかわいそうだ。だから、
　　この場合は、注文者は①追完請求、②報酬減額請求、③損害賠償請求、④契
　　約解除が**できない**。注意！

　　注意！　ただし、①②の場合でも、請負人が材料、指図が不適当である
　　　　　　ことを知りながら**告げなかった**ときは、注文者は①②③④が
　　　　　　できる。

Q5　欠陥品だと気が付いたのに放っておいたらどうなるの？

A　注文者が不適合を**知った時**（欠陥品だと知った時）から、**1年**以内にその
　　旨を通知しなかったら、注文者は責任追及できない（①追完請求、②報酬減
　　額請求、③損害賠償請求、④契約解除ができない）。注意！

　　注意！　ただし、請負人が不適合を知っていたり（悪意）、**重大**な過失
　　　　　　によって知らなかったとき（善意**重過失**）は、注文者は責任追

261

第1編 権利関係

及できる（①②③④ができる）。

Q6 仕事が完成しなかった場合、請負人は報酬を一円ももらえないの？

A 原則として、もらえない。ただし、例外として、一定の場合において、請負人がすでにした仕事の結果のうち**可分**な部分の給付によって注文者が利益を受けるときは、その部分を仕事の完成とみなし、注文者が受ける**利益の割合**に応じて報酬を請求できる（完成したのが一部分であっても、その一部分によって注文者が利益を受けるなら、その分のお金をもらえることがある、という話）。

Q7 請負人が担保責任を負わないという特約はできるの？

A OK！ そういう特約も**有効**だ。ただし、そういう特約をしていても、請負人が知りながら注文者に**告げなかった**事実については、責任を免れることができない。

Q8 スーツや家を注文したけど、完成前にもう必要なくなったら、注文者はどうしたらいいの？

A その場合には、注文者は、**途中までの分の報酬**（本番ではこれも「損害賠償」と表現する）を払って、契約を解除できる。いりもしないものを、みすみす完成させては無駄だからだ。

Q9 ところで、完成品の所有権は、いつから注文者に帰属するの？

A それは、①材料の**主要部分**を注文者と請負人のどちらが出したか、②**報酬**（請負代金）を注文者が仕事の完成前に払ったかどうか、の2つで決まる。

①材料の**主要部分**をどちらが出したか？	②**報酬**を支払ったのは仕事完成の前か後か？	完成品の所有権は、いつから注文者に帰属するか？
請　　負　　人	後	もともと請負人に所有権が帰属し、**引渡し**の時に注文者に所有権が移転する。
請　　負　　人	前	引渡し前から**もともと**注文者に所有権が帰属
注　　文　　者	後	
注　　文　　者	前	

262

例題 Aを注文者、Bを請負人とする請負契約（以下「本件契約」という。）が締結された。Bが仕事を**完成しない間**は、AはいつでもBに対して損害を賠償して本件契約を解除することが**できる**。（R元-8-4）

解答 **完成前**は、注文者はいつでも損害を賠償して、契約を解除**できる**。いりもしないものを、みすみす完成させては無駄だからだ。よって正しい。

⑤「地役権」は

Q1 地役権って何？
A ピンとこないかもしれないが、他人の土地を何らかの目的でちょっとだけ使わせてもらう権利が地役権だ。目的は何でもいい。たとえば、図のようなA地とB地があったとする。A地の所有者としては、B地を通らせてもらえれば、道路に出られる。

　こんな場合に両者の合意で、B地を通るために設定される権利が通行地役権だ。この場合、A地を要役地（メリットを受ける土地のこと）、B地を承役地（負担を受ける土地のこと）という。

　この他、視界をさえぎるような建物を建てないでもらう眺望地役権などがある。通行地役権が設定された土地に、**重ねて**眺望地役権を設定することもできる。また、要役地と承役地は、**隣接していなくとも**地役権を設定できる。

Q2 上のB地（承役地）の所有者は、通行料は取れるの？
A それは、設定契約の内容しだいだ。地役権は、**有償**とすることも、**無償**とすることもできる。

Q3 地役権は、時効の対象になるの？
A **取得時効**の対象にも、**消滅時効**の対象にもなる。これは、実はもう勉強済みだ。地役権は、10年または20年で時効取得でき（➡57頁復習）、20年で時効消滅する（➡63頁復習）。

Q4 地役権だけを、要役地から切り離して譲渡することはできるの？
A NO！　地役権は、常に要役地と一心同体だ。**分離処分**は許さ**ない**。逆に、

第1編 権利関係

要役地を譲渡すれば、自動的に地役権も**譲渡**されたことになる（**グリコの
おまけシリーズ**⑥）。

Q5 要役地または承役地が数人の共有地の場合、地役権と各共有者の持分の関係
はどうなるの？

A 地役権は、その土地の全体について存在している。だから、共有者のうちの
誰か1人が、自分の持分についてだけ、バラバラに地役権を消滅させること
はできない。また、要役地の共有者の1人が、地役権を時効取得すれば、要
役地の共有者**全員が自動的に地役権を取得**することになる。

Q6 承役地を第三者が不法占拠している場合、地役権者は、不法占拠者に対して、
承役地を自分に引き渡せと請求できるの？

A これもNO！ 地役権というのは、他人の土地（承役地）を、ちょっとだけ
使わせてもらう権利だから、たとえ相手が不法占拠者でも、自分に引き渡せ
と請求することは**できない**。

---

⑥「**不法行為**」は ココが出る!!

Q1 不法行為って何？

A 車で人をはねたり、会社のお金を横領したり、要するに、違法に他人に損害
を与えることだ。不法行為をやった人は、被害者の**損害を賠償**しなければ
ならない。当たり前の話だ。

Q2 その損害賠償義務は、いつから履行遅滞になるの？

A 損害の**発生した瞬間**からだ。けしからんことをした人間の責任は重くすべ
きだから、被害者の**催告がなくても**履行遅滞になる。この点は普通の債務（➡
162頁④）とは違う。

Q3 サラリーマンが仕事の上で不法行為をして取引先に100万円の損害を与えた
ら、誰が賠償責任を負うの？

A まず、①当のサラリーマン**本人**が賠償責
任を負うのは当然だ。それだけでなく、
会社の**監督**が不十分だったためにサラ
リーマンが不法行為をしでかしたのであ
れば、②**会社**もサラリーマン本人と一緒に使用者としての賠償責任（**使用**

会社

②損害賠償請求100万円

求償

①損害賠償請求100万円

A
サラリーマン　　　不法行為　　　取引先

264

第14章　その他の事項

者責任)を負う。十分に監督していたのに生じた事件なら会社は免責される。

Q4　では逆に、サラリーマン自身に不法行為責任が成立しないのに、会社**だけ**に使用者責任が成立することはあるの？

A　それは**ない**。会社の使用者責任はサラリーマン自身の責任を前提としているからだ。

Q5　では、サラリーマンと会社の両方に責任がある場合、被害者（取引先）は、サラリーマンでも会社でも好きな方に100万円**全額**の賠償請求ができるの？

A　そのとおり。サラリーマンと会社は、**連帯債務**を負うのだ。

Q6　会社が100万円賠償したら、会社はサラリーマンに**求償**できるの？

A　できる。本来なら、サラリーマンが賠償すべきなのに、それを会社が立て替えて払わされたようなものだから、会社も被害者だ。だから、会社はサラリーマンに信義則上相当と認められる限度までは、**求償できる**。

Q7　不法行為による損害賠償の請求権は、時効によって消滅するの？

A　①被害者またはその法定代理人が、損害と加害者を知った時から**3**年間（人の生命または身体を害する不法行為の場合は**5**年間）行使しないとき、または、②不法行為の時から**20**年間経過したときは、時効によって消滅する。

Q8　複数の人が共同で不法行為をしたらどうなるの？

A　たとえば、AとBが共同して、不法行為をしてCに損害を与えたら、AとBは、**連帯債務**を負うことになる。つまり、Q5と同じ話になる。

Q9　精神的な損害を受けた場合はどうなるの？

A　不法行為によって、精神的な損害を受けた場合、被害者は、慰謝料を請求できる（慰謝料請求権）。ちなみに、この慰謝料請求権は、**相続**の対象となる（被害者のAが、慰謝料を請求する前に死亡したら、Aの相続人が慰謝料を請求できるという話）。

例　題　Aが1人で居住する甲建物の保存に瑕疵があったため、甲建物の壁が崩れて通行人Bが**ケガ**をした。本件事故について、AのBに対する不法行為責任が成立する場合、BのAに対する損害賠償請求権は、B又はBの法定代理人が損害及び加害者を知った時から**5**年間行使しないときには時効により消滅する。（R3-8-4）

解　答　人の生命または**身体**を害する不法行為による損害賠償請求権は、被害者またはその法定代理人が損害と加害者を知った時から**5**年間行使しないときは、時効によって消滅する。よって正しい。

265

第1編 権利関係

7 「債権者代位権」は

Q1 債権者代位権って何？

A 図を見よ。債権者Aは、自分の債権を守る（保全する）ために、債務者BがC（第三債務者という）に対して有する権利をBに代わって（代位して）行使できることになっている。これが債権者代位権だ。

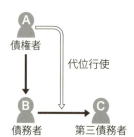

たとえば、AがBに100万円貸してて、BもCに100万円貸してるなら、Aが「債権B→C」をBに代位して行使できる。

Q2 その場合、債権の**弁済期**が未到来でも行使できるの？

A ①債権B→Cの弁済期は到来していなければ代位行使できない。なぜなら、**B自身でさえ**行使できない権利までAがBに代わって行使することはできないからだ（➡ 30頁復習）。

②債権A→Bの弁済期も到来していなければならない。ただし、**保存行為**については、弁済期が到来していなくてもできる。

> **具体例** たとえば、債権B→Cが時効によって消滅しそうなのに、Bが何の手も打たない場合は、Aは、債権A→Bの弁済期が到来していなくても、時効の更新手続き（これが保存行為）をとることができる。

Q3 では、B自身なら行使できる権利は、すべてAが代位行使できるの？

A NO！ 本人Bに直接行使させるべき権利（一身専属権という）は代位行使できない。

代位行使できない一身専属権の例

例1 慰謝料請求権
例2 夫婦間の契約取消権

> 夫婦は一心同体というわけで、夫婦間での契約はいつでも自由に取り消せることになっている。しかし、他人が口出しすべきではないから代位行使不可。

Q4 では逆に、代位行使できる権利の例でよく出るのは？
A 不法占拠者に出ていけという権利（**妨害排除請求権**）。CがBの土地を不法占拠している場合、BはCに出ていけといえるが、この権利をBの債権者Aが代位行使できる。また、Bの土地をAが借りている場合において、Cがこの土地を不法占拠しているときは、Aは、賃借権を守るためBに代位して、Cに対し、直接自己に明渡せと請求できる。

Q5 よく出る登記請求権の代位行使のポイントは何？
A ポイントは3つある。

1 Aの土地がAからB、BからCへと譲渡されたが登記がまだAにある場合、**BがAに対して有する**登記請求権をCが代位行使して、Aから**B**へと登記を移転するよう請求することができる。

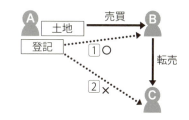

2 しかし、上のケースで、CがAに対して、**C自身へ直接**登記を移転するよう請求することは**できない**。

3 Bの土地が**虚偽表示**によってCに譲渡され、登記もCに移転した。BC間の譲渡は無効だから、BはCに対して**登記を元に戻せ**（または抹消しろ）と請求できる。この請求権をBの債権者Aは代位行使**できる**。

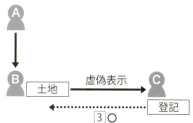

Q6 債権者代位権は、債権者が債務者の権利を「代理人」として行使するの？
A NO！「代理人」として行使するのではなく、**「債権者自身の名で」**行使する。ピンとこないかも知れないが、そうなのだ。

第1編｜権利関係

8 「使用貸借」は ここが出る!!

Q1 使用貸借って何？

A タダ（無償）で物の貸し借りをする契約のことだ。賃貸借の場合と違って、タダだから、借主の力は弱い。たとえば、賃貸借は、借主が死んでも契約は終了しない（相続人が賃借権を相続する）けれど、使用貸借は、借主が死んだら当然に終了することになっている。タダだから、借主が死んだら終わり、ということだ。

Q2 他にも賃貸借と違う点はあるの？

A 借主は、**通常の必要費**（固定資産税や現状維持に必要な修繕費等）を負担しなければならないことになっている。タダで借りているんだから、通常の必要費ぐらい負担しなさい、ということだ。また、借地借家法が適用されないことになっている。

Q3 借地借家法が適用されないってどういうこと？

A たとえば、建物の賃貸借の場合は、引渡しが対抗要件となるから、借主は、借家に実際に住んでいれば、新しい大家から明渡しを要求される心配はない（借主は出て行かなくてOK ➡ 212頁上の②）。しかし、建物の使用貸借の場合は、**引渡しが対抗要件とならない**から、借主は、借家に住んでいても、新しい大家に対して、使用貸借権を主張することはできない（借主は出て行かなければならない）。

....

例 題 AがB所有の建物について貸主Bとの間で使用貸借契約を締結していた場合において、Aが**死亡**したときは、Aの相続人は、Bとの間で特段の合意をしなくても、当該使用貸借契約の借主の地位を相続して当該建物を使用することができる。（R3-3-エ）

解 答 使用貸借は、**借主が死んだら**終了する。だから、借主Aの相続人は、借主の地位を相続せず、建物を使用できない。よって誤り。

....

268

第2編
宅建業法

ひと口
アドバイス！

　全4分野中、1番易しい分野だ。しかも、出題数は1番多い。覚えれば覚えただけ得点できる。それだけに、直前期には、誰もが血道を上げる分野だから、宅建業法が苦手だと致命的だ。

出 題 数 ➜ 20問

早い話が

―― キーポイント ――

宅建業法(たっけんぎょうほう)は何のためにあるかと言うと、

→ ズバリ「**一般消費者保護**」のためにある。

宅建業者の方々は気を悪くなさるかもしれないが、この宅建業法という法律は、「**業者は狼で、お客さんは羊だ**」という考え方で作られている。

業者はプロだから、海千山千の経験もあれば、情報も資金力もあるが、シロートのお客さんには、不動産の取引など一生のうちにそう何度もあるものではない。だから、業者とお客さんが対等の立場で交渉すると、お客さんが損をするに決まっている。

そこで、業者に、あれもいかん、これもいかんと、様々な規制を加えて、お客さんを守ろうということになった。そのために作られたのが、この宅建業法だ。このことを頭の片隅に入れておくと、宅建業法が非常に分かりやすくなるのだ。

第1章　宅建業

第1節　4つの用語

　宅建業法の正式名称は「宅地建物取引業法」だ。だから、「**宅地**」・「**建物**」・「**取引**」・「**業**」という4つの用語の意味が正確に理解できていないと、全くお話にならない。実際ここからよく出題されるのだ。

1．「宅地」とは？

「宅地」とは、次の3つだ。

> ① **今現在**、建物が建っている土地。
>
> ② 今現在、建物は建っていないが、建物を**建てる目的**で取引される土地。
>
> ③ 「**用途地域**」内の土地。ただし、**道路・公園**等の公共施設用地は除く。

　登記記録の地目は一切関係ない。たとえば、登記記録の地目が山林だろうと原野だろうと別荘を**建てる目的**で取引される土地は宅地だ。
　「用途地域」というのは、403頁で詳しく勉強するから今はそういうのがあるんだという位でいい。用途地域内の土地は、道路・公園等以外は全て宅地だ。建物の有無は関係ない。たとえば、**用途地域**内の駐車場も農地も宅地だ。

第1章　宅建業

| 例　題 | 建物の敷地に供せられる土地は、都市計画法に規定する用途地域の内外を問わず宅地であるが、**道路、公園**、河川等の公共施設の用に供せられている土地は、用途地域内であれば宅地とされる。（R元-42-1） |

| 解　答 | **今現在**、建物が建っている土地（建物の敷地に供せられる土地）は宅地だ。だから、前半は○。用途地域内の土地であっても、**道路、公園**等の公共施設用地は宅地ではない。だから、後半は×。よって誤り。 |

2.「建物」とは？

　覚えるべきポイントは2つ。

[1]　**住居に限らず**、倉庫も工場も建物だということと、

[2]　マンションの1室のような、**建物の一部も建物**だということ。

3.「取引」とは？

「取引」とは、次の8つだ。

　宅地建物の「**売買・交換・貸借**」を、「**自ら**行うか、**代理**するか、**媒介**する」こと（3×3で9つ）のうち、「自ら貸借を行うこと」を除いた8つ。

	自　　ら	代　　理	媒　　介
売　買	○	○	○
交　換	○	○	○
貸　借	✕	○	○

左の8つの○が取引に当たる。

| 注意！ | 「自ら貸借」だけは「取引」に当たらない＝免許なしで、誰でもできるということ。 |

第2編　宅建業法

第一章　宅建業

273

第2編｜宅建業法

（1）「自ら貸借」には免許不要

　宅地建物取引業を行うには免許が必要だ。では、免許がなければできない取引とは何かというと、それが前頁の表の8つだ（要暗記！）。ポイントは、「自ら貸借」は宅建業法上の取引には当たらないという点だ。

　だから、「自ら貸借」をするには、免許はいらない。たとえば、貸ビル業は、免許なしで誰でも自由にできる。

注意！　「自ら転貸」も「自ら貸借」の一種なので、「自ら転貸」をするには、免許はいらない。

（2）ビル管理業にも免許不要

　では、ビル管理業（他人のビルの管理をまかされること）は、どうか？

　どう考えればよいかというと、「管理」は、「売買・交換・貸借」のどれかに当たるかを考えればよい。どれにも当たらない。だから、ビル管理業は、宅建業には当たらないのだ。同様に、宅地造成業も、宅建業には当たらない（造成は売買でも交換でも貸借でもないから）。

（3）代理と媒介の違い

　ところで、代理と媒介はどう違うか？　媒介とは、仲介とかあっせんのことだ。つまり、契約の両当事者（売買契約なら売主と買主）を引き合わせるまでが仕事であり、契約締結自体は、引き合わされた両当事者が自分でやる。それに対して、代理の場合は、本人に代わって契約締結までしてしまう。

> ここが違う！
>
> 代　　理　➡　契約締結権限あり
> 媒　　介　➡　契約締結権限なし

・・

例題　Aは貸ビルを建てて人に賃貸し、Bにそのビルの管理を委託した。この場合、ABのうち、宅地建物取引業の免許を必要とするのは誰か。

解　答　どちらも免許は不要。Aは、「自ら貸借」をするわけだから、免許不要。Bがやる管理は、「売買・交換・貸借」のいずれにも当たらず、これまた免許不要。

4.「業」とは？

> 「業」とは、
> 1 **不特定多数**の人を相手として
> 2 **反復継続**して
> 取引を行うことだ。

(1)「業」に当たらない例

1と2の両方を満たすことが必要だ。だから、ある会社が**自社の従業員だけ**を対象として、宅地を反復継続して分譲したとしても、それは宅建業には当たらず、免許なしでやってよい。なぜなら、自社の従業員は、特定の多数人であって、不特定の多数人ではないからだ。

また、農家Aが農地を宅地として50区画に区画割りし、これをBに**一括して（一度に）売却**することも宅建業に当たらない。なぜなら、1回限りの取引では、反復継続して、とは言えないからだ。

(2)「業」に当たる例

では、農家Aがこの50区画の宅地の売却の**代理を一括して**Bに**依頼**し、Bが、不特定多数の人に反復継続してこの50区画を売りさばく場合には、誰に免許が必要だろうか？

まず、Bに免許が必要なのは、すぐ分かるだろう（売買の代理だ）。では、Aには免許は必要か？　答えは、必要なのだ。ちょっと考えると、Aは**代理を一括して依頼**したのだから、反復継続性がないような気がするかもしれない。しかし、そうではない。代理人が行った契約の効力は、直接本人に帰属する、ということを思い出してほしい（➡36頁復習）。

つまり、Bがたとえば4月1日に第1区画をCに売却すると、その効力は

直接Aに帰属し、Aが4月1日にCに第1区画を売却したことになる。Bが4月2日に第2区画をDに売却すると、これまた、Aが売却したことになる。こうしてA自身が、不特定多数の人に反復継続して売買を行っていることになるのだ。だから、**Aにも免許が必要**なのだ。

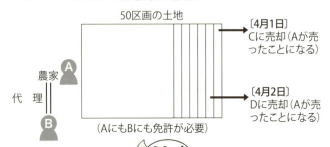

（3）国は免許不要

ところで、原則あるところ例外あり。世の中には、免許がなくとも宅建業ができる人がいる。それは、

1. **国**
2. **地方公共団体**（都道府県と市町村のこと）
3. **信託銀行**
4. **信託会社**

だ（要暗記）。

注意！　③の信託銀行と④の信託会社は、一定の事項を大臣に届け出ることが必要。

免許は、宅建業者にふさわしくない人には宅建業をやらせないことにして、一般消費者を保護する（狼から羊を守る）ためのものだ。①～④は、一般消費者にキバをむくはずはない。絶対信用できる。だから、免許なしでも宅建業ができることになっているのだ。

例題　10区画の宅地を所有するAが、その宅地の売却の**代理を、一括してBに依頼**し、BがAの代理人として、この10区画を不特定多数の人に反復継続して売却する場合、Bは免許を必要とするが、Aには免許は必要ない。

解答　AにもBにも免許は必要だから誤り。詳しい説明は上記（2）をどうぞ。

注意！　破産管財人が、破産財団の換価のために自ら売主となる場合は免許が不要だ。

第1章 宅建業

第2節　免許と事務所

1．免許は誰がくれるのか？

（1）知事免許と大臣免許

　宅建業を営むためには、免許が必要だ。では、免許は誰からもらうのかというと、

> 1つの都道府県内だけに事務所を設置する場合には
> ➜　その都道府県の知事
> 2つ以上の都道府県内に事務所を設置する場合には
> ➜　国土交通大臣

からもらわなければならないことになっている。事務所の数で決まるのではない点が要注意だ。たとえば、本店が新宿にあり、支店が都内100カ所にあっても東京都知事免許を受ければいい。これに対して、本店が新宿にあり、支店が横浜に1カ所だけある場合でも国土交通大臣免許が必要だ。

> 注意！　免許を受けた後でないと、広告もできない（だから、「免許申請中」と注記しても、広告できない）。

（2）本店と支店

　さて、今、本店と支店という用語が出た。事務所には、本店（主たる事務所ともいう）と、支店（従たる事務所とも、その他の事務所ともいう）がある。非常に分かりにくいのだが、

> 支店は　➜　実際に宅建業を営んでいる場合だけ事務所とされる。
> 本店は　➜　実際に宅建業を営んでいなくとも、支店で宅建業を営んでいれば自動的に事務所とみなされる。

ということになっている。本店が実際に宅建業をやっていなくても宅建業の事務所とみなされるのは、支店の営業は本店が決定権をもって統括しているからだ。

第2編　宅建業法

第一章　宅建業

277

第2編 | 宅建業法

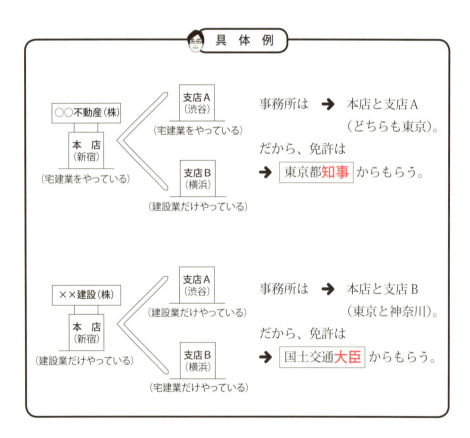

第1章 宅建業

（3）個人と法人

ところで、宅建業者になることは、個人でも法人（会社のこと）でもできる。では、ある人が個人で免許を受けて宅建業をやっていたが、その人が、会社を設立して宅建業を営もうとする場合、改めて免許を受ける必要はあるのだろうか？　答えは、**改めて免許を受ける必要がある。**

ちょっと分かりにくいかもしれないが個人と会社は、法律上は別個独立の存在なのだ。だから、個人で受けている免許とは別に（廃業しようとしまいと）、会社の免許を申請しなければならない。

（4）免許の条件

知事も大臣も、免許（更新のときにも）に**条件**を付けることができるし、後日条件を**変更**することもできる。業者の手綱をしっかり握って、コントロールするためだ。

条件の 例 「取引状況の報告書を毎年1度出せ」

出るのは、ここ！

1 条件に違反したら ➡ 免許を取り消すことが**できる**（取り消さないこともできる＝**任意**、という点が出る！）。

2 条件は ➡ **必要最小限**のもので**不当な義務**を課さないものに限る。

2．免許換え

免許には、知事免許と大臣免許があるわけだが、どちらも**全国で有効**だ。たとえば、東京都知事免許を受けたAは、都内でしか営業できないなどということはない。北海道で営業を行うことも、一向にかまわない。

しかし、Aが北海道にも事務所を設置して営業するとなると、話は別だ。東京と北海道に事務所を設置するとなると、東京都知事免許のままではダメ

279

で、新たに国土交通大臣免許を受けなければならない。この、新たに免許を受け直すことを「免許換え」という（免許換えの結果、Aが国土交通大臣免許を受けたときに、東京都知事免許は失効する）。

免許換えには、次の3パターンがある。

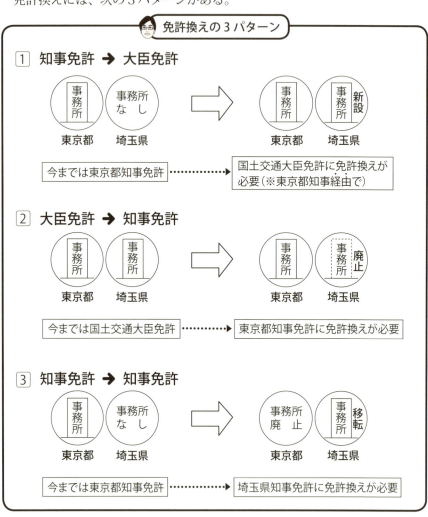

※「経由」……知事免許から大臣免許への免許換えだけは、今までの免許権者を「経由」して行う。つまり、上の1のパターンだけは、国土交通大臣に直接申請書を提出するのではなく、

第1章 宅建業

東京都知事に提出する。そうすると、知事が大臣に申請書を届けてくれる。これが知事経由ということだ。

例 題 免許換えは、新事務所での事業開始後、30日以内に行わなければならない。

解 答 免許換えは、新事務所で**事業を開始する前**にしなければならないから誤り。なお、特に何日前までにしなければならない、という制限はない。後で勉強する283頁の手続きと混同しないように！

3．免許の有効期間

（1）5年・90日前から30日前

　免許の有効期間は**5年**だ。更新の手続きは、有効期間**満了の日の90日前**から**30日前**までの間にやらなければならない（満了後30日以内は×だし、前30日以内も×だ。ヒッカケに注意！）。

（2）有効期間が延びることもある

　さて、満了の日の90日前から30日前までの間に更新手続きをしたとしても、免許権者（知事または大臣）も忙しいから、新しい免許証を、今までの免許の有効期間中に交付できないこともある。

　その場合には、業者側には落度がないわけだから、旧免許は、有効期間満了後も**効力を有する**ことになっている。

　ただし、その後、新免許証が交付されると、新免許の有効期間（5年）は、交付日からではなく、旧免許の本来の有効期間**満了の日の翌日から**起算される。

第2編｜宅建業法

（3）相続人が後始末

　業者が死亡するとどうなるか？　当然、免許は失効する。しかし、業者が生前締結していた契約があった場合、業者の死亡により契約が履行されなくなると、相手方に迷惑がかかる。そこで、こういう場合には、業者の一般 承継人（相続人のこと）を業者とみなし、免許なしで取引をやりとげることが認められる。

　ただし、注意しなければいけないのは、相続人が業者とみなされるのは、故人が生前締結していた契約の履行に限ってのことだという点だ。だから、相続人が、新しい取引をするには、自分で免許を受けることが必要だ。

　なお、業者の死亡以外で、業者の免許が失効した場合（➡ 283 頁（2）、285 頁 5．で勉強する）も、元業者（合併の場合は存続会社）を業者とみなし、免許なしで取引をやりとげることが認められる。

....

　例　題　個人である業者A（甲県知事免許）が死亡した場合、Aの一般承継人Bがその旨を甲県知事に届け出た後であっても、Bは、Aが**生前締結**した売買契約に基づく取引を結了する目的の範囲内においては、なお業者とみなされる。（H28-35-4）

　解　答　一般承継人（相続人のこと）Bは、故人Aが**生前締結**した契約に基づく取引を結了する目的の範囲内において（生前締結していた契約の履行に限って）、業者とみなされる。よって正しい。

....

4. 届　　出

　免許権者（知事・大臣）としては、業者の現状を把握しておく必要がある。そこで、

　　　（1）一定の事項に変更を生じた場合と、

　　　（2）業者が業者でなくなる場合に、

免許権者への届出が義務付けられている。

（1）一定の事項に変更を生じた場合の届出（変更の届出）

1. 名称・商号
2. 事務所の所在地・名称
3. 役員（非常勤も含むし、監査役も含む。また、個人業者なら本人も含む）と政令で定める使用人（各事務所の代表者のこと）の氏名
4. 専任の宅地建物取引士の氏名

明（名）治（事）の
薬（役）剤師（士）

このどれかに変更を生じたら ➡ **30日以内に**（ミンナ届けると覚える。30日前までにではない）業者は免許権者に届け出なければいけない。

なお、知事に対しては直接届け出てよいが、国土交通大臣が免許権者の場合には、本店所在地の都道府県**知事経由**で届け出ることになっている。

（2）業者が業者でなくなる場合の届出（廃業等の届出）

		届出義務者
1	死　　亡	相　続　人
2	合　　併	消滅会社の代表役員だった者
3	破　　産	**破産管財人** 注意！
4	解　　散	清　算　人
5	廃　　業	代表役員（個人業者なら本人）

注意！　宅地建物取引士が破産した場合には**本人**が届け出る（➡ 301 頁）。

よく出るポイント①

業者が業者でなくなるのは、前頁の表の5つの場合だ。その場合、表に示した届出義務者が ➡ 30日以内に（死亡の場合だけは相続人が**知ってから**30日以内に）免許権者に届け出なければならない（**30日以内** ➡ **ミ**ンナ届けると覚える）。なお、国土交通大臣が免許権者の場合には、（1）同様、本店所在地の**知事経由**で届け出る。

よく出るポイント②

それから、いつ免許が失効するかというと、①死亡と、②合併の場合は、**死亡・合併**の時に当然に失効するが、残りの3つ（③破産、④解散、⑤廃業）は、その時ではなく、**届出の時**に失効する。破産の場合には破産手続開始決定の時に免許が失効する、などと言われると、つい○と答えたくなるが、ひっかかってはいけない。破産手続開始決定の時ではなく、届出の時に失効するのだ。

よく出るポイント③

破産については、宅地建物取引士が破産した場合との比較もよく出る。

- **業者**が破産すると ➡ **破産管財人**が届け出る。
- **取引士**が破産すると ➡ **本人**が届け出る。

例題1 業者Aは、兼業として、新たに**不動産管理業**を営むこととした。この場合、Aは兼業で不動産管理業を営む旨を、免許権者に届け出なければならない。(H29-36-3)

解答 「宅建業以外の事業の種類の変更」は、届出の対象になっていない（対象は、楽勝ゴロ合せ「**明治の薬剤師**」だけ）。よって誤り。

例題2 宅地建物取引業者A社について破産手続開始の決定があった場合、①A社を代表する役員は廃業を届け出なければならない。また、廃業が届け出られた日にかかわらず、②破産手続開始の決定の日をもって免許の効力が失われる。(R2-43-3)

解答 業者が破産した場合は、**破産管財人が届け出なければならない**（下線①は×）。また、免許の効力は**届出の時**に失効する（下線②も×）。

5. 欠格事由 （ 難! しかしよく出る！）

　宅建業法の目的は、「狼から羊を守る」こと（一般消費者保護）だ。だから、業者としてふさわしくない人には免許を与えないことになっている。

　では、業者としてふさわしくないため、免許がもらえない人とは、一体どんな人か？　それは、次のような人だ。免許がもらえなくなる原因のことを欠格事由という。非常に難しいが、よく出る所だから克服して頂きたい。

（1）宅建業を適正に営むことができない人はダメ

> 1　営業に関して成年者と同一の行為能力を有しない未成年者で、法定代理人（法定代理人が法人の場合は、法人の役員）が次の 2 ～ 12 のどれかに当たる場合はダメ。

　難解だ。まず、「営業に関して成年者と同一の行為能力を有しない未成年者」とは、「営業許可を得ていない未成年者」（つまり一般の未成年者）のことだ（➡ 5 頁復習）。では、そういう一般の未成年者は、免許がもらえるのか？答えは、原則としてもらえるのだ。なぜなら、法定代理人という保護者がついているため、未成年者の思慮不足でお客さんが迷惑する恐れはないからだ。

　しかし、その法定代理人が、業者としてふさわしくない人物の場合（次の 2 ～ 12 のどれかに当たる場合）には、話が別だ。その場合には、未成年者は、例外的に免許がもらえなくなるというわけだ。それを規定しているのが 1 だ。

　これに対して、未成年者が、「営業に関し成年者と同一の行為能力を有する」場合（営業許可を得た未成年者のことだ）には、たとえ法定代理人が次の 2 ～ 12 のどれかに当たっていても、その未成年者は免許がもらえるから念のため。

> 2 心身の故障により宅建業を適正に営むことができない者はダメ。注意！
> 3 復権を得ていない破産者はダメ。

注意！　具体的には、「精神の機能の障害により宅建業を適正に営むに当たって必要な認知、判断及び意思疎通を適切に行うことができない者」のことだ。

破産者は、**復権を得れば直ちに**免許を受けられる。復権後5年間は免許が受けられない、などというヒッカケがよく出るが、もちろん×だ。

（2）前科者はダメ

> 4 **禁錮**、懲役に処せられた者
> 5 **宅建業法**違反で**罰金**に処せられた者
> 6 暴力団系の犯罪
> 　（暴行、傷害、現場助勢、脅迫、**背任**、凶器準備集合・結集、**暴力団新法**違反等）で**罰金**に処せられた者
>
> 執行終了後 **5年間**はダメ。

塀の中に入っていた人は、業者としてふさわしくないから、出てきてから5年間は、免許がもらえない（4）。

塀の中に入った原因は問わない。道路交通法違反も公職選挙法違反も、全て含む。

これに対して、宅建業法違反（5）や、暴力団系の犯罪（6）の場合は、禁錮、懲役より軽い罰金に処せられただけで、十分に業者として不適格といえる。そこで、この場合は、罰金を払ってから5年間は免許がもらえない。

よく出るポイント①＝執行猶予

執行猶予中も免許はもらえない。しかし、執行猶予期間が満了すると、直ちにOKだ。
それから5年間待つ必要はない。

第1章 宅建業

よく出るポイント②＝控訴・上告

有罪判決を受けても、控訴や上告中は免許がもらえる。刑が確定するまでは、無罪と推定されるからだ。

よく出るポイント③＝拘留・科料・過料

拘留、科料、過料は欠格事由にならない。ささいなあやまちは大目に見るということだ。

（3）極悪な業者と役員はダメ

7　ⓐ不正手段で免許を取得した場合
　　ⓑ業務停止処分に違反した場合
　　ⓒ業務停止処分事由に当たり情状が特に重い場合
　　のどれかに当たるために、免許取消処分を受けた元業者は極悪だから、
　　➡免許取消しから5年間はダメ

8　7のⓐ～ⓒのどれかに当たるために、免許権者（知事か大臣）が免許取消処分をしようとして聴聞の期日と場所を公示（言い分があるなら聞いてやるから出てこい）したところ、相当の理由がないのに、処分前に自分から廃業等の届出をした元業者（いわゆるかけこみ廃業）は、
　　➡廃業等の届出から5年間はダメ

9　上の7 8の場合に、聴聞の公示前60日以内に、その業者の役員（取締役等）だった者は
　　➡免許取消し（7の場合）、届出（8の場合）
　　　から5年間はダメ

7 の解説

非常に難解だ。しかし、よく出る。まず、7のⓐ～ⓒに当たる業者は極悪だから、免許が取り消されることになっている。そして、免許取消後、性懲りもなく再度免許申請をしても、すぐには受け付けない。5年間は頭を

287

冷せというわけだ（これが7）。これに対して、ⓐ～ⓒ以外の理由で免許が取り消された場合には、極悪とまでは言えないから、5年間待たされることはない。

8 の解説

ところで、昔から盗人にも三分の理と言うから、ⓐ～ⓒに当たるとして免許を取り消す場合、事前に聴聞という手続き（言い分があれば聞いてやる、という手続き）が取られることになっている。この聴聞をしてやるから出てこいという公示がなされた場合、みすみす出ていって免許取消処分を受けるより自主的に廃業（かけこみ廃業などと言われる）して、7の制約を免れようとワル知恵を働かせる業者がいる。

しかし、そうは行きませんよ、というのが8の規定だ。相当の理由がないのに、かけこみ廃業をするということは、自分からクロと認めたことになるから、廃業等の届出をしてから5年間は免許がもらえなくなるのだ。

9 の解説

さて、会社（法人）が、上の7 8のような極悪なことをやった場合、会社を動かしているのは取締役等の役員だから、役員も極悪だということになる（会社と役員は一心同体）。

そこで、役員が個人で業者になろうと思っても、5年間は免許がもらえない。これが9だ。ただ、会社が極悪行為をやるずっと前に会社をやめている役員は無関係だから、聴聞公示前60日以内に籍があった役員だけが極悪扱いされる。

なお、役員には、㋐**取締役**と㋑**相談役**は含まれるが、㋒**監査役**と㋓**専任の宅地建物取引士**は含まれない（➡ 283頁の「役員」とは意味が違う）。

（4）極悪な人と会社はダメ

> 10 現役の**暴力団員**や暴力団員でなくなった日から**5年**を経過してない元暴力団員（暴力団員等という）

第1章 宅建業

⑪ 免許の申請前 **5年** 以内に宅建業に関し不正または著しく不当な行為
をした者

⑫ 宅建業に関し不正または不誠実な行為をするおそれが明らかな者

⑬ 暴力団員等が **事業活動を支配** する者（暴力団員等が相当の影響力
を及ぼしているフロント企業等）

　極悪な人と会社（法人）は、業者としてふさわしくないから、免許がも
らえない。そして、暴力団員は、特に極悪だから、暴力団を辞めてから **5年
間** は免許がもらえない。

（5）役員等がダメな人なら、会社もダメ

⑭ 役員（取締役等）か、**政令で定める使用人**（各事務所の代表者）
の中に、上の②〜⑫のどれかに当たる人がいる場合には、
→ その会社もダメ。

　役員や政令で定める使用人がダメな人なら、会社もダメな会社だ。たとえ
ば、塀の中から出てきたばかりの人を取締役や事務所の代表者に迎えるよう
な会社は信用できない。
　だから、そういう会社には免許はあげない、ということ。

例題1 免許を受けようとする法人の政令で定める使用人が、刑法第252条（横
領）の罪により懲役1年執行猶予2年の刑に処せられ、その刑の **執行
猶予期間を満了** している場合、その満了の日から5年を経過していな
くても、当該法人は免許を受けることができる。（R元-43-2）

解答 猶予期間中は免許をもらえない。しかし、**猶予期間が満了** すれば、**直
ちにOK** だ。だから、法人は免許がもらえる。よって正しい。

例題2 免許を受けようとするA社の役員Bが刑法第211条（業務上過失致死傷
等）の罪により地方裁判所で懲役1年の判決を言い渡された場合、当該
判決に対してBが高等裁判所に **控訴** し裁判が係属中であっても、A社は
免許を受けることができない。（R3-27-3）

第2編｜宅建業法

| **解答** | 有罪判決を受けても、**控訴**や上告中は免許がもらえる。だから、役員B はダメな人ではない。したがって、A社は免許が**もらえる**。よって誤り。 |

例題3 A社の取締役Bは、3年前に**背任罪**で罰金に処せられた。現在、①Bは免許を受けることができないが、②A社は免許を受けることができる。

| **解答** | **背任罪は、暴力団系**の犯罪だから、罰金に処せられただけで5年間は免許が受けられない。だから、Bは現在免許を受けられないから、下線①は○（6復習）。しかし、そういうBを取締役としているA社も、免許が受けられないから、下線②は×（14復習）。 |

注意！ 成年である業者が宅建業の業務に関し行った行為は、行為能力の制限を理由に取り消すことができない（たとえば、成年である業者Aが被保佐人である場合、Aが宅建業の業務に関し行った行為は、被保佐人であることを理由に取り消すことができないということ）。

6. 事 務 所

事務所とは何か？　それは、

1. 継続的に業務を行うことができる施設を有する場所（テントじゃダメ）で、かつ、
2. 宅建業についての契約締結権限を有する使用人が置かれている場所のことだ。

業者は、事務所ごとに、次の（1）～（5）の5つのものを備えなければならない。

（1）標　識

たしかに業者です、ということを示すために、業者は**事務所ごと**の見やすい場所に標識を掲示しなければならない。では、標識の代わりに、業者の免許証を掲示することは許されるか？　答えは×だ。標識には、免許証に記載されていないことも記載するから、**標識を掲示**しなければならない。

注意！ ちなみに、標識は、案内所（➡ 293頁）、宅地建物の所在する場所（現地のこと）、展示会などの催しを実施する場所、事務所以外で継続的に業務を行うことができる施設を有する場所にも掲示しなければならない。

（2）宅地建物取引士

> 業者は、事務所**ごとに** ➡ その事務所の従業者の**5人に1人**以上の割合で、**成年者**である**専任**の宅地建物取引士を置かなければならない。

よく出るポイント①＝5人に1人（第31条の3第1項）

まず、「5人に1人以上」の計算ができないと困る。たとえば、従業者16人の事務所には、取引士が何人必要か？ 答えは4人だ。3人ではない。

よく出るポイント②＝2週間以内に補充（第31条の3第3項）

では、取引士の数に欠員(けついん)が生じたらどうするのか？ 業者は**2週間以内**に補充しなければならない。補充しないと**業務停止処分**を受けることがある。

よく出るポイント③＝専任とは？

「専任」とは、常勤ということだ。つまり、パートとか、複数の事務所の**かけもち**では、専任とはいえない。ただし、事務所に常勤していない場合でも、ITの活用等により適切な業務ができる状態で、事務所以外の場所で通常の勤務時間を勤務する場合は専任としてよい。

よく出るポイント④＝みなす

業者本人や**役員**が宅地建物取引士である場合には、その者は当然に、専任の宅地建物取引士とみなされることになっている。しかし、この役員には監査役は含まれない（➡283頁の「役員」とは意味が違う）。

監査役というのは、会社の業務を監視するのが仕事だから、自分は業務をやってはいけないのだ。だから**監査役は**、専任の宅地建物取引士に**なれない**ことになっている。

（3）従業者名簿

業者は事務所ごとに、従業者名簿（パソコンのハードディスク等でも可）を置かなければならない。名簿には、従業者1人1人について一定の事項（宅地建物取引士か否か等。ただし、住所は記載されない）が記載される。名簿の保存期間は、最終の記載をした日から10年間だ。

なお、名簿は、取引の関係者から請求があったときは閲覧させなければならない（パソコンのディスプレイの画面に表示する方法等で閲覧させることも可）。

（4）帳　簿

業者は事務所ごとに、業務に関する帳簿（取引のあったつど、取引内容を記載する）を置かなければならない（これもパソコンのハードディスク等でも可）。

では、帳簿をまとめて本店に置くことは許されるか？　答えは×だ。必ず**事務所ごと**に置かなければならない（帳簿に限らず（1）〜（5）は全部そうだから念のため）。帳簿の保存期間は閉鎖後5年間だ（業者が自ら売主となる新築住宅に係るものは10年間）。

なお、帳簿は、取引の関係者から請求があっても閲覧させる必要はない。

楽勝ゴロ合せ　納（名簿）　豆（10年間保存）　五（5年間保存）　十（10年間保存）　丁（帳簿）

（5）報酬額の掲示

業者は事務所ごとに、報酬額（国土交通大臣が定める。339頁で勉強する）を掲示しなければならない。報酬は代理・媒介の場合にもらうものだから、**自社物件の分譲を専門**にやっている業者は、報酬をもらうということはない。

第1章 宅建業

しかし、そういう業者であっても、報酬額の掲示を省略することは許されないことになっている。ヒッカケが出るから注意！

例題1 宅地建物取引業者Aは、その主たる事務所に従事する**唯一**の専任の宅地建物取引士Bが令和3年5月15日に退職したため、同年6月10日に新たな専任の宅地建物取引士Cを置いた。Aは、宅地建物取引業法の規定に違反しない。（R元-35-2）

解答 取引士の数に欠員が生じたら、業者は**2週間**以内に補充しなければならない。6月10日では遅すぎるので、違反だ。よって誤り。

例題2 宅地建物取引業者は、従業者名簿の閲覧の請求があったときは、**取引の関係者か否かを問わず**、請求した者の閲覧に供しなければならない。（R2-39-1）

解答 従業者名簿は、**取引の関係者**から請求があったときは、閲覧させなければならない。だから、取引の関係者以外の者から請求があっても、閲覧させる必要はない。よって誤り。

7. 案内所

事務所以外の場所にも、いろいろと規制がある。

こういう場所には	こういう規制がある
① **一団の**宅地建物（宅地なら**10区画以上**、建物なら**10戸以上**という意味）を、案内所を設けて分譲する場合には ……→	①「**標識**（第50条第1項の標識）」を掲示しなければならない。

293

第2編｜宅建業法

②	①の案内所で**契約を締結**したり、申込みを受ける場合には ·············→	①に加えて、 ②**免許権者**および**現地の知事**に、業務開始の**10日前**までに「**届出**（第50条第2項の届出）」をしなければならない（**10**区画と**10**日前で**10**が共通、と覚える）。 ③成年者である専任の**宅地建物取引士**を**1人**以上設置しなければならない（1人でOK。5人に1人以上ではない）。
③	②の案内所が**土地に定着**している場合には ·············→	①・②・③に加えて、 ④**クーリング・オフ**ができない。

注1 ①の「分譲」には、自己物件の分譲だけでなく、他人の物件の分譲の代理・媒介をする場合も含まれる。

注2 ②②の免許権者への「届出」は、国土交通大臣が免許権者の場合だけは、現地の知事を経由して行う。

注3 ③は351頁でクーリング・オフを勉強してからやればよい。

注4 一団の宅地建物を分譲する売主は、自ら案内所を設けようが設けまいが、責任の所在をはっきりさせるために、現地（現場）に「所在場所の標識」（①の案内所の標識と混同するな！）を掲示しなければならない。

注5 案内所は事務所ではないから、

従業者名簿の設置
帳簿の設置　　　　｝は必要ない。
報酬額の掲示

注6 業者Aが案内所を設置して、業者Bの物件の分譲の代理・媒介をする場合、案内所の標識を掲示しなければならないのはAだが、その標識には、Bの**業者名**（名称または商号、免許証番号）を記載しなければならない。

例題 宅地建物取引業者が、一団の宅地の分譲を行う案内所において宅地の売買の契約の締結を行う場合、その**案内所**には国土交通大臣が定めた**報酬の額を掲示**しなければならない。（R3-29-3）

解答 業者は**事務所**ごとに、報酬の額を掲示しなければならない。案内所は事務所ではないから、掲示する必要はない。よって誤り。

第2章　宅地建物取引士

🧑 イントロ…… 宅建業者と宅地建物取引士は別物

　前章では、主に宅建業者について勉強した。本章では、宅地建物取引士について勉強する。業者と取引士は全く別物だ。

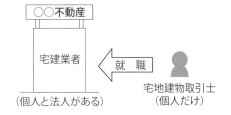

　たまに両者を混同なさる方がいるから念のために言っておくが、宅建士試験は、取引士になるための試験だ。業者になるための試験などない。また、宅地建物取引士の免許証もなければ（あるのは取引士証。免許証があるのは業者）、業者の登録もない（登録があるのは取引士）。

1．宅地建物取引士になるには？

（1）宅建士試験合格

　取引士（正式名称は宅地建物取引士）になるには、次頁のような道をたどらなければならない。

　まず、なんと言っても、宅建士試験（正式名称は宅地建物取引士資格試験）に合格することが必要だ。これが目下の目標だが、受かれば直ちに取引士というわけではない。

> 🧑 **ちなみに**　不正（カンニングなど）をした場合は、合格を取り消されたり、最長で**3年**受験を禁止されることがある。

第2編｜宅建業法

```
┌─────────────┐
│ 宅建士試験合格  │ ＝宅地建物取引士資格試験合格者
│ （一生有効）   │
└─────────────┘
      │  ①欠格事由なし
      │  ②2年以上の実務経験または国土交通大臣の登録実務講習受講
      ▼
┌─────────────┐
│ 知事に登録     │ ＝宅地建物取引士資格者
│ （一生有効）   │
└─────────────┘
      │
      │  知事の講習受講（合格後1年以内なら免除）
      ▼
┌─────────────┐
│ 取引士証の交付  │ ＝宅地建物取引士
│ （5年間有効）  │
└─────────────┘
```

注1 大臣の登録実務講習と知事の講習を逆にするヒッカケ問題にひっかかるな！

注2 登録は5年ごとに更新が必要だというウソにひっかかるな！

登録は一生有効だから更新などない。5年ごとに更新が必要なのは取引士証だ。

（2）知事に登録

　その後で、受験地の都道府県知事に登録（第18条第1項の登録）をすることが必要だ。この登録の際に、関所がある。

　第一に、欠格事由がないこと（➡298頁でやる）、第二に、宅建業について2年以上の実務経験があることが必要だ。ただし、実務経験がない場合には、国土交通大臣の登録を受けた実務講習（登録実務講習）を受講すればよいことになっているから、実務経験のない方も安心していい。

　こうして知事に登録しても、まだ取引士ではない。登録しただけの人は、「宅地建物取引士資格者」（取引士になる資格がある人という意味）に過ぎない。この段階では、取引士でなければできない事務（➡304頁）は、一切できない。もしやると、登録を消除（抹消のこと）されることがある。

（3）取引士証の交付

　では、宅地建物取引士資格者は、どうしたら晴れて取引士になれるかと言うと、知事から取引士証（正式名称は宅地建物取引士証）の交付を受けることが必要だ。つまり、取引士とは、

　　　1　宅建士試験に**合格**し、
　　　2　知事に**登録**し、
　　　3　取引士証を**交付**された

者のことだ。では、取引士証は、どの知事が交付してくれるのか？　答えは、自分が登録している知事だ。それ以外の知事には、交付を申請できないことになっている。

　そして、この取引士証の交付を受けるには、ここでまた関所があって、交付申請前6カ月以内に行われる**知事**が指定する講習を受けなければならない。**初めて**交付を受ける場合も、取引士証を**更新**する場合もだ。もっとも、宅建士試験**合格後1年以内**に交付を受けようとする者は、この知事の講習が**免除**されることになっている。

（4）一生か5年か？

　合格と**登録**は、どちらも**一生有効**だ。だから、合格後30年たってから登録することもできるし（合格は時効消滅しない）、登録の更新というものもない。ただ、**取引士証**にだけは、**5年**という有効期間があり、知事の講習を受けて更新する必要がある。

例　題　試験合格後**18月**を経過したA（甲県知事登録）が、甲県知事から取引士証の交付を受けようとする場合は、甲県知事が指定する講習を交付の申請前6月以内に受講しなければならない。（H29-30-3）

解　答　試験**合格後1年以内**に取引士証の交付を受けようとする者に限っては、知事の講習が免除される。Aは、合格後18月を経過している（合格後1年以内ではない）ので、知事の講習を受けなければならない。よって正しい。

第2編 | 宅建業法

2. 欠格事由

　285頁以下では、宅建業者の欠格事由をマスターした（はずだ）。業者として、ふさわしくない者には免許をあげない、という話だった。しかし、業者だけいくらふるいにかけても、それだけでは不十分だ。宅地建物の取引には、必ず宅地建物取引士が登場する。この宅地建物取引士が、信用のおけない人だったら、お客さんがひどい目にあう。

　そこで、取引士にふさわしくない人は、たとえ宅建士試験に合格しても、登録を受け付けないことになっている。この登録を受け付けてもらえない原因（次の⓵～⓭）が欠格事由だ。業者の欠格事由（➡ 285頁）と約3分の2が共通だから、違うところ（次の⓵⓶⓫⓬⓭）**だけ勉強**すればいい。

> ⓵ 営業に関して**成年者と同一の行為能力を有しない**未成年者はダメ。

　「営業に関して成年者と同一の行為能力を有しない未成年者」とは、「営業許可を得ていない未成年者」（つまり一般の未成年者）のことだ。この一般の未成年者は、宅地建物取引士登録ができない。ここは、業者の場合（➡ 285頁⓵）と違う重要ポイントだ。

ここが違う

営業許可を得ていない未成年者は
- 業者に**なれる**（ただし、法定代理人に欠格事由があればダメ）。
- 取引士には**なれない**。

なぜ？ なぜ、こういう違いがあるかと言うと、業者の仕事は取引、つまり法律行為（契約）だから、未成年者でも、法定代理人の同意を得たり、代理をしてもらったりしてこなせるが（➡ 7頁復習）、取引士の仕事は重要事項の説明等であり、法律行為（契約）ではないため、法定代理人が同意を与えたり代理したりできる性質のものではないからだ。

第 2 章　宅地建物取引士

　ここの理屈は、ハイレベルだから理解できなくてもかまわないが、とにかく上に示した、業者に**なれる**が取引士に**なれない**、という結論部分は完全に覚えること！

| 例 題 | 未成年者は、成年に達しない限り、宅地建物取引士登録ができない。 |
| 解 答 | 未成年者であっても、**営業許可**を得ていれば、取引士登録ができるから誤り。ダメなのは、営業許可を得ていない一般の（タダの）未成年者だ。 |

> ② 心身の故障により取引士の事務を適正に行うことができない者はダメ。 注意！

注意！　具体的には、「精神の機能の障害により取引士の事務を適正に行うに当たって必要な認知、判断及び意思疎通を適切に行うことができない者」のことだ。

　以下に掲げる取引士の欠格事由の ③ ～ ⑩ は、業者の欠格事由（➡ 286 頁以下）の ③ ～ ⑩ と全く同じだ。

業者と共通の欠格事由

③ 復権を得ていない破産者はダメ。

④ 禁錮、懲役に処せられた者

⑤ 宅建業法違反で罰金に処せられた者

⑥ 暴力団系の犯罪（暴行、傷害、現場助勢、脅迫、背任、凶器準備集合・結集、暴力団新法違反等）で罰金に処せられた者

➡ 執行終了後 5 年間はダメ。

⑦ ⓐ不正手段で業者免許を取得した場合
　ⓑ業務停止処分に違反した場合
　ⓒ業務停止処分事由に当たり情状が特に重い場合

のどれかに当たるために、

免許取消処分を受けた元業者は極悪だから、

➡ 業者免許取消しから 5 年間は、取引士登録ができない。

⑧ ⑦のⓐ～ⓒのどれかに当たるために、免許権者（知事か大臣）が免許取消処分をしようとして聴聞の期日と場所を公示（言い分があるなら聞いてやるから出てこい）したところ、相当の理由がないのに、処分

299

第 2 編｜宅建業法

前に自分から廃業等の届出をした元業者（いわゆるかけこみ廃業）は、

➡ 廃業等の届出から 5 年間は、取引士登録ができない。

⑨ 上の⑦⑧の場合に、聴聞の公示前 60 日以内に、その業者の役員（取締役等）だった者は、

➡ 免許取消し（⑦の場合）、届出（⑧の場合）から 5 年間は、取引士登録ができない。

⑩ 現役の暴力団員や暴力団員でなくなった日から 5 年を経過していない元暴力団員

➡ 取引士登録ができない。

ここは
卒　再

⑪ ⓐ不正手段で取引士登録または取引士証の交付を
　　受けた場合

ⓑ事務禁止処分に違反した場合

ⓒ事務禁止処分事由に当たり情状が特に重い場合

のどれかに
当たるために、

登録消除処分を受けた者は極悪だから、

➡ 登録を消除されてから 5 年間はダメ。

⑫ ⑪のⓐ〜ⓒのどれかに当たるために、登録権者（知事）が登録消除処分をしようとして聴聞の期日と場所を公示（言い分があるなら聞いてやるから出てこい）したところ、相当の理由がないのに、処分前に自分から登録消除の申請をして登録を消除してもらった者（いわゆるかけこみ消除）は、

➡ 登録消除から 5 年間はダメ。

⑬ 事務禁止処分を受け、その期間中に、自分から登録消除の申請をして登録を消除してもらった者（これは、かけこみ消除とは違う！）は、

➡ 事務禁止処分の期間が**満了するまで**はダメ（登録消除から 5 年間ではない！ ⑫との違いに注意！）。

⋯⋯⋯⋯⋯⋯⋯⋯⋯⋯⋯⋯⋯⋯⋯⋯⋯⋯⋯⋯⋯⋯⋯⋯⋯⋯⋯⋯⋯⋯⋯⋯

例　題　宅地建物取引士（甲県知事登録）が宅地建物取引士としての事務禁止処分を受け、その禁止の期間中に本人の申請により登録が消除された場合は、その者が乙県で宅地建物取引士資格試験に合格したとしても、当該**期間が満了していない**ときは、乙県知事の登録を受けることができない。（R3-35-イ）

解　答　務禁止処分を受け、その期間中に、自分から登録を消除してもらった者は、**事務禁止処分の期間が満了するまではダメ**（登録できない）。よって正しい。

3．届　出　等

　登録権者（知事）としては、取引士の現状を把握しておく必要がある。そこで、（1）一定の事項に変更を生じた場合と、
　　　　　　（2）取引士が取引士でなくなる場合に、
登録権者への届出等が義務付けられている。

（1）一定の事項に変更を生じた場合（変更の登録）

| ① | 住所、氏名、本籍 |
| ② | **勤務先**の業者名（名称または商号、免許証番号）|

上の事項に変更を生じた場合には、

→　本人が**遅滞なく**登録先の知事に**変更の登録を申請**しなければならない（302頁でやる登録の移転と混同しないように）。
何日以内に、というような規定はない（283頁の（1）とは違う）。

（2）取引士が取引士でなくなる場合の届出（死亡等の届出）

	届出義務者
① 死　亡	相　続　人
② 心身の故障	本人・法定代理人・同居の親族
③ 破　産	**本人** 注1
④ 禁錮・懲役	**本人** 注2

注1　**業者**が破産した場合には**破産管財人**が届け出る（➡283頁）。こういう「違い」がよく出る！

注2　宅建業法違反と暴力団系の犯罪の場合は、罰金でも届出必要。また、暴力団員等になった場合も届出必要。

取引士登録を受けている者に上のような事態が生じた場合には、

301

第2編｜宅建業法

➡ 届出義務者が、30 日以内に（死亡の場合だけは相続人が知ってから 30 日以内に）登録先の知事に届け出なければならない（**30 日以内 ➡ ミンナ**届けると覚える。283 頁の（**2**）と同じだ）。

例　題 1 | A県知事に登録している宅地建物取引士が、B県知事の免許を受けている業者から、C県知事の免許を受けている業者へと勤務先を変更した場合、この取引士は、①**変更後30 日以内に**、②**B県**知事および**C県**知事に、変更の登録を申請しなければならない。

解　答 | 勤務先の変更の場合には、変更後**遅滞なく**（30 日以内にではないから下線①は×）、登録先の知事（**A県知事**だから下線②も×）に変更の登録を申請しなければならない。

例　題 2 | 宅地建物取引士が死亡した場合、その相続人は、**死亡した日**から 30 日以内に、その旨を当該宅地建物取引士の登録をしている都道府県知事に届け出なければならない。（H30-42-1）

解　答 | 取引士が死亡した場合、その相続人は、死亡の事実を**知った日**から 30 日以内に、登録先の知事に届け出なければならない。よって誤り。

4．登録の移転

　取引士登録の効力は**全国**に及ぶ。だから、たとえば、東京都知事に登録している取引士のAが、北海道支店に転勤になったとしても、東京都知事から交付された取引士証で仕事ができる。しかし、取引士証は、5 年ごとに東京都知事の講習を受けて更新する必要があるから（➡ 297 頁復習）、上京の手間がかかる。

　そこで、こんな場合のためにあるのが、登録の移転という制度だ。Aは東京都知事から北海道知事に登録を移転することができる。こうしておけば後々ラクだ。これは義務ではない。**任意**だ。

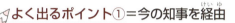

よく出るポイント①＝今の知事を経由

Ａは、東京都知事「経由」で、北海道知事に登録移転の申請をしなければならない。直接、北海道知事に申請すると、登録がダブる恐れがあるからだ。

よく出るポイント②＝今の取引士証は失効

登録を移転すると、東京都知事から交付されていた取引士証は**効力を失ない**、新たに北海道知事から取引士証が交付されるまで、取引士としての仕事はできない。

よく出るポイント③＝引き換え交付もあり

それでは、ブランクができて困るという人のために、旧取引士証と**引き換え**に、新取引士証を交付してもらう方法がある。それは、㋐登録移転の申請と、㋑新取引士証交付の申請を、同時にやるという方法だ。

よく出るポイント④＝残りの期間だけ

その方法で交付された新取引士証の有効期間がよく出る。正解は、旧取引士証の有効期間の**残りの期間**だ。新たに５年となるのではない。ここが大事だ。

よく出るポイント⑤＝転勤○・引越×

登録の移転ができるのは、別の都道府県の**事務所**に勤務することになった場合だ。取引士自身が別の都道府県に**引越**しても、登録の移転はできない。たとえば、Ａが埼玉県に引越したが、東京都内の事務所に勤務している場合には、東京都知事から埼玉県知事に登録を移転することはできない。

よく出るポイント⑥＝事務禁止処分中はダメ

最後に、**事務禁止処分中**は、登録の移転が禁止される。移転しても、どうせ取引士としての仕事はできない以上、無意味だからだ。

第2編　宅建業法

5．宅地建物取引士でなければできない仕事とは一体何か？

それは、次の3つだけだ。

> 1　重要事項の説明
> 2　重要事項説明書への記名押印
> 3　37条書面（契約成立後に交付する書面のこと）への記名押印

とりあえず、1〜3を暗記してほしい。今はそれだけでいい。詳しい内容は後でやる。

6．宅地建物取引士証と従業者証明書

（1）宅地建物取引士証

クレジットカードと同じサイズで、顔写真付きだ。何のために写真まで付いているかと言うと、「私は間違いなく宅地建物取引士です」と、人に見せるためだ。では、どういう場合に見せなければいけないかと言うと、

> 1　取引の関係者から請求があったときは、提示しなければならない。
> 2　重要事項の説明をするときは、請求がなくても、提示しなければならない。

2つのOK

取引士証に旧姓を併記してもOK。個人情報保護の観点から、取引士証の住所欄にシールを貼って提示してもOK（→373頁（4））。

■ 宅地建物取引士証の「返納」と「提出」 ■

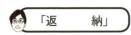

「返　　納」

取引士証を、交付を受けた知事に返すことだ。どういう場合に返納しなけれ

ばならないかというと、

- ㋐ 取引士証が効力を失ったとき。
- ㋑ 取引士証をなくしたので再交付してもらったところ、その後になくした取引士証が出てきたら、**出てきた方の**取引士証を返納しなければならない。
- ㋒ 登録が消除されたとき。

これらの場合に、取引士証を勝手に**捨てたり**してはいけない。また、取引士が勤務先を**退職**しても、取引士証を返納する必要はない。そのまま持っていてかまわない。

「提　　出」

事務禁止処分を受けた場合に、取引士証を交付を受けた知事に差し出すことだ。

よく出るポイント①＝誰に？

Ａ県知事から取引士証の交付を受けた取引士が、Ｂ県知事から事務禁止処分を受けた場合、取引士証は誰に提出するのか？　答えはＡ県知事だ。処分を受けた知事でなく、**交付を受けた知事に**提出するのだ。

よく出るポイント②＝返してもらえる

事務禁止処分の期間（１年以内とされている）が満了したら、提出した取引士証はどうなるのか？　答えは、**返還請求**をすれば返してもらえるが、黙っていると返してもらえない。

（2）従業者証明書

これも、クレジットカードと同じサイズで顔写真付きだ。「私は間違いなく、〇〇不動産の従業員です」と人に見せるために、勤務先の宅建業者から渡される。宅建業者は、従業者全員（取引士以外の者も）に、この従業者証明書を携帯させなければ、業務に従事させることができない。

従業者証明書は、取引の関係者から**請求があったとき**は、提示しなければならない。業者の記章（バッジ）では従業者証明書の代わりにはならない。

第2編 宅建業法

また、取引士が取引士証を提示しても、取引士証には本人の住所は記載されているが勤務先までは記載されていないから、従業者証明書の代わりにはならない。また、従業者名簿も従業者証明書の代わりにはならない。

> **注意！** 代表者（社長）、役員（非常勤も含む）、一時的に事務を補助する者（パート・アルバイト）にも、従業者証明書を携帯させなければならない。

> **例題** 宅地建物取引業者は、その業務に従事させる者に従業者証明書を携帯させなければならないが、その者が非常勤の役員や単に**一時的に事務の補助をする者**である場合には携帯させなくてもよい。（R2-39-4）
>
> **解答** 非常勤の役員や単に**一時的に事務の補助をする者**にも、従業者証明書を携帯させなければならない。よって誤り。

（3）宅地建物取引士の住所・氏名に変更があった場合

取引士証には、取引士の住所と氏名が記載されている。だから、取引士の**住所・氏名**に変更があった場合は、遅滞なく変更の登録を申請するとともに、取引士証の書換え交付を申請しなければならない。

7．業務処理

（1）業務処理の原則

取引士は、宅建業の業務に従事するときは、宅地建物の取引の専門家として、購入者等の利益の保護及び円滑な宅地建物の流通に資するよう、**公正かつ誠実**に事務を行うとともに、宅建業に関連する業務に従事する者との連携に努めなければならない（努力義務）。

（2）信用失墜行為の禁止

取引士は、その**信用または品位を害する**ような行為をしてはならない。

（3）知識及び能力の維持向上

取引士は、**知識及び能力の維持向上**に努めなければならない（努力義務）。最新の法令改正等を把握しておきなさい、ということだ。

第3章 営業保証金と保証協会

第1節　営業保証金

1．営業保証金とは？

　いきなり事例でいく。Bが業者Aから、建物を5,000万円で買うことにし、1,000万円の手付金を支払ったとする。ところが、Aのタバコの火の不始末で、この家が引渡期日前に焼失してしまった。この場合、Bとしては契約を解除して、手付金1,000万円の返還を求めることができる（➡民法の177頁を復習）。

　しかし、Aが1,000万円を使ってしまっていて、スカンピンだったら、どうしたらいいのか？　それでBが泣き寝入りするしかないとしたら、羊（客）が狼（業者）の犠牲になったことになる。

　解　決　そこで、こういう場合のために作られたのが、**営業保証金**という制度だ。業者は、営業保証金というものを、供託所に供託しなければ営業できないことになっている。そして、お客さんが業者から損害を受けたら、**供託所**に行き、営業保証金から弁済（**還付**という）を受けることができる。

こうやって、お客さんを守る制度が、営業保証金という制度だ。意味が分かったら、後は細かな知識をつめ込めばいい。

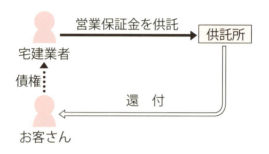

|注意!| 業者は営業保証金から還付（弁済）を受けることができない。還付を受けることができるのはシロートのお客さんだけだ。

2. 営業保証金の「供託（きょうたく）」

(1) いくら供託するのか？

営業保証金の額は、「取引の実情や相手方の保護を考慮して、政令で定める額」とされている。では、政令でいくらと定めているかと言うと、

> **主たる**事務所については　→　**1,000**万円
> **その他**の事務所については　→　1カ所につき**500**万円
> 　　　　　　　　　　　　　　　　　　　　　　}の合計額

とされている。

たとえば、業者Aが、本店（主たる事務所）の他に支店（その他の事務所）2カ所を有しているなら、2,000万円だ。金額は、**事務所の数だけ**で決まる。事務所がどこにあるかとか、大臣免許か知事免許かということは、一切関係ない。また、案内所（➡ 293頁）は、カウントしない。

（2）有価証券でもOK！

では、業者Aは、この2,000万円を必ず金銭で供託しなければいけないかと言うと、そうではない。金銭でもいいし、一定の**有価証券**でもいい。ただ、有価証券の場合には、次の金額に評価される。

> ① **国債**証券　　　　　　　　　　　→　額面金額の**100**％
> ② **地方債**証券・**政府保証債券**　　　→　額面金額の**90**％
> ③ それ以外の国土交通省令で定める有価証券　→　額面金額の**80**％

金銭と有価証券を合わせて供託することもOKだ。たとえば、業者Aが額面1,000万円の地方債証券を持っていたとしたら、これは900万円に評価されるから、他に金銭1,100万円を加えて合計2,000万円にして供託すればいい。

例題　有価証券を営業保証金に充てる場合における当該有価証券の価額は、国債証券の場合はその額面金額の100分の90、地方債証券の場合はその額面金額の100分の80である。（R3-34-4）

解答　国債証券は額面金額の**100**％（100分の100）、地方債証券は額面金額の**90**％（100分の90）で評価される。よって誤り。

（3）免許権者への届出

免許権者（知事・大臣）としては、自分が免許を与えた業者が、ちゃんと営業保証金を供託したかどうかをチェックする必要がある。そこで業者は、

> ① **開業**の場合は、
>   → 営業保証金を供託し、供託した旨を免許権者に**届け出た後**でなければ、営業を開始できない。
> ② 開業後に、事務所を**新設**した場合は、
>   → その分の営業保証金を新たに供託し、供託した旨を免許権者に**届け出た後**でなければ、**その事務所での**営業を開始できない。

第2編 宅建業法

どちらもポイントは、「**届出後**に営業開始」ということだ。

よく出るヒッカケは、「営業保証金を供託すれば直ちに営業を開始できる」（**届出が必要**だから×）とか、「届出は営業開始の2週間前までにしなければならない」（**届出後直ちに**営業を開始できるのだから×）とか、「開業後の事務所新設の場合は、その事務所での営業開始後に営業保証金を供託すればよい」（供託し、**届出をした後**でなければ、新設の事務所で営業を開始できないのだから×）というものだ。

> **例　題**　本店の他に、支店aと支店bを有する業者は、1,500万円の営業保証金を供託して免許権者に届け出れば、**本店と支店aのみ**でなら営業を開始できる。

> **解　答**　この業者は、本店1,000万円、支店2カ所で1,000万円、計2,000万円の営業保証金を供託しなければ、**一切営業できない**から、誤り。問題文のような抜け道は認められない。

（4）催告と取消し

なお、営業保証金は、免許を受けてから供託する。つまり、

1. 免許を受ける
2. 営業保証金を供託
3. 届　　出
4. 営業開始

という順序だ。

ところが、世の中には免許を受けたのに、いつまでたっても営業保証金を供託しない業者がいる。当然、営業は開始できない。こういう幽霊のような業者を放置しておくのはまずい。

そこで、免許権者は、免許を与えてから**3カ月**以内に営業保証金を供託した旨の届出をしない業者には、早く届出をしろと**催告**しなければならず、催告後**1カ月**以内に届出がない場合には、免許を**取り消す**ことができる。

（5）どこの供託所に供託するのか？

　供託所は、全国各地にある。業者は、そのうちのどの供託所に営業保証金を供託するかと言うと、

> **主たる事務所の最寄りの供託所**に、全額をまとめて供託する。

　たとえば、先程の業者Aが、本店を八王子に置き、支店を浦和と横浜に置いていたとする。この場合、業者Aは、2,000万円の営業保証金を**八王子**の供託所に供託しなければならない。また、開業後に、業者Aが千葉に支店を新設したら、新たに500万円を**八王子**の供託所に供託しなければならない（計2,500万円になる）。

（6）保管替え等

　ところで、この業者Aが、本店を八王子から札幌に移転したらどうなるか？当然、本店の最寄りの供託所は札幌の供託所だということになる。

　だから、2,500万円の営業保証金は、札幌の供託所に移さなければならない。その場合の手続きは、業者Aが八王子の供託所に、2,500万円を、①金銭だけで供託している場合と、②それ以外の場合で異なる。

> ① **金銭だけ**で供託している場合 ➡ 「**保管替え**」を請求しなければならない。
>
> 　　　　保管替え……業者Aは、八王子の供託所に、「2,500万円を札幌の供託所に移転して下さい」と請求するだけでいい（ただし、遅滞なく費用の予納を要す）。後は全て供託所がやってくれる。これが保管替えという手続きだ。
>
> ② それ以外の場合（⑦**有価証券だけ**で供託している場合と、④**有価証券プラス金銭**で供託している場合）➡ **新たに供託**し直さなければならない。

第2編｜宅建業法

> この場合には、業者Ａは、2,500万円を札幌
> の供託所に新たに供託し、その後で、八王子
> の供託所から2,500万円を取り戻すことにな
> る。つまり、一時的に**二重供託**の状態を生じ
> るから、業者としては、資金の工面が大変だ。
> しかし、だからといって、八王子の供託所か
> ら先に取り戻して、それを札幌の供託所に供
> 託することは、カラッポの状態を一時的に生
> じるため許されない。

　①②とも、主たる事務所の**移転後**「**遅滞なく**」やらなければならない。
何週間以内に、というような規定はないから、ヒッカケに注意！

例　題　**金銭と有価証券**で営業保証金を供託している宅建業者は、主たる事
務所を移転したために、最寄りの供託所が変わった場合には、営業保
証金を供託している供託所に対して、遅滞なく営業保証金の**保管替え**
を請求しなければならない。

解　答　保管替えを請求できるのは、**金銭だけ**で供託している場合だけだ。金
銭と有価証券で供託している場合には、保管替えは請求できないから、
誤り。新たに供託し直さなければならない。

3．営業保証金の「還付」

（1）還付とは？

　業者と取引したお客さんが、損害を受けたらどうしたらいいか？　お客さ
んは、その業者が供託所に供託した営業保証金から弁済を受ければいい。こ
れが還付（➡ 308頁 注意！ ）だ。

　では、業者が**破産**したり、**免許が取り消され**たりした場合にも、お客さ
んは、還付が受けられるのだろうか？　答えはもちろんOKだ。そういう場
合にこそ還付が受けられなければ、何のための営業保証金だか（もちろん、
羊を守るためだ）分からないからだ。

312

（2）還付を受けられる債権は？

さて、お客さんが、営業保証金から還付を受けられるのは、どういう債権についてだろうか？

> 答えは → 「**宅建業の取引から生じた債権**」だ。

これ以外の債権については、還付を受けられない。だから、たとえば、業者が交通事故を起こした場合、被害者は、治療費や慰謝料について、還付を受けることはできない。

広告の代金債権はダメ では、宅建業者が、マンションの分譲広告を広告業者に依頼して出した場合、広告業者は、**広告の代金債権**について、還付を受けられるだろうか？　ちょっと難問だが、これも答えは×だ。なぜなら、「広告を依頼すること」は、取引ではあるが、「**宅建業の取引」ではないから**だ。宅建業の取引とは何だったか（8つある）、忘れていたら273頁を復習すること！

（3）追加供託 ココが出る!!

では、宅建業の取引から生じた債権を有するお客さんが、還付を受けた場合、その先の話はどうなるか？　還付の結果、当然、営業保証金に不足を生ずる。

そこで、業者は不足額を追加しなければならない。試験に出るのは、追加供託のタイムリミットだ。

> 業者が不足額を追加供託しなければならないタイムリミットは、
>
> → 免許権者から**不足通知**を受けてから**2週間**以内だ。

たとえば、先程の業者A（営業保証金2,500万円）と取引したBが、500万円の還付を受けたとする。その結果、Aが供託している営業保証金は2,000万円になる。

その場合、Aの免許権者（大臣だ）が、Aに不足通知（不足額を供託しな

さいという通知）をする。Aは、通知を受けてから2週間以内に500万円を供託し、供託額を2,500万円に回復させなければならない。

営業を停止してもダメ　なお、上の場合に、Aが500万円を追加供託せず、その代わりに、支店のうちの1カ所の**営業を停止**する、という方法は取れるか？　答えは×だ。たとえ、営業を停止しても、事務所として存在している以上、その支店の分も供託しなければならない。

だから、Aは、支店の営業を停止するという方法で、追加供託を免れることは許されない。

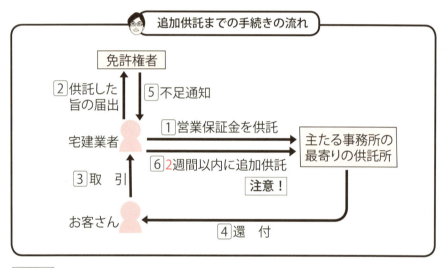

注意！　追加供託をした場合、業者は、その日から**2週間**以内に、供託した旨を免許権者に届け出なければならない。

例題　宅地建物取引業者Aから建設工事を請け負った建設業者は、Aに対する**請負代金債権**について、営業継続中のAが供託している営業保証金から弁済を受ける権利を有する。(R2-35-1)

解答　営業保証金から弁済を受けられるのは、**宅建業の取引**から生じた債権だ。請負代金債権は宅建業の取引から生じた債権ではないから、弁済を受けられない。よって誤り。

4. 営業保証金の「取戻し」

　取戻しとは、営業保証金を業者が供託所から返してもらうことだ。どういう場合に取戻しができるかと言うと、要するに、営業保証金を供託しておく必要がなくなった全ての場合だ。たとえば、廃業も、**免許取消し**も、支店の廃止も、その他全て含む。

　ただし、還付を受けることができるお客さんをさしおいて、業者が取戻しを受けるわけにはいかない。そこで、取戻しをする場合には、

原則　業者は、**6カ月**を下らない一定期間を定めて、「債権をお持ちの方はお申し出下さい」と**公告**をしなければならない（その期間経過後に残額を取り戻すことができる）。

例外　次の場合には、業者は、公告せずに**直ちに**取り戻せる。
1. **二重供託**を生じた場合
　311頁の2の場合だ。つまり、主たる事務所を移転したが、営業保証金を有価証券を含めて供託しているため、保管替えができず、新たに供託し直して二重供託を生じた場合だ。新たに供託された営業保証金で、債権者は保護されるから、従来の営業保証金を直ちに取り戻しても、かまわないわけだ。
2. 業者が**保証協会に加入**した場合
　後で勉強するように、これで債権者は安泰だから、営業保証金を直ちに取り戻して差し支えない。
3. 取戻しの原因が生じてから**10年経過**した場合
　債権は10年で時効消滅するから、もはや債権者保護の必要がないので、公告不要。

楽勝ゴロ合せ 日(ニ)本(ホ)中(ジュウ)から取り戻せ

- 日 → 二重供託
- 本 → 保証協会に加入
- 中 → 10年経過

ここは 卒・再

例題 不正手段で免許を取得したことが発覚して、**免許取消**処分を受けた元業者は、営業保証金を取り戻すことはできない。

解答 こういう場合であっても、営業保証金は没収されず、元業者は取り戻すことができるから、誤り。ヒッカケだ。

第2節　保証協会

1．イントロ

　貴方が宅建業者として独立しようと思ったら、いくら必要だろうか？308頁で勉強したように、事務所を1カ所しか設けないとしても、営業保証金を1,000万円供託する必要がある。しかし、とてもそんなお金は準備できない、という方もあろう。

　解決　そこで、そういう方のために作られたのが、**保証協会**（正式名称は、宅地建物取引業保証協会）だ。事務所1カ所だけなら、**60万円**の**弁済業務保証金分担金**を納付すれば、保証協会に加入できる。そうすれば、1,000万円という営業保証金は供託しないでいいのだ。そして、保証協会は、業者から納付されたお金を供託所に供託する（**弁済業務保証金**）。

　システム　保証協会に加入している業者を「**社員**」という。サラリーマンという意味ではなくて、メンバーという意味だ。この保証協会の社員である業者に対して債権を持っているお客さんは、供託所から還付を受けられる。

　なお、保証協会は国土交通大臣の指定を受けた一般社団法人であり、誰でも自由に作れるわけではない。ちなみに、保証協会への加入は任意だ。また、業者は、重ねて2つの保証協会の社員になることはできない。

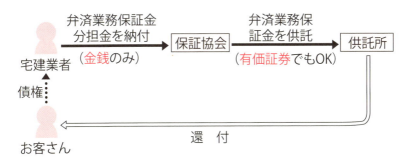

　注意！　業者は供託所から還付（弁済）を受けることができない。還付を受けることができるのはシロートのお客さんだけだ。

第2編｜宅建業法

２．弁済業務保証金分担金の「納付」

（１）いくら納付するのか？

主たる事務所については ➜ **60 万円**	の合計額	
その他の事務所については ➜ 1カ所につき **30 万円**	を~~金銭~~で	

　これが、業者が保証協会に納付する弁済業務保証金分担金の額だ。たとえば、本店（主たる事務所）の他に支店（その他の事務所）２カ所を有している業者Ａの場合には、120 万円だ。営業保証金の６％という安さだ。ただ、営業保証金と違って、有価証券で納付することはできない。**必ず金銭**に限る。安いのだから、そのぐらいの現金は用意できるだろう、という趣旨だ。

（２）いつまでに納付するのか？

　では、この弁済業務保証金分担金を、業者はいつまでに納付しなければならないのだろうか？　これは、①業者が保証協会に加入する場合と、②加入後に事務所を新設した場合で、異なるから要注意だ。

> ①　業者が保証協会に**加入**する場合
> ➜ **加入しようとする日まで**に納付しなければならない。
> ②　加入後に事務所を**新設**した場合
> ➜ 新事務所設置後 **2 週間以内**に納付しなければならない。 注意！
> 注意！ ２週間以内に納付しなかったときは、制裁として社員の地位を失う。

注意！ **保証協会**は、新たに社員が加入し、または社員がその地位を失ったときは、直ちに、その旨を社員の免許権者に**報告**しなければならない。

（３）弁済業務保証金

　さて、業者から弁済業務保証金分担金の納付を受けた保証協会は、そのお金をどうするのかと言うと、全額を供託所に供託する。この保証協会によっ

て供託されるお金を、弁済業務保証金という（これを各業者が分担している わけだ）。この弁済業務保証金は、金銭でも有価証券でも供託できる。ここが、 分担金との違いだ。

弁済業務保証金**分担金** ➡ **金銭だけ**で納付しなければならない。

弁済業務保証金 ➡ **有価証券でも**供託できる（額面の評価 は営業保証金の場合と同じ➡ 309 頁）。

（4）どこに供託するのか？

次に、保証協会がどこの供託所に供託するかは、**法務**大臣と**国土交通**大 臣が定めることになっている。それは、東京法務局だ。つまり、北海道の業 者が納付した分担金も、九州の業者が納付した分担金も、全て保証協会を通 じて、東京法務局に供託されるわけだ。

（5）いつまでに供託するのか？

では、保証協会が、東京法務局に弁済業務保証金を供託するタイムリミッ トはいつか？

それは、業者が分担金を協会に納付してから**1 週間**以内だ。新規加入の 場合も、加入後の事務所新設の場合も、どちらも納付後 1 週間以内に納付さ れた額と同額の弁済業務保証金を供託しなければならない。

例　題　業者が、保証協会加入後に事務所 1 カ所を新設する場合には、①**設置し ようとする日**までに、②**60 万円**の弁済業務保証金分担金を、③**金銭**また は一定の**有価証券**で納付しなければならない。

解　答　まず①。事務所新設の場合は、設置後**2 週間**以内に納付する。次に②。 新事務所は当然支店だから、60 万円ではなく、**30 万円**納付する。最後 に③。分担金は**必ず金銭**で納付する。有価証券が認められるのは、保 証協会が弁済業務保証金を供託する場合だ。そういうわけで、下線①〜 ③全部×。

3．弁済業務保証金の「還付」

（1）保証協会が認証

　保証協会の社員である業者に対して債権を持っているお客さんは、弁済業務保証金で弁済してもらうことができる。これが還付（➡317頁の 注意！ ）だ。

　保証協会は、還付前に債権額をチェックしておく必要がある。そこで、お客さんは、供託所から還付を受ける前に、まず、保証協会の「認証」（債権額の確認）を受けなければならないことになっている（認証は免許権者が行う、というヒッカケが出るから注意！　免許権者ではなく、**保証協会が認証**する）。

（2）加入前の取引でもＯＫ！

　では、還付を受けることができるお客さんは、業者が保証協会の社員になった後で取引したお客さんに限られるのだろうか？　答えは×だ。

> 1 業者が社員になった**後**にその業者と取引したお客さんだけでなく
> 2 業者が社員になる**前**に取引したお客さんも
> 　　　　　　　　　還付を受けられる。

　加入前の取引まで面倒を見てやろうというのだから、保証協会も太っ腹だ（「３つの親切」その①）。ただ、太っ腹にも限度があり、2の場合、保証協会は、必要に応じてその業者に**担保**を出させることができる。

（3）還付の限度額は？

さて、お客さんが還付を受けられる額の限度はいくらか？

> 還付の限度額は、
> ➡「その業者が保証協会の社員でないとした場合の**営業保証金の額**」だ。

　たとえば、保証協会の社員である業者Ａが本店の他に支店２カ所を有する

場合、還付の限度額は2,000万円だ（1,000万円＋500万円×2＝2,000万円）。Aは保証協会には、120万円の分担金（60万円＋30万円×2＝120万円）しか納付していないのに、お客さんは、2,000万円まで還付が受けられる。ありがたい話だ（「**3つの親切**」その**②**）。

（4）還付充当金

ありがたいのは結構だが、供託所がお客さんに2,000万円を還付した場合、その後始末はどうなるのか？　まず、供託所は、国土交通大臣に還付した旨の通知をする。次に、国土交通大臣は、保証協会に還付があった旨の通知をする。そして、保証協会は、通知を受けてから**2週間**以内に、2,000万円（還付された額に相当する弁済業務保証金）を供託所に供託しなければならない。そして、当然その穴埋めは業者Aがしなければならない。この穴埋めとして納付するお金を「**還付充当金**」という。業者Aは、2,000万円の還付充当金を、保証協会に納付しなければならない。試験に出るのは、納付のタイムリミットだ。

業者が還付充当金を保証協会に納付しなければならないタイムリミットは
→ 保証協会から**納付通知**を受けてから**2週間**以内だ。

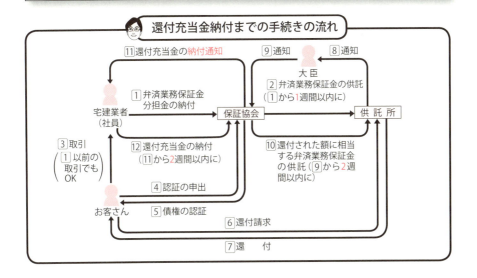

第2編 宅建業法

では、通知を受けてから2週間以内に業者Aが2,000万円を納付しないと、どうなるか？ その場合には、業者Aは制裁として社員としての地位を失うことになっている。

（5）その先の話

しかし、それでも、2,000万円の穴は残る。これを穴埋めするために、「**弁済業務保証金準備金**」というお金が、保証協会に積み立てられている。しかし、それでも足りない場合はどうするのか？ その場合は、最後の手段として、全社員で痛み分けとなる。つまり、保証協会が全社員に、「**特別弁済業務保証金分担金**」というお金を納付するよう通知し、そのお金で穴埋めをする。この通知を受けてから**1カ月**以内にこの「特別弁済業務保証金分担金」を納付しない社員は、制裁として社員としての地位を失う。

（6）社員でなくなった後の話

さて、社員としての地位を失う、という話が上に3回出た。問題はその後だ。社員でなくなった業者と取引したお客さんは、弁済業務保証金から還付を受けられない。

そこで、お客さんの泣き寝入りを防ぐために、

社員の地位を失った業者は　➡　社員の地位を失ってから**1週間**以内に**営業保証金を供託**しなければならない。

たとえば、上記の業者Aなら、2,000万円の営業保証金を、主たる事務所の最寄りの供託所に、1週間以内に供託しなければならない。

....

例　題　150万円の弁済業務保証金分担金を保証協会に納付して当該保証協会の社員となった者と宅地建物取引業に関し取引をした者（宅地建物取引業者に該当する者を除く。）は、その取引により生じた債権に関し、**2,500万円**を限度として、当該保証協会が供託した弁済業務保証金から弁済を受ける権利を有する。（H28-31-4）

解　答　その業者が、保証協会の社員でないとした場合の**営業保証金の額**が還付の限度額だ。本例題の業者は、本店の他に支店3カ所を有している（本店60万円＋支店3カ所×30万円＝150万円）。だから、還付の限度額は、

第3章　営業保証金と保証協会

1,000万円（本店分）＋500万円×3（支店分）＝ **2,500万円**となる。よって正しい。

4．保証協会の業務

　保証協会は、以上勉強したような、弁済業務をやるためにある。しかし、それ以外の業務もやっている。ここで、保証協会の業務を整理しておこう。

（1）必須業務

1　弁済業務（これが一番大事な業務）

2　苦情の解決 注意！

3　研　　修

　　㋐現に宅建業に従事している者だけでなく、㋑**これから**従事しようとする者に対しても研修をしてくれる。（「**3つの親切**」その③）。

注意！　保証協会は、苦情についての解決の申出と解決の結果について社員に周知させなければならない。

（2）任意業務

1　一般保証業務

2　**手付金等保管業務**（**完成物件**に限る➡362頁）

3　宅建業の健全な発達を図るために必要な業務

4　全国の宅建業者を直接または間接の社員とする一般社団法人による宅地建物取引士等に対する研修の実施に要する費用の助成業務 注意！

注意！　宅建業者を直接または間接の社員とする一般社団法人は、宅地建物取引士等がその職務に関し必要な知識および能力を効果的に習得できるよう、法令、金融その他の多様な分野に係る体系的な研修を実施するよう努めなければならない（努力義務）。

（3）弁済業務保証金の取戻し

　保証協会は、1業者が社員でなくなったときと、2社員が支店を廃止したときは、弁済業務保証金を取り戻すことができる。そして、保証協会は、取り戻した金額に相当する弁済業務保証金分担金を業者に返すこと（「返還」という）になる。

注意！　1の場合は、**6カ月**を下らない一定期間の公告が必要（保証協会が行う）だが、2の場合は、公告は不要だ。営業保証金の取戻し（➡315頁）との違いに注意！

323

第4章　業務上の規制と媒介契約

第1節　　　業務上の規制

1. 守秘義務（第45条）

　物件をさがしているお客さんとしては、業者に物件の希望条件を言う場合などに、どうしてもプライバシーをさらけ出す必要がある（収入や家庭の事情等）。それを業者がよそに漏らすかもしれないとしたら、お客さんとしては、業者に安心して相談ができない。

　そこで、「業者と従業者は、業務上知った秘密を、現役中も引退後も、正当な理由なく他に漏らしてはいけない」ということになっている。違反すると罰金だ。この義務を守秘義務という。守秘義務のポイントは、次の3つだ。

---

① 業者だけでなく、従業者にも守秘義務がある。

② 引退後、退職後も、守秘義務がある。

③ 正当な理由があれば漏らしてよい。

例　題　宅地建物取引業者は、**いかなる理由**があっても、その業務上取り扱ったことについて知り得た秘密を他に漏らしてはならない。
（R元 -27- ウ）

解　答　**正当な理由**があれば漏らしてもよい。よって誤り。

2．ウソと黙秘の禁止（第47条第1号）

業者はお客さんに、①故意に不実のことを告げること（**ウソ**）はもちろん許されないが、それだけでなく、②故意に事実を告げないこと（**黙秘**）も許されない。ウソをついたり、黙秘したりした業者は、**懲役**に処せられることもあるし、お客さんとしては契約を取り消せる場合もある。

3．断定・威迫（いはく）等の禁止（第47条の2）

欲にかられた業者が、アコギなワザ（交渉方法）を使うことは許しませんという話。業者は、「必ず値上がりしますよ」「近くに国道が必ず開通しますよ」「南側に高層ビルが建つ予定は全くありませんよ」というように**断定的判断**を提供してはいけない（ 注意！ 2．のウソと黙秘の禁止と違って、故意でなくても（**過失**でも）違法になる）。また、威迫（おどすこと）してもいけない。常識で考えればわかると思うが、断定・威迫以外でよく出る禁止事項をまとめておく。

よく出る禁止事項

① 正当な理由なく「今日中に決めてくれなければ契約できない」と**考える時間**を与えないワザ。

② 「クーリング・オフするなら**預り金**は返さない」と言ってクーリング・オフ（➡351頁）を妨害するワザ。

③ **手付放棄**による解除（➡366頁）に応じなかったり、逆に違約金を要求するワザ。

④ 勧誘に先立って、業者名・勧誘を行う者の氏名・契約の締結について**勧誘をする目的**である旨を告げずに、勧誘を行うワザ。

⑤ 相手方等が**契約を締結しない旨**の意思（勧誘を引き続き受けることを希望しない旨の意思を含む）を表示したにもかかわらず、勧誘を続けるワザ。

> ⑥ 迷惑を覚えさせるような時間に電話し、または訪問するワザ。
> ⑦ 深夜または長時間の勧誘その他の私生活または業務の平穏を害するような方法によりその者を困惑させるワザ。

　以上は、すべて（断定・威迫もそれ以外も）違法だ。しかし、刑罰を科すほどのことでもないから、**罰則はない**。もっとも、**監督処分**はある（➡385頁⑤）。罰則と監督処分は別物だから、念のため。

例　題　業者が、アンケート調査をすることを装って電話をし、その**目的**がマンションの売買の**勧誘**であることを告げずに勧誘をする行為は、業法に違反するか？（H29-34-2）
解　答　勧誘に先立って、①業者の業者名、②勧誘を行う者の氏名、③締結について**勧誘をする目的**である旨を告げずに、勧誘を行ってはダメだ。勧誘をする目的である旨を告げてないのだから、違反する。

4．遅延の禁止（第44条）

　業者は宅地建物の**登記**や**引渡し**、あるいは、**代金（対価）の支払い**を、**不当に**遅延してはならない。すみやかに履行すべし。当り前のことだ。

5．手付貸与の禁止（第47条第3号）

　業者は、手付金をお客さんに貸し付けて、契約の勧誘をしてはならない。たとえ相手が**承諾**していたとしてもだ。手付金を業者から貸してもらって契約するということは、お客さん自身のお金は、実際には1円も動かないということだ。だから、つい軽々しく契約してしまいがちだ。

　しかし、その後で契約を解除するには、お客さんは、手付金を放棄することが必要だ（手付放棄による解除だ。➡174頁復習）。放棄するということは、業者に貸してもらった手付金を返済するということだ。ここで、はじめてお客さんはまっ青になる。

　だから、業者は、軽々しい契約を誘発するようなことはやってはいけません、というのが、手付貸与の禁止だ。違反すると、契約が成立しなくとも、

勧誘しただけで、**業務停止処分**だ。

> 😎 **ちなみに** 手付金の**分割**や後払いもダメだ。ただし、手付金の**減額**や手付金に関し銀行などを**あっせん**することは、単なるサービスだからOK。

6. 誇大広告の禁止（第32条）

　不動産の広告というと、とかく誇大になりがちだが、誇大広告は禁止されている。詳しく言うと、

① 所在、規模、形質 　　　　　　　　　　　　　（**物件**）⎫
② 現在または**将来の**「環境・利用の制限・交通」（**環境**）⎬について、
③ 代金の額や融資のあっせん　　　　　　　　　　（**代金**）⎭

→ 　Ⓐ著しく事実に相違する表示　　　　　　　　　⎫をしては
　　Ⓑ実際より著しく優良・有利と誤解されるような表示 ⎬ならない。

　違反すると、**業務停止処分**だ。上記が丸暗記できれば文句なしだが、特によく出るポイントは、

> [1] 物件それ自体だけでなく、「**環境**」等の表示も誇大広告になる。
> [2] 環境等については、現在だけでなく、「**将来**」のことについての表示も誇大広告になる。
> [3] 将来の環境等について、業者の「**予想**」に過ぎないと注記しても、誇大広告になる。
> [4] 誰も信じなかったため、「**実害**」が発生しなかったとしても、誇大広告になる。
> [5] **おとり広告**（売る意思のない、条件の良い物件を広告し、実際は他の物件を販売しようとすること）も誇大広告になる。

注意！ ちなみに、新聞・テレビ・インターネットなど、**すべて**の広告が規制の対象になる。

....

例　題 宅地の販売広告において、宅地に対する**将来の利用の制限**について、著しく事実に相違する表示をしてはならない。（R3-30-ア）

解　答 現在または**将来の**「環境・利用の制限・交通」について、実際より著

第2編 宅建業法

しく優良・有利であると誤解されるような表示をしてはならない。よって正しい。

7. 取引態様明示義務 （第34条）

（1）どんな義務か？

復習になるが、宅建業の「取引」とは何だったろうか？　忘れていたら273頁を復習してほしい。答えは、

|1| 売買を自ら行う　　|2| 交換を自ら行う

|3| 売買を代理する　　|4| 交換を代理する　　|5| 貸借を代理する

|6| 売買を媒介する　　|7| 交換を媒介する　　|8| 貸借を媒介する

の8つだ（要暗記）。つまり、取引の態様（タイプ）は8種類ある。

お客さんとしては、業者と取引をするとき、この8種類のうちのどの態様の取引をすることになるのか分かっていないと困る。

たとえば、業者が自社物件を分譲する（|1|売買を自ら行う、の態様）のだと思って取引したら、実は他人の物件の売買の媒介（|6|売買を媒介する、の態様）だったため、代金の他に媒介報酬を請求された、ということになると、トラブルを生ずる。

そこで、トラブル防止のため、業者には、次のような取引態様明示義務（8態様のうちのどれなのか明示する義務）があるわけだ。

業者は、取引態様を

Ⓐ 「**広告**をするときに」明示しなければならない。かつ、

Ⓑ 「**注文**を受けたら**遅滞なく**」明示しなければならない。

（2）よく出るポイント5つ

❶ 違反の例

広告とは新聞広告その他一切の広告を含む。たとえば、業者Aが、B代議

士から宅地の売却の媒介を依頼されたが、Ｂ代議士から、「**私の名前は伏せてほしい**」と頼まれた場合、業者Ａが、「売主はＡです」と新聞広告に表示することは許されるか？　答えは、もちろん×だ。この表示では、Ａが売買を自ら行う態様（ ⓵ のタイプ）になってしまう。正しくは、Ａが売買を媒介する態様（ ⑥ のタイプ）なのだから、その旨明示しなければ、取引態様明示義務違反になる。ちなみに、違反すると**業務停止処分**だ。

❷ 広告のときおよび注文のときに

では、業者Ａが、「売買の媒介」である旨を広告に明示した場合に、その広告を見たお客さんＣから、購入の注文を受けたときは、取引態様を明示することは必要か？

答えは、必要なのだ。

たとえ、広告に取引態様を明示しても、更に念のため、注文を受けたときにも、取引態様を**重ねて明示**しなければならない。

❸ 自主的に

注文を受けたら、お客さんから尋ねられなくとも、自主的に遅滞なく明示しなければならない。

❹ 口頭でＯＫ

明示の方法は全く自由だから、口頭で告げれば十分だ。文書にする必要はない。

❺ 業者間にも適用あり

最後に、お客さんが業者の場合にも、注文に際して、遅滞なく取引態様を明示しなければならないことに注意。

例　題　業者Ａは、中古の建物の売買において、当該建物の所有者Ｂから媒介の依頼を受け、取引態様の別を**明示せず**に自社ホームページに**広告**を掲載したが、広告を見た者からの問い合わせはなく、契約成立には至らなかった。Ａは、業法に違反するか？（H28-32-3）

解　答　業者は、取引態様を Ⓐ「**広告をするときに**」明示しなければならない。かつ Ⓑ「**注文を受けたら遅滞なく**」明示しなければならない。Ａは、広告をするときに明示していないので、違反する。

---

8. 未完成物件についての「広告」「契約」時期の制限
（第33条・36条）

（1）どんな制限か？

　未完成物件というのは、まだ建築されていない建物や、まだ造成されていない宅地のことだ。たとえば、業者がまだ建築されていないマンションを売り出したとする。ところが、このマンションは建築確認が得られず、結局建たずじまいだったとしたらどうなるか？

　お客さんは大迷惑だ。

　そこで、未完成物件については、こういうトラブルを防止して、お客さんを守るため、**建築確認**（建物の場合）、**開発許可**（宅地の場合）、津波防災地域づくりに関する法律の許可等の後でなければ、広告・契約をしてはいけないことになっている。ただし、先程7．でも出てきた、8種類の取引態様の全てについてそういう制限があるわけではない。制限は次のようになっている。

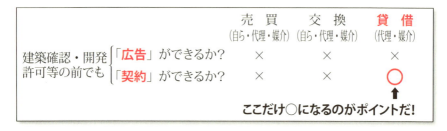

　つまり、建築確認・開発許可等を得ていない未完成物件については、貸借「契約」の代理・媒介だけは、大目に見られているが、それ以外は「広告」「契約」とも全て禁止されている。

→ 貸借「契約」だけ大目に見られているのは、「契約」は「広告」と違って、不特定多数の人に損害が及ばないし、貸借なら金額も小さいため、契約してしまったお客さんの損害も大したことはないからだ。

第4章　業務上の規制と媒介契約

（2）建築確認・開発許可以外は？

ところで、建築確認・開発許可等とあるが、この「等」にはどんなものが含まれるのだろうか？　実は、約30種類程ある。とても覚え切れないから、ここには書かない。そこで、建築確認・開発許可以外の許可等が試験に出たら、趣旨に立ち返って考えてほしい。

➡ その「許可等」が得られないと建築や造成ができないのなら、「許可等」の後で広告・契約をしなければお客さんが迷惑する。だから「許可等」の前には、広告・契約を制限すべきだ。しかし、その「許可等」がなくとも、建築や造成ができるのなら、「許可等」の前でも、広告・契約を制限する必要はない。このような考え方で対処すれば、未知の問題でも、何とか解ける（知識より思考力で勝負だ）。

（3）ダメなものはダメ

なお、建築確認・開発許可等を実際に得た後でないと広告できないことに注意してほしい。だから、「建築確認申請中」と注記しても、広告できない。また、「当物件は、建築確認を受けていませんから、売買契約は建築確認後でなければできません」と注記して広告することも許されない。

> **例　題**　業者Aは、自ら売主として新築マンションを分譲するに当たり、建築確認の申請中であったため、「建築確認申請済」と明示して、当該建物の販売に関する広告を行い、建築確認を受けた後に売買契約を締結した。Aは、業法に違反するか？（H28-32-2）

> **解　答**　建築確認等を実際に得た後でないと、広告できない。だから、「建築確認申請済」と明示しても広告できない。したがって、業法に違反する。

9．従業者の教育（第31条の2）

業者は、従業者に対して必要な教育をするように努めなければならない（努力義務）。

第2編　宅建業法

第四章　業務上の規制と媒介契約

331

第2節　媒介契約

1. 媒介契約の種類

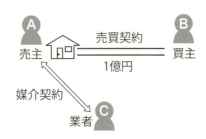

事例から入った方が分かりやすい。今、Aが自宅を1億円で売りたいと思い、業者Cに、「買主をさがしてほしい」と依頼したとする。そして、Cが買主Bを見つけてきて、AB間に売買契約が成立すると、CはAから報酬をもらえる。これが媒介契約だ。

ところが、Cがなかなか買主を見つけてくれなかったら、Aとしては、他の業者にも重ねて媒介を依頼したくなる。しかし、他の業者が見つけてきた買主に家を売られると、報酬はその業者のものになるから、CはAから報酬がもらえない。

そこで、媒介契約の種類として、

1 他の業者に二股をかけてもいいタイプ（**一般媒介契約**）と、

2 二股をかけてはいけないタイプ（**専任媒介契約**）があり、

AC間の話し合いで、どちらにするか決めることになっている。

ところで、**2**の専任媒介契約の場合、Aが自分で見つけてきた買主に家を売る（これを**自己発見取引**という）のは自由だ。しかし、その場合には、Cは報酬がもらえない。そこで、専任媒介契約に、自己発見取引禁止の特約を付けることができる。この特約が付いたものを、**3 専属専任媒介契約**という（本番では「依頼者が当該宅地建物取引業者が探索した相手方以外の者と売買又は交換の契約を締結することができない旨の特約を含む専任媒介契約」と表現されることがある）。

第4章　業務上の規制と媒介契約

以上の３タイプの媒介契約の違いは、次の通りだ。（ここは　卒　再）

絶対暗記！	❶ 一般媒介契約	❷ 専任媒介契約	❸ 専属専任媒介契約
1 他の業者に**二股**かけてよいか？	○	×	×
2 **自己発見取引**をしてよいか？	○	○	×
3 **有効期間**は？	無制限	**3カ月**以内（3カ月を超える期間を約定しても**3カ月**に**短縮**される	同　左
4 業務処理状況の**報告義務**は？	な　し	**2週間**に１回以上（電子メールでもOK）	**1週間**に１回以上（電子メールでもOK）
5 指定流通機構への**登録義務**は？	な　し	媒介契約締結の日から**7日**（休業日数は算入しない）以内に登録しなければならない。	媒介契約締結の日から**5日**（休業日数は算入しない）以内に登録しなければならない。

上の表を暗記しておけば、大体なんとかなる。多少補足すると、

（1）明示義務

　一般媒介契約では、売主Aは、C以外の業者Dにも媒介を依頼できる。その場合、AがCに、「Dにも依頼したよ」と明示しなければならないことにすることもできるし（**明示義務あり型**）、黙秘できることにすることもできる（**明示義務なし型**）。

333

（2）二股とは？

　専任媒介契約と専属専任媒介契約では、AはC以外の業者に二股をかけることはできない。それは、他の業者に、㋐媒介を依頼してはならない、というだけでなく、㋑**代理も**依頼してはならない、という意味だ。

（3）更新の条件

　専任媒介契約と専属専任媒介契約では、長期間Aを束縛しては気の毒だということで、有効期間は3カ月が限度となっているが、契約を更新することもできる。もちろん、更新後も3カ月が限度だ。

　ただし、更新には、**依頼者Aからの申出が不可欠**だ。だから、Aからの申出がなくとも更新する（自動更新する）、という特約は**無効**だ。

（4）指定流通機構に登録

　専任媒介契約と専属専任媒介契約では、Cは何としてもAの期待に応える責任がある。そこで、Cは依頼された物件を指定流通機構に登録して契約相手を探さなければならない（表⑤の日数の違いが出る！）。指定流通機構というのは、国土交通大臣が地域ごとに指定する公益財団法人で、宅地建物の情報をコンピューター管理するネットワーク・システムだ。

　ここに登録しておけば買手がすぐ見つかる。

> **よく出るポイント①**
> 　Cが登録するのは、「宅地建物の所在、規模、形質、売買すべき価額（売出し価額）、法令上の制限で主要なもの、専属専任媒介契約の場合はその旨」だ。
> 　**注意！**　依頼者の「住所・氏名」は登録事項ではないから注意！

> **よく出るポイント②**
> 　Cが登録すると指定流通機構が登録を証する書面を発行してくれる。Cはこの**登録を証する書面**を**遅滞なく**Aに引き渡さなければならない。

第4章　業務上の規制と媒介契約

よく出るポイント③

Aの家がめでたく売れた暁(あかつき)には、Cは「どれが・いくらで・いつ」（①登録番号、②取引価格、③売買契約成立年月日）を遅滞なく指定流通機構に通知しなければならない。

（5）代理も同じ

以上の話は、媒介契約だけでなく、代理契約にもそのまま当てはまる。上に出てくる「媒介」の語を、そのまま、「代理」に置き換えればいい。

たとえば、二股をかけてはいけない代理契約は、専任代理契約と専属専任代理契約だ。

（6）申込みがあったときの報告義務

媒介契約を締結した業者は、その媒介契約の目的物である宅地建物の売買・交換の申込みがあったときは、遅滞なく、その旨を依頼者に報告しなければならない。この報告は一般媒介契約の場合も必要だ。

> **例　題**　宅地建物取引業者Aが、BからB所有の住宅の売却の媒介を依頼された。Aは、Bとの間で専属専任媒介契約を締結したときは、Bに対し、当該契約に係る業務の処理状況を1週間に1回以上報告しなければならない。（R2-29-エ）

> **解　答**　専属専任媒介契約の場合は、業務の処理状況を1週間に1回以上報告しなければならない。よって正しい。

2．媒介契約書(ばいかいけいやくしょ)

さて、一般媒介契約であれ、専任媒介契約であれ、売主Aと業者Cの間に媒介契約が成立したら、後々トラブルが生じないように、業者Cは媒介契約の内容を第34条の2第1項の規定に基づく書面にして遅滞なく依頼者Aに渡さなければならない。

この書面を媒介契約書（代理の場合は代理契約書）という。Cは、媒介契約書の交付を怠ると業務停止処分を受けることがある。

第2編　宅建業法

第四章　業務上の規制と媒介契約

335

第2編 | 宅建業法

よく出るポイント4つ

ポイント①……媒介契約書を遅滞なく交付しなければならないのは、

➡ 「売買・交換」の媒介・代理を依頼された場合に限る。

つまり ➡ **貸借**の媒介・代理の場合は、媒介契約書の交付は不要（貸借は金額も低いことだし、**口約束でOK**、ということ）。

ポイント②……媒介契約書には、

➡ **業者が**記名押印しなければならない。

注意！ 「宅地建物取引士が記名押印しなければならない」というヒッカケに注意！ 取引士の記名押印は不要。必要なのは業者の記名押印。

ポイント③……媒介契約書の交付時期は、

➡ 媒介契約が成立したら**遅滞なく**交付する。

注意！ 「売買契約が成立したら遅滞なく交付する」というヒッカケに注意！ それでは遅すぎる。

ポイント④……依頼者が業者の場合にも、

➡ 媒介契約書を交付しなければならない（**業者間でも、省略できない**）。

例 題 宅地建物取引業者Aは、Bが所有する宅地の売却を依頼され、専任媒介契約を締結した。Aは、Bが宅地建物取引業者であったので、宅地建物取引業法第34条の2第1項に規定する書面を作成しなかった。（H 27-30-ア）

解 答 依頼者が業者の場合にも、媒介契約書を交付しなければならない（**業者間でも、省略できない**）。よって誤り。

3．媒介契約書の記載事項

　では、媒介契約書には、何を記載するのか？　要するに、トラブル防止のために必要な事項を記載するわけだが、それは次の事項だ。

第 4 章　業務上の規制と媒介契約

▌1 物件については、

1. 所　在
2. 売買価額　**例** 1 億円で売却希望なら、1 億円と記載する。

注意！ 中古の建物の場合は、建物状況調査を実施する者（建築士で国土交通大臣が定める講習を修了した者）のあっせんに関する事項を記載しなければならない。あっせんがなければ「なし」と記載する。

▌2 媒介契約自体については、

1. 種　類　（一般か専任か専属専任かを記載する。）
2. 有効期間
3. 解除に関する事項
4. 媒介契約違反の場合の措置

例 専任媒介契約なのに、依頼者が他の業者に二股をかけ売買契約を成立させたら、違約金を支払わなければならない、などということを記載する。

5. 標準媒介契約約款に基づくか否か
書式を統一するために、国土交通大臣が定めた標準媒介契約約款というヒナ型があるが、それに基づく契約かどうかを記載する。それに基づかないなら、基づかないと記載しなければならない。

▌3 報　酬

例 売買価額× 3.3％＋ 66,000 円、などと記載する。

注意！ 上の例の 3.3％と 66,000 円は、売買価額が 400 万円超の場合の報酬の限度額の計算式「売買価額× 3 ％＋ 6 万円」（➡ 339 頁）の 3 ％と 6 万円のそれぞれに消費税分の 10％をかけて計算した結果だ。業者が報酬額を表示する時は消費税分を含んだ総額表示をしなければならない。詳しくは 343 頁の **注2** で勉強する。

▌4 指定流通機構への登録に関する事項

登録する指定流通機構の名称等を記載する。

注意！ 一般媒介契約の場合、登録の義務はないが、指定流通機構へ登録するのか否か、登録する場合には登録する指定流通機構の名称等を記載することになっている。

337

第2編 宅建業法

以上の記載事項のうちで、特によく出るのは、売買価額についての次の点だ。

よく出るポイント4つ

ポイント① …… 売買価額について、業者が意見を述べるときは、必ずその**根拠**を示さなければならない（口頭でOK）。たとえば、依頼者が、「この家を2億円で売却してほしい」と希望したが、業者としては、同種の取引事例からみて、1億円が限度だと思ったとする。その場合、「1億円が限度だと思います」という**意見**だけ述べるのは**違法**だ。必ず、「同種の取引事例」等の根拠を示すこと。

ポイント② …… また、この「根拠」は、特に依頼者側から「なぜ1億円でしか売れないんだ？」と尋ねられなくとも、業者側から**自主的に**示さなければ違法だ。

ポイント③ …… しかも、希望価額より低い価額の意見だけでなく、「この物件なら3億円で売れますよ！」と、**より高い**価額の意見を述べる場合にも、業者は、なぜ3億円かという根拠を示さなければ違法だ。

ポイント④ …… なお、根拠の説明は、宅地建物**取引士**にやらせる必要は**ない**。

例 題 業者Aは、Bから宅地の売却の媒介を依頼されたが、Bの売却希望価額が高すぎるので、売り出し価額を下げるべきだと意見を述べた。その際、Bから根拠を説明してくれと**求められなかった**のであれば、特に根拠を示す必要はない。（H25-28-イ類題）

解 答 業者が価額について意見を述べる場合には、依頼者からの**求めがなくとも**、必ず根拠を示さなければならない。よって誤り。

338

第5章 報酬額の制限

業者は、依頼者から一体どれだけの報酬を受け取ることができるのだろうか？ 報酬額の最高限度は、国土交通大臣が定めることになっている。国土交通大臣は次のように定めた。

1．売買の媒介の場合

売買価額	報酬の限度額
①200万円以下	5％
②200万円超～400万円以下	4％＋2万円
③**400万円超**	**3％＋6万円**

注意！ 消費税の総額表示の話は343頁の注2。

上の金額が、業者が**依頼者の一方**から受け取ることのできる報酬の限度額だ。だから、売主・買主双方から媒介の依頼を受けて契約を成立させたのであれば、上の金額を、売主からも買主からも受け取ることができる。

 例1

業者Cが、宅地の売主Aと買主Bの双方から媒介を依頼されて、800万円の売買契約を成立させた場合。
➡ 800万円×3％＋6万円
　＝ 30万円（上の表の③だ）

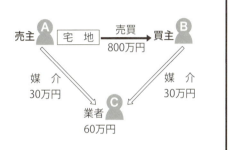

339

これが、依頼者の一方（ＡＢ各々）から受け取ることのできる限度額だ。だから、**Ａから30万円、Ｂから30万円**、計60万円の報酬が、Ｃの受け取ることのできる限度額となる。

2．売買の代理の場合

　媒介の場合と異なり、業者は、売主・買主双方の代理人となることはできない（双方代理の禁止➡42頁復習）。しかし、契約をまとめ上げるまでの業者の苦労は媒介の場合と変わらない。そこで、業者は、**1．の表の限度額の2倍**の額を、依頼者（一人しかいない）からもらえる。相手側からは1円ももらえない。これが原則だ。

　もっとも、相手側の承諾があれば、相手側からも報酬をもらうことも可能だが、その場合でも、依頼者からもらう額と相手側からもらう額の**合計が、1．の表の限度額の2倍以内**でなければならない。

例2

　業者Ｃが、宅地の売主Ａから売買の代理を依頼されて、Ｂとの間に、800万円の売買契約を成立させた場合。
➡ （800万円×3％＋6万円）
　　×2＝60万円

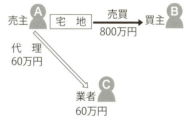

　これが、依頼者Ａからもらえる限度額だ。Ｂからは1円ももらえないのが原則。もっとも、Ｂの承諾があればＢからももらうことはできるが、その場合でも、ＡＢ両方からもらう額の**合計は60万円**が限度。

3．交換の媒介・代理の場合

　1億円の物件を売買するのも交換するのも、間に入る業者の苦労は同じだ。だから、交換については、その物件の価額で売買を成立させたものとみなして、上の1．、2．と全く同一に扱う。では、交換した2つの物件の価額に差がある

場合には、どうするのか？　その場合は、**高い方**の価額を基準とする。

4．空家等の売買の媒介・代理の場合

（1）空家等の売買の媒介

　空家の値段は安い。値段が安いと、当然、媒介の報酬も安くなる。苦労して契約までこぎつけても、儲けはスズメの涙だ。

　それではあんまりだ、ということで**400万円**以下の空家等の場合、業者は、本来の報酬の他に**現地調査等の費用**も受け取ってOK、ということになっている。

| 注意！ | 400万円以下の「空家等」なので、空家でなくてもOK（400万円以下の宅地・建物であれば、報酬の他に現地調査等の費用を受け取ることができる）。 |

ポイントは次のとおり。

1 **400万円**以下の宅地・建物が対象だ。
2 報酬と現地調査等の費用の合計で**18万円**が限度額となる。
3 **あらかじめ**説明し、合意する必要がある。
4 現地調査等の費用は**売主**から受け取る（買主から受け取ってはダメ）。

　たとえば、売買価額が300万円の場合、本来の報酬額は300万円×4％＋2万円で14万円だ。この14万円に加えて、現地調査等の費用として4万円まで受け取ることができる（14万円＋4万円＝18万円）。

（2）空家等の売買の代理

　代理の場合は、本来の報酬については、媒介の2倍の額を受け取ることができる（この点は、普通の売買の代理と同じだ）。

　注意しなければならないのは、**2倍**になるのは、**本来の報酬**についてだけ、という点だ。現地調査等の費用については、2倍受け取ってはダメだ（代理だからといって、現地調査等の費用が媒介の2倍かかるわけではないから）。

　たとえば、売買価額が300万円の場合、媒介なら、本来の報酬額は14万円までで、現地調査等の費用は4万円までだ。この場合、代理なら、本来の報酬額は28万円（14万円×2）まで受け取ることができるが、現地調査等の費用については、媒介と同じ4万円までしか受け取ることができない。

第2編 | 宅建業法

5. 消費税について

消費税について、試験に出るポイントは次の2つだ。

ポイント①

計算の元になる売買価額（339頁の1.の表の売買価額）には、消費税**抜き**の価額を用いる。

そして、

売買・交換と消費税

消費税は $\begin{cases} 「土地」の売買・交換には & \rightarrow \text{課税されない。} \\ 「建物」の売買・交換には & \rightarrow \text{課税される。} \end{cases}$

➡ だから、問題文に「消費税**込み**の物件価額が、宅地500万円、建物330万円の場合」とあったら、まず、消費税**抜き**の価額、つまり、「宅地500万円、建物300万円」に**直してから、3％＋6万円**の計算に入ること。そして、

ポイント②

その結果出てきた報酬額に**消費税分を何％上乗せ**して依頼者に請求できるかは、業者が課税業者か免税業者かで異なる。

消費税分を何％上乗せ請求できるか？

$\begin{cases} \textbf{課}税業者 & \rightarrow \text{報酬額} \times 10\% \\ \textbf{免}税業者 & \rightarrow \text{報酬額} \times 4\% \end{cases}$

免税業者であっても消費税分を4％上乗せして請求できるのは、免税業者も営業活動の中で消費税を負担している（例広告を出せば広告代プラス消費税）から、その負担分を取り戻させてあげようということ。

注1 **土地**の売買・交換の媒介・代理の報酬にも、消費税分の上乗せ請求はできるから念のため。

342

注2　業者が報酬額を表示する時は、339頁の表に消費税分を上乗せした**総額表示**をしなければならない（➡ 337頁でも出てきた）。

例　400万円超なら　課税業者　➡　3.3％＋66,000円
　　　　　　　　　　免税業者　➡　3.12％＋62,400円

これだと計算が大変だから、本番の計算問題は本書の計算方法（次の 例3 ）でイケ！

注3　上の 例1・例2 と「3. 空家等の売買の媒介・代理の場合」では、消費税分の上乗せの計算を省略した。省略しない例は次の 例3 。

 例3

課税業者Ｃが、ＡＢ双方から売買の媒介を依頼されて、消費税**込み**の物件価額が、宅地500万円、建物330万円の売買契約を成立させた場合。

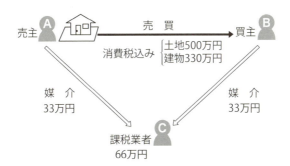

➡　まず、消費税**抜き**の価額に直すと、
　　土地500万円＋建物300万円＝800万円
　　　　　　　　　　（これが計算の元になる売買価額）
次に、800万円の売買の媒介報酬は、
　　800万円×3％＋6万円＝30万円（339頁の表の 3 ）
だが、Ｃは課税業者だから、この金額に**消費税分10％**を上乗せして依頼者に請求できるから、
　　30万円×1.1＝33万円
　Ｃは、**Ａから33万円、Ｂから33万円、**
計66万円を受け取ることができる。

6. 複数の業者が関与する場合 (難! しかし出る)

複数の業者が1つの取引に関与した場合、その複数の業者全員がもらえる報酬の**合計の限度額**は、1人の業者だけが関与した場合と同じ額だ。つまり、関与する業者がふえる程、1業者当りの取り分が減る、というわけだ。

  例4

免税業者Cが売主Aから売買の**媒介**を依頼され、**課税**業者Dが買主Bから売買の**代理**を依頼され、消費税**込み**の物件価額が、宅地500万円、建物330万円の売買契約を成立させた場合。

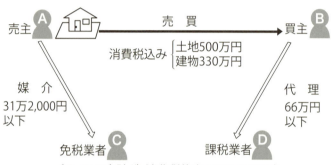

→ まず、消費税**抜き**の価額に直すと、
　土地500万円＋建物300万円＝800万円
　次に、800万円の売買契約を、業者1人で媒介・代理する場合にA・Bからもらえる報酬限度額は、
　　（800万円×3％＋6万円）×2＝60万円
　これが、C・Dがもらえる消費税**抜き**の報酬の**合計額の限度**だ。
　次に、消費税分を上乗せしたC・D、それぞれの限度額は、

C → （800万円×3％＋6万円）× 1.04 ＝31万2,000円
　　　　　　　　　　　　　　　　（免税業者だから）

　　　　　　　　　　　　　　（一方だけの媒介だからこれだけ）

D → ｛（800万円×3％＋6万円）×2｝× 1.1 ＝66万円
　　　　　　　　　　　　　　　（代理だから）（課税業者だから）

よって、ＣはＡから **31万2,000円を限度**に受け取ることができ、ＤはＢから（承諾があればＡからも）**66万円を限度**に受け取ることができるが、Ｃ・Ｄが、Ａ・Ｂから受け取ることができる消費税抜きの**合計額は、60万円が限度**だ。だから、

→
- 例 ＣがＡから30万円（税込31万2,000円）受け取れば、ＤはＢから30万円（税込33万円）まで受け取ることができる。
- 例 ＤがＢから60万円（税込66万円）受け取れば、ＣはＡから１円も受け取れない。

7．貸借の媒介・代理の場合

(1) 賃貸借の媒介

依頼者（貸主と借主）の双方から業者が受け取ることのできる報酬額の合計は、**１カ月分の借賃額**が限度だ。

注意！　貸主側と借主側から、いくらずつもらえるかという内訳には、原則として制限はない（10：0でも、0：10でもOK）。
例外として、**居住用建物**の場合だけは、双方から借賃の**半月分ずつ**もらうことになっているが、この内訳の比率も、依頼を受けるにあたって、依頼者の承諾を得ている場合は変更できる。

例5

貸主Ａと借主Ｂの双方から賃貸の媒介の依頼を受けた業者Ｃが、ＡＢ間に、借賃月額10万円の賃貸借契約を成立させた場合。

→ Ｃは、**ＡＢ双方から合計10万円**を限度として報酬をもらえる。原則として、内訳に制限はないから、Ａから10万円、Ｂから0円でもいいし、Ａから1万円、Ｂから9万円でもいい。ただし、物件が居住用建物の場合は、特に承諾

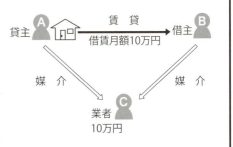

345

がない限り、Aから5万円、Bから5万円が限度となる（消費税の話は後述（5））。

（2）賃貸借の代理

双方代理は禁止されている。だから、依頼者は、貸主か借主のどちらか1人だ。その1人から、業者は**1カ月分の借賃額**を限度として報酬をもらえる。

相手側からは1円ももらえないのが原則だが、相手側の承諾があれば、相手側からももらえる。

しかし、その場合でも、依頼者と相手側の両者からもらう報酬の**合計額は、借賃1カ月分以内**でなければならない。

（3）権利金の特則

居住用建物**以外**（つまり、非居住用建物または宅地）の賃貸借で、権利金が支払われる場合には、**権利金の額を売買価額**とみなして、売買の計算方法（339頁の1.以下の方法）で計算してもよい。

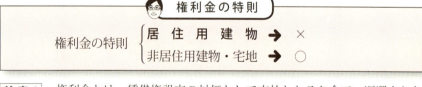

注意！　権利金とは、賃借権設定の対価として支払われるお金で、返還されないもののことだ。つまり、賃借権という権利を、権利金という代金で売買したとみることができる。だから、売買の計算方法によることが認められるわけだ。

例6

業者CがAB双方から媒介の依頼を受け、Aの宅地をBが権利金120万円を支払って、借賃月額10万円で賃貸する契約を成立させた場合。

→ ① 借賃で計算すると、Cは、AB双方から合計10万円を限度として報酬をもらえる。

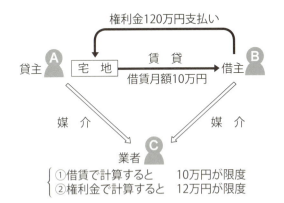

② 権利金で計算すると、120万円を売買価額とみなすから、

120万円×5％＝6万円

が依頼者の一方からもらえる限度額となり、双方から合計12万円もらえる。だから、このケースでは、権利金で計算した方がCに有利だ。もっとも、権利金が80万円なら、権利金で計算すると、双方合計8万円が限度となるから、借賃で計算した方が有利（消費税の話は後述（5））。

（4）使用貸借の場合

　タダで貸すのが使用貸借だが、この場合の報酬の限度額はどうやって計算するのか？　答えは、「**通常の借賃**」を想定し、それを元にして計算する。

第2編 | 宅建業法

（5）消費税について

```
賃貸借と消費税
```

消費税は { ① **居住用建物**と**宅地**の賃貸借には ➡ **課税されない。**
② 非居住用建物の賃貸借には ➡ 課税される。

　だから、問題文に、「**非**居住用建物の消費税**込み**の１カ月分の借賃 11 万円」とあったら、消費税**抜き**の 10 万円に直す必要がある。

　そして、この 10 万円を業者が依頼者から報酬として受け取る場合、

　1 業者が**課**税業者であれば、消費税分 **10%** を上乗せした 11 万円が受け取れる限度額となり、

　2 業者が**免**税業者であれば、消費税分 **4%** を上乗せした 10 万 4,000 円が受け取れる限度額となる。

　そろそろ混乱してきただろう。そこで、

```
盲点をまとめておく
```

| | 消　費　税 | | 権利金 |
ここは 卒 再	売買・交換 （➡342 頁）	賃　貸　借 （今やったばかり）	の特則 （➡346 頁）
1 居住用建物	◯	✕	✕
2 非居住用建物	◯	◯	◯
3 宅　　　地	✕	✕	◯

（6）複数の業者が関与する場合

売買・交換の場合と同じだ。つまり、複数の業者全員がもらえる報酬の**合計の限度額**は、1人の業者だけが関与する場合と同じ。

8．その他の注意

（1）広告費は？

広告費等の必要経費は、報酬と別に請求できないのが原則だ。例外として、①依頼者から**頼まれて**やった広告の料金や②依頼者から特別に**頼まれて**やった支出を要する特別の費用で、事前に依頼者の**承諾**があるもの（例現地調査等の費用）については、その実費を報酬とは別に請求できる。

（2）業務停止処分

限度額を超えた報酬を**受け取ると**、業者は、業務停止処分を受ける。だから、請求しただけなら、原則として処分は受けない。しかし、「**不当に高額**」な報酬を請求すると、受け取らなくとも、請求しただけで業務停止処分を受ける。

（3）業者間にも

報酬額の制限は、業者間の取引の場合にも**適用**される。

例題 建物の貸借の媒介において広告を行った場合には、**依頼者の依頼の有無にかかわらず**、報酬の限度額を超えて、当該広告の料金に相当する額を受領することができる。（R3-30-イ）

解答 依頼者から**頼まれて**やった広告なら、その実費を報酬とは別に受け取れる（頼まれていないのにやった広告の料金はダメ）。だから、「依頼者の依頼の有無にかかわらず」とある本問は誤り。

第6章 「自ら売主」の「8つの制限」

 **イントロ**

　前章で勉強したように、業者が媒介や代理をする場合にもらえる報酬には限度がある。たとえば、業者が宅地売買の媒介をして、1億円の売買契約を成立させても、業者がもらえる報酬は、3％＋6万円の2倍だから、612万円にすぎない（上の図）。

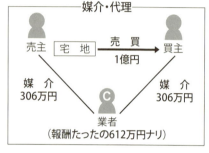

　ところが、業者が3,000万円で仕入れた宅地を、「自ら売主」となって1億円で売った場合には、7,000万円のもうけになる（下の図）。同じ1億円の契約をまとめても、「自ら売主」なら、この場合、媒介や代理の10倍以上ももうかるのだ。2億円で売れば、もっともうかる（青天井）。要するに、

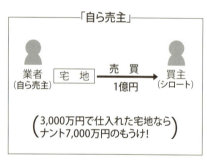

宅建業というものは、媒介や代理のもうけはタカが知れていて、「自ら売主」となる場合が一番もうかる、ということだ。
　しかし、人間、うんともうかるとなると、何をしでかすか分からない。宅建業法は、狼（業者）から羊（お客さん）を守るためにあるが、業者が「自ら売主」となる場合にこそ、一番お客さんを守る必要が強いわけだ。
　そこで、業者が「自ら売主」となる場合には、買主を保護するために、クーリング・オフ等の8つの制限を設けることにしたのだ。

第6章 「自ら売主」の「8つの制限」

　もっとも、業者同士（プロ同士）の取引なら、蛇の道はへびで、お互い手の内は百も承知だから、特に買主を保護する必要もない。そこで、この8つの制限が適用されるのは、

> ① 業者が「**自ら売主**」で、かつ
> ② **買主がシロート**の場合に限られる（**業者間**の取引には適用なし）。

例 題　クーリング・オフ等の8つの制限が適用されるのは、次のうちのどれか。
　　① 非業間の売買を業者が媒介または代理する場合
　　② 売主が業者で、買主が非業者の場合
　　③ 売主が非業者で、買主が業者の場合
　　④ 売主が業者で、買主も業者の場合

解 答　8つの制限が適用されるのは、業者が**自ら売主**となり、**買主がシロート**の場合だけだ。よって、②だけ。

第1節　クーリング・オフ（8つの制限その1.）

　クーリング・オフとは、キャンセル（撤回・解除）のことだ。業者が自ら売主となって、宅地建物をシロートのお客さんに売却した場合、お客さんは、一定の場合にキャンセルができる。では、その「一定の場合」とは、一体どういう場合か？　ここが出るのだ。

1．場所について

　業者としては、あの手この手で売り付けようとする。昔よくあったのは、お客さんを温泉旅行に招待し、大宴会をやり、いい気分にさせて契約させてしまう、という手だ。お客さんは、酔いがさめてから青くなるが、後の祭りというわけだ。

これでは、お客さんが気の毒だから、こういう場合には、キャンセルを認めるべきだということで、クーリング・オフ制度ができた。つまり、お客さんが、「冷静に判断できないような場所」で意思表示をした場合、その意思表示をキャンセルできることにしたのだ。

逆に言えば、「冷静に判断できる場所」で意思表示した場合には、クーリング・オフはできない。それは、

クーリング・オフできなくなる場所

1. 事 務 所

2. 事務所以外の場所で、継続的に業務を行うことができる施設があり、専任の宅地建物取引士の設置義務がある場所

   注意！ 買主が意思表示をした時に、たまたま宅地建物取引士が**不在**だったとしても、クーリング・オフはできない。

3. 一団（10以上）の宅地建物の分譲を行う**土地に定着**する案内所で、専任の宅地建物取引士の設置義務がある場所（➡ 293頁復習）

   注意！ **テント張り**の案内所……土地に定着していないからクーリング・オフできる。

   モデルルーム……土地に定着しているからクーリング・オフできない。

   294頁の3の「届出」を欠く案内所……たとえ「**届出」を欠いても**、土地に定着していればクーリング・オフできない。

4. 業者Aが自ら売主となり、他の業者Bに売買の媒介・代理を依頼した場合の、Bの1～3の場所

5. 買主が**自ら申し出た**場合の**自宅**・勤務先

   注意！ 買主が自ら申し出た場合の買主の行きつけの喫茶店……クーリング・オフできる。

第6章 「自ら売主」の「8つの制限」

例題 業者Aが、自ら売主として、業者でないBとの間でマンションの売買契約を締結しようとする場合、Bは**自ら指定した自宅**においてマンションの買受けの申込みをしたときでも、書面により買受けの申込みの撤回を行うことができる。(H29-31-ア)

解答 買主が**自ら申し出た**場合の**自宅・勤務先**で、買受けの申込みをしたときは、クーリング・オフできない。よって誤り。

注意！ クーリング・オフという言葉は、本試験では、「宅地建物取引業法第37条の2に規定する事務所等以外の場所においてした買受けの申込みの撤回等」と表現されることもある。この言葉を見たら、反射的にクーリング・オフのことだ、と分かるようにしてほしい。

2.「申込み」と「契約」

　契約は、申込みの意思表示（買主側）と、承諾の意思表示（売主側）の2つの意思表示が合致して成立する（➡ 87頁復習）。そして、申込みと承諾は、必ずしも同時に行われる必要はない。

　だから、申込みが喫茶店で行われ、その翌日、承諾が事務所で行われて契約が成立する、ということもある。その場合、クーリング・オフが許されるかどうかは、買主側の意思表示（**申込み**）が、事務所等の冷静に判断できる場所で行われたかどうかで決まる。

　なぜなら、クーリング・オフは、買主に慎重な判断をさせて、買主を保護するための制度だからだ。

だから だから、上の例では、申込みが喫茶店で行われた以上、クーリング・オフは許される。事務所では、買主は意思表示はせず、売主側の承諾の意思表示を受けたに過ぎないから、クーリング・オフができるのだ。

　申込みの場所と契約の場所（承諾の場所のことを本試験では「契約の場所」と表現する）の組合せを整理しておく。

第2編 宅建業法

第六章 「自ら売主」の「8つの制限」

353

「申込み」の場所	「契約」の場所（承諾の場所のこと）	クーリング・オフはできるか？
① 事務所	事務所	×
② 事務所	喫茶店	×
③ **喫茶店**	**事務所**	**○**
④ 喫茶店	喫茶店	○

例題 宅地建物取引業者である売主Aが、宅地建物取引業者Bの媒介により宅地建物取引業者ではない買主Cと新築マンションの売買契約を締結した。Cは、Bの**事務所**で買受けの**申込み**を行い、その3日後に、Cの自宅近くの喫茶店で売買契約を締結した場合、クーリング・オフによる契約の解除はできない。（H30-37-イ）

解答 クーリング・オフができるかできないかは、**申込み**の場所で決まる。Cは、**事務所**で**申込み**をしているので、クーリング・オフはできない。よって正しい。上の表の②のパターンだ。

3．クーリング・オフはいつまでできるのか？

買主の保護も大切だが、永久にクーリング・オフができるとしたら、業者としても、たまったものではない。そこで、

> クーリング・オフができることを、業者から「**書面**」で告げられた日から「**8日間**」経過すると ➡ クーリング・オフができなくなる。

書面と8日がポイント。8日あれば、必ず間に土曜日曜が入り、家族会議ができる、という配慮だ。

なお、クーリング・オフができることを書面で告げるのは**義務ではない**（告

げなくてもかまわない)。しかし、書面で告げないと、いつまでもクーリング・オフができることになるから、業者は皆、自主的に告げているのが実情だ。

また、「書面で告げられてから8日間経過した場合」でなくても、

> 買主が { ① 宅地建物の**引渡し**を受け、かつ、
② 代金**全額**を支払うと } → クーリング・オフができなくなる。

引渡しと支払いが完了すれば、もはや履行が完全に終了したわけだから、その後でクーリング・オフされたのでは、業者に気の毒だからだ。

注意しなければならないのは、引渡しと支払いの**両方とも完了**した場合に限る、という点だ。だから、引渡しが終り、代金の半額を支払っただけであれば、まだクーリング・オフができる。なお、登記のことは一切考えなくていい。

例題 業者は、事務所等以外の場所で、宅地建物の購入の申込みを受けたときは、**宅地建物取引士**を使って、申込者に申込みの撤回ができる旨を**告げなければならない**。

解答 そんな規定はない。まず、撤回ができる旨を告げるのは**義務ではない**し、告げる場合には、宅地建物取引士に告げさせるのではなく、**書面**で告げる。よって誤り。

4．クーリング・オフの方法

クーリング・オフは、口頭ではできず、**書面**でやることになっている。そして、

> クーリング・オフの効力は → 買主が書面を「**発した時**」に生ずる（発信主義）。

買主が書面を発した時とは、手紙をポストに入れた時という意味だ。手紙

355

はいつ先方（業者）に届くか、はっきりしないから、8日以内必着とすると、間に合わない恐れがある。そこで、8日以内に発信すればよいとして、買主保護を徹底したのだ。

5．後　始　末

クーリング・オフの結果、契約はなかったことになるのだから、業者は、手付金等の金銭を受け取っていた場合には、**すみやかに返還**しなければならない。

また、クーリング・オフの結果、たとえ業者が損害を受けたとしても、業者は、**損害賠償**や**違約金**の支払いを請求できない。クーリング・オフは、買主保護のために、特に作られた制度だから、業者は泣き寝入りしろ、というわけだ。

注意！　クーリング・オフの規定に反する特約で買主に**不利**なものは、**無効**となる。

第2節　自己の所有に属さない物件の売買の制限（8つの制限その2．）

1．他人の物件の売買

民法を思い出してほしいのだが、他人の物件を売買することは可能だろうか？　たとえば、Cの宅地を、Aが売主となってBに売ることはできるか？　答えは○だ。詳しくは89頁を復習してほしい。

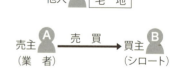

では、上の例で、Aが業者で、Bがシロートのお客さんだったらどうだろう？　AがCから宅地を取得できれば、Bに所有権を移転できるから問題ないが、Aが宅地を取得できなければ、Bは結局宅地を手に入れることができなくなってしまい、気の毒だ。そこで、

第6章 「自ら売主」の「8つの制限」

原則 業者は、自ら売主となって、**他人の物件**をシロートの買主に売ってはならない（①**契約**はもちろん、②**予約**も、③**条件付契約**もダメ）。

例外 業者が、その他人の物件を**確実**に取得できる場合には、買主が期待を裏切られる心配はないから、売ってもよい。

では、例外として許される場合の、「他人の物件を**確実**に取得できる場合」とは、一体どういう場合か？　実は、ここが集中的に出題されている。

答えは、

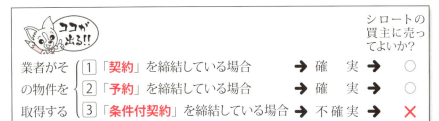

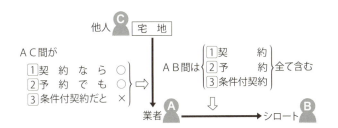

注1 ①のＡＣ間の契約は、ＣからいきなりＢに所有権を移転する契約でもOK。

注2 ③の条件のことを、本試験では「停止条件」と表現する（➡ 80頁）。

例題 業者Ａは、Ｃ所有の宅地について、Ｃが転勤することになったら買い受けるという停止**条件付**売買契約を締結した。この場合、Ａはこの宅地を、業者ではないＢに売り渡す契約を締結することができる。（H27-34-1類題）

解答　ＡＣ間の契約は**条件付**だから、Ａがこの宅地を取得できるかどうかは

不確実だ。それなのに、AがシロートのBにこの宅地を売ると、Bは宅地を取得できずに迷惑をこうむる恐れがある。だから、AはシロートのBにこの宅地を売ることはできない。よって誤り。なお、「停止条件」とは、ただの条件のことだから、とまどわないように。

2. 未完成物件の売買

　未完成物件は売買してよいのだろうか？　お忘れなら、330頁を復習してほしい。建物であれば建築確認、宅地であれば開発許可等の後であれば売買できる。では、建築確認・開発許可等の後なら全く問題ないだろうか？

　たとえば、業者Aが分譲マンションの建築確認を得た後、まだできていない301号室を、手付金を取ってBに売ったとする。

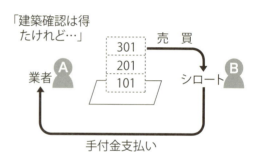

　ところが、建築確認は得たものの、資金繰りがつかなくなって、結局マンションが建たずじまいになったら、Bはどうしたらいいか？　当然、Aの債務不履行を理由として売買契約を解除し、手付金の返還を請求することができる（手付放棄による解除ではない。➡177頁復習）。

　しかし、資金繰りがつかなくなったAに、手付金が返せるはずはない。結局、Bは手付金を丸損することになる。業者間の取引なら、これでも仕方ないが、Bがシロートならかわいそうだ。そこで、

> **原則**　業者は、自ら売主となって、**未完成物件**をシロートの買主に売ってはならない。
> **例外**　「**手付金等保全措置**」をとれば、売ってよい。

　手付金等保全措置というのは、次節で詳しく勉強するが、要するに上のような

第6章 「自ら売主」の「8つの制限」

場合に、Bが確実に手付金を取り返せるようにしておく措置のことだ。手付金が確実に返ってくるなら、Bは損をしないですむ。だから、手付金等保全措置をとれば、業者は、危なっかしい未完成物件の売買をシロート相手にやっていい。

3. ま と め

1.で勉強した他人の物件と、2.で勉強した未完成物件は、どちらも売主にとって、「自己の所有に属さない物件」といえる。そこで、1. と2. をまとめると、

原　則　業者は、**自ら売主**となって、自己の所有に属さない物件を、**シロートの買主**に売ってはならない。

例　外　① 取得**確実**な物件（他人の物件の場合）
　　　　　② **手付金等保全措置**をとった場合　　は売ってよい。
　　　　　　　（未完成物件の場合）

よく出るポイント2つ

ポイント①
売主の所有に属さない物件の売買を、業者が代理・媒介することはできるか？　答えは、できる。禁止されているのは、「自ら売主」となることだけだ。**代理・媒介はOK**だ。

ポイント②
業者は、自ら売主となって、自己の所有に属さない物件を他の業者に売ることはできるか？　答えは、できる。禁止されているのは、「買主がシロート」の場合だけだ。**業者間の取引は自由**だ。

例　題　業者は、手付金等保全措置をとらなくとも、未完成物件を自ら売主となって、他の**業者**に売り渡す契約を締結することができる。（H26-33-1類題）

解　答　**業者間の取引**であれば、未完成物件について、手付金等保全措置をとる必要はない。シロートの買主を保護するための制度だからだ。よって正しい。

第2編　宅建業法

第六章 「自ら売主」の「8つの制限」

359

第3節　手付金等保全措置（8つの制限その3.）

注意！　8つの中で一番難しい！

1. イントロ

手付金等保全措置という言葉は、358頁で出てきた。その内容を、ここで詳しく勉強する。まず、困った事例を2つ考えてみよう。

（1）未完成物件の困った事例

358頁でやったのと同じだ。業者Aが、まだできていない分譲マンションの301号室を、自ら売主となって、シロートBに手付金を取って売ったとする。

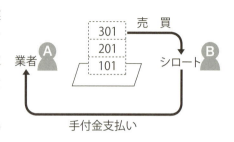

ところが、Aは資金繰りがつかなくなって、このマンションを完成させられなかった。Bとしては、売買契約を解除して手付金を取り返したいが、Aが経済的に苦しいため、それもままならない。これでは困る！

（2）完成物件の困った事例

業者Aは、既に完成している建物を、自ら売主となって、シロートBに手付金を取って売った。ところが、Aは、この建物をCにも売り（二重譲渡）、Cに登記を移転してしまった。民法を思い出してほしいが、二重譲渡の優劣は、登記で決まる（➡91頁復習）。だから、建物はCのものだ。そこで、BはAとの売買契約を解除して手付金を取り返したいが、Aが夜逃げしたため、

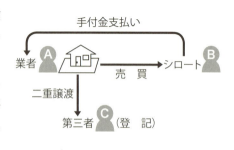

手付金が返ってこない。これでは困る！

```
解　決 ➡ 手付金等保全措置
```

このように、手付金が取り返せないために、シロートの買主が泣き寝入りさせられるケースは、未完成物件の場合にも、完成物件の場合にもあり得る。そこで、「羊を守れ」の精神から、シロートの買主が確実に手付金を取り返せる制度が作られた。

それが手付金等保全措置だ。

2. 手付金等保全措置の方法

（1）手付金は誰が返してくれるのか？

手付金等保全措置とは、業者が手付金を返せない場合に、「別の人」が業者の代わりに、手付金を買主に返す、という制度だ。

では、その別の人とは誰か？　それは、

1 **銀行**等の金融機関
2 **保険事業者**（保険会社のこと）
3 **指定保管機関**

の三者だ。

業者は、買主から手付金を受領する前に、この三者のどれかと手付金等保全契約をしなければ手付金を受領できない。これは、「自分が手付金を返せなくなったら、代わりに買主に手付金を返してあげて下さい」という趣旨の契約だ（1の場合は保証委託契約、2の場合は保証保険契約、3の場合は手付金等寄託契約という）。

（2）指定保管機関だけは別扱い

試験に出るのは、未完成物件の売買の場合には、指定保管機関には手付金

等保全措置を依頼できないという点だ。つまり、

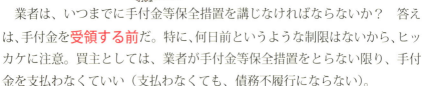

	完成物件	未完成物件
① 銀　行　等	○	○
② 保険事業者	○	○
③ 指定保管機関	○	×

○ → 面倒を見てくれる
× → 面倒を見てくれない

注意！ ③の未完成物件だけ×だ！ここがよく出る！

　指定保管機関の例としては、保証協会がある（→ 323 頁の（2）②復習）。未完成物件は、完成物件に比べて、トラブルになる可能性が高いので、指定保管機関の手に余るから、資金力のしっかりした①②だけが面倒を見ることになっている。

（3）受領前に

　業者は、いつまでに手付金等保全措置を講じなければならないか？　答えは、手付金を**受領する前**だ。特に、何日前というような制限はないから、ヒッカケに注意。買主としては、業者が手付金等保全措置をとらない限り、手付金を支払わなくていい（支払わなくても、債務不履行にならない）。

例題　業者Aが自ら売主となって、造成工事完了前の宅地について、業者ではないBと売買契約を締結した。この場合、Aは**指定保管機関**と手付金寄託契約を締結すれば、Bから手付金を受領することができる。
（H25-40-1類題）

解答　造成工事完了前の宅地は、**未完成物件**だから、指定保管機関に手付金等保全措置を依頼することはできない。銀行等か保険事業者に依頼しなければならない。よって誤り。

3．手付金等保全措置をとらなくてもよい場合が2つある

（1）買主が「登記」を得た場合

　買主が登記さえ得れば、その後売主がたとえ二重譲渡をしたとしても、買主は安泰だ。だから、契約を解除して手付金を取り返す、という話は出てこない。だから、買主が登記を得た場合には、完成物件でも未完成物件でも、手付金等保全措置は不要となる。

（2）金額が小さい場合

　買主保護も結構だが、手付金の額が余り小さい場合まで、いちいち保全措置をとらなければならないとするのは現実的でない。そこで、手付金の額が、

```
① 未完成物件　➡　代金の 5％以下、かつ、1,000 万円以下
② 完 成 物 件　➡　代金の 10％以下、かつ、1,000 万円以下
```

【楽勝ゴロ合せ】ミカン　5　つで　カン　ジュース　1000
（未完成物件　5％以下　　完成物件　10％以下　1,000万円以下）

の場合には、業者は手付金等保全措置をとらずに手付金を受け取ることができる。未完成物件の方がトラブルが起こりやすいから、5％以下と、低くなっている。

注意！　未完成物件なのか完成物件なのかは、売買契約時において判断する。

よく出るポイント①＝金額の計算

例1
8,000万円の　｛未完成物件なら　➡　400万円｝　を超える場合は
　　　　　　　｛完成物件なら　　➡　800万円｝　保全措置必要

例2
1億2,000万円の　｛未完成物件なら　➡　600万円｝　を超える場合は
　　　　　　　　｛完成物件なら　　➡1,000万円｝　保全措置必要

よく出るポイント②＝全額に講じる

手付金等保全措置は、上の限度額を超える部分だけに講じるのではなく、**全額**に講じなければならない。

例 1億2,000万円の完成物件について、1,500万円の手付金を受け取る場合、

→ 手付金等保全措置は、**1,500万円全額**について講じなければならない。1,000万円を超える500万円部分についてだけ講じてもダメだ。

よく出るポイント③＝「等」とは？

手付金**等**保全措置の「**等**」とは何か？　それは、手付金という名称でなくとも、「契約の締結の日以後、物件の引渡し前に支払われ、**代金に充当**されるお金」であれば、全て含む、という意味だ。よく出るのは、**中間金**だ。それらが、トータルで、上の限度額を超える場合に、手付金等保全措置をとらなければならない。

例 1億2,000万円の完成物件の売買で、手付金800万円、**中間金**1,200万円、残代金1億円とし、引渡しを残代金の支払いと同時にするとした場合には、

→ **2,000万円**について手付金等保全措置をとらなければならない。

注意！ 契約締結前に支払われる**申込証拠金**も、代金に充当される場合は、手付金等に含まれる。

4．その他の注意事項（念のため）

（1）「媒介」にまどわされるな！

手付金等保全措置は、㋐業者が自ら売主となり、㋑買主がシロートの場合にとらなければならない。では売主が業者Ａ、買主がシロートＢの売買契約を、業者Ｃが媒介した場合、手付金等保全措置は必要か？　答えは、当然必要だ。**業者Ａが自ら売主**となっているからだ。媒介だから手付金等保全措置不要と誤解しないように。

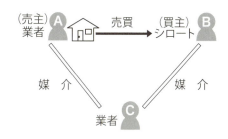

では、上の例で、Ａがシロートだとしたらどうか？　答えは、この場合には、手付金等保全措置は不要だ。なぜなら、**業者Ｃは媒介**をしているだけであり、「業者が自ら売主」となっていないからだ。

（2）営業保証金と区別しろ！

手付金の額が、**営業保証金**（➡ 308頁）の額の範囲内でも、手付金等保全措置は必要か？

答えは、当然必要だ。

（3）手付解除はOK！

この他、たとえば「手付金等保全措置がとられると、**手付放棄による解除**はできなくなる」などというヒッカケが出るが、当然×だ。解除できる。

例題　手付金等保全措置をとれば、**建築確認**を受けなくとも、未完成の建物の売買契約を締結できる。

解答　未完成の建物については、建築確認を受けなければ売買契約を締結できない（➡ 330頁復習）。手付金等保全措置をとったとしても、締結できないことに変わりはない。よって誤り。

第4節 手付の制限（8つの制限その4.）

> 業者が自ら売主となり、シロートの買主から手付を受け取る場合には、
> → その手付は**解約手付**とみなされ、買主に不利な特約は**無効**となる。

　解約手付とは、買主は手付を放棄すれば契約を解除でき、売主は手付の倍額を返せば契約を解除できる手付のことだ。

　手付には、もう1つ証約手付というのがある。これは、契約が成立したという証拠として払う手付で、放棄・倍返しによる解除はできない。

　しかし、業者対シロートの場合には、手付は常に解約手付とみなされ、たとえ当事者間で、証約手付とすると決めても、解約手付となる。買主の解除権を保障するためだ。

　とは言っても、手付の額があまり大きいと、買主としては放棄するのがもったいなくなるから、思うように解除ができなくなってしまう。そこで、

> 業者がシロートの買主から受け取れる手付の額は、
> → 代金の **20%** が限度。

ということになっている。

　たとえば、業者がシロートに1,000万円で建物を売る場合、業者は200万円を超える手付を受け取ってはならない。

　では、業者が違反して300万円の手付を受け取ったらどうなるか？　その場合、買主が手付放棄による解除をするには、200万円を放棄すればよく、100万円は返してもらえる。これが「20%が限度」ということの意味だ。

　なお、手付に関する特約で買主に不利なものは、無効となる。

第6章 「自ら売主」の「8つの制限」

| 例 題 | 業者Aが自ら売主となって、建物を1,000万円でシロートBに売った場合において、Bが**証約手付**として10万円を支払ったときは、Bはこの10万円を放棄して契約を解除できる。（H19-43-4 類題） |

| 解 答 | 業者対シロートの場合には、手付は**常に解約手付**とみなされるから、たとえ証約手付として支払ったとしても、買主は手付放棄による解除ができる。よって正しい。 |

第5節　損害賠償額の予定等の制限（8つの制限その5.）

ココが出る!!

> 業者が自ら売主となり、シロートの買主との間で、債務不履行による契約解除について、
>
> 1 損害賠償額の予定
> 2 違約金の約定
> （い やくきん　やくじょう）
>
> をする場合、1 2 の合計額は、
>
> ➡ 代金の **20%**が限度

　1 2 とも、要するに、契約違反があったらいくら払うかを、あらかじめ決めておくことだ（1 は165頁復習）。たとえば、業者がシロートに1,000万円で建物を売る場合、上の規定に違反して、損害賠償の予定額を300万円と定めたらどうなるか？　その場合には、**20%を超える部分について無効**となり、損害賠償予定額は、自動的に200万円となる。これが、「20%が限度」ということの意味だ。

　では、損害賠償予定額を定めなかった場合にはどうなるか？　その場合に、債務不履行があったら、**実害額全額**の損害賠償請求ができ、代金の20%に制限されない。

第2編　宅建業法

第六章　「自ら売主」の「8つの制限」

367

第2編 | 宅建業法

例 題 宅地建物取引業者Aが、自ら売主として、宅地建物取引業者でないBとの間で建物（代金2,400万円）の売買契約を締結した。Aは、Bとの間における建物の売買契約において、当事者の債務の不履行を理由とする契約の解除に伴う損害賠償の予定額を480万円とし、かつ、違約金の額を240万円とする特約を定めた。この場合、当該特約は**全体**として**無効**となる。（H27-36-ア）

解 答 20%を超えても、特約の全体が無効となるのではない。**20%を超える部分**について**無効**となるだけだ。よって誤り。

第*6*節　契約不適合担保責任の特約の制限 （８つの制限その６.）

１．民法の特則

　これは、民法の担保責任の特則だから、まず、民法の担保責任を思い出していただかないと話にならない（➡ 178頁復習）。

　担保責任とは、

1. 引き渡された目的物の種類・品質が契約の内容に適合していないときは（契約不適合のときは）、買主は、①追完請求②代金減額請求③損害賠償請求④契約解除ができる。

2. ただし、売主が**種類・品質**に関して契約の内容に適合しない目的物を買主に引き渡した場合において、買主がその不適合を**知った時**から**1年**以内にその旨を売主に**通知**しないときは、買主は、その不適合を理由として、追完請求・代金減額請求・損害賠償請求・契約解除ができない、という制度だ。

これが民法の規定だが、宅建業法は次の特則を設けている。

368

第6章 「自ら売主」の「8つの制限」

業者が自ら売主となって、シロートの買主と契約する場合には、

原則 種類・品質に関しての担保責任について、民法の規定より買主に不利な特約をしても無効だ。

例外 ただし、担保責任の通知期間を「引渡しの日から**2年以上**の期間内」とする特約は、民法の規定（左頁の[2]）より買主に不利だが、有効だ。

たとえば、「買主が引渡しの日から3年以内に目的物の不適合を売主に通知しないときは、買主は、その不適合を理由として、追完請求・代金減額請求・損害賠償請求・契約解除ができない」という特約は有効だという話。

通知期間を**引渡しの日から3年**

ここが2年以上ならOK
ここが2年未満ならダメ
上記の例は、3年（つまり、2年以上）だからOKだ。

ちなみに、特約が無効となった場合には、どうなるのか？　その場合には、担保責任の特約のない契約となる。つまり、**民法の規定通り**になる。

　　　特約が無効となった場合 ➡ 民法の規定通りになる。

たとえば、通知期間を「引渡しの日から1年」とする特約は無効だ。この場合には、通知期間は、民法の規定通り「買主がその不適合を知った時から1年」となる。

第2編 宅建業法

例題 業者Aが、自ら売主として業者でない買主Bとの間で中古の甲住宅の売買契約を締結し、甲住宅をBに引き渡した。甲住宅の種類又は品質に関して契約の内容に適合しない場合、Bが、甲住宅の**引渡しの日から3年**以内にその旨をAに通知しないときは、Bは、その不適合を理由として、履行の追完の請求、代金の減額の請求、損害賠償の請求及び契約の解除をすることができないとする特約を定めた。この特約は無効となる。

解答 通知期間を**引渡しの日から2年**以上の期間内とする特約は、民法の規定より買主に不利だが、有効だ。よって誤り。

第7節 割賦販売契約の解除の制限 （8つの制限その7.）

割賦販売契約とは、代金を分割払い（ローン）にする契約のことだ。世の中には、横暴な業者がいて、ローンの返済が少しでも遅れたら契約を解除しようとすることがある。

しかし、それでは、買主の生存にかかわる。そこで、シロート相手のローンの場合、業者は、

---

① **30日**以上の相当の期間を定めて、
② **書面**で催告し、

それでも支払いがない場合に限って、契約の解除や残金の一括返済請求ができることになっている。

この催告の書面に宅地建物取引士の記名押印が必要かどうかが、大事だ。もちろん、不要だ。

370

第6章 「自ら売主」の「8つの制限」

第8節 所有権留保の制限（8つの制限その8.）

　所有権留保とは、割賦販売（ローン）の場合に、代金が支払われるまで売主が物件の登記を買主に移転しないでおくことだ。そうしておけば、代金が支払われない場合、売主としては、契約を解除した上で、物件を別の人に売ることができるから、損をしないですむ。

　しかし、買主としては、いつまでも登記を移転してもらえないのは不安だ。そこで、

> 業者が自ら売主となって、シロートに割賦販売を行う場合には、
>
> ➡ 受け取る金額が代金の**30**%以下なら所有権を留保してもよいが、その後はダメだ。

注意！ ただし、業者が代金の30%を超える支払いを受けても、買主が残代金を担保するための抵当権の登記を申請したり、保証人を立てる見込みがないときは、業者は、所有権を留保してもよい。

例 題 　宅地建物取引業者Aが、自ら売主として宅地建物取引業者ではないBを買主とする土地付建物の売買契約（代金**3,200万円**）を締結した。割賦販売の契約を締結し、当該土地付建物を引き渡した場合、Aは、Bから**800万円**の賦払金の支払を受けるまでに、当該土地付建物に係る所有権の移転登記をしなければならない。(R3-42-1)

解 答 　Aが受け取る金額が代金の**30%**（本問の場合は960万円）以下なら、所有権を留保できる（移転登記をしなくてOK）。よって誤り。

第7章　重要事項説明書と37条書面

第1節　　　　重要事項説明書

1. イントロ

　宅地建物の取引は、一生に何度もないイベントだ。そこで、お客さんは、取り引きしようとしている物件がどういう物件なのか判断するために、その物件の重要事項を説明してもらうことができる。

2. どう説明するのか（方法）

（1）宅地建物取引士が説明する

　重要事項の説明は、宅地建物取引士でなければできない。だから、たとえ不動産会社の社長がじきじきに説明をしたとしても、その社長が宅地建物取引士でないならば、改めて宅地建物取引士から説明する必要がある。

　では、重要事項の説明ができるのは、専任の宅地建物取引士に限るか？

　答えは×だ。専任の宅地建物取引士が急病で入院してしまったら、その間は契約ができないのでは、会社がつぶれてしまう。だから、宅地建物取引士でありさえすれば、パートでも、アルバイトでも、重要事項の説明はできる。

（2）書面を交付して説明する

　重要事項の説明内容は複雑だから、お客さんは、耳で聞いただけでは忘れ

てしまう。そこで、業者は、宅地建物取引士をして、**重要事項説明書**という書面を交付して説明させなければならない。

（3）記名押印が必要

重要事項説明書には、宅地建物取引士の記名押印が必要。責任の所在を明確にするためだ。この記名押印も、専任の宅地建物取引士がやる必要はない。**パートでもアルバイトでも**、宅地建物取引士であれば記名押印できる。

（4）宅地建物取引士証の提示が必要

宅地建物取引士は、重要事項の説明の際は、宅地建物取引士証を提示しなければならない。相手方からの請求がなくても、**自主的**に提示する義務がある（➡ 304 頁復習）。違反すると、**過料**だ。

では、宅地建物取引士証を紛失した場合はどうなるのか？　答えは、宅地建物取引士証の**再交付**を受けるまでは、重要事項の説明ができなくなる。

> **注意！**　重要事項の説明は、テレビ会議等のＩＴを利用して説明してもOK。ちなみに、ＩＴを利用して説明する場合は、重要事項説明書を相手方にあらかじめ送付していることが必要。なお、この場合も、取引士証の提示は必要（取引士がカメラに取引士証をかざして、相手方は画面上で確認する）。

（5）契約前に説明する

重要事項の説明は、契約するかしないかの判断材料を提供するためのものだから、**契約成立前**に説明しなければダメ。「契約成立後遅滞なく説明しなければならない」というヒッカケは、もちろん×。

（6）説明は宅地建物取引士ではなく、業者の義務

分かりにくいかもしれないが、重要事項は、業者が宅地建物取引士を用いて説明させなければならない、とされている。つまり、説明義務を負っているのは、宅地建物取引士ではなくて、業者なのだ。

だから、重要事項の説明を省略して契約してしまった場合、業者は**業務停止処分**を受けることがあるが、宅地建物取引士にはおとがめなしだ（上の（4）と混同しないように注意）。

（7）重要事項は買主等に対して説明する

　重要事項の説明は、契約をするかどうかの判断材料を提供するために行う。だから、物件を**入手**する者（売買なら**買主**、貸借なら**借主**、交換なら両当事者）に対して行う必要がある。

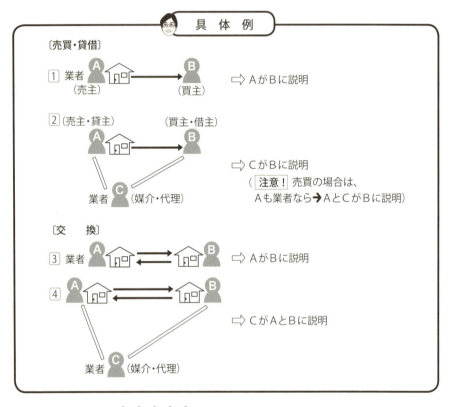

（8）買主等が業者の場合には重要事項の説明は不要

　上の具体例のＢが業者の場合には重要事項の説明は**不要**だ。宅建業者は取引のプロだから、その物件がどんな物件かということについては自分で分かるからだ。つまり、買主等が業者の場合、重要事項説明書の交付だけでいいということだ。

（9）相手方の承諾があっても、重要事項の説明は省略できない

　たとえ相手方が「説明はいりません」と言ったとしても、説明が必要だ。

(10) 信託受益権の販売の場合も重要事項の説明は必要

業者が自分の宅地建物を信託銀行に預けて信託銀行から信託受益権（**例**毎月10万円振り込んでもらえる権利）を得ている場合、その信託受益権を販売（**例**毎月10万円振り込んでもらえる権利を3,000万円で販売）することができる。その場合には、業者は信託銀行に預けている宅地建物の重要事項を信託受益権の買主に説明しなければならない。

ちなみに、業者が信託受益権を販売する場合は、買主が業者であっても、重要事項の説明が必要だ（重要事項の説明と重要事項説明書の交付が必要）。

3．重要事項説明書の記載事項

（1）記載事項は丸暗記！

本番では、「次のうち、重要事項説明書の記載事項に当たるものはどれか」と出る。次のものを**全て丸暗記**しておかないと得点できない！

1　工事**完了**時の形状・構造（未完成物件の場合）注意！
　　　　　注意！　図面を必要とするときは、図面を交付して説明する。
2　**解**除に関する事項……定めがなければ、「**なし**」と記載する。
3　**登**記された権利の種類・内容……たとえば、抵当権の設定された土地を売買する場合、抵当に入っている土地だということを知らせずに売り付けたのでは、後でトラブルになる。だから、目的物件についての、登記された権利は、記載しなければならない。なお、登記は登記でも、**移転登記の申請時期**は、重要事項説明の段階では未定だから**記載しない**。
4　**法**令上の制限……第3編で勉強することの主なものを記載する。
　　　　　例1　造成宅地防災区域内にあるときは、その旨（→470頁4．）
　　　　　例2　土砂災害警戒区域内にあるときは、その旨
　　　　　例3　**津波災害警戒**区域内にあるときは、その旨
　　　　　例4　水害ハザードマップに宅地建物の位置が表示されているときは、水害ハザードマップにおける宅地建物の所在地
　　　　　例5　**建蔽率・容積率**の制限、斜線制限、用途規制、防火地域・準防火地域の制限（→424頁、428頁、432頁、436頁、446頁）

第2編│宅建業法

> **注意！** **例5** は **建物の貸借** の場合だけは、記載不要。

5 **私道** の負担の有無……負担がなければ「**なし**」と **記載** する。

> **注意！** 私道の負担の有無は、**建物の貸借** の場合だけは記載不要。それ以外の場合（宅地の売買・交換・貸借と建物の売買・交換）に記載が必要となる。

6 **上下** 水道、電気、ガスの整備状況……なお、未整備の場合は、整備の見通しと整備についての特別の負担を記載する。

7 住宅性能評価を受けた **新** 築住宅ならその旨……住宅品質確保促進法という法律の評価制度によるお墨付を受けた新築住宅に限っての話だ。それ以外なら何も書かなくて OK（ 2 と違って「評価を受けてません」とは書かんでよろし）。

> **注意！** ①建物の売買・交換に限る（**貸借** なら記載 **不要**）。
> ②新築住宅に限る（**中古** なら記載 **不要**）。

8 **手** 付金等保全措置の概要（自ら売主の場合に限る➡ 360 頁復習）

> **注意！** 貸借なら記載不要。

9 **預り** 金・支払金保全措置の概要（50 万円以上の場合だけ記載する）

10 「代金、交換差金、借賃」以外に授受される **金** 銭の額・授受の目的……重要事項説明書に記載するのは、代金等以外に授受される金銭だ。これは、**手付金、権利金** 等のことだ。代金等は記載しない。なぜなら、重要事項の説明の後で決めることだから。なお、交換差金とは、たとえば、1億円の土地と 8,000 万円の土地を交換する場合に、差額の 2,000 万円を金銭で清算するが、その金銭のことだ。

11 代金、交換差金の **金** 銭貸借のあっせん内容と、貸借不成立の場合の措置……代金、交換差金について、銀行ローン等を、業者がお客さんにあっせんする場合、その内容（融資条件）を記載する。さらに、「あっせんがうまくいかず融資が受けられない場合には契約を白紙に戻す」等の措置も記載しなければならない。

> **注意！** 貸借なら記載不要。

12 区分所有建物特有の9つの事項（後述（2））
13 契約不適合担保責任の履行措置の概要……「お金がないから担保責任は履行できません」ということになると困るから、そういう事態に備えて保険会社に保険をかけておく（保証保険契約）等の手を打つのが、この措置だ。①この措置を講ずるかどうかと②講ずる場合は、措置の概要を記載する。

　　注意1　講じない場合は、「講じない」と記載する。
　　注意2　貸借なら記載不要。

14 建物特有の3つの事項……①石綿使用の有無の調査結果が記録されているならその内容。
　　②耐震診断を受けているならその内容（ただし、昭和56年6月1日以降に新築工事に着手したものを除く）。
　　③中古の建物の場合は、a）建物状況調査（調査実施後1年を経過していないものに限る）を⑧実施しているかどうかと⑥実施している場合は、結果の概要、b）建物の建築・維持保全の状況に関する書類の保存の状況　注意1　b）は貸借なら記載不要。
　　注意2　ちなみに、業者は石綿使用の有無の調査や耐震診断や建物状況調査を実施する義務はない。

15 貸借特有の6つの事項（後述（3））
16 損害賠償額の予定、違約金……定めがなければ「なし」と記載する。

楽勝ゴロ合せ　（五・七・五・七・七で短歌になっている！）

官僚が　徒歩で私道を上下して　預り金を分け　た　そうろう

1 工事完了時の形状・構造
2 解除に関する事項
3 法令上の制限
4 登記された権利の種類・内容
5 私道の負担の有無
6 上下水道等
7 住宅性能評価を受けた新築住宅
8 手付金等保全措置
9 預り金・支払金保全措置
10・11 金銭×2
12 区分所有建物の話
13 契約不適合担保責任の履行措置
14 建物の話
15 貸借の話
16 損害賠償
17 ローン

第2編 | 宅建業法

17 割賦販売（**ロー**ン）の場合の現金販売価格、割賦販売価格その他……
11 と異なり、売主自身が割賦販売を行う場合には、現金販売価格（即金ならいくらか）、割賦販売価格（ローンの合計額はいくらか）、その他（毎月何万円、何年払い等）を記載する。

注意！　貸借なら記載不要。

ヒッカケとして出るのは、

⑦**物件の引渡し時期**　④**移転登記の申請時期**　⑦**危険負担**の3つだ。この3つは、いずれも重要事項説明書の記載事項ではない。すべて、後で勉強する37条書面の記載事項だから混同しないように！

（2）区分所有建物特有の9つの事項

区分所有建物（マンション）の場合には、上の 1 ～ 17 の他に、次の9つの事項についても、重要事項説明書に記載しなければならない。
この9つも、もちろん丸暗記すること！

1 **専**用規約（建物または敷地の一部を特定の者だけに使用させる規約のこと。 **例** 1 階の前庭等）……知らずに契約すると悲劇だから記載必要。案があればその**案**の記載も必要。

2 **専**有部分の利用制限規約（事業用の利用不可、ペット不可というような、専有部分の利用を制限する規約のこと）……これも案があれば**案**も。

3 **共**用規約（集会室や管理人室のような、規約共用部分について定めている規約のこと）……これも案があれば**案**も。

4 **減**免規約（管理費用や積立金を特定の者だけに減額・免除する規約のこと）……これも案があれば**案**も。

注意！　1 ～ 4（○○規約）は**すべて**まだ案だけしかない段階でもその**案**の記載を要す。知らずに契約すると悲劇だからだ。

5 **敷**地利用権（所有権なのか賃借権なのか等を記載する）

6 **修繕**記録……中古マンションで建物の維持修繕の実施状況記録がある場合の話。

378

7 **管理**費用の額（例 月額1万円等と記載する）・滞納の額
8 **管理**人の住所氏名（会社（法人）の場合は、主たる事務所の所在地と名称・商号）
9 **積立金**……建物の維持修繕のための積立金だ。積立金についての規約（案も）内容と、すでに積み立てられている額・滞納の額

「売買・交換」と「貸借」で記載事項が違う！

- 売買・交換なら ➡ 上の 1 〜 9 **全部**の記載が必要
- 貸　　借なら ➡ 2 8（専・管）だけでOK
　　　　　　　　　ニッパチ

楽勝ゴロ合せ　（♪でんでんむしむしかたつむりの替歌だ！）

専 々、共 減、敷 修繕、ダブル管理に積立金、貸借専 管だけでいい
　1 2　　3 4　5　　6　　　7 8　　　　　9　　　　　2　8

1 専用規約
2 専有部分の利用制限規約
3 共用規約
4 減免規約
5 敷地利用権
6 修繕記録
7 管理費用の額
8 管理人の住所氏名
9 そのまんま
2 専有部分の利用制限規約
8 管理人の住所氏名

貸借「戦艦（専管）」だけでいい
　　　　　　　ニッパチ
　　　　　　　2 8

ワタシの専有部分にも利用制限規約があるから勝手なことはできないのだ

管理人の住所氏名は賃借人も知りたいことだ

第2編 宅建業法

（3）貸借特有の6つの事項

　貸借と売買・交換では、何かと違う。上の（1）・（2）でもちょこちょこと違いが顔を出した。

　（1）・（2）で勉強した事項とは別に、貸借特有の事項（貸借の場合だけ重要事項説明書に記載しなければならない事項）というのがある。

　しかも、やっかいなことに、Ⓐ宅地の貸借とⒷ建物の貸借で記載しなければならない事項（表で○になっているもの）に違いがある。

	Ⓐ宅地の貸借	Ⓑ建物の貸借
① 建物の**設**備（台所、浴室、便所等） 　　セ	✕	⭕
② 契約**期**間と更新 　　　キ 　　（定**期**借地借家契約ならその旨も） 　　　　キ ③ **利**用制限事項 　リ 　　（**例** 事業用の利用不可、ペット不可） ④ 契約終了時の **金** 銭の清算方法 　　　　　　キン 　　（**例** 敷金は延滞賃料と相殺） ⑤ **管**理人の住所氏名 　カ 　　（会社（法人）の場合は、主たる事務 　　所の所在地と名称・商号）	⭕	⭕
⑥ 契約終了時の宅地上建物の取**壊**しに 　　　　　　　　　　　　　　コ 　関する事項（＝更地にして返すのか）	⭕	✕

注意！　ちなみに、建物の貸借で、高齢者を対象とした終身建物賃貸借の場合は、その旨を記載する必要がある。

第7章　重要事項説明書と37条書面

赤痢菌の過去
① ② ③ ④　⑤ ⑥
設｜期｜利｜金　管｜壊
備｜間｜用｜銭　理｜し
　｜（定｜　｜　　人｜
　｜期）｜　｜

第2節　供託所等の説明

　第3章で勉強した営業保証金と保証協会のことを思い出してほしい。業者と取引して損害を受けたお客さんは、営業保証金または弁済業務保証金から還付を受けることができる。

　しかし、どこの供託所に営業保証金等が供託してあるのか分からないと、還付の受けようがない。

　そこで、業者は、取引の相手方（業者を除く）に、契約が成立する前に、

　　① どこの供託所に営業保証金を供託しているか、 注意！

　　② 保証協会に加入しているならどの保証協会に加入しているかを、説明するようにしなければならないことになっている。この供託所等の説明は、重要事項説明書の記載事項ではない。

　　注意！　供託している営業保証金の額を説明する必要はない。

よく出るポイント2つ

① 宅地建物**取引士でなくても**説明できる（重要事項の説明との違いその①）

② 書面を用いずに**口頭**で説明できる（重要事項の説明との違いその②）

第3節　37条書面

1. 重要事項説明書と37条書面

　重要事項の説明は、契約締結前にやらなければならなかった。さて、重要事項説明書が交付され、当事者が熟慮の上、契約を締結したら、業者は、今度は37条書面（宅建業法37条で規定しているからこう呼ばれる）という書面を交付しなければならない。この書面は、契約内容をめぐるトラブル（言った言わないの水かけ論）を防止するためのものだ。

　ポイントは、次の通り。

　　1　業者は、契約成立後遅滞なく、
　　2　契約の両当事者に、
　　3　宅地建物取引士が記名押印した

37条書面を交付しなければならない（交付するのは宅地建物取引士以外の者からでもOK。また、内容を説明する必要はない）。

重要事項説明書と37条書面の比較

	重要事項説明書	37条書面
1 いつ交付するのか？	契約成立前	契約成立後遅滞なく
2 誰に交付するのか？	物件を入手する当事者だけに	両当事者に（売主や貸主にも）
3 宅地建物取引士の記名押印は必要か？	必　要	必　要

注意1　当事者が業者の場合も重要事項説明書と37条書面の交付は必要。
注意2　重要事項説明書も37条書面も、どこで交付してもOKだ（ちなみに、重要事項の説明もどこで行ってもOKだ）。

第7章　重要事項説明書と37条書面

2.　37条書面の記載事項

1　当事者の住所氏名

2　物件の表示（所在地等）

3　代金、交換差金、借賃の額・支払の時期・支払の方法

4　**物件の引渡時期**

5　**移転登記の申請時期**

6　建物の構造耐力上主要な部分等の状況について当事者の双
方が確認した事項（中古の建物の場合）

｝必ず記載しなければならない

7　解除に関する事項

8　「代金、交換差金、借賃」以外に授受される金
銭の「額・授受の時期※・授受の目的」

9　代金、交換差金の金銭貸借のあっせんを定めた
場合には、貸借不成立のときの措置

10　損害賠償額の予定、違約金

11　契約不適合担保責任**履行措置**（例）保証保険契約

12　契約不適合担保責任の内容（➡369頁）

13　**危険負担**

14　税金の負担

｝重要事項説明書の記載事項と共通　｝定めがある場合は記載しなければならない

※ただし、授受の時期は、重要事項説明書の記載事項ではない。

> **「売買・交換」と「貸借」で記載事項が違う！**

売買・交換なら ➡ 上の1～14全部の記載が必要（ただし、7～14は、
　　　　　　　　　特に定めがある場合だけ）

貸借　なら　　➡ 5 6 9 11 12 14の記載は不要

例題　宅地建物取引業者Ａがその媒介により契約を成立させた場合において、
契約の**解除**に関する定めがあるときは、当該契約が売買、**貸借**のいず
れに係るものであるかを問わず、37条書面にその内容を記載しなければ
ならない。（R元-36-エ）

解答　売買の場合も**貸借**の場合も、**解除**に関する定めがあるときは、37条書
面にその内容を記載しなければならない。よって正しい。

第8章 監督処分と罰則

1. 監督処分

　宅建業者や宅地建物取引士に、違法・不正があった場合には、色々な監督処分がなされる。では、誰が処分を行うのか？　たとえば、東京都知事の免許を受けた業者が、北海道で違法行為を行った場合、免許権者（東京都知事）と、現地の知事（北海道知事）のどちらに処分権限があるのか？

　それは、次のとおりだ。

			免許権者 登録権者	現地の知事
監督処分	**業者**に対する監督処分	① **指　示**処分	○	○
		② **業務停止**処分（1年以内）	○	○
		③ **免許取消**処分	○	×
	取引士に対する監督処分	① **指　示**処分	○	○
		② **事務禁止**処分（1年以内）	○	○
		③ **登録消除**処分	○	×

　ところで、昔から盗人にも三分の理と言うから、監督処分をするには、事前に公開の場で聴聞（言い分を聞いてやる手続き）をしなければならないことになっている（実は、288頁で勉強済みだ）。もっとも、処分を受ける者が**正当な理由**もないのに聴聞期日に出頭せず、出頭の代わりになる陳述書等の提出もしない場合には、聴聞を終結できる。

> **例　題**　国土交通大臣又は都道府県知事は、業者に対し、業務の停止を命じ、又は必要な指示をしようとするときは**聴聞**を行わなければならない。
> （H23-44-2）

解 答 監督処分をするには、事前に公開の場で**聴聞**（言い分を聞いてやる手続き）をしなければならないことになっている。よって正しい。

2．業者に対する監督処分

（1）指示処分は次の場合に**できる**

（他にもあるが、よく出るのは次のとおり）

1. **宅建業法**違反
2. 業務に関し宅建業法以外の法令に違反し、業者として不適当な場合
3. 宅地建物取引士が監督処分を受けたが、その原因が業者にある場合
4. 業務に関し取引の関係者に損害を与えたとき、または与えるおそれが大である場合

※指示処分とは、違反をやめなさいと指示すること

（2）業務停止処分（1年以内）は次の場合に**できる**

（他にもあるが、よく出るのは次のとおり）

1. （1）の 2・3 の場合（この場合には、指示処分をしてもよいし、業務停止処分をしてもよい）
2. 指示処分に違反した場合（指示処分に従わないこと）
3. **専任の宅地建物取引士**の設置義務違反（➡ 291 頁）
4. 守秘義務違反（➡ 324 頁）
5. 断定的判断の提供・威迫等 ➡ 325 頁）
6. **誇大広告**をした（➡ 327 頁）
7. 取引態様明示義務違反（➡ 328 頁）
8. 媒介契約書の不交付（➡ 335 頁）
9. 報酬額の制限違反（➡ 349 頁）
10. **重要事項の説明**義務違反・**重要事項の説明書**の不交付（➡ 373 頁）
11. 37 条書面の不交付（➡ 382 頁）
12. 従業者に、従業者証明書を携帯させなかった（➡ 305 頁）

注意！ 業者が、指示処分・業務停止処分を受けたときは、業者名簿に、その**年月日**と**内容**が記載される。

第2編 宅建業法

（3）免許取消処分は次の①〜⑥の場合には必ず**しなければならず**、⑦・⑧の場合だけはすることが**できる**

（他にもあるが、よく出るのは次のとおり）

① 不正手段で免許を取得した場合

② **業務停止処分**に違反した場合

③ **業務停止処分**事由に当たり情状が特に重い場合

④ 免許の欠格事由が生じた場合（285頁の①以下に当たることになった場合）

⑤ 免許を受けてから**1年**以内に事業を開始しない場合・引き続き1年以上事業を休止した場合（どちらも、たとえ**正当な理由があるとしても**、免許権者は必ず免許取消処分をしなければならない）

⑥ 免許換えを怠った場合

⑦ 免許の**条件**に違反した場合（➡ 279頁（4））

⑧ 業者が行方不明の場合（免許権者が、業者の所在・事務所の所在地を確知できないので、公告をしたが、公告の日から**30日**経過しても業者から申出がない場合） 注意！ ⑧については聴聞不要

注意！ ⑦と⑧の場合は、①〜⑥と違って、免許を取り消すかどうかは免許権者の**任意**。

....

例 題 甲県知事は、宅地建物取引業者A（甲県知事免許）が免許を受けてから**1年**以内に事業を開始しないときは、免許を取り消さなければならない。（R元-29-ウ）

解 答 **1年**以内に事業を開始しないときは、免許権者は、免許を取り消さなければならない。よって正しい。

....

指導など 国土交通大臣は**すべて**の業者に対して、知事はその都道府県の区域内で宅建業を営む業者に対して、指導・助言・勧告ができる。

3．取引士に対する監督処分

（1）指示処分・事務禁止処分（1年以内）は次の場合に**できる**

名義貸し等の不正行為等

第8章　監督処分と罰則

| 注1 | こういう場合、指示処分をしてもいいし、**いきなり**事務禁止処分をしてもいい。また当初は指示処分をしたが取引士がそれに従わない場合に、**改めて**事務禁止処分をしてもいい。 |

| 注2 | 事務禁止処分を受けた取引士は、すみやかに取引士証をその交付を受けた知事に「**提出**」しなければならない。 |

（2）登録消除処分は次の場合には必ず**しなければならない**

① **不正手段**で取引士登録または取引士証の交付を受けた場合

② 事務禁止処分に違反した場合

③ 指示処分事由・事務禁止処分事由に当たり情状が特に重い場合

④ 登録の欠格事由が生じた場合（298頁の①以下に当たることになった場合）等

| 注意！ | 登録消除処分を受けた取引士は、すみやかに取引士証をその交付を受けた知事に「**返納**」しなければならない。 |

| 例　題 | 宅地建物取引士Aが他人Bに自己名義の使用を許し、BがAの名義を使用して宅地建物取引士である旨の表示をした場合に、Aの情状が特に重いときは、Aの登録は消除される。 |

| 解　答 | こういうことを名義貸しという。そして、名義貸しをした宅地建物取引士は、情状が特に重い場合（悪質な場合）には、登録消除処分を受ける。よって正しい。 |

4．罰　　則

　罰則は山ほどあって、とても覚え切れない。そこで、特によく出るポイントだけピック・アップしてみた。

① 不正手段で免許を取得すると

　➡ 懲役もしくは罰金または両者の併科（両方科されること）となる。また、両罰規定もある（意味は➡ 注2 ）。

| 注1 | これは、**業者**の話。これに対して、不正手段で**取引士**登録または取引士証の交付を受けても罰則なし（登録消除処分は受けるが、これは罰則ではない）。 |

| 注2 | 「両罰規定」とは ➡ Ⓐ実際に違法行為を行った個人（法人の代表者や |

第2編｜宅建業法

従業員）が処罰されるだけでなく、Ⓑその法人も一緒に処罰（ただし罰金だけ）される規定のこと。両罰規定がある罰則と、ない罰則がある。

2　誇大広告をすると ➡ 懲役もしくは罰金または両者の併科（両罰規定あり）

3　帳簿・従業者名簿を事務所ごとに備え付けておかないと
　　➡ 罰金（両罰規定あり）

4　守秘義務に違反すると ➡ 罰金（両罰規定なし）

5　重要事項の説明の際、取引士証を提示しないと ➡ 過料（両罰規定なし）
　　1～5以外にも、次のような罰則がある。

6　名義貸しをして他人に営業させると
　　➡ 懲役もしくは罰金または両者の併科（両罰規定あり）

7　重要な事項について、故意に事実を告げなかったり、不実のことを告げたら ➡ 懲役もしくは罰金または両者の併科（両罰規定あり）

8　不当に高額な報酬を請求すると
　　➡ 懲役もしくは罰金または両者の併科（両罰規定あり）

9　事務所等に専任の宅地建物取引士を設置しなかったら
　　➡ 罰金（両罰規定あり）

10　標識・報酬額を掲示しなかったら ➡ 罰金（両罰規定あり）

11　限度額を超えた報酬を受け取ると ➡ 罰金（両罰規定あり）

12　37条書面を交付しなかったら ➡ 罰金（両罰規定あり）

13　宅地建物取引士証の返納義務・提出義務に違反すると
　　➡ 過料（両罰規定なし）

　ちなみに、1 6 7の場合、法人は、両罰規定として、1億円以下の罰金刑に処せられる。

....

例題　販売する宅地又は建物の広告に著しく事実に相違する表示をした場合、監督処分の対象となるほか、6月以下の**懲役**及び100万円以下の**罰金**を**併科**されることがある。（H30-26-2）

解答　誇大広告をすると ➡ **懲役**もしくは**罰金**または両者の**併科**だ。また、監督処分の対象となる、という前半部分も○だ。よって正しい。

....

5．監督処分の公告

（1）公　告

　国土交通大臣や知事が業者に対して、**業務停止処分**や**免許取消処分**をしたときは、そのことを公告（大臣は**官報**で、知事は**公報**または**ウェブサイト**への掲載その他の適切な方法で公告）しなければならない。

（2）報告・通知

　知事が、**指示処分**や**業務停止処分**をしたときは、遅滞なく、そのことを、処分を受けた業者が国土交通大臣免許を受けているときは、その大臣に**報告**し、他の都道府県の知事の免許を受けているときは、その知事に**通知**しなければならない。

6．内閣総理大臣との協議

（1）協　議

　国土交通大臣が業者に対して、監督処分をしようとするときに、あらかじめ、内閣総理大臣と**協議**しなければならない場合がある。どういう場合かというと、一般消費者の利益の保護に関する義務違反（例、誇大広告の禁止、取引態様明示義務、媒介契約、重要事項の説明、37条書面の交付）の場合だ。

（2）意　見

　ところで、（1）のケースで、内閣総理大臣は、事業を営む場合ではない個人の買主・借主の利益の保護という目的に限って、国土交通大臣の監督処分に関して**意見**を述べることができることになっている。

第9章　住宅瑕疵担保履行法

住宅瑕疵担保履行法

　たとえば、Ａが業者Ｂから新築住宅を買ったのに、雨漏りがする欠陥住宅だったらひどすぎる。そこで、**新築住宅**（中古は×）の主要部分の瑕疵（欠陥）については、引渡しの時から 10 年間ＡはＢに対して責任追及できることになっている（Ｂは引渡しの時から 10 年間瑕疵担保責任を負う）。しかし、Ｂが倒産したらアウトだ。

　そこで、業者が破産しようが夜逃げしようが、瑕疵担保責任が履行されてお客さんが泣き寝入りしなくて済むようにするために作られたのが、住宅瑕疵担保履行法（正式名称は、特定住宅瑕疵担保責任の履行の確保等に関する法律）だ。

（1）システム

　業者が自ら売主となり、シロートの買主に新築住宅を売って**引き渡し**たら、保証金（住宅販売瑕疵担保保証金）を供託しなければならず、買主が瑕疵担保責任を追及するときは、その保証金から還付を受けることができる。これで、業者が夜逃げしても、買主は安泰だ。

　営業保証金（➡ 307 頁～）と非常によく似ているから、面倒でも今この場で営業保証金を復習して、一緒に頭に入れてしまうのが結局は近道だ。

（2）住宅瑕疵担保履行法が適用される条件

1　売主業者・買主シロートに限る（①業者間には適用なし。②「自ら売主」ではない**媒介**業者や代理業者にも適用なし）。

2　**新築住宅**の**主要部分**等の瑕疵に限る。

注意！　主要部分等とは①**構造耐力上**主要な部分または②**雨水の侵入**を防止する部分のことだ。

（3）保証金（住宅販売瑕疵担保保証金）の供託

1　保証金の額は、買主に**引き渡し**た新築住宅の戸数で決まる。1戸目は2,000万円、その上は覚えられない複雑な算式で少しずつ増える。なお、住宅の床面積が**55㎡**以下の場合は、2戸をもって1戸と数えることになる（つまり、保証金が少なくて済むということ）。

注意！　基準日（毎年3月31日）において、その基準日前**10**年間に引き渡した新築住宅の分の保証金を供託していなければならない。

2　基準日（毎年3月31日）ごとに、基準日から**3**週間以内に免許権者に供託状況を届け出なければならない。

3　1　2に違反すると（1金額不足でも2届出なしでも）、基準日の翌日から**50**日経過すると、自ら売主となる新築住宅の売買契約は締結禁止。

注意！　保証金を供託するのではなく、業者が**保険**をかける（住宅販売瑕疵担保責任保険契約）という方法もある。この保険をかけておけば、業者が破産等しても、保険金が支払われるのでお客さんは安心だ。なお、保険期間は**10**年以上であることが必要だ。

第2編｜宅建業法

（4）営業保証金と一緒に覚える

1　有価証券でも OK なのは、営業保証金と同じ（金銭だけでなく**国債証券等**でも供託 OK だし、**100・90・80**％の計算も同じ。➡ 309 頁）。

2　供託場所も、営業保証金と同じ（**主たる事務所の最寄りの供託所**に、全額をまとめて供託する。➡ 311 頁）。

3　保管替え等も、営業保証金と同じ（主たる事務所を移転したため最寄りの供託所が変わったら、①**金銭だけ**で供託していたなら**保管替え**を請求し、②それ以外なら**新たに供託**し直す。➡ 311 頁）。

4　追加供託も、営業保証金と同じ（還付で保証金に不足を生じたら、**2**週間以内に追加供託。追加供託した日から 2 週間以内に届出。➡ 313 頁）。

5　供託所の説明には、営業保証金と同じ点と違う点がある（①**契約成立前**に説明する点は同じ。しかし、②住宅販売瑕疵担保保証金では口頭の説明だけではダメで**書面**を交付しなければならない。②が営業保証金との違い。➡ 381 頁）。

（5）その他のポイント

1　基準日において、保証金の額が基準額を超えることとなったときは、超過額を取り戻すことができる（免許権者の**承認**が必要）。

2　保険契約は、変更・解除することができる（国土交通大臣の**承認**が必要）。

3　保険契約を締結した場合、トラブルがあったときは、**指定住宅紛争処理機関**は、紛争の当事者（売主の業者・買主のシロート）の双方または一方からの申請により、紛争の**あっせん**・調停・仲裁の業務を行うことができる。

392

第3編
法令上の制限

ひと口
アドバイス！

　法令上の制限は、とっつきにくいため、苦手な受験者が多い。それだけに、法令上の制限が得意になれば、ライバルに大きな差をつけることができる。本書では、法令上の制限をラクに征服するために、考えられる限りの工夫をこらした。是非とも、本書で、法令上の制限を得点源にしていただきたい！！

出 題 数 ➔ 8問

法令上の制限とは、
→「いけませんシリーズ」だ。

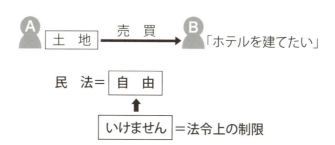

　民法を思い出してほしい。Ａの土地をＢが買ってホテルを建てようと思ったとする。売買はＡＢの意思が合致すれば自由にできるし、買った土地をどう使おうとＢの自由だ。つまり、民法の世界の根底には、「自由」がある。

　しかし、それはあくまでも、民法の世界だけの話だ。狭い日本の現実の社会では、自分の土地だからと言って、何もかも自由にやらせるわけにはいかない。そこで、「〇〇してはいけません」という具合に、自由を「制限」する法令が山のように用意されている。これが、これから勉強する「法令上の制限」だ。どんな「いけません」があるかを簡単に見てみよう。

第3編 法令上の制限

```
┌─────────────────┐
│     スタート      │
└─────────────────┘
         ↓
┌─────────────────────────────────┐
│  Bは、Aから土地を買って、ホテルを建てた │
│ いと思った。                      │
└─────────────────────────────────┘
         ↓
┌─────────────────────────────────┐    国土利用計画法
│  土地の面積が一定以上の場合には、売買契約 │ → （第3章）
│ の後で、都道府県知事に「届出」をしなければ │
│ ならない。                       │
└─────────────────────────────────┘
         ↓
┌─────────────────────────────────┐    農 地 法
│  この土地が農地の場合には、売買契約の締結 │ → （第5章）
│ 前に、原則として、都道府県知事等の「許可」 │
│ を受けなければならない。             │
└─────────────────────────────────┘
         ↓
┌─────────────────────────────────┐    宅地造成等規制法
│  この土地が、宅地造成工事規制区域内の土地 │ → （第4章）
│ なら、造成工事をするには、都道府県知事の「許 │
│ 可」を受けなければならない。          │
└─────────────────────────────────┘
         ↓
┌─────────────────────────────────┐    都市計画法
│  一定の場合には、都道府県知事の「開発許可」 │ → （第1章）
│ を受けなければならない。             │
└─────────────────────────────────┘
         ↓
┌─────────────────────────────────┐    建築基準法
│  この土地が第一種低層住居専用地域内の土地 │ → （第2章）
│ なら、原則として、ホテルは建てられない。   │
└─────────────────────────────────┘
```

　以上は、ほんの一例だ。もっと山ほど「いけません」（制限）がある。それを、順ぐりに勉強していこうというわけだ。

第1章 都市計画法

第1節 日本は5つに分けられる

1. 都市計画区域

　都市計画とは何か？　それは、**住みよい街づくりのための計画**だ。では、住みよい街づくりはどこで行うのか？　それは、無人島や山奥で行っても仕方ない。人が住んでいて、街づくりの必要のある場所で行う。その街づくりの場所、つまり、**都市計画を実施する場所**のことを都市計画区域という。

　では、都市計画区域を指定するのは誰か？　ここからが試験に出るポイントだ。答えは、

> 都市計画区域の指定は、
> - **原則** **都道府県**が行う（1つの都道府県内に指定する場合）。
> - **例外** 国土交通**大臣**が行う（2つ以上の都府県にまたがって指定する場合）。

第3編　法令上の制限

　では、都市計画区域は都道府県や市町村の行政区画に沿って指定されるのか？　答えは、×だ。都市計画の必要性は、世の中の実情に応じて決まる。だから、都市計画区域は**行政区画とは無関係**に指定される。だから、上の例外のように、A県とB県の県境にまたがって指定することもできる。

2．準都市計画区域

　都市計画区域は、あれもいかんこれもいかんと法令でガチガチにしばる場所だ。しかし、世の中には都市計画区域ほどガチガチでなくてもいいが、かといって全く野放しにするわけにもいかない場所もある。そこで、そういう場所は都市計画区域に準じる場所ということで「**準**都市計画区域」に指定できることになっている。

準都市計画区域はここが出る！

1　どこに指定されるのか？　➡　都市計画区域**外**だ。

2　誰が指定するのか？　➡　**都道府県**だ。

3　手　続　き　は？　➡　関係市町村と都道府県都市計画審議会の**意見**を聴かなければならない。

　つまり日本は、都市計画区域と準都市計画区域とそのどちらでもない場所（両区域外＝無人島や山奥）の3つに分けられることになる。

　　　　　　　┌─ **都**市計画区域　➡　399頁でもう少し詳しく分ける
日本の国土 ──┼─ **準**都市計画区域
　　　　　　　└─ 両区域**外**

3．市街化区域と市街化調整区域

　さて、ガチガチにしばる都市計画区域が指定された。次にやるのは、都市計画区域を「市街化区域」と「市街化調整区域」に分けることだ。この作業

第1章　都市計画法

を**線引き**（区域区分）という。

市街化区域とは　　➡　Ⓐすでに市街地を形成している区域、および、Ⓑおおむね**10年**以内に優先的かつ計画的に市街化を図るべき区域（しっかり市街化する場所）

市街化調整区域とは　➡　市街化を**抑制**すべき区域（市街化をおさえる場所）

　市街化調整区域という言葉は、テレビのニュースなどで耳にされたこともあるかと思うが、「調整」という言葉が意味不明なため、どうもピンとこない。要するに、市街化**抑制**区域という意味なのだ。

　さて、すべての都市計画区域で必ず線引きが行われるかというとそうではない。線引きしないケースもある。この、都市計画区域に指定されたのに線引きしない区域のことを**非線引区域**という（正式名称は「**区域区分が**定められていない**都市計画区域**」）。線引きするかしないかは、その都市計画区域を指定した**都道府県**または**大臣**が都市計画区域マスタープラン（➡ 400頁の表の①）で決める。

　結局、以上の説明を整理すると、日本は5つに分けられることになる。この5区分（①〜⑤）は、この先何かと顔を出す。

日本は5つに分けられる

線引き（都道府県または大臣が決める）

日本の国土 ── **都市計画区域**（都道府県または大臣が指定） ── **市**街化区域…………………① / **非**線引区域…………………② / 市街化調整区域…………③

── **準**都市計画区域（都道府県が指定）……………………④

── 両区域**外**（無人島や山奥）………………⑤

第3編　法令上の制限

第一章　都市計画法

399

第3編 法令上の制限

第*2*節　都市計画の決定

1．都市計画の種類と決定権者

都市計画には色々な種類がある。前節で勉強した、市街化区域と市街化調整区域の線引き（区域区分だ）もその1つだが、他にもある。6つの都市計画と、それを誰が決定するか（決定権者）をまとめた。

<table>
<tr><td colspan="3" rowspan="2"></td><td colspan="2">決 定 権 者</td></tr>
<tr><td>原 則
1つの都道府県内の都市計画区域の場合</td><td>例 外
2つ以上の都府県にまたがる都市計画区域の場合</td></tr>
<tr><td rowspan="8">都市計画の種類</td><td colspan="2">① 都市計画区域の整備・開発・保全の方針（都市計画区域マスタープランのこと）</td><td>都 道 府 県</td><td>大 臣</td></tr>
<tr><td colspan="2">② 区域区分（市街化区域と市街化調整区域の線引きのこと）</td><td>都 道 府 県</td><td>大 臣</td></tr>
<tr><td rowspan="3">③ 地域地区</td><td colspan="1">用 途 地 域</td><td>市 町 村</td><td>市 町 村</td></tr>
<tr><td rowspan="2">補助的地域地区</td><td>風致地区</td><td>都道府県または市町村</td><td>大臣または市町村</td></tr>
<tr><td>風致地区以外</td><td>市 町 村</td><td>市 町 村</td></tr>
<tr><td colspan="2">④ 都 市 施 設</td><td>都道府県または市町村</td><td>大臣または市町村</td></tr>
<tr><td colspan="2">⑤ 地 区 計 画</td><td>市 町 村</td><td>市 町 村</td></tr>
<tr><td colspan="2">⑥ 市街地開発事業</td><td>都道府県または市町村</td><td>大臣または市町村</td></tr>
</table>

注意1　大臣とは国土交通大臣だ。原則欄の都道府県が例外欄ではすべて大臣になる。しかし、市町村は、原則欄・例外欄で変化なし。

注意2　⑥ の市街地開発事業とは、市街地を一体的に開発・整備する都市計画のこと。これは準都市計画区域と市街化調整区域では**できない**。市街化を促進するのはマズイからだ。

400

2．都市計画の決定手続き

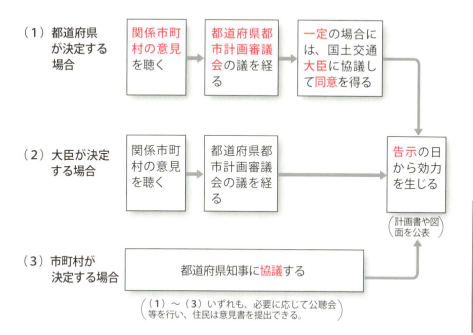

なお、市町村が決定した都市計画が、都道府県または大臣が決定した都市計画と矛盾することもたまにはある。そういう場合には、都道府県や大臣が定めた都市計画が**例外なく優先**することになっている。

3．マスタープラン

（1）都市計画区域マスタープラン

都市計画区域で都市計画を決定するときに守らなければならない方針のこと。正式名称は「都市計画区域の整備・開発・保全の方針」（400頁の表の①）。たとえば、**線引き**（400頁の表の②）をやるかやらないかもまず都市計画区域マスタープランで決め、やると決めたら次に区域区分という都市計画で具体的な線を引く。都市計画区域マスタープランは全ての都市計画区域に定

第3編 | 法令上の制限

められるから非線引区域にも当然定められる。

（2）市町村マスタープラン

正式名称は「市町村の都市計画の基本方針」。こっちは住民の意見を反映させるために市町村が自分のイニシアチブ（主導権）で決定する。

	ここが違う！
都市計画区域マスタープラン ➡普通の都市計画の決定手続き	401頁の(1)または(2)の手続きそのまま
市町村マスタープラン ➡独自の決定手続き	401頁の(3)ではなく、勝手に決めて知事に通知するだけ（知事との協議は不要）

4. その他

土地の所有者、借地権者、特定非営利活動法人（ＮＰＯ法人のこと）等は、都市計画の決定や変更を提案することができる。

第1章　都市計画法

第3節　地域地区

1. 用途地域

（1）用途地域の種類と目的

用途地域の種類			その目的は
住居系	1	1-1 第一種低層住居専用地域	低層住宅の良好な環境保護
		1-2 第二種低層住居専用地域	主として、低層住宅の良好な環境保護
		1-3 田園住居地域	農業の利便と調和した低層住宅の良好な環境保護
	2	2-1 第一種中高層住居専用地域	中高層住宅の良好な環境保護
		2-2 第二種中高層住居専用地域	主として、中高層住宅の良好な環境保護
	3	3-1 第一種住居地域	住居の環境保護
		3-2 第二種住居地域	主として、住居の環境保護
		3-3 準住居地域	道路沿いの業務の利便と住居の環境保護
商業系	4	近隣商業地域	近隣住民への日用品供給等の商業の利便
	5	商業地域	主として、商業の利便
工業系	6	準工業地域	主として、環境を悪化しない工業の利便
	7	工業地域	主として、工業の利便
	8	工業専用地域	工業の利便

　用途地域とは、「この地域はこういう用途（目的）のための地域にします」と定める都市計画のこと。後々、何かとゴロ合せで1-1～8の番号を使うから、必ずこの場で丸暗記してしまうこと！

（2）用途地域はどこに定めるのか？

　用途地域は、市街化区域には必ず定めることになっている。市街化区域は、しっかり市街化する場所だからだ。これに対して、市街化調整区域は、市街化をおさえる場所だから、用途地域は原則として定めない。

2．補助的地域地区

特別用途地区 （とくべつようとちく）	特別の目的を実現するために定める地区。その種類は市町村が**都市計画**で定める。 ➡たとえば、商業専用地区とか文教地区等、好きなオリジナルプランを定める。
特定用途**制限**地域 （とくていようとせいげんちいき）	建築物等の**特定の用途**を制限する地域。 ➡たとえば、畑の中にラブホテルができると環境が悪くなるから許しません、ということを**条例**で定める。 　どこでも OK じゃないよ！パート1 ① **用**途地域内には定められない。だって、用途規制（➡424頁の表）だけで十分だから。 ② 市街化**調**整区域内にも定められない。だって、もともと建物を建てられないから（➡421頁の表 D ）。 楽勝ゴロ合せ　制限　は　予　知　できない （特定用途制限地域）（用途地域）（市街化調整区域）（定められない）
特定街区 （とくていがいく）	超高層ビル街（例、東京の西新宿）等を建設するための地区。 ➡そのために、日影規制や斜線制限等は一切排除され、独自の高さ制限等が定められる。

高度利用地区	土地を高度に利用するための地区。 →そのために、建蔽率（最高限）、容積率（最高限・最低限）、建築面積（最低限）、壁面の位置の制限を定める。
高度地区	建物の高さ（最高限・最低限）を定める地区。 注意！ 同じ「高度」という語が、高度地区（「高さ」の意味）と高度利用地区（「高度に」の意味）で全く別の意味。ヒッカケが出る！
景観地区	市街地の景観（人工美）を維持する地区。
風致地区	都市の風致（自然美）を維持する地区。 →そのために、地方公共団体の**条例**で建築物の建築や木竹の伐採等を規制する。
高層住居誘導地区	高層住宅（マンション）の建設を誘導するための地区。 ①第一種住居地域②第二種住居地域③準住居地域④近隣商業地域⑤準工業地域に定めることができる。 注意！ 第一種・第二種中高層住居専用地域には定められない。

まず、イメージをつかめ！

　用途地域だけでは、都市計画のきめ細かさが足りない。お上としては、もっと箸の上げ下ろしまでガチガチにしばりたい。そこで、用途地域を補うために（＝もっと別のアミをかぶせるために）用意されたプランが、表に示した補助的地域地区だ。図で頭を整理。

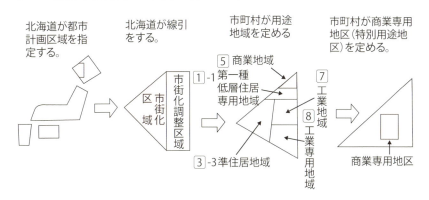

第3編 | 法令上の制限

> 😊 **どこでもOKじゃないよ！　パート2**

1. 用途地域**外**では
    → **特**別用途地区・高度**利**用地区・**高**度地区は定められない。この3つは用途地域をもっとガチガチにしばるためのものだからだ。それがわかる貴方は特別利口だ。

特別　　利　　　口
（特別用途地区 ×）（高度利用地区 ×）（高度地区 ×）

注意！　ちなみに、高層住居誘導地区も用途地域外では、定められない。

2. **準**都市計画区域では
    → 特定**街**区・高度**利**用地区は定められない。高度地区は定められるが建物の高さの最**高**限だけしか定められない。準都市計画区域は都市計画区域ほどガンガン都市化する場所じゃないということだ。ちがいがわかる貴方は利口だ。

ち　が　い　は　利　　口
（特定街区 ×）　（高度利用地区 ×）（最高限だけ○）

注意1　補助的地域地区（➡ 404頁、405頁）の中で、準都市計画区域に定めることができるのは、特別用途地区、特定用途制限地域、高度地区（高さの最高限だけ）、景観地区、風致地区だ。

注意2　補助的地域地区としては、他に特例容積率適用地区（➡ 440頁）や居住環境向上用途誘導地区（立地適正化計画に記載された居住誘導区域のうち、居住環境向上施設を誘導する必要があると認められる区域に定めることができる）がある。

第4節　都市施設

1．都市施設とは？

都市施設とは、道路等の人が生活するために必要な都市の施設のことだ。

第1章　都市計画法

都市施設は、次の３グループに分類できる。出るのは後の1〜3だ。

都市施設 ｛ Ⓐ　道路・公園・下水道
　　　　　 Ⓑ　義務教育施設
　　　　　 Ⓒ　その他（社会福祉施設等）

1　**市**街化区域と**非**線引区域には ➡ Ⓐ（道路・公園・下水道）を**必ず**定めなければならない。

2　**住**居系用途地域（403頁の1－1〜3－3）には ➡ Ⓑ（義務教育施設）を**必ず**定めなければならない（子供がいっぱいいるから）。

3　都市計画区域外（**準**都市計画区域と両区域**外**）にも ➡ 都市施設（Ⓐ〜Ⓒ）は定めることが**できる**（山奥や無人島にも道路等が必要なことはあるから）。

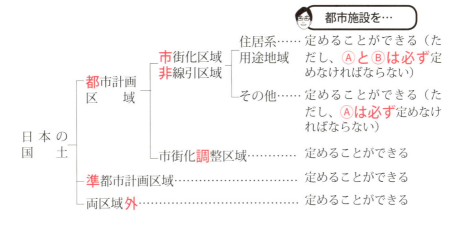

2．じゃまになる建築の制限

たとえば、「ここに道路を作る」という計画があるのに、道路予定地に勝手に建物を建てられると道路作りのじゃまだから、しばりがある。

第3編　法令上の制限

第1段階 まず都市施設についての都市計画が決定され、告示される

土地利用の制限はゆるい

原則　「都市計画施設」（都市計画で建設が決定された都市施設）の区域内では、建築物の建築に**知事等**（市の区域内では市長）**の許可**が必要。

　注意！　ちなみに、市街地開発事業の施行区域内においても、都市計画施設の区域内と同じ制限を受けることになる（つまり、市街地開発事業の施行区域内においても第1段階の制限を受けるということ）。

例外①　**非常災害**の応急措置として行う建築は許可**不要**。
例外②　**都市計画事業**の施行として行う建築は許可**不要**。

　注意！　知事等は、木造2階建て以下等の一定の建築は許可**しなければならない**（それでも許可必要だ。許可不要と出たら×）。

第2段階 次に、都市計画事業の認可・承認の告示がなされる

土地利用の制限はきびしい

都市計画事業とは、都市計画施設を実際に建設することだ。いきなり着工するのではなく、都市計画事業の認可・承認の告示がなされてから着工する。この告示があるといよいよ工事が目前だ。だから、規制が厳しくなり、事業の障害になる①建築物の建築、②工作物の建設、③土地の形質の変更、④重量5トン超の物件の設置・堆積をしようとするときは、**知事等の許可**が必要。

　注意1　第1段階と違って、許可不要となる例外はない。だから、非常災害の応急措置**でも**知事等の許可が**必要**。

　注意2　都市計画事業については、都市計画事業の認可・承認の告示があれば、土地収用法の事業認定の告示とみなされる。

都市計画事業完了

第1章　都市計画法

田園住居地域内における建築等の規制

原　則　「田園住居地域内の農地」の区域内では、1建築物の建築、2工作物の建設、3土地の形質の変更、4土石等の物件の堆積をしようとするときは、**市町村長の許可**が必要。

例外①　通常の**管理**行為、**軽易**な行為の場合は許可**不要**。

例外②　**非常災害**の応急措置として行う場合は許可**不要**。

例外③　**都市計画事業**の施行として行う場合は許可**不要**。

注意1　市町村長は、300㎡未満の一定の土地の形質の変更等は許可**しなければならない**（それでも許可必要だ。許可不要と出たら×）。

注意2　国や地方公共団体が行う場合は許可不要だが、あらかじめ、市町村長との協議が必要。

第5節　地区計画

1．地区計画とは何か？

　地区計画とは、一言で言えば、「小さな街づくり計画」だ。比較的小規模の地区で、地域の特性に応じてきめ細かく道路や公園等を整備したり、ミニ開発による環境悪化を防止したりするために実施する。「小さな街づくり計画＝環境悪化防止」というイメージで得点できる。

2．地区計画はここが出る！

■1 地区計画では、何を定めるのか？　■

（1）目標・方針

　ひと口に小さな街づくりと言っても、中身は地域ごとに千差万別だ。そこで、この街をどういう街にするのか、という目標・方針をまず定める。

（2）地区整備計画

　目標だけ定めても、お題目にすぎない。そこで、その目標をどう達成する

第3編 | 法令上の制限

かという手段が必要になる。その具体的な中身を定めるのが地区整備計画だ。
地区整備計画には、次のことを定める。

1. 道路・公園等の整備
2. 建蔽率（最高限）、容積率（最高限・最低限）、建築物の高さ（最高
   限・最低限）、建築面積（最低限）、壁面の位置の制限等。ただし、
   市街化調整区域では、最低限（下線①〜③）は定められない。そんな
   ことを定めたら、市街化を促進してしまうからだ。

② 地区計画は、どこに定めることができるのか？

都市計画区域 → 用途地域が定められているなら○
　　　　　　　　用途地域が定められていないなら△ 注意！

準都市計画区域 → ✕

両区域外 → ✕

注意！ 一定の場合だけ、定めることができる。

③ 住民パワー

1. 弱い住民パワー

   地区計画を定めてくれと住民が申し出る方法があればありがたい話
   だ。そこでその方法を市町村の**条例**で定めることができることになっ
   ている。ただし、住民の申し出に強制力なし。

2. 強い住民パワー

   それに対して市町村が地区計画を定めても、街づくりの目標・方針
   を定めただけで肝心の具体的な地区整備計画がいつまでたっても定め
   られないなら、住民が迷惑する。そこでそういう場合には、地主（借
   地権者を含む）**全員の合意**がある場合に限って市町村に地区整備計画
   を定めるよう要請できることになっている。こっちは強制力あり。

④ 届　　出

せっかく、地区計画が定められても、計画を無視して勝手な建物を建てた
り土地を造成したりする輩がいたのでは、小さな街づくり計画が台無しだ。
そこで、

1. 地区整備計画が定められている地区計画区域内で建物を建てたり土地
   を造成したりする場合、

410

② 着手の「30日前」までに（前日までは×、着手後30日以内も×）、
③ 「市町村長」に（知事は×。小さな街づくりだから市町村長だ）、
④ 「届け出」なければならない（許可じゃない。ヒッカケ注意！）。
⑤ 届出を受けた市町村長は、不適当な建物なら、やめろと「勧告」できる（命令はできない。ここも穴）。
⑥ なお、一定の場合（軽易な建築や、都市計画事業の施行として行われる建築等の場合）には、届け出ずに建築していい。

5 開発整備促進区

①第二種住居地域②準住居地域③工業地域④用途地域が定められていない土地（市街化調整区域を除く）における地区計画については、一定の条件に該当する場合、開発整備促進区を都市計画に定めることができる。ちなみに、開発整備促進区には、特定大規模建築物（ショッピングモール等のこと）を建てることができる。つまり、地区計画で、特定大規模建築物を建てることができる地域（開発整備促進区）を定めてOKということ。

例題 地区計画は、①**準**都市計画区域内の用途地域が定められている区域には定めることができるが、②**準**都市計画区域内の用途地域が定められていない区域には定めることができない。

解答 地区計画は、準都市計画区域内には**一切**定められない。用途地域の内外どちらもダメ。よって誤り。なお、両区域**外**がダメなのは言うまでもないからついでに押さえよ！

第6節　開発許可

この節から1問出題されようぞ。

1. 開発行為と開発許可

住みよい街づくりのためには乱開発を防ぐ必要がある。だから建物を建てるための土地の造成工事（これが開発行為）は、勝手にやってはいけないことになっている。原則として知事の許可（これが開発許可）が必要。

第3編 | 法令上の制限

全体の流れ

「この山の斜面を造成して住宅を建てよう」
→ 知事から**開発許可**をもらう

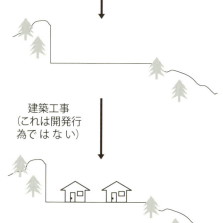

造成工事
(これが開発行為)

「きれいに整地された土地ができた」
→ 知事が**工事完了公告**をする

建築工事
(これは開発行為ではない)

「予定どおり、住宅ができた」
=**予定建築物**の完成

用語の意味

開発行為とは → ①建築物の建築または ② 特定工作物※の建設 } のために行う土地の造成等のこと。

※特定工作物 →
- 第一種特定工作物……コンクリートプラント等の環境悪化をもたらすおそれのある工作物(規模不問)
- 第二種特定工作物
  - Ⓐ ゴルフコース(規模不問)
  - Ⓑ 1ヘクタール(10,000㎡)以上の野球場、庭球場(テニスコート)、遊園地等のスポーツ・レジャー施設、墓園

|注意!| 青空駐車場は → 特定工作物ではないから、1ヘクタール以上でも開発許可を受けずに造成していい。

第 1 章　都市計画法

2．開発許可が必要な場合と不要な場合

　開発行為には原則として知事の開発許可が必要。しかし一定の場合は無許可で OK。それをまとめたのが次の表。超重要だから丸暗記！

	ミ　ニ　開　発	農林漁業用建築物（サイロ、温室等の他、**農林漁業者の住宅**を含む）を建てるための開発行為	（世の中のためグループ） ①図書館、公民館、仮設建築物、鉄道施設、変電所等を建てるための開発行為　②**非常災害**の応急措置、都市計画事業、土地区画整理事業等のための開発行為
市街化区域	**1,000** ㎡**未**満	許可不要	許
非線引区域 準都市計画区域	**3,000** ㎡**未**満 許可不要		可
市街化**調整**区域	いくら小さくても 許可必要	不	
両区域**外**	**1**ヘクタール**未**満 許可不要	要	

注1　お上（国、都道府県等）が開発行為を行う場合には、お上と知事の協議が成立すれば開発許可があったものとみなされる。

注2　都道府県等は、条例で、上の表の 1,000㎡ と 3,000㎡ をどちらも 300㎡まで引き下げることができる。

注3　通常の管理行為や軽易な行為（**例** 車庫や物置を建てるための開発行為等）も開発許可が不要だ。

例　題　準都市計画区域において、商業施設の建築を目的とした **2,000**㎡の土地の区画形質の変更を行おうとする者は、あらかじめ、都道府県知事の許可を受けなければならない。（R3-16-3）

解　答　準都市計画区域での開発行為は、**3,000**㎡未満なら許可不要だ。よって誤り。

413

第3編 | 法令上の制限

 セ ミ の　　耳　　は　　意 味　ない
1,000 ㎡ 未満　　3,000 ㎡ 未満　　1ヘクタール未満　許可不要

もうひと押し！

　表の中の2つ以上の区域にまたがって開発行為を行う場合はどうなるか？答えは、それぞれの区域の部分だけ見ると許可不要の面積であっても、開発行為を行う全体の**合計**面積が許可必要の面積（**3,000㎡**または**1**ヘクタール）に達すると許可**必**要となる。

例1

市街化区域	900㎡
非線引区域	2,000㎡

合計面積 2,900㎡ → 許可不要

市街化区域	900㎡
非線引区域	2,100㎡

合計面積 **3,000**㎡ → 許可**必**要

なぜか？

　もし3,000㎡全部が非線引区域内にあったなら開発許可が必要なのに、一部分（900㎡）がもっと規制のきびしい市街化区域にはみ出したために許可不要となってはおかしい。だから、900㎡と2,100㎡を個別に見れば許可不要の面積でも、**合計**面積が**3,000**㎡なら許可**必**要となる、というワケ。

例2

市街化区域	900㎡
両区域外	9,000㎡

合計面積9,900㎡ ➡ 許可不要

市街化区域	900㎡
両区域外	9,100㎡

合計面積1ヘクタール ➡ 許可必要

なぜか？

　　例1と同じリクツだ（わかりますよね。他にもいろんな組合せがあるから考えてみて下さい）。

3. 開発許可の手続き

知事に開発許可の申請書を出す

ポイント①

　（相当数の同意）……申請は、地権者の**相当数の同意**があればできる。つまり、
　➡ 全員の同意は不要だし、自分が所有していない土地についても申請できる。

ポイント②

　（書面）……申請は、**必ず書面**で行う。
　➡ 口頭での申請は、絶対ダメ。

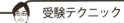
受験テクニック

宅建士試験では、「口頭で申請することは絶対できないこと」が2つあるから、ここで整理しておく。

① **登記**の申請（114頁 例題）　　
② **開発許可**の申請

➡ 口頭は絶対ダメ（例外なし）

楽勝ゴロ合せ

都　会　に　口なし
　↓　　↓　　　　↓
登記　開発許可　口頭は絶対ダメ

ポイント③

　（用途）……申請書には、予定建築物の**用途**を書く（高さ・構造・設備・建築価額までは不要）。

| 知事は遅滞なく許可・不許可を決める |

ポイント①

(開発審査会の議)……知事は市街化調整区域での開発行為を許可する場合には、**開発審査会の議**を経なければならない場合がある(常に議を経るわけではない)。

ポイント②

(建築制限)……知事は**用途地域外**での開発行為を許可する場合には、**建蔽率**、建築物の**高さ・敷地・構造・設備・壁面の位置**を制限できる。この制限に反する建築は知事の許可がないとダメ。

ポイント③

(道路整備と資金力)……知事は業者に**道路整備**を義務づけることができ、**資金力**と信用のある業者にだけ開発許可を与える。

ポイント④

(文書で通知)……知事は申請者に、許可か不許可かを**文書**で通知する。

| 許可の場合 |

知事は一定事項を開発登録簿に登録する。

開発登録簿は誰でも見られるし、コピーももらえる。

開発行為(造成工事)をやる。

| 不許可の場合 |

不服なら、**開発審査会**に審査請求ができる。

第1章 都市計画法

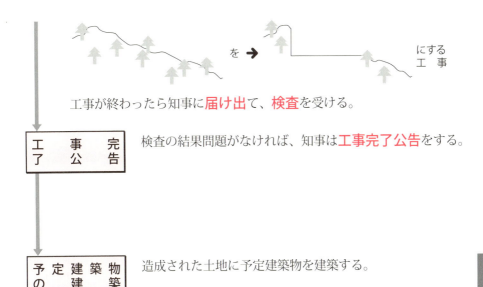

工事が終わったら知事に**届け出**て、**検査**を受ける。

検査の結果問題がなければ、知事は**工事完了公告**をする。

造成された土地に予定建築物を建築する。

例題	都道府県知事は、**用途地域の定められていない**土地の区域における開発行為について開発許可をする場合において必要があると認めるときは、当該開発区域内の土地について、建築物の敷地、構造及び設備に関する制限を定めることができる。(H28-17-4)
解答	知事は、**用途地域外**での開発行為を許可するときは、建蔽率等を制限できる。よって正しい。

注意1　開発行為の許可または不許可（➡416頁 不許可の場合 で勉強済）の処分もしくは不作為（処分がなされないこと）に不服がある場合は、開発審査会に審査請求できる。不作為についての審査請求は、開発審査会に代えて、知事に対してもできる。

注意2　開発許可処分の取消しの訴えは、審査請求を経ずに提起できる。

第3編 | 法令上の制限

4．計画変更等の手続き

世の中、先のことは分からない。開発許可を得ても、予定通りに事が運ぶとは限らない。ではどういう事態があり得るかというと、次の4つだ。

こういう場合には		こうする
① 計画を変更するには	**通常**の変更なら	知事の「**許可**」が必要
	軽微な変更なら	遅滞なく知事に「**届け出**」ればOK
② 開発行為を**廃止**したら（やめたら）		遅滞なく知事に「**届け出**」ればOK
③ 開発許可を受けた立場を**譲渡**するには （開発許可を受けたAが、その土地をBに売ると、）		知事の「**承認**」が必要 注意1 （Bは、知事の承認を受ければ開発行為をやってよい。）
④ 一般承継（**相続・合併**）なら、 （開発許可を受けたAが死亡し、子Bがその土地を相続すると、）		一切手続き**不要** （Bは、当然にAの地位を引き継ぐから、何の手続きもせずに、開発行為をやってよい。）

注意1 AがBに土地を売ること自体は、勝手にできる。知事の承認が必要なのは「開発許可を受けた立場」（開発行為ができるという地位）の譲渡だ。

注意2 規模を開発許可が不要な面積に縮小する場合（たとえば、市街化区域において規模を 1,000㎡未満に縮小する場合）、許可も届出も不要だ。

例　題 開発許可を受けた者は、開発行為に関する工事を**廃止**するときは、都道府県知事の**許可**を受けなければならない。（H28-17-1）

解　答 開発行為を**廃止**したら、知事に「**届け出**」れば OK（「許可」は不要）だ。よって誤り。

418

第 1 章　都市計画法

5．公共施設について

　公共施設の代表選手は道路。他にもあるが、公共施設＝道路と考えると分かりやすい。開発行為が行われると交通量が増して公共施設への影響が大きいし、開発行為によって新しい道路が作り出される場合もある。そこで、開発行為には公共施設の管理者（市町村等）が次のようにからむ。

開発行為前は？

　開発許可を申請する者は、事前に

1　開発行為に関係のある、今ある公共施設の管理者（市町村等）と「協議」して「同意」を得、かつ、
2　開発行為によって、これから設置する予定の公共施設の管理者（原則として市町村）と「協議」しなければならない。

開発行為後は？

　工事完了公告の翌日から、

1　開発行為によって設置された公共施設は原則として市町村が「管理」し、
2　開発行為によって設置された公共施設の敷地の所有権は、原則として市町村に「帰属」する。

　　つまり、開発行為を行った者は、自分の土地に作った道路の用地を市町村に取り上げられるわけだ。もちろん、補償金はもらえる。

例　題　開発許可を申請しようとする者は、あらかじめ、開発行為又は開発行為に関する工事により設置される公共施設を管理することとなる者と**協議**しなければならない。(R2-16-1)

解　答　開発許可を申請する者は、事前に（あらかじめ）、設置される予定の公共施設の管理者と「**協議**」しなければならない。よって正しい。

第3編　法令上の制限

第一章　都市計画法

419

第3編 | 法令上の制限

6. 建築の制限

　開発許可は乱開発を防ぐ制度。そこで、開発区域（開発許可を得て開発行為を行う場所）内には原則として勝手に建物を建てられない。さらに、開発区域外の土地にも、建築の制限がある。それをまとめたのが、右の表だ。この表は死ぬほど難解で誰もが苦しむ。しかしよく出る（特に D 欄）。なんとしても丸暗記して頂きたい。ガンバレ！

例　題　何人も、市街化調整区域のうち開発許可を受けた開発区域以外の区域内において、都道府県知事の許可を受けることなく、仮設建築物を新築することができる。(H27-15-4)

解　答　市街化調整区域のうち開発許可を受けた開発区域以外の区域内（分かりにくいが、要するに、タダの市街化調整区域のこと（421頁の D 欄だ））。そこで、D 欄を見ると、例外として 3 の⑦に仮設建築物が出てくる。だから、仮設建築物は許可なく建てられる。よって正しい。

420

第1章　都市計画法

絶対暗記！		市街化調整区域以外	市街化調整区域
開発区域内	工事完了公告前（造成工事中）	A　原則として× 例外として○なのは、 ①知事が支障がないと認めた場合 ②工事用仮設建築物 ③開発行為に同意していない土地所有者等が建築する場合	
	工事完了公告後	B　原則として予定建築物以外は× 例外として○なのは、 ①知事の許可がある場合 ②用途地域が定められている場合は、用途規制に反しない限り、予定建築物以外も○	
開発区域外		C　用途地域が定められている場合は、用途規制に反しない限り　○	D　**タダの市街化調整区域の話** 原則として　× 例外として○なのは、 ①**知事の許可**がある場合　注意！ ②**農林漁業**用建築物（サイロ、温室等の他、農林漁業者の住宅も含む） ③世の中のためグループ ㋐図書館、公民館、仮設建築物、鉄道施設、変電所等 ㋑**非常災害**の応急措置、都市計画事業等として行う場合 注意！　お上（国、都道府県等）が行う場合は、お上と知事の協議が成立すれば知事の許可があったものとみなされる。

{ ○：建築物の建築・改築・用途変更、特定工作物の建設を、やってよい。
{ ×：建築物の建築・改築・用途変更、特定工作物の建設を、やってはいけない。

第3編　法令上の制限

第一章　都市計画法

第2章　建築基準法

🙂 はじめに

建築基準法の勉強を始めるに当たって、まず、次の用語を覚えてほしい。

1 集団規定と単体規定 ■

建築基準法の規定には、①両区域内（都市計画区域内と準都市計画区域内）だけに適用される集団規定と、②両区域の内外を問わず日本全国に適用される単体規定がある。

> ① **集団規定** ➡ **両区域内**（都市計画区域内と準都市計画区域内）
> **だけ**に適用される。
> ㋑用途規制など
> ② **単体規定** ➡ **全国**に適用される。

2 建築主事と特定行政庁 ■

（1）建築主事

建築確認を行うエリート地方公務員だ。建築主事を置いている市町村と置いていない市町村（山奥など）がある。

（2）特定行政庁

市町村長または都道府県知事のことだ。どう区別するかというと、

> 建築主事を**置いている**市町村では　➡ **市町村長**が特定行政庁
> 建築主事を**置いていない**市町村では　➡ **都道府県知事**が特定行政庁

第1節　用途規制

ほとんど毎年出題されておるぞ！

　用途規制とは、どの用途地域には、どんな建物を建ててよいかという規制だ。ここはもう一切理屈抜き。次の表を丸暗記した方の勝ちなのだ。それで、1点取れる！

表の見方にはコツがある。

コツ 1　×は必ず、端（1か8）から来る。×を○がはさむことは絶対にない。だから、2段目の「図書館等は8時に閉まる」のゴロ合せに、「7時かも知れないし、6時かも知れないじゃないか。ゴロ合せになってないぞ。」と文句を言ってはダメ。なぜなら、7だけ×とか、6だけ×ということは、あり得ないからだ。

コツ 2　病院と診療所はどう違うのか、というような具体的な内容にこだわるべからず（得点に無関係）！　ひたすら丸暗記につとめるべし。

例 題　小学校は、準工業地域には建てられない。

解 答　小学校が×なのは工業地域（7）と、工業専用地域（8）だから誤り。「ハナ子は小学生」だ。準工業地域（6）には、建てられる。
　　　　　　8 7

注意！　建物の敷地が2つの用途地域にまたがっている場合、過半を占める地域の規制が敷地全体に適用される。

絶対暗記！ 建物の種類

○ → 自由に建ててよい。
× → 特定行政庁の許可がない限り、建てられない。

建物の種類	① 注2			②		③		
	1-1 第一種低層住居専用地域	1-2 第二種低層住居専用地域	1-3 田園住居地域	2-1 第一種中高層住居専用地域	2-2 第二種中高層住居専用地域	3-1 第一種住居地域	3-2 第二種住居地域	3-3 準住居地域
宗教関係(神社・寺院・教会)、公衆浴場、診療所、交番、保育所、幼保連携型認定こども園	○	○	○	○	○	○	○	○
住宅(共同住宅、下宿、老人ホーム、店舗付住宅、事務所付住宅を含む) 図書館	○	○	○	○	○	○	○	○
幼稚園、小学校、中学校、高校	○	○	○	○	○	○	○	○
大学、高等専門学校等 病院	×	×	×	○	○	○	○	○
小規模(150㎡以下)の飲食店・店舗	×	○	○	○	○	○	○	○
中規模(500㎡以下)の飲食店・店舗	×	×	×	○	○	○	○	○
大規模(500㎡超)の飲食店・店舗 注1	×	×	×	×	○	○	○	○
小規模車庫(2階以下かつ300㎡以下)	×	×	×	○	○	○	○	○
大規模車庫(3階以上または300㎡超)、営業用倉庫	×	×	×	×	×	×	×	○
自動車教習所	×	×	×	×	×	○	○	○
ホテル、旅館	×	×	×	×	×	○	○	○
ボーリング場、スケート場、プール	×	×	×	×	×	○	○	○
カラオケボックス、ダンスホール	×	×	×	×	×	×	○	○
マージャン屋、パチンコ屋、勝馬投票券発売所、射的場	×	×	×	×	×	×	○	○
小規模(200㎡未満)の劇場・映画館、ナイトクラブ	×	×	×	×	×	×	×	○
大規模(200㎡以上)の劇場・映画館、ナイトクラブ	×	×	×	×	×	×	×	×
キャバレー、料理店	×	×	×	×	×	×	×	×
個室付浴場	×	×	×	×	×	×	×	×
小規模(150㎡以下)の自動車修理工場、倉庫業倉庫	×	×	×	×	×	×	×	○
中規模(300㎡以下)の自動車修理工場、新聞印刷所	×	×	×	×	×	×	×	×
大規模(150㎡超)の工場(300㎡超の自動車修理工場も)	×	×	×	×	×	×	×	×
危険性が大きいか、著しく環境を悪化させるおそれがある工場	×	×	×	×	×	×	×	×

注1 特定大規模建築物(10,000㎡超)の飲食店・店舗は、④⑤⑥だけ○。
（楽勝ゴロ合せ　特定のヨゴれはムシ）
　　　　　　　　　 ４ ５ 　 ６

4	5	6	7	8	楽勝ゴロ合せ
近隣商業地域	商業地域	準工業地域	工業地域	工業専用地域	
○	○	○	○	○	（人がいる限り必要な建物はどこでもOK）
○	○	○	○	×	週8日働かないと家は買えない 図書館は8時に閉まる（8だけ×）
○	○	○	×	×	ハナ子は小学生（7 8だけ×）
○	○	○	×	×	イヤナ大学病院（1 8 7だけ×）
○	○	○	○		飲食店では、まず「ビ──ル」（頭と尻が×） 小・中・大で、いってみよう（小規模は頭の1つが×、 中規模は頭の3つが×、大規模は頭の4つが×）
○	○	○	○	○	小さな車庫でも1人前（1だけ×）
○	○	○	○	○	大きな車庫を見においで（3-2までが×）
○	○	○	○	○	2人で通った教習所（1 2だけ×）
○	○	○	×	×	ホテルでダブルデート（両端が2つずつ×）
○	○	○	○	×	ボーリングもスケートも、もうイヤニなった（1 2 8だけが×）
○	○	○	○	○	ミーは、カラオケ好きザンス（3-1までが×）
○	○	○	○	×	ヤミイチで賭け事（3-1までと8が×）
○	○	○	×	×	ミニシアターがナヤみのタネ（3-2までと7 8が×）
○	○	○	×	×	大きなシアターは無事故で営業（4 5 6だけ○）
×	○	○	×	×	こういう場所は、ゴロツキの巣（5 6だけ○）
×	○	×	×	×	ソープはゴメン（5だけ○）
○	○	○	○	○	小規模工場ミニ工場（3-2までが×）
○	○	○	○	○	中規模工場ミミッちい（3-3までが×）
×	×	○	○	○	ムヤみに建てるな大工場（6~8だけ○）
×	×	×	○	○	危険が大きいヤナ工場（7 8だけ○）

注2 田園住居地域では、農業系の建物（①農産物の生産・集荷・処理・貯蔵のための建物、②農業の生産資材の貯蔵のための建物、③500 ㎡以下かつ2階以下の農産物の販売店舗等）を自由に建ててよい。

第2節　道路規制

1．道路とは何か？

建築基準法上の「道路」とは、次のものだ。

（1）幅4m以上（特定行政庁が指定する区域では6m以上）の道（地下道は除く）のうち、

1. 都市計画法や道路法等による道路（計画中のものも、特定行政庁の指定を受ければ道路とみなされる）。
2. 私道で、特定行政庁の位置指定を受けたもの。
3. 両区域（都市計画区域と準都市計画区域）の指定の際に、両区域内に現存する道。

（2）幅4m未満の道のうち、

両区域指定の際に、すでに建物が建ち並んでいて、かつ、特定行政庁から指定を受けたもの。

|注意！| ただし、この場合には、道路の中心線から両側に2m後退した線（道路の片側に川や崖があれば反対側に4m後退した線）を道路の境界とみなし、その内側には建物は建てられない。将来の拡幅に備えるためだ。

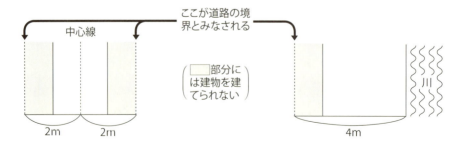

> **例題** 幅員4m以上であり、建築基準法が施行された時点又は都市計画区域若しくは準都市計画区域に入った時点で現に存在する道は、**特定行政庁の指定がない限り**、建築基準法上の道路とはならない。(H29-19-3)
>
> **解答** 両区域(都市計画区域と準都市計画区域)の指定の際に、両区域内に現存する幅4m以上の道は、自動的に建築基準法の道路になる。特定行政庁の**指定は不要**だ。よって誤り。

2. 接道義務

(1) 原　則

建物を建てるには、原則として、敷地が1.で勉強した道路(自動車専用道路は除く)に、**2m以上**接していなければならない。この義務を接道義務という。これは、火災時の消火活動と避難のためだ。

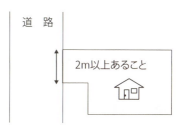

(2) 例　外

ただし、①4m以上の道(※道路ではない)に2m以上接する建物で、利用者が少数であるとして、**特定行政庁**が交通上、安全上、防火上及び衛生上支障がないと**認める**もの、②敷地の周囲に広い空地を有する建物で、**特定行政庁**が交通上、安全上、防火上及び衛生上支障がないと認めて**建築審査会の同意**を得て**許可**したものについては、道路に2m以上接していなくてもよい。

注意！ ①の方は建築審査会の同意は不要。

(3) 条例で何ができるか?

地方公共団体は、一定の建築物(特殊建築物や延べ面積が1,000m²超の建築物等)について、条例で、接道義務を「**付加**」(2mより厳しくすること)できる。しかし、「**緩和**」(2mより甘くすること)はできない。

例 条例で接道義務を { 3m以上とすること (付加) → OK
　　　　　　　　　　 1m以上とすること (緩和) → ダメ

第3編 | 法令上の制限

例 題 地方公共団体は、一定の建築物について、条例で接道義務を必要に応じて**付加**または**緩和**することができる。（H25-18-1 類題）

解 答 **付加はOK**だが、**緩和はダメ**。よって誤り。

---

3. そ の 他

1. 特定行政庁は、私道の変更・廃止を禁止・制限できる。

2. 道路（自動車専用道路も含む）内には、**原 則** として、建物を建ててはならない（ **例 外** 地盤面下に設ける建築物や特定行政庁が建築審査会の同意を得て許可した公衆便所、交番等は別）。

第3節 防火地域・準防火地域

1. 防火地域・準防火地域とは？

火災はこわい。そこで、人口密集地などで、なんとしても火災を防ぐために指定されるのが防火地域、それに準じて指定されるのが準防火地域だ。どちらも都市計画区域内に指定される（準都市計画区域内には指定できない）。防火・準防火地域では、燃えにくい建物を建てなければならない。

そこで防火・準防火地域にある建物には、

1. 外壁の開口部（窓や出入り口等のこと）で延焼のおそれのある部分に防火戸等の**防火設備**を設けなければならない。

2. 壁・柱・床等と防火設備は、通常の火災による周囲への延焼を防止するために必要とされる性能に関して建築物の規模等に応じて一定の技術的基準に適合するもので、国土交通大臣が定めた構造方法を用いるもの等としなければならない。（➡ 429頁）。

建築物の規模等とは

防火地域では

階数 (地階含む) \ 延面積	100m²以下	100m²超
3階以上	①	①
2階以下	①か②	①

①→耐火建築物等、②→準耐火建築物等

表の見方
①→①耐火建築物等にしなければならない。
①か②→①耐火建築物等か②準耐火建築物等にしなければならない。
①か②か③→①耐火建築物等か②準耐火建築物等か③一定の技術的基準に適合する建築物にしなければならない。

準防火地域では

階数 (地階除く) \ 延面積	500m²以下	500m²超〜1,500m²以下	1,500m²超
4階以上	①	①	①
3階	①か②	①か②	①
2階以下	①か②か③	①か②	①

①→耐火建築物等、②→準耐火建築物等、③→一定の技術的基準に適合する建築物

キーワード

耐火建築物等……耐火建築物または耐火建築物と同等以上の延焼防止性能を有する建築物のこと(燃えにくい建物)。

準耐火建築物等……準耐火建築物または準耐火建築物と同等以上の延焼防止性能を有する建築物のこと(そこそこ燃えにくい建物)。

例題 準防火地域内においては、延べ面積が**2,000m²**の共同住宅は**準耐火**建築物等としなければならない。(H28-18-3)

解答 準防火地域内では、延べ面積が**1,500m²**を超える建築物は**耐火**建築物等にしなければならない。準耐火建築物等ではダメだ。よって誤り。

2. 2つの地域にまたがる建物の扱いは？

建物が、下の図のように2つの地域にまたがって建っている場合、どういう扱いを受けるのか？　答えは、原則として2つのうちの「**厳しい方**」の規制が建物全体に適用される。

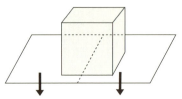

　パターン①：防火地域 対 準防火地域 なら ⇨ 防火地域の規制を適用
　パターン②：防火地域 対 無指定地域 なら ⇨ 防火地域の規制を適用
　パターン③：準防火地域 対 無指定地域 なら ⇨ 準防火地域の規制を適用

例題　建築物が、防火地域と準防火地域にまたがって建つ場合には、建築面積の大きい地域の規制が建物全体に適用される。(H23-18-1類題)

解答　厳しい方、つまりこの場合には、**防火**地域の規制が建物全体に適用されるから、誤り。面積は全く関係ない。

3. その他

防火・準防火で大事なのは 429 頁の表だ。しかし、それ以外にも次の4つの規制を覚える必要がある。

第2章　建築基準法

😊 4つの規制と適用地域

	防火地域	準防火地域
① 屋上にある看板・広告塔等や高さ3mを超える看板・広告塔等には、不燃材料を用いなければならない。	○	✕
② 高さ2mを超える門や塀は延焼防止上支障のない構造にしなければならない。	○	△ 注意！
③ 建物の屋根は、火の粉による火災を防止するため、一定の技術的基準に適合するものとしなければならない。	○	
④ 外壁が耐火構造の建物は、外壁を隣地境界線に接して建ててよい。	○	

○ ➡ 適用あり
△ ➡ 一部適用あり
✕ ➡ 適用なし

注意！　準防火地域では、木造建築物等に附属する高さ2mを超える門や塀について、適用がある（延焼防止上支障のない構造にしなければならない）。

例　題　防火地域内にある看板で建築物の屋上に設けるものは、その主要な部分を不燃材料で造り、又はおおわなければならない。（R元-17-3）

解　答　防火地域では、屋上にある看板・広告塔等は不燃材料で造り、またはおおわなければならない（不燃材料を用いなければならないということ。難燃材料ではダメだ）。よって正しい。

例　題　防火地域又は準防火地域内にある建築物で、外壁が耐火構造のものについては、その外壁を**隣地境界線に接して**設けることができる。（H28-18-1）

解　答　防火地域または準防火地域内にある建物で、外壁が耐火構造のものは、**外壁を隣地境界線に接して**建ててよい。よって正しい。

431

第4節 建蔽率

1. 建蔽率とは？

建蔽率とは、「建築物の建築面積（建て坪）の敷地面積に対する割合」のことだ。定義は、ムリに覚えなくていい。意味が分かっていれば十分。

たとえば、建蔽率 $\frac{4}{10}$ というのは、100㎡の敷地に、建て坪が最高で40㎡の建物まで建てられるという意味だ。

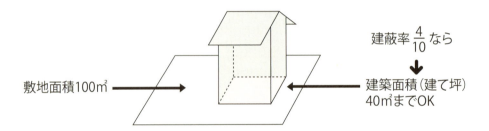

2. 暗記数値

建蔽率は、用途地域によって異なる。それをまとめたのが、次の表だ。楽勝ゴロ合せを頼りに、この表の赤字の数値は完全に丸暗記すること！数値を覚えてないと解けない問題が出るのだ。

豆知識 右の表が原則だが、壁面線の指定や**壁面の位置の制限**（→410頁[2]）がある場合には、それだけで十分だから、**特定行政庁の許可**を得て右の表の建蔽率を緩和してもらう（もっと大きな数値にしてもらう）ことができる。

第2章　建築基準法

		原則	例外①	例外②		例外①例外②
		下の範囲の中から都市計画で具体的な数値を指定する（指定建蔽率）	その土地が、特定行政庁の指定する角地の場合	その土地が、防火地域内にあり、耐火建築物等を建てる場合	その土地が、準防火地域内にあり、耐火建築物等・準耐火建築物等を建てる場合	例外①と例外②の両方の要件を満たす場合
1	第一種低層住居専用地域　第二種低層住居専用地域　田園住居地域	$\dfrac{3・4・5・6}{10}$「イヤニ ①⑧②」				
2	第一種中高層住居専用地域　第二種中高層住居専用地域	なった三郎」 $3〜6$				
8	工業専用地域					
7	工 業 地 域	$\dfrac{5・6}{10}$「泣く子も黙る ⑦ ゴロツキ」 $5・6$				
3	第一種住居地域　第二種住居地域　準住居地域	$\dfrac{5・6・8}{10}$	$+\dfrac{1}{10}$	$+\dfrac{1}{10}$ ただし、$\dfrac{8}{10}$は $\dfrac{10}{10}$（無制限）になる「やっぱり $\dfrac{8}{10}$ 耐火は 耐火建築物等 無制限」$\dfrac{10}{10}$	$+\dfrac{1}{10}$	$+\dfrac{2}{10}$
6	準 工 業 地 域					
4	近隣商業地域	$\dfrac{6・8}{10}$				
5	商 業 地 域	$\dfrac{8}{10}$				
	用 途 地 域 外（ただし、両区域内）	$\dfrac{3・4・5・6・7}{10}$ の中から特定行政庁が決める「よそでみんなが 用外 $3〜7$ 泣いている」				

両 区 域 外	原則　無　制　限 $\left(\dfrac{10}{10}\right)$
	例外　条例で制限できる場合がある

第3編 法令上の制限

受験テクニック①

表の「　」内。次のストーリーを頭に入れてからゴロ合わせを覚える。

★　★　★　★　★

三郎は、遊びすぎてボーリングもスケートも、もうイヤニなった（425頁でも出てきた）。

彼は泣く子も黙るゴロツキで、人の迷惑も考えず、やっぱり耐火建築物を無制限に建てまくった（何のこっちゃ？）。その結果、よそでみんなが泣いている。

受験テクニック②

そもそも建蔽率という制限は何のためにあるかというと、火災の場合の延焼を防止するためにある。しかるに、角地の建物なら、道で2方向を囲まれているため延焼しにくい。だから、**例外①**で$\frac{1}{10}$がプラスされている。

また、防火地域内の耐火建築物等、準防火地域内の耐火建築物等・準耐火建築物等も延焼しにくいから、**例外②**がある。

さらに、両区域外（無人島や山奥）なら、まわりに家もないため、延焼防止を考慮する必要がないから無制限になっている。こういう理屈を頭に入れておくと覚えやすい。

例題 都市計画により建蔽率の限度が10分の6と定められている近隣商業地域において、準防火地域内にある耐火建築物で、街区の**角にある敷地**又はこれに準ずる敷地で**特定行政庁が指定**するものの内にある建築物については、建蔽率の限度が10分の8となる。(R3-18-1)

解答 433頁の表の**例外①**と**例外②**の両方の要件を満たしている。だから、建蔽率が$\frac{2}{10}$プラスされ、$\frac{8}{10}$となる。よって正しい。

第 2 章　建築基準法

3.　2 つの用途地域にまたがっている土地の場合

200㎡

近隣商業地域 建蔽率 $\frac{8}{10}$ 120㎡	準住居地域 建蔽率 $\frac{6}{10}$ 80㎡

　たとえば、図のような、近隣商業地域と準住居地域にまたがる 200㎡の土地があるとする。この場合、次の 2 つの計算ができるようにしておく必要がある。

計　算　1　　この土地には、建て坪何㎡の建物まで建てられるか？

$$\left(120㎡ \times \frac{8}{10}\right) + \left(80㎡ \times \frac{6}{10}\right) = \boxed{144㎡} \quad \cdots\cdots これが答え$$

計　算　2　　この土地の建蔽率は？

建蔽率は、建築物の「建築面積／敷地面積」（➡ 432 頁）なのだから、

$$\frac{\boxed{144}（計算 1 の結果）}{120 + 80} = \frac{144}{200} = \boxed{\frac{72}{100}} \quad \cdots\cdots これが答え$$

受験テクニック

　計算問題は、時間がかかる。本試験では、1 問 2 分 24 秒しかないから、計算がニガ手の方は、計算問題が出たら後回しにするというのもテだ。

第 3 編　法令上の制限

第二章　建築基準法

435

4．建蔽率が適用されない建物

次の建物には、建蔽率の適用がない（無制限に建てられる）。
1　公衆便所、交番等
2　公園内等の建物で安全等に問題がないとして建築審査会の同意を得て**特定行政庁が許可**した場合
3　特定行政庁から建築許可を受けた仮設建築物

第5節　容積率

1．容積率とは？

容積率とは、「建築物の延べ床面積（各階の床面積の合計）の敷地面積に対する割合」のことだ。定義はムリに覚えなくていいから、意味を理解すること。

たとえば、容積率$\frac{20}{10}$というのは、100㎡の敷地に、延べ床面積が最高で200㎡の建物まで建てられるという意味だ。

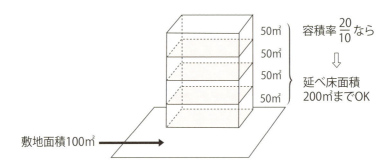

ノーカウント　1エレベーターの昇降路（シャフト）の部分と、2共同住宅や老人ホーム等の共用の廊下・階段等の部分はノーカウントだ。つまり容積率の計算に算入しないということ。3住宅用の地下室は住宅用の地上部分との合計面積の$\frac{1}{3}$までは、ノーカウント。また、老人ホーム等の地下室も老人ホーム等の地上部分との合計面積の$\frac{1}{3}$まではノーカウントだ。

第2章　建築基準法

2．暗記数値

容積率も、用途地域によって異なる。それをまとめたのが次の表だ。

ⒶとⒷの小さい方がその土地の容積率	
Ⓐ	Ⓑ
下の範囲の中から都市計画で具体的な数値を指定する（指定容積率）。	前面道路（角地なら広い方の道）の幅が **12m 未満** の場合、道幅のメートル数に下の数値を掛けて容積率を算出する。

			Ⓐ	Ⓑ
住居系用途地域 す	1	第一種低層住居専用地域／第二種低層住居専用地域／田園住居地域	$\frac{5\sim20}{10}$	道幅(m) × **0.4** し
	2	第一種中高層住居専用地域／第二種中高層住居専用地域	$\frac{10\sim50}{10}$	
	3	第一種住居地域／第二種住居地域／準住居地域	〃	
その他 た	4	近隣商業地域	〃	道幅(m) × **0.6** ろう
	6	準工業地域	〃	
	7	工業地域	$\frac{10\sim40}{10}$	
	8	工業専用地域	〃	
	5	商業地域	$\frac{20\sim130}{10}$	
用途地域外（ただし、両区域内）			$\frac{5\sim40}{10}$ の中から特定行政庁が決める	
両区域外			**原則** 無制限／**例外** 条例で制限できる場合がある。	

437

第3編 法令上の制限

受験テクニック①　➡　Ⓑの数値は必ず覚える

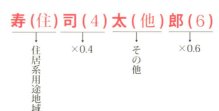

寿(住)司(4)太(他)郎(6)
- 寿(住) → 住居系用途地域
- 司(4) → ×0.4
- 太(他) → その他
- 郎(6) → ×0.6

受験テクニック②　➡　Ⓐの数値はそこそこに

　建蔽率と違って、Ⓐの指定容積率は、原則として問題文中に示されることになっているから、ムリに全部覚える必要はない。
　ただ、上限の数値だけは、出題される可能性がないこともないので、なるべく覚えてほしい。

具 体 例

前面道路の幅が8mで、Ⓐの指定容積率が$\frac{40}{10}$の土地がある。

この土地が、（1）準住居地域内の場合と、（2）近隣商業地域内の場合の、容積率を求めてみよう。

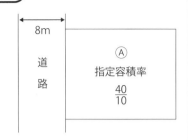

（1）この土地が準住居地域内の土地の場合

$Ⓐ = \frac{40}{10}$

$Ⓑ = 8 (m) × 0.4 = \frac{32}{10}$

→ Ⓐ＞Ⓑだから、この土地の容積率は $\boxed{\frac{32}{10}}$ ……これが答え

（2）この土地が近隣商業地域内の土地の場合

$Ⓐ = \frac{40}{10}$

$Ⓑ = 8 (m) × 0.6 = \frac{48}{10}$

→ Ⓐ＜Ⓑだから、この土地の容積率は $\boxed{\frac{40}{10}}$ ……これが答え

3．2つの用途地域にまたがっている土地の場合

たとえば、図のような、近隣商業地域と準住居地域にまたがる200㎡の土地があるとする。この場合、次の2つの計算ができるようにしておく必要がある。

第3編 法令上の制限

計 算 1 この土地には、延べ床面積何㎡の建物まで建てられるか？

前面道路の幅が 12m 未満ではないから、Ⓑは考えなくていい。Ⓐの指定容積率で計算する。

$$(120㎡ \times \frac{30}{10}) + (80㎡ \times \frac{20}{10}) = \boxed{520㎡} \cdots\cdots これが答え$$

計 算 2 この土地の容積率は？

容積率は、建築物の「延べ床面積／敷地面積」(➡ 436 頁)なのだから、

$$\frac{\boxed{520}（計算 1 の結果）}{120 + 80} = \frac{520}{200} = \boxed{\frac{26}{10}} \cdots\cdots これが答え$$

受験テクニック

計算問題は、時間がかかる。本番までに、チャレンジするか後回しにするか決めておくこと！

4．容積率の緩和

敷地内か敷地の周囲に**空地**がある場合には、**特定行政庁の許可**を得て容積率を緩和してもらう（もっと大きな数値にしてもらう）ことができる。

注意！ 特定行政庁は、建築審査会の同意を得て許可をする。

5．特例容積率適用地区 深入りするな！

容積率に未利用の（遊んでる）部分があるともったいない。そこで容積率のトレード（やり取り）を認めちゃおう、という制度がこれ。たとえば容積率 $\frac{50}{10}$ の場所で、Aの 100㎡の土地が $\frac{30}{10}$ しか容積率を使ってない（延べ床面積 300㎡の建物しか建ってない）なら、使ってない $\frac{20}{10}$ を別のBの 100㎡の土地に譲渡してBの土地の容積率を $\frac{70}{10}$ にする（700㎡まで OK にする）ことができる。こうやって新しく作られた容積率を「特例容積率」という。ただし勝手にはできない。やっかいな条件あり。

第2章　建築基準法

1. これをやるための特例容積率適用地区を定めることができるのは、「第一種・第二種**低層住**居**専**用地域と**田園住居**地域と**工業専用**地域」**以外の**用途地域内だけ。

2. 特例容積率（上の$\frac{30}{10}$と$\frac{70}{10}$）は地権者（AとB）の申請によって**特定行政庁**が指定する（公告によって効力を生ずる）。

3. 利害関係者（Aの土地の抵当権者Cのような地価が下がると損する人）の事前**同意**が必要。

4. 容積率をダウンする土地（Aの土地）の容積率は、現在**建っているか****建築中**の建物の容積率（上の例なら$\frac{30}{10}$）より下げられない。

5. 容積率をアップする土地（Bの土地）については、アップしても**交通**・**安全**・**防火**・**衛**生上の支障がないことが必要であり、建物の高さの最**高**限度を定めることもできる。

6. 受験生の盲点

　建蔽率と容積率の違う点が受験生の盲点だ。本試験では、その盲点を突いてくるから、ここで一覧表にまとめておく。

	建蔽率	容積率
1 **壁面の位置の制限**等がある場合の緩和	◯	✕
2 **角地**の場合の緩和（$+\frac{1}{10}$）	◯	✕
3 **防火**地域内の**耐火**建築物等、**準防火**地域内の**耐火**建築物等・**準耐火**建築物等の場合の緩和（$+\frac{1}{10}$）	◯	✕
4 前面**道路の幅**による制限（×0.4と×0.6）	✕	◯
5 敷地内か敷地の周囲に**空地**がある場合の緩和	✕	◯
6 **未利用**部分のトレード	✕	◯

441

第3編│法令上の制限

第6節　高さ制限

あまり高い建物を建てると、日当りが悪くなって近所迷惑だし、火災のとき
に危険だ。そこで、次の3種類の高さ制限が定められている。

1．第一種・第二種低層住居専用地域、田園住居地域

第一種・第二種低層住居専用地域と田園住居地域は、低層住宅の環境を保護
するための用途地域だ。

では、「低層」とは何mかというと、

原　則　第一種・第二種低層住居専用地域、田園住居地域内では、建物の
高さは、**10ｍ**または**12m**（どちらにするかは都市計画で定める）
を超えてはならない。

例　外　特定行政庁が建築審査会の同意を得て許可した場合等は別。

注意!　ちなみに、第一種・第二種低層住居専用地域、田園住居地域内では、都
市計画において外壁の後退距離を**1.5m**または**1ｍ**と定めることができる。

例　題　田園住居地域内においては、建築物の高さは、一定の場合を除き、10
ｍ又は12ｍのうち当該地域に関する都市計画において定められた建
築物の高さの限度を超えてはならない。(H30-19-1)

解　答　原則として、第一種・第二種低層住居専用地域、田園住居地域内では、
建物の高さは、**10ｍ**または**12ｍ**（どちらにするかは都市計画で定める）
を超えてはならない。よって正しい。

2．日影規制
（にちえいきせい）

（1）日影規制とは？

日影規制とは、読んで字の通り、日影ができてご近所の迷惑になるような建
物を建ててはいけないという規制だ。

442

第2章　建築基準法

　冬至の日において、一定時間（細かな規定があるが、出ないから書かない）以上隣地に日影を生じさせる建物は、高さを低くして日影時間が制限内になるようにしなければならない。

　ただし、全ての建物が、この規制の対象になるわけではない。では、どこにある、どんな規模の建物が日影規制の対象になるのか？　そこがポイントだ。

（2）どこにある、どんな規模の建物が日影規制の対象になるのか？

〈場　　所〉	〈規　　模〉
この5つの用途地域の中に、地方公共団体が「条例」で対象区域を指定する	これより小さな建物は対象外
1　第一種低層住居専用地域　第二種低層住居専用地域　田園住居地域	①軒の高さが **7m** を超えるか、または、②地階を除いて **3階** 以上の建物
2　第一種中高層住居専用地域　第二種中高層住居専用地域	高さが **10m** を超える建物
3　第一種住居地域　第二種住居地域　準住居地域	
4　近隣商業地域	
6　準工業地域	
用途地域外（ただし、両区域内）	上のどっちの建物（「7m・3階」か「10m」か）を対象とするかを、地方公共団体が「条例」で指定する　絶対暗記！

第3編　法令上の制限

第二章　建築基準法

443

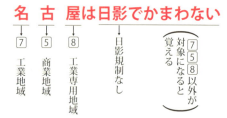

このような場所にある、このような規模の建物が、日影規制の対象となる。それ以外の建物は、原則として、日影規制の対象とならない。しかし、例外が2つある。それは、

（3） 例外①

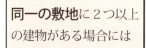

| 同一の敷地に2つ以上の建物がある場合には | → | それらを1つの建物とみなして日影規制が適用される。 |

> **具体例**
>
> 準住居地域内の9mの建物には、本来なら日影規制は適用されない。しかし、同一敷地内に10mを超える建物がある場合には、両方合わせて1つの建物とみなされ、9mの建物の方も、日影規制の適用を受けることになる。

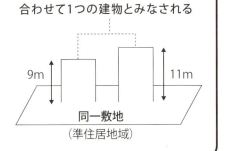

(4) 例外②

| 対象区域外の建物でも、
① 高さが**10m**を超えていて、
② 冬至の日に対象区域内に日影を生じさせる建物は、 | → | 対象区域内の建物とみなして日影規制が適用される。 |

> **具体例**

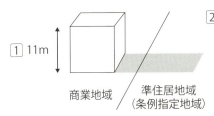

② 冬至の日に日影を生じさせる（冬至は1年で一番日照時間が短いから）。

商業地域には日影規制は適用されない。しかし、商業地域の建物でも、上図のような場合には、準住居地域にある建物とみなされ、日影規制が適用される。

例題 日影規制は、**工業地域**には適用されるが、**工業専用地域**には適用されない。（H18-22-4類題）

解答　日影規制は、工業地域（[7]）にも、工業専用地域（[8]）にも適用されないから、誤り。**名古屋**（[7][5][8]）が対象外だ。443頁の表は大事だから、完全に丸暗記すること！

3. 斜線制限

（1）斜線制限とは？

斜線制限とは、読んで字の通り、斜めの線の制限だ。つまり、地面から一定の基準（細かな規定があるが、出ないから書かない）で斜線を引き、建物は、その斜線の中におさまるように建てなければならないという制限だ。

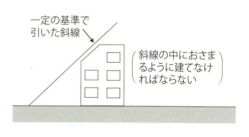

斜線制限は、日影規制の兄弟分で、日照や通風等を確保するための制限だ。斜線制限には、次の3種類がある。

[1] **北側**斜線制限（北側の土地の日照・通風を確保するための制限）
[2] **隣地**斜線制限（隣の土地の日照・通風を確保するための制限）
[3] **道路**斜線制限（道路の日照・通風を確保するための制限）

≪イメージ≫

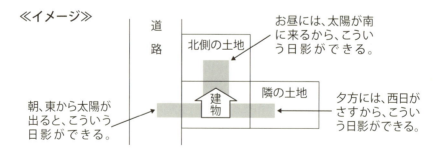

こういう、3タイプの日影ができないようにするために、[1]〜[3]の斜線制限がある。

第2章　建築基準法

（2）試験に出るポイント

　（1）の説明は、斜線制限なるもののイメージをつかんで頂くためのものだから、それだけでは1点も取れない。得点源は、次の表だ。

3つの斜線制限は、どこに適用されるか？

北海道ではなく**北隣道**と、まず頭文字を覚えるのがコツ　→	1　第一種低層住居専用地域　第二種低層住居専用地域　田園住居地域	2　第一種中高層住居専用地域　第二種中高層住居専用地域	その他（3～8）の用途地域および用途地域の指定のない両区域
北側斜線制限	○	○（日影規制の対象区域には適用なし）	×
隣地斜線制限	×	○	○
道路斜線制限	○	○	○

注意！　建物の敷地が2つの地域にまたがっている場合、各地域の斜線制限が適用される（たとえば、第一種中高層住居専用地域と準住居地域にまたがっている場合、第一種中高層住居専用地域の建物の部分には第一種中高層住居専用地域の斜線制限が、準住居地域の建物の部分には準住居地域の斜線制限が適用される。過半を占める地域の規制が全体に適用されるのでは**ない**）。

第3編　法令上の制限

第二章　建築基準法

第3編 | 法令上の制限

受験テクニック

(北) 側斜線制限が適用されるのは ① (低層住専・田園住居)
と ② (中高層住専) の **2** つだけ

(隣) 地斜線制限が適用されないのは ① (低層住専・田園住居)
の **1** つだけ

と覚える。

(道) 路斜線制限が適用されないのは **ゼロ**

楽勝ゴロ合せ

ほく　りん　どう　　　　に　いち　ゼロ
(北)・(隣)・(道)は、**2・1・0**

注意！ 日本語として意味をなさないから、本来はゴロ合せと呼べない。
しかし、これさえ覚えれば、上の表を頭の中に再現できるのだ。

例題 第**一種**中高層住居専用地域の建物には、**隣地**斜線制限の適用はない。
（H19-22-4類題）

解答 表を見よ。(隣)が適用されないのは ① だけだ。② には適用されるから、
誤り。「北隣道は2・1・0」の威力を知ってほしい。

448

第7節　単体規定

(1) 高さ20m超えたら避雷針

高さが20mを超える建物には、原則として、避雷針（試験では「避雷設備」と表現される）をつけなければならない。

(2) 木造等で3,000㎡を超えると……

延べ床面積が3,000㎡を超える建物の一定の主要構造部に木材やプラスチック等を用いる場合、一定の基準に適合するものとしなければならない。

(3) 高さ31m超えたらエレベーター

高さが31mを超える建物には、原則として、エレベーター（試験では「非常用昇降機」と表現される）をつけなければならない。

以上3つの 　ニヒルなキミとミーはエレベーターに乗りたいザンス

（20m 避雷針　木造 3,000㎡　31m　そのまんま）

(4) 居室の天井の高さ

居室の天井の高さは、2.1m以上でなければならない。なお、一室で天井の高さの異なる部分がある場合は、その平均の高さが2.1m以上であればよい。

第3編 | 法令上の制限

（5）衛生注意

建築物は、石綿 (アスベスト) 等の建築材料からの飛散または発散による衛生上の支障がないよう、次の基準を守る必要がある。

1 建築材料に**石綿**等を添加してはダメ。

2 **石綿**等をあらかじめ添加した建築材料を使用してはダメ（大臣が定めたもの等を除く）。

> 注意！ 居室がある建築物の場合は、1 2のほか、石綿等以外の物質で居室内に衛生上の支障を生ずるおそれがあるものとして政令で定める物質 (クロルピリホスとホルムアルデヒドのこと) の区分に応じ、建築材料と換気設備について一定の基準に適合しなければダメ。

また、住居の居室・学校の教室・病院の病室等を地階に設ける場合には、壁や床の防湿等について衛生上一定の基準に適合しなければダメ。

（6）建物の各スペースは、1,000㎡以下にしなければならない

耐火・準耐火建築物等以外の建物で、延べ床面積が **1,000㎡**を超える場合は、原則として、内部を防火壁または防火床で区切り、各スペースを 1,000㎡以下にしなければならない。

（7）採光や換気のために窓等が必要

1 住宅の居室には、原則として、採光のために窓等の開口部を床面積の$\frac{1}{7}$以上設けなければならない。

2 学校の教室、病院の病室等には、原則として、採光のために窓等の開口部を床面積の一定割合（$\frac{1}{5}$〜$\frac{1}{10}$）以上設けなければならない。

3 居室には、原則として、換気のために窓等の開口部を床面積の$\frac{1}{20}$以上設けなければならない。

450

第 2 章　建築基準法

第8節　建築確認

ほとんど毎年出題されておるぞ！

1．建築確認とは？

　今まで勉強したように、建物を建てるには、色々な法令上の制限がある。すべての法令をチェックすることなど、シロートにはムリだ。そこで違法建築にならないように、建築前に、建築主事（または指定確認検査機関＝建築主事の代わりをする民間機関だ）のチェックを受けなければならないことになっている。これが建築確認。

2．建築確認は、どういう場合に必要か？

　すべての建築に、建築確認が必要なわけではない。建築確認が必要な場合をまとめたのが、次の表だ。得点の宝庫だから、完全に丸暗記！

第3編 | 法令上の制限

絶対暗記! 建築確認が必要なケース

| こういうことをするには、建築確認が必要 |

A 全国どこでも 両区域、防火・準防火地域の内外問わず、全国どこにでも適用される。	㋐ **200 ㎡を超える特殊建築物** 特殊建築物とは、共同住宅、旅館、下宿、寄宿舎、コンビニ、バー、車庫、倉庫、飲食店、映画館、ホテル等。 **受験テクニック** 「もしそこで火災が起きたら多くの死傷者がでるだろう」と思われる場所は、大体含まれる。 ㋑ **大規模建築物** (1) **木造**で 　①**3**階以上（地階を含む） 　②または、**500**㎡超 　③または、高さ**13m**超 　④または、軒高**9m**超 (2) **木造以外**で 　①**2**階以上（地階を含む） 　②または、**200**㎡超	① **新**　築 ② **10**㎡を超える 　**増**改築・**移**転 ③ 大規模な 　**修**繕・**模**様替

④ **200 ㎡を超える用途変更**

自宅を共同住宅にする、というように、特殊建築物以外の建物の 200㎡を超える部分の用途を変更して、特殊建築物として使うこと。
建物全体の規模は問わないから、㋑も㋑以外（つまり、全ての建築物ということ）も対象となる。ただし、類似の特殊建築物へ用途変更（例、旅館→ホテル）するのは、建築確認が不要だ。

B 両区域（都市計画区域・準都市計画区域）と準景観地区では **注意!**	**A** に加えて、すべての建築物（規模・用途不問）の ① **新**　築 ② **10**㎡を超える増改築・移転 に建築確認が必要	**②** の違いがアナ!
C 防 火・準 防 火 地 域 で は	**A** に加えて、すべての建築物（規模・用途不問）の ① **新**　築 ② 増改築・移転（**10**㎡以下でも） に建築確認が必要	

注意! 両区域については、知事が指定する区域を除く。また、準景観地区については、市町村長が指定する区域を除く。

452

第2章　建築基準法

楽勝ゴロ合せ

ど（と）っひゃー！最 後の木造 倒産 苦。ニコニコ笑うビルディング

- ど：特殊建築物
- ※：200㎡超
- 最：① 3階以上
- 後の木造：② 500㎡超
- 倒：そのまんま
- 産：③ 高さ13m超
- 苦：④ 軒高9m超
- ニコ：① 2階以上
- ニコ：② 200㎡超
- 笑うビルディング：木造以外

㋐／㋑(1)／㋑(2)

※つ→ツー(2)

楽勝ゴロ合せ

心 臓 移植で死ぬも よう

- 心：新築 ①
- 臓：増改築 ②
- 移転（10㎡超）
- 死：修繕 ③
- ぬ：模様替（大規模な）
- よう：用途変更 ④

例題　防火地域内にある延べ床面積が150㎡で階数が1である鉄筋コンクリート造の建築物について、大規模な模様替をする場合には、建築確認を受ける必要はない。

第3編　法令上の制限
第二章　建築基準法

453

第3編 | 法令上の制限

> **解 答** 防火地域の C 欄を見ると、大規模な模様替は出ていない。そこで次に、全国的な原則である A 欄に戻る（これが表の正しい見方）。鉄筋コンクリート造の建物は、当然木造以外の建物だから、④欄の（**2**）を見る。しかし、150㎡で1階建てだと（**2**）に当たらない。だから、この建物の大規模な模様替は、防火地域内であろうとなかろうと、建築確認なしでやってよい。よって正しい。

3. そ の 他

（1）構 造 計 算

452頁の表の④の建物については、構造計算が必要。

（2）工 事 完 了 検 査

建築確認を得て行った工事（⑦④に限らず上の表の**すべて**）が完了したら、建築主は、工事完了日から**4日**以内に届くように、建築主事に**工事完了検査**を申請しなければならない。

（3）検 査 済 証

工事完了検査の申請を受理した建築主事は、完成した建物が適法なものかどうか検査し、検査済証を交付する。この検査済証にどんな威力があるかというと、

表の⑦と④の建物

> **原 則** 検査済証の交付を受けなければ使用できない。
>
> **例 外** 1 特定行政庁が安全上等支障がないと認めた場合、または
>
> 2 建築主事・指定確認検査機関が安全上等支障がないものとして国土交通大臣が定める基準に適合していることを認めた場合、または
>
> 3 工事完了検査の申請が受理された日から**7日**を経過した場合は別

それ以外の建物……………… 検査済証の交付前でも使用OK

（4）中 間 検 査

3階以上の共同住宅の場合は、特定の工事（床・はりに鉄筋を配置する工事）が終わったら、**中間検査**を受けなければならない。

454

第2章　建築基準法

> **注意！** 建築確認の申請書を受理した建築主事は、受理した日から、原則として、表の⑦と⑦の建物については **35日**以内に、それ以外の建物については **7日**以内に、確認済証を交付しなければならない。なお、建築主事は、合理的な理由があるときは、35日の範囲内で期間を延長できる。

例題 都市計画区域内で、**木造2階**建て、延べ床面積 **400㎡**、高さ **8ｍ**の建物を新築する場合には、①建築確認が必要であり、②建築工事が完了したら4日以内に届くように建築主事に工事完了検査を申請しなければならず、③検査済証の交付を受けなければ建物を使用できない。

解答 **下線①** ➡ 452頁の表の B 欄を見ると、都市計画区域では、規模の大小を問わず、すべての建物の新築に建築確認が必要だから、下線①は○。

下線② ➡ 建築確認を得て行った工事が完了したら、すべて工事完了検査の申請が必要だから、下線②も○。

下線③ ➡ 検査済証の交付を受けなければ使用できないのは、表の⑦と⑦の建物だけ。本問の木造建物は、⑦と⑦に当たらないから、検査済証の交付前でも使用OKだ。だから、下線③は×。

第9節　建築協定

　建築基準法は、国が作った法律だ。それとは別に、住民が一致団結して建物の用途等について、自分達の街のルールを作れることになっている。それが建築協定だ。たとえば、「自分たちの街には、パチンコ屋を建ててはならない」というようなことを決めることができるのだ。

　建築協定について、試験に出るポイントは、次のとおり。

1．特定行政庁の「認可」が必要

　建築協定は、住民パワーだけで勝手に作れるわけではなく、「こういう建築協定を作りたい」と特定行政庁に申し出て、「認可」を受ける必要がある。

　そして、いったん建築協定ができると、その後に、（正確には認可公告日以後に）、①土地所有権、②借地権、③建物賃借権を取得した者にも、建築協定の効力が及ぶ。後から引越してきた人はパチンコ屋をやれるとしたら、街のルールを作った意味がないからだ。

第3編　法令上の制限

第二章　建築基準法

2.「条例」指定区域に限る

建築協定は、全国どこでも自由に作れるわけではない。市町村が、「条例」で、「ここには建築協定を作ることができますよ」と指定した区域に限って、作れる。

3.「全員」の合意が必要

建築協定を締結するには、[1]土地所有者と、[2]借地権者の全員の合意が必要だ。ただし、借地権が設定されている土地については、**借地権者の合意だけ**あればよく、土地所有者（地主）の合意は必要ない。なぜなら、現実に土地利用を制限される人だけが納得すれば十分だからだ。

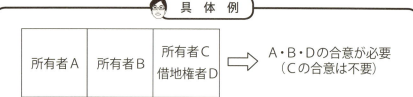

なお、建築協定を変更することも、部分的に新しい建築協定を作ることと同じだから、全員の合意が必要だ。

しかし、建築協定を廃止する場合には、新しい制限が生ずるわけではないので、過半数の合意があればよい。

- [1] 締　結 ➡ **全員**の合意
- [2] 変　更 ➡ **全員**の合意
- [3] 廃　止 ➡ **過半数**の合意

4.「一人協定」もOK

所有者が一人しかいない土地にも、建築協定を作れる。それを「一人協定」という。一人きりなのに、なぜ「協定」か？　それはこうだ。たとえば、ニュー

タウン開発の際、分譲前（つまり全区画を不動産会社が一人で所有してる）に、パチンコ屋禁止などのルールを作っておき、環境悪化を事前に防止する。こういう場合に、一人協定が威力を発揮するのだ。

5．受験テクニック

以上1．～4．の見出しのキーワード、「**認可**」「**条例**」「**全員**」「**一人協定**」がスラスラ出てくれば、建築協定は卒業だ。そこで、建築協定を生かすも殺すも住民の人情が決め手だ、とこじつけてゴロ合せ。

人　情　だ　ぜい！
認可　条例　全員　一人協定

例題 建築協定を締結するには、原則として土地所有者および借地権者の全員の合意が必要だが、借地権が設定されている土地の部分については、**借地権者の合意**だけで足りる。

解答 3．で説明したとおりだ。全くそのとおりで、正しい。

第3章　国土利用計画法

1．土地の利用目的をチェック

　狭い日本だから土地は有効に利用すべきだ。そこで、土地の利用目的を土地取引の際チェックするために作られたのが、この国土利用計画法だ。

2．システム

　では、どうやってチェックするシステムかというと、届出制だ。一定の土地取引をしたら、知事に届け出なければならない。

契約後、知事に届出

売主　　土地　売買契約　　買主

　BがAから土地を買ったら、Bは2週間以内に知事に届け出なければならない。

ポイント①　**Bが届け出る**
　→届出義務があるのは、**権利取得者だけ**だ。「AB両当事者に届出義務がある」と出たら×！

ポイント②　契約**後**2週間以内に
　→契約**前**2週間以内には×だし、契約後遅滞なくも×。

ポイント③　**市町村長経由**で
　→Bは、この土地が存在する場所の市町村長を経由して知事に届け出る。

第3章 国土利用計画法

ポイント4 誰が、いくらで、何のために
→ Bが知事に届け出るのは、①誰が（契約の両当事者、つまりAとB）、②いくらで（対価の額）、③何のために（土地の利用目的）だ。

ポイント5 罰則あり
→ 契約後2週間以内に届け出ないと、懲役または罰金だ。ただし、それでも契約は有効。

問題があれば勧告

知事は、問題があれば利用目的の変更を勧告できる。

ポイント1 契約の取消しは勧告できない
→ 知事が勧告できるのは、利用目的の変更だけ。契約の取消しや対価の減額等は勧告できない。

ポイント2 勧告期限は、原則3週間
→ 知事が勧告できるのは、Bの届出後3週間以内。ただし、この期間はもう3週間までなら延長できる（計6週間まで）。

ポイント3 罰則はないが制裁を加えることができる
→ 勧告をムシしても契約は有効だし罰則（懲役や罰金）もないが制裁としてその旨と勧告内容を公表できる。

注意！ 知事は、利用目的について必要な助言ができる。この助言をムシしても契約は有効だし罰則もない。そして、その旨と助言内容が公表されることもない（勧告と違う）。

第3編　法令上の制限

3．小さな土地なら届出不要

あまり小さな土地取引なら、世の中全体から見れば、どうということもない。そこで、届出が必要なのは、次の面積の場合に限られる。

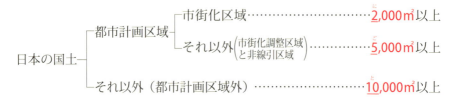

市街化区域　に　住みたいな。
そのまんま　　2,000㎡

それ以外は　ご　めんだよ。
そのまんま　　5,000㎡

もっと外なら　と　んでもない。
都市計画区域外　10→⑩,000㎡

さて、面積をゴロ合せで覚えただけでは不十分だ。試験に出るポイントを3つ覚えてほしい。

[1]　一団の土地（ひとまとまりの土地）を、2つに分筆して別々の人に分譲した場合には、上に示した面積以上の部分を取得した人**だけ**に届出義務がある。

[2]　逆に、隣接する2つの土地を別々の所有者から買い取った場合には、**合計面積**が上に示した面積以上なら、両方の契約に届出が必要。

3 土地の共有者の1人から、共有持分を譲り受けた場合には、**持分**の面積が上に示した面積以上の場合だけ届出が必要。

例題 都市計画区域外に所在し、一団の土地である甲土地（面積 **6,000㎡**）と乙土地（面積 **5,000㎡**）を購入する契約を締結した者は、事後届出を行わなければならない。（H28-15-3）

解答 都市計画区域外において、隣接する土地を買い取った場合には、**合計面積**が **10,000㎡**以上なら、届出が必要だ。よって正しい。

4．届出が必要な「取引」の種類（難しいがよく出る）

　届出対象面積以上の土地取引であっても、すべての種類の取引に届出が必要なわけではない。土地の利用目的をチェックする必要がある取引だけが届出対象だ。それは、

> 所有権・地上権・賃借権を、**対価**を得て、設定・移転する**合意**

だ。これに当たるかどうかの判断は非常に難しい。
　次の例を覚えること。

第3編 法令上の制限

よく出る例 ○は届出必要、×は届出不要

1 「**売　　買**」○
説明不要。

2 「**交　　換**」○
届出対象面積以上の方の土地を取得した人**だけ**が届け出る。たとえば、甲地と乙地を交換した場合、甲地だけ届出対象面積以上なら甲地を取得した人だけが届け出る。両方とも届出対象面積以上なら、甲地乙地それぞれの取得者が届け出る。

3 「**代物弁済**（だいぶつべんさい）」○
債務の弁済で、お金を支払う代わりに、土地を差し出すのが代物弁済（➡ 256 頁 Q 7）だ。土地所有権を、対価を得て（債務が消えることが対価）移転する合意だから届出必要。

4 「**予約**」○、「**予約完結権行使**」×
BがAから土地を買う予約をした場合、届出が必要。しかし、その後、買主Bが売主Aに対して予約完結権を行使した場合には、届出不要。なぜなら、予約はABの**合意**だが、予約完結権の行使は、買主Bが**一方的**にやることであり、ABの合意ではないからだ（合意でやった行為だけ届出必要）。なお、3との組み合わせで、「代物弁済の予約」というのがあるが、当然届出必要。

5 「**条件付売買**」○、「**条件の成就**（じょうじゅ）」×
たとえば、宅建士試験合格を条件として土地を売買したら、届出必要。しかし、その後合格すると（これが条件の成就）、自動的に（**合意なし**に）、土地所有権が移転する。合意でやった行為だけに届出が必要なのだから、条件成就時には届出不要。

6 「**借金を第三者に肩替わりしてもらう代わりに、その第三者にお礼として土地所有権を移転した場合**」○
借金を免れることが**対価**となるから届出必要。

第3章　国土利用計画法

7 「抵当権の設定」×

　　土地に抵当権を設定しても、それだけでは所有権は**移転**しない（被担保債権が弁済されれば抵当権は消えてなくなる）。移転しないのだから届出不要。

8 「贈　　与」×

　　タダで土地をあげるのが贈与。**対価**がないから届出不要。

9 「相続」×、「時効」×

　　対価も**合意**もないから届出不要。

例　題　Aが所有する都市計画区域外の 10,000㎡ の土地とBが所有する市街化調整区域内の 10,000㎡ の土地を**交換**した場合、A及びBは事後届出を行う必要はない。（R2-22-4）

解　答　交換によって、届出対象面積**以上**の土地を取得した人は、届出を行う必要がある。AもBも届出対象面積以上の土地を取得している。だからAもBも届出を行う必要ある。よって誤り。

5．国がからめば届出不要

　土地の利用目的をチェックする必要がない場合には、届出は不要。それは次の2つだ。

1 「契約当事者の一方または双方が国または地方公共団体の場合」×

　　たとえば、国有地払い下げなどだ。国や**地方公共団体**がからんでいるのだから、わざわざ知事がチェックする必要はない。だから、届出不要。

2 「裁判所の調停の場合」×

　　裁判所が当事者の間に入る場合だ。天下の裁判所がからんでいるのだからチェック不要、よって届出不要。

注意！　農地法**3条**の許可（➡ 471頁）を受けた場合も、土地の利用目的をチェックする必要がない。だから、届出不要。なお、農地法5条の許可を受けた場合は、届出が必要だから注意。

第3編　法令上の制限

第三章　国土利用計画法

463

6．注視区域・監視区域・規制区域

（1）注視区域とは？

　地価高騰防止のための制度だ。まず、知事が地価高騰のおそれのある場所を注視区域に指定する。そうすると、区域内で土地取引をするには、契約の両当事者から事前に知事に届出をすることが必要になる。無届けで契約すると懲役または罰金だ。

　届出を受けた知事は、利用目的の変更だけでなく、契約の中止や対価の減額等も勧告できる。この勧告をムシして契約しても、契約は有効だし罰則（懲役または罰金）もないが、制裁としてその旨と勧告内容を公表できる。知事の勧告は届出後6週間以内にやらなければならないことになっているから、6週間たっても勧告がなければ、そのまま契約OKだ。

　なお、あまり小さな土地取引なら地価高騰を招かないから、注視区域内でも届出が必要な取引は 460 頁の面積（2,000㎡、5,000㎡、10,000㎡）以上のものに限られている。

（2）監視区域とは？

　注視区域内でも、2,000㎡、5,000㎡、10,000㎡、という届出対象面積未満の土地取引は、無届けでできる。しかし、場所によっては、上の届出対象面積未満の取引でも、地価高騰をもたらす場合がある。そこで、そういう場所を知事が監視区域に指定し、届出対象面積を、上記の面積より小さくすることができることにした。

（3）規制区域とは？

　注視・監視区域に指定したぐらいでは、とても地価高騰を防げないような場合に、最後の手段として指定されるのが、規制区域だ。規制区域が指定されると、区域内での土地取引は、知事の許可がなければできなくなる。

第3章　国土利用計画法

　これは、地主にとって致命的な制度だから、いまだかつて、一度も規制区域が指定されたことはない（抜かずの宝刀）。

（4）違いは？

	注視区域 監視区域	規制区域
① 届出か許可か	**届　　出**	許　　可
② 無届け・無許可でやった契約の効力は？	有　　効	**無　　効**
③ 誰が注視・監視・規制区域を指定するのか？	知　　事	原則 ➡ 知事 例外 ➡ 国土交通大臣
④ 都市計画区域外にも注視・監視・規制区域を指定できるか？	O　　K	O　　K
⑤ **買取請求制度**	**な　　し**	あ　　り （知事に契約の許可を求めたが、不許可の場合、代わりにその土地を知事に買い取ってもらうことができる。これが買取請求制度。）

例　題　Aが所有する監視区域内の土地（面積 10,000㎡）をBが購入する契約を締結した場合、A及びBは**事後**届出を行わなければならない。
（H28-15-2）

解　答　注視区域と監視区域の場合は、両当事者から**事前**に知事に届出をすることが必要だ。事後ではダメなので誤り。

465

第4章 宅地造成等規制法

この章から1問出題されようぞ！

1．宅地造成等規制法とは、がけくずれ防止法だ

　宅地造成等規制法は、宅地造成によるがけくずれ等の災害を防止するための法律だ。
　では、どうやってがけくずれを防止するのかというと、次のようなシステムになっている。

2．システム

| 宅地造成工事規制区域の指定 |

　宅地造成により、がけくずれ等の災害が生ずるおそれが大きいため規制の必要がある場所が、宅地造成工事規制区域に指定される。

ポイント①
　宅地造成工事規制区域は、**知事**が指定。

ポイント②
　宅地造成工事規制区域は、**都市計画区域・準都市計画区域**の内**外**どちらにも指定できる（山奥でも、がけくずれは困るから）。

| 宅地造成には知事の許可が必要 |

　宅地造成工事規制区域が指定されると、区域内で宅地造成の工事をするには、工事着手前に**知事の許可**を得ることが必要になる（開発許可があれば別）。

ポイント……「宅地」とは？
　「①**農地**、②**採草放牧地**、③**森林**、④**公共**

466

施設（道路・公園等）用地」**以外**の土地のこと（要暗記）。

→宅建業法上の宅地（272頁）とは別物。建物の敷地かどうか、用途地域内の土地かどうか、とは全く無関係。上の①〜④以外は工場用地も駐車場も全て宅地。

「宅地造成」とは、土地を「**宅地化**」する工事のうちで大規模なもののこと。具体的には、

|「宅地造成」とは何か？|

1 非宅地を非宅地化する工事
　（例）森林を農地にする）
2 宅地を非宅地化する工事
　（例）工場用地を農地にする）

→これは**非**宅地化だから、「宅地造成」に当たらない（無許可でできる）。

3 非宅地を**宅地化**する工事
　（例）森林を駐車場にする）
4 宅地を**宅地化**する工事
　（例）工場用地を駐車場にする）

③または④で、下の①〜④のどれかに当たるものが、「宅地造成」工事だ。

① **2mを超える**がけを生ずる切土

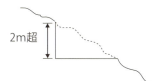

② **1mを超える**がけを生ずる盛土

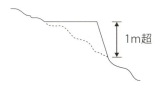

③ 盛土部分に1m以下のがけを生じ、かつ、切土と盛土を合わせて2mを超えるがけを生じる工事

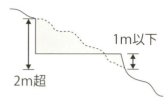

④ ①〜③以外で、面積が **500㎡** を超える切土または盛土

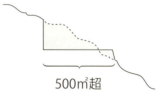

許可は、「造成主」が受ける。

キーワード
- **造成主**……造成工事の請負契約の注文者
- **工事施行者**……造成工事の請負契約の請負人

（請負工事によらず、自ら造成工事をする場合には、造成主＝工事施行者となる）

工事はすべて、がけくずれ防止等のために必要な措置を講じて行わなければならない（当たり前のこと）。また、知事は災害防止のために必要な **条件**（例 雨の日は工事をするな）を付けて許可することができる。注1

なお、高さが **5m** を超える擁壁の設置工事、切土・盛土の面積が **1,500㎡** を超える土地の排水施設の設置工事の場合は、有資格者（建築学科卒で実務経験2年以上の者等）が設計をしなければならない。

1 宅地造成工事の許可を得た者が、工事計画に **軽微** な変更をした場合

→ **遅滞なく** 知事に **届け出** なければならない（軽微でない変更をするには **事前** に知事の **許可** を受けなければ

第4章　宅地造成等規制法

ならない。別の工事を始めるのに近いからだ）。注2

2 宅地造成工事規制区域指定の時に、すでに造成工事を
行っている場合

➡ 指定があった日から **21日以内**に、知事に**届け出**な
ければならない（許可は不要、届出でよい）。

3 宅地造成工事規制区域内で、非宅地を宅地に転用した
場合

➡ 転用した日から **14日以内**に、知事に**届け出**なけれ
ばならない（許可は不要、届出でよい）。

4 宅地造成工事規制区域内で、高さ2m超の擁壁や排水
施設等の除去工事を行う場合

➡ 工事に着手する日の **14日前**までに、知事に**届け出**
なければならない（許可は不要、届出でよい）。

知事の検査

知事の許可を受けて行った宅地造成工事が完了したら、造
成主は知事の検査を受けなければならない。この検査に合格
した場合、知事は造成主に**検査済証**を交付しなければなら
ない。

注1 知事は、**条件に違反**した者に対して、許可を取り消すことができる。また、
偽りなど不正の手段によって許可を受けた者に対して、許可を取り消す
ことができる。

注2 造成主・工事施行者・設計者の変更等が軽微な変更だ。

例題 宅地造成に関する工事の許可を受けた者が、工事施行者を変更する場
合には、遅滞なくその旨を都道府県知事に**届け出**ればよく、改めて許
可を受ける必要はない（R2-19-4）

解答 工事施行者の変更は軽微な変更だ。**軽微な変更**をした場合、遅滞なく知
事に届け出なければならない（許可は不要、届出でよい）。よって正しい。

3．その他

（1）無許可で宅地造成工事が行われた場合

宅地造成工事規制区域内で、無許可で宅地造成工事が行われた場合には、知

469

第3編 法令上の制限

事は「**弁明の機会を付与**」（言い分があるなら聞いてやるという手続）した上で、

> ① 工事の停止
> ② 宅地の使用禁止

等を命ずることができる。

（2）災害防止措置

宅地造成工事規制区域内の宅地について、知事は、災害防止措置をとるよう、

> ① 勧告または
> ② 命　令

をすることができる。

（3）安全維持義務

宅地造成工事規制区域内の**宅地**の所有者**等**は、宅地を常時安全な状態に維持するよう努めなければならない。

4．造成宅地防災区域

宅地造成工事規制区域**外**なら、宅地造成は無許可でOK。ところが、その結果相当数の居住者等に危害を生ずる災害が発生しそうになったら放置できない。そこで、そういう造成宅地（宅地造成工事が施行された宅地）を、知事は関係市町村長の意見を聴いて造成宅地防災区域に指定できる。指定すると、

> ① 知事は、災害防止措置を勧告・命令でき、
> ② 造成宅地の所有者等は、災害防止に努めなければならない。

例　題　都道府県知事は、関係市町村長の意見を聴いて、宅地造成工事規制区域**内**で、宅地造成に伴う災害で相当数の居住者その他の者に危害を生ずるものの発生のおそれが大きい一団の造成宅地の区域であって一定の基準に該当するものを、造成宅地防災区域として指定することが**できる**。(R3-19-4)

解　答　造成宅地防災区域は、宅地造成区域**内**には指定**できない**。よって誤り。

470

第5章　農地法

 この章から1問出題されようぞ！

1．日本の農業生産力を守るための法律だ

　農地法は何のためにあるかというと、日本の農業生産力を守るためにある。そのため、農地（田や畑等）や採草放牧地（牧場等）は、自分の意思で勝手に処分できない。処分するには、原則として、許可を要する。

> **キーワード**　　農　　　地……耕作の目的に供される土地のこと。**登記記録の地目は全く無関係**。地目が山林でも現況が農地なら農地法上は農地として扱われる。

2．3つの用語

　次の3つの用語を、まず理解すること。
1. **権利移動**（農地法3条）
　農地を、農地として売ること（買主が農地として使う場合）。所有権の移転に限らず、地上権、永小作権、賃借権、使用借権、質権の設定・移転も含む。しかし、**抵当権は含まない**。
2. **転　　用**（農地法4条）
　自分の農地を、農地以外に用いること。たとえば、農家が畑をつぶして自宅を建てる等。
3. **転用目的権利移動**（農地法5条）
　転用の目的で、農地を売ること（買主が農地として使わない場合）。たとえば、不動産会社がマンションを建てるために農地を買う等。

第3編 | 法令上の制限

3．農地法はここが出る！

絶対暗記！

どういうパターンがあるか 農農地 採採草放牧地 他その他の土地	誰の許可が必要か？ （大臣 ＝ 農林水産大臣）	無許可でやるとどうなるか？
権利移動 （3条） 農を農として売る場合と、採を農または採として売る場合だ。	**農業委員会** （農・採の面積は無関係）	契約は**無効**！
転用 （4条） 自分の農を採または他にする場合だ。採を他にする（**例**牧場をつぶして自宅を建てる）のは含まない（無許可でOK）ことに注意！	**知事等** （大臣が指定する市町村の区域内では、指定市町村長） （農・採の面積は無関係）	**工事停止**命令 （工事をやめろ！） **原状回復**命令 （もとにもどせ！）
転用目的権利移動 （5条） 農を採または他にするために売る場合と、採を他にするために売る場合だ。		契約は**無効**！ その上 **工事停止**命令！ **原状回復**命令！

注意！ **競売**による場合も権利が移転するから原則として、許可（耕作目的なら3条の許可、転用目的なら5条の許可）が必要だ。

472

第5章　農地法

例外①	例外②	例外③
遺産分割・相続は、許可不要。ただし、**農業委員会**に**届出**が必要 **例** 農家の父が死亡し、遺産分割の結果、長男が農地、次男が貯金を取得した。この場合、農地の次男の相続分を長男が買ったに等しいが、許可不要。家の中の問題だから、家の中で処理しなさい、ということ。		1 **国・都道府県**が取得する場合と、 2 **土地収用法**により収用される場合は、 ↓ 許可不要
	市街化区域内の農・採なら、**農業委員会に届け出れば**許可不要 市街化区域は、どんどん市街化した方がいいから、手続を簡略化したわけだ。これは4条・5条だけの話。 3条（上のマス目の権利移動）だと、農・採のままで、市街化に役立たないから、この 例外 は認められない。	1 **国・都道府県等**が道路・農業用用排水施設等のために転用・取得する場合と、 2 **土地収用法**により収用した農地を転用する場合（4条）、**土地収用法**により収用される場合(5条)は、 ↓ 許可不要 注1 農家が2アール未満の農地を農業用施設のために転用する場合は、4条の許可不要。 注2 4条・5条の例外に該当しない場合等で、国・都道府県等が転用・転用目的権利移動するとき、国・都道府県等と知事等との協議が成立すれば、4条・5条の許可があったものとみなされる。

第3編 法令上の制限

第五章　農　地　法

473

第3編 | 法令上の制限

例題 **遺産分割**によって農地を取得する場合には、農地法第3条第1項の許可は不要であるが、農業委員会への届出が必要である。(R3-21-1)

解答 遺産分割によって農地を取得する場合は、第3条の許可は不要だ。ただし、遅滞なく、農業委員会に**届出**をする**必要**がある。よって正しい。

---

4. 罰 則

農地法に違反したら（3条・4条・5条に違反したら）➡ 3年以下の懲役または300万円以下の罰金。両罰規定あり（意味は 注意! ）。

注意! 「両罰規定」とは ➡ ①実際に違法行為を行った個人（法人の代表者等）が処罰されるだけではなく、②その法人も一緒に処罰される（ただし、罰金だけ）。なお、農地法4条・5条に違反した場合、法人は、両罰規定として、1億円以下の罰金に処せられる。

5. 農地・採草放牧地の賃貸借

1. 存続期間は、➡ 50年が限度だ（民法の規定だ➡ 219頁）。
2. 対抗要件は、➡ 引渡しも対抗要件だ。

たとえば、Aの農地をBが賃借していたところ、Aがこの農地をCに譲渡した場合でも、BがAから農地の「引渡し」を受けていれば、登記がなくても、それだけで、賃借権をCに対抗できる。

第6章 土地区画整理法

 この章から1問出題されようぞ！

　昔ながらの路地しかなく、車も入れない街に、きちんとした道路を通して、整然とした街を作るにはどうしたらいいか？　答えは、区画整理をやればいい。そのための法律が土地区画整理法だ。

1. 区画整理のやり方

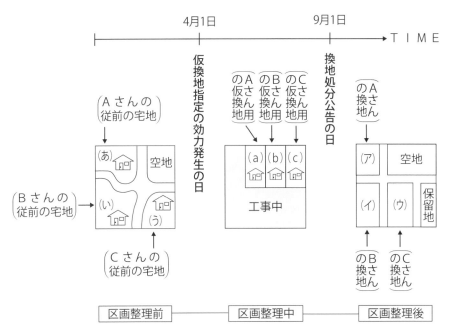

　図のようにして、区画整理前の土地が、区画整理後の土地に生まれ変わる。はじめに、用語を覚えてほしい。

第3編　法令上の制限

（1）従前の宅地

　区画整理前の土地のこと。たとえば、上の図で、Aさんの従前の宅地は（あ）だ。

（2）換　地

　区画整理の工事が終った後の土地のこと。たとえば、Aさんの従前の宅地（あ）は、区画整理の結果、換地（ア）に生まれ変わる。このことを「換地処分」という。工事が終ると「換地処分公告」という公告がなされる。その公告の翌日から、（ア）を（あ）とみなすことになる。

（3）仮　換　地

　区画整理の工事では、従前の宅地をつぶして道路を通したりするから、住民が、従前の宅地を今まで通り使っていたのでは工事にならない。そこで、住民に必要に応じて、工事のじゃまにならない場所に引越してもらうことができる。この引越先の土地のことを、仮換地という。

　たとえば、Aさんに仮換地（a）が指定されると、Aさんは工事中（正確には「仮換地指定の効力発生の日（4月1日）」から「換地処分公告の日（9月1日）」まで）（a）地を使用収益できる。なお、特別の事情があるときは、Aさんが（a）地の使用収益を開始できる日を「仮換地の指定の効力発生の日（4月1日）」と**別**（5月1日）に定めることができる。この場合、Aさんは5月1日から9月1日まで（a）地を使用収益できる。

（4）施　行　者

　区画整理を実施する主体のこと。個人・土地区画整理組合・区画整理会社が施行者になることもあれば（民間施行）、国土交通大臣・都道府県・市町村等が施行者になることもある（公的施行）。

（5）土地区画整理組合

　施行者の中では、土地区画整理組合が大事だ。土地区画整理組合については、次のポイントを押さえておこう。

　ポイント①　**7人**以上で共同して、定款と事業計画を定め、組合の設立について**知事**の認可を受けなければならない。

　ポイント②　施行地区内の宅地の所有者と借地権者は、**すべて**組合員となる。

（6）　保　留　地

　換地せずに取っておく土地のこと。①個人・土地区画整理組合・区画整理会社が施行する場合は、①区画整理の**費用**にあてるため②または、**定款**等で**定める目的**のために保留地を定めることができるが、②国土交通大臣・都道府県・市町村等が施行する場合は、区画整理の**費用**にあてるために限って保留地を定めることができる。

（7）　区画整理の場所

	都市計画に定められた施行区域外でもできるか？	市街化調整区域でもできるか？
個人・土地区画整理組合・区画整理会社が施行	できる	できる
国土交通大臣・都道府県・市町村等が施行	できない	できない

２．所有権と使用収益権が分離する

　工事のじゃまにならないように、仮換地が指定されるわけだから、仮換地指定の効力発生の日以後も、従前の宅地をそれまでと同じように使われては困る。

　そこで、Aさんを例にすると、従前の宅地（あ）、仮換地（a）、換地（ア）について、所有権と使用収益権は、次のようになる。

	Aさんに	
	所　有　権	使用収益権
従前の宅地（あ）	あ　り	な　し
仮　換　地（a）	な　し	あ　り
換　　地（ア）	あ　り	あ　り

　この表を、次にもう少し掘り下げてゆく。

３．従前の宅地（所有権あり、使用収益権なし）

　Aさんは、従前の宅地（あ）の使用収益権を失うが、所有権は失わない。試験に出るポイントは、次の３つ。

（1）いつからいつまで？

　Aさんが（あ）の土地を、使用収益できなくなるのは、「**仮換地指定の効力発**

第3編 法令上の制限

生の日」から「換地処分公告の日」までだ（正確に記憶すること）。

（2）誰が管理する？

Aさんが使用収益権を失っている間、（あ）の土地は、「区画整理の施行者」が管理する。

（3）処分は自由

Aさんは、（あ）の土地の所有権まで失うわけではない。工事中も、（あ）の部分はAさんの所有地だ。だから、Aさんは従前の宅地（あ）について、

1. 売　　却
2. 抵当権設定
3. それらの登記

を自由にできる。

> **例　題**　仮換地指定の効力発生の日から、換地処分公告の日までの間であっても、従前の宅地を**売買**することができ、その場合の所有権移転登記は従前の宅地について行う。
>
> **解　答**　売買もできるし、登記もできる。登記は**従前の宅地**について行う。正しい。

４．仮換地（所有権なし、使用収益権あり）

Aさんは、従前の宅地（あ）の使用収益ができなくなる代わりに、仮換地（a）をあてがわれ、工事が終るまで、ここに引越して生活（使用収益）することになる。

（1）　仮換地の指定

施行者が仮換地を指定する場合には、一定の者の同意を得たり、意見を聴いたりすることが必要だ。施行者によって必要な同意（意見）が違うので注意。

施　行　者	必要な同意・意見
個　　　人	従前の宅地と仮換地となるべき宅地の所有者等の同意
土地区画整理組合	**総会**等の同意
区画整理会社	所有者と借地権者の各 2/3 以上の同意
国土交通大臣・都道府県・市町村等	土地区画整理審議会の意見を聴く（同意は不要）

（2）いつからいつまで？

Aさんが、仮換地（a）を使用収益できるのは、「仮換地指定の効力発生の日」から「換地処分公告の日」までだ（従前の宅地（あ）の使用収益権を失っているのと同じ期間だ）。

478

第6章　土地区画整理法

（3）建築・造成等には知事等の許可が必要

　Aさんは、3.（1）の期間、仮換地（a）を使用収益することができるが、仮換地（a）に建物を**建築**したり、仮換地（a）の**造成**をしたりすること等は勝手にはできず、原則として、**知事等の許可**が必要とされる。

| 注意！ | これは、仮換地内だけのことではない。区画整理の施行地区内はすべて、建築・造成等に知事等の許可が必要。勝手に建築や造成等をされると、区画整理の障害となるおそれがあるからだ。 |

| 例　題 | 土地区画整理組合の設立の認可の公告があった日後、換地処分の公告がある日までは、施行地区内において、土地区画整理事業の施行の障害となるおそれがある土地の形質の変更を行おうとする者は、当該**土地区画整理組合の許可**を受けなければならない。（R3-20-3） |
| 解　答 | 施行地区内で、土地の造成（土地の形質の変更）を行おうとする場合は、**知事等の許可**が必要だ。よって誤り。 |

| 注意！ | 大臣施行の場合は、大臣の許可が必要だ。 |

5．換地処分

　区画整理の工事が、全部の区域について完了すると、区域の全部について、換地処分（従前の宅地（あ）を換地（ア）に変更する処分）がなされる。

　換地処分は、Aさん、Bさん、Cさんの一人一人に対して、区画整理の施行者から一斉に**通知**をするという方法で行う。その後で、知事が**換地処分公告**を行う。だから、「**換地処分**」と「**換地処分公告**」は別物だ、という点に注意！

| 注1 | 規準、規約、定款等に別段の定めがある場合は、工事が完了する前でも換地処分を行うことができる。 |
| 注2 | 大臣施行の場合は、大臣が換地処分公告を行う。 |

| 例　題 | 換地処分は、換地処分公告によって行われる。（H25-20-2類題） |
| 解　答 | 換地処分は、施行者からの「**通知**」によって行われるから誤り。その後で「こういう換地処分が行われました」と知事が公告するのが換地処分公告だ。 |

6．換地処分公告

　換地処分の後で行われるのが換地処分公告だ。この公告が行われると、次のような効果が生ずる。例として、9月1日に公告があったとする。

第3編　法令上の制限

第六章　土地区画整理法

479

第3編 | 法令上の制限

（1）換地処分公告の日に生ずる効果 (9月1日の24時に生ずる効果)

1 仮換地指定の効力が消滅する。

　Aさんは、仮換地（a）を、9月1日の24時まで使用収益できる。

2 必要のなくなった地役権が消滅する。

　たとえば、道路に面していない土地のため、隣地に通行地役権を設定していたが、区画整理の結果、道路に面するようになった場合には、通行地役権は消滅する。

（2）換地処分公告の翌日に生ずる効果 (9月2日の午前0時に生ずる効果)

1 換地が従前の宅地とみなされる。

　9月1日の24時までは、Aさんは、従前の宅地（あ）の所有者だ。そして、9月2日の午前0時（同じ瞬間だ）をもって、換地（ア）を従前の宅地（あ）とみなす（入れ代わると言ってもいいし、変更すると言っても同じこと）。その結果、換地（ア）がAさんの所有地になる。

2 清算金が確定する。

　従前の宅地（い）と（う）を比べると、（い）の方がずっと広い。ところが、換地（イ）と（ウ）を比べると同じ面積だ。これではBさんが気の毒だ。そこで、不公平をお金で清算するのが清算金だ。施行者が、得をした地主から徴収し、損をした地主に交付する。

3 施行者が保留地を取得する。

　保留地とは、換地とせずにとっておく土地だ。売却して区画整理の費用にあてる場合が多い。売却するまでは、施行者に帰属する。施行者から保留地を買った者は、自由に建物を建築できる（施行者の承諾を得るなどの手続きは不要）。

4 公共施設は市町村が管理する。

　公共施設は、原則として、市町村が管理することになる。なお、公共施設用地は、原則として、公共施設を管理すべき者に帰属する。

（3）換地処分に伴う登記

1 事業の施行により土地・建物について変動があった場合、施行者は、換地処分の公告後に、遅滞なく、変動の登記を申請し、または嘱託しなければならない。

2 換地処分の公告後は、1の変動の登記がされるまでは、原則として、他の登記はできない。

第7章　その他の法令

第7章　その他の法令

1.　コ　　　　ツ

　その他の法令からは、「これこれの場合に誰の許可（届出）が必要か？」という問題が出題される。そして、答えの半分は、「知事等（市の区域内では市長）の許可」なのだ。ということは、知事等の許可以外の場合を重点的に覚えるのがコツだ、ということになる。

2.　「知事等の許可」以外の場合（②は別）

		何が必要か？
① 文化財保護法		文化庁**長官**の許可
② 自　然公園法	**国立**公園（普通地域以外）	環境**大臣**の許可　注1
	国定公園（普通地域以外）	**知事**の許可　注2
③ 集落地域整備法		市町村長への届出
④ 生産緑地法		市町村長の許可
⑤ 河　川　法		河川**管理者**の許可
⑥ 海　岸　法		海岸**管理者**の許可
⑦ 道　路　法		道路**管理者**の許可
⑧ 港　湾　法		港湾**管理者**の許可

注1　国立公園の普通地域においては環境大臣への届出。

注2　国定公園の普通地域においては知事への届出。

第3編　法令上の制限

第七章　その他の法令

481

第3編 法令上の制限

例題 文化財保護法によれば、重要文化財の現状を変更しようとするときは、**文部科学大臣**の許可を受けなければならない。

解答 文部科学大臣ではなく、**文化庁長官**の許可だから、誤り。

```
受験テクニック
```

このテの出題が多い。

とにかく、誰の許可（届出）か、丸暗記！

3.「知事等の許可」の場合

	何が必要か？
① 森林法	**知事**の許可
② 地すべり等防止法	
③ 急傾斜地の崩壊による災害の防止に関する法律	
④ 都市緑地法（特別緑地保全地区）※	**知事等**の許可
⑤ 流通業務市街地の整備に関する法律	
⑥ 大都市地域における住宅及び住宅地の供給の促進に関する特別措置法	

※都市緑地法（緑地保全地域）は知事等への届出。

例題 森林法によれば、保安林において立木を伐採するには、**農林水産大臣**の許可を受けなければならない。（H26-20-2 類題）

解答 農林水産大臣ではなく、**知事**の許可だから、誤り。

482

第4編
その他の分野

　その他の分野では、税法から2問、その他から6問出題される。従来、この分野を分かりやすくコンパクトにまとめた本がなかったため、この分野が苦手な受験者が非常に多い。しかし、本書では、約40頁に、重要ポイントをコンパクトにまとめ上げたので、第4編を捨てる手はない！！

出 題 数 → 8 問

第1章　住宅金融支援機構

　この章から1問出題されようぞ！

1．メイン業務は銀行の支援

(1) 銀行ではムリ

　夢のマイホーム。ローンを組んで買う人がほとんどだ。さて、ローンには金利（借金の利息）がつきものだが、貴方なら何十年も払い続けるローン金利が、①この先コロコロ変わってトータルでいくら取られるか分からない契約（変動金利）と、②最初に決めた低い金利を最後まで払い続ければいい契約（固定金利）と、どっちがいいですか？　私なら、②。

　しかし、銀行は、何十年もの間低い固定金利を続けると商売にならない。

　そこで、銀行が行う「住宅」のための「金融」を「支援」するための「機構」として作られた独立行政法人（お上に近い役割をする公的な法人）が住宅金融支援機構だ。

　注意！　ちなみに、住宅ローンの金利は、取扱金融機関が独自に決める。

(2) どう「支援」するのか？

　それは、次のようにする。

　サラリーマンのAが、B銀行から30年ローンで3,000万円を借りて建売住宅を買うことになった。金利は30年間の固定金利で合計900万円、元利合計（元金と利息の合計金額のこと）3,900万円。しかし、B銀行としてはこんな長期固定金利では商売にならない。そこでB銀行は、Aに3,000万円を貸した（　←　）直後に、「Aから3,900万円を30年かけて弁済してもらう権利」

を、住宅金融支援機構に3,300万円で**買い取ってもらう**（ 2 ）。これでB銀行は瞬時に300万円もうかり、ハッピー。次に、住宅金融支援機構は、「30年かけて3,900万円を弁済してもらえる権利」と表示した証券（**資産担保証券**、通称ＭＢＳ）を作り、この証券を債権市場で3,600万円で売り出す（貸付債権の証券化）。それを、投資家Ｃが「国債よりいいな」と思って買う（ 3 ）。その結果住宅金融支援機構は300万円もうかってハッピー。Ｃも300万円もうかってハッピー。ＡＢＣみんながハッピーになる、という仕組みだ。

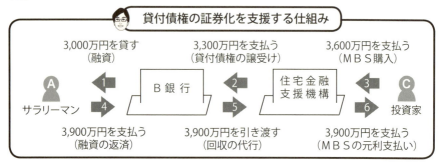

こうして、住宅金融支援機構の支援でＡ対Ｂ銀行という特定の当事者間の貸付債権が証券化されて市場に流通する。この銀行**支援**業務を証券化支援事業（買取型）という。

注意！　①住宅の建設・購入に付随する土地・**借地権**の取得のための貸付債権も買い取ってもらえる（土地・借地権だけはダメ）。

②**中古**住宅購入のための貸付債権も買い取ってもらえる（新築だけでなく、中古もＯＫということ）。

③中古住宅の購入に付随する**改良**（リフォーム）のための貸付債権も買い取ってもらえる（改良だけはダメ）。

また、住宅金融支援機構は、住宅ローンの利用者がローンを返済できなくなったら肩代わりしてあげる（住宅金融支援機構が銀行に保険金を支払う）という業務も行っている。この業務を証券化支援事業（保証型）という。

第1章 住宅金融支援機構

例 題 機構は、証券化支援事業（買取型）において、金融機関から買い取った住宅ローン債権を担保としてMBS（資産担保証券）を発行している。（R2-46-1）

解 答 機構は、金融機関から買い取った住宅ローン債権を担保としてMBSを発行している。よって正しい。

（3）資金調達

　住宅金融支援機構がB銀行から貸付債権を3,300万円で買い取るための資金調達の方法には、上で説明した①資産担保証券の発行の他、②大手銀行等からの長期借入金という方法もある。①②どちらも主務大臣（**国土交通**大臣と**財務**大臣）の**認可**が必要だ（許可は×）。

　政府は、**国会の議決**があれば①②どちらも**保証**することができる。政府の保証があれば住宅金融支援機構が万一破綻しても政府が代わりに弁済してくれるから、投資家Cも安心だ。

（4）業務の委託

　Aから30年かけて3,900万円を回収する業務は、住宅金融支援機構が自分ではやらずに回収のプロであるB銀行に代行してもらうことができる。つまり、住宅金融支援機構は業務の**一部**（全部は×）を①金融機関や②**地方公共団体**等に委託できる。

2．直接融資も 例 外 的に〇

　Aは、B銀行ではなく住宅金融支援機構から融資を直接受けられるかというと、 原 則 として×。住宅金融支援機構のメイン業務は銀行の支援だからだ。ただし、直接融資も次のもの等は 例 外 的に〇。

第4編　その他の分野

第一章　住宅金融支援機構

487

第4編 | その他の分野

（1）災害がらみ

問題文に「災害○○建築物を○○する資金」とあったら ➡ ほとんど○。

例 「災害予防代替建築物を購入する資金の貸付けを行うこと」は○。

意味は、「がけの真下に建っていて、いつがけ崩れの下敷きになってもおかしくない家を撤去し、代わりに安全な場所にマンションを買うための資金の貸付けを行うこと」は○、ということ。他にも似たような「災害○○建築物（**例** 災害復興建築物)」という難解用語があるが、全く同じ要領（要するに○）で解ける。

（2）マンションの共用部分

マンションの**共用**部分の改良資金 ➡ ○
マンションの**専有**部分の改良資金 ➡ ×

（3）子どもと高齢者

1. 子どもや高齢者に適した賃貸住宅の建築・改良資金 ➡ ○
2. 高齢者に適した住宅にするための改良資金 ➡ 高齢者が**自ら居住**する場合に限って○

注意！ 「一般の金融機関が融資するのが困難な事例について、住宅金融支援機構は個別に検討して**直接**融資できる」などと出されると、つい○と答えたくなるが、×だ。

（4）その他

1. 機構は、高齢者が自ら居住する住宅に対して行う**バリアフリー工事**または**耐震改修工事**に係る貸付けについて、貸付金の償還を高齢者の**死亡時に一括**して行うという制度を設けている（**高齢者向け返済特例制度**)。
2. 機構は、貸付けを受けた者が経済事情の著しい変動に伴い、元利金の支払が著しく困難となった場合は、一定の貸付条件の**変更**・元利金の支払

方法の**変更**ができる（なお、支払いの**免除**は**できない**。つまり、変更は○だが、免除は×）。

3．情報提供業務もやる

　住宅金融支援機構は、金を（**原　則**として）貸してくれない代わりに、知恵を貸してくれる。つまり、住宅資金**情報**の提供や**相談**等の援助業務を行う。これは、個人だけでなく**業者**に対してもしてくれる。

➡ この業務は、金融機関や地方公共団体等に委託**できない**。

　487頁（**4**）の（全部は×）というのは、このこと。

4．2つの保険

　住宅金融支援機構は、次の2つの保険もやっている。

① 　住宅融資保険

② 　**団体信用生命保険**

ちなみに　団体信用生命保険とは、住宅ローンを組んだ人が、ローンの返済中に死亡したり、重度障害になった場合に、生命保険会社が本人の代わりに残ったローンを支払うという保険のことだ。

第2章 公示価格

 だいたい2年に1回出題されておるぞ！

1. 地価公示のプロセス

　公示価格は、地価の高騰を防ぐための制度だ。全国から標準地を選んで、その土地の「正常な価格」（これが公示価格）は1㎡当たり○○円です、ということを公示する。そして、土地取引の際に、その価格を指標としてもらおう、というわけだ。
　次のようなプロセスで公示される。

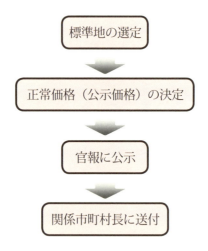

　これらのプロセスを細かく説明していく。

第2章 公示価格

（1）標準地の選定

ポイントは2つ。誰がどこに標準地を選定するのか？
① 誰　が ➡ **土地鑑定委員会**が
② どこに ➡ **公示区域内**に
　　　　　　　　　　　　　　標準地を選定する。注意！

公示区域とは、土地取引が相当程度見込まれる場所のことで、都市計画区域外も含むが、規制区域（➡ 464頁）は除かれる。なぜなら、規制区域では土地取引に知事の許可がいるため地価は知事が思いのままにコントロールでき、高騰の心配はないからだ。

注意！　標準地は、自然的及び社会的条件からみて類似の利用価値を有すると認められる地域において、土地の利用状況、環境等が**通常**と認められる一団の土地について選定する。

（2）正常価格（公示価格）の決定

基準日（毎年1月1日現在）における、各標準地の1㎡当たりの正常価格（公示価格）を、土地鑑定委員会が決定する。次の2点がよく出る。

① 決定手続は？
土地鑑定委員会は、**2人**以上の**不動産鑑定士**に鑑定評価を依頼する。

依頼を受けた不動産鑑定士は、標準地の鑑定評価を行うにあたっては、
　　㋐近傍類地の取引価格
　　㋑近傍類地の地代
　　㋒同等の効用を有する土地の造成費用
を勘案しなければならない。

その鑑定評価を参考にして、土地鑑定委員会が、正常価格を決定する。

2 正常価格とは？

投機目的などのない、自由な取引が行われる場合に通常成立するはずの価格のことだ。正常価格は土地に

　㋐建　　物
　㋑借　地　権

等が存在する場合には、これらが**存在しないものと仮定**して（純然たる更地として）算定する。

(3) 官報に公示

土地鑑定委員会は、毎年1回、官報に正常価格（公示価格）を公示する。

公示事項……基準日（1月1日）、標準地の単位面積（1㎡）当たりの価格の他、標準地と周辺の土地の**利用現況**等も公示するが、周辺の土地の**価格**までは公示しない。

(4) 関係市町村長に送付

土地鑑定委員会は、公示事項を記載した書面及び図面を関係市町村長に送付し、関係市町村長は、これを一般の閲覧に供する。

例　題　標準地の選定は、**国土交通大臣**が行う。

解　答　国土交通大臣ではなく、**土地鑑定委員会**が行うから、誤り。

注意！　上の（1）～（4）の主役はすべて土地鑑定委員会だ。国土交通大臣の出る幕はない。

第2章 公示価格

２．公示価格の効力

（１）一般の土地取引の場合

　公示価格を指標として取引するよう努めなければならない（単なる努力目標で強制力なし）。

（２）公示価格を規準としなければならない（強制力あり）のは

1. 不動産鑑定士が公示区域内の土地の正常価格を求める場合
2. 土地収用法による補償金を算定する場合
3. 公共事業の用に供する土地の取得価格を算定する場合

例 題 土地の取引を行なう者は、取引の対象となる土地が標準地である場合には、当該標準地について公示された価格により取引を行なう**義務を**有する。（H29-25-4）

解 答 一般の土地取引の場合は、公示価格を指標として取引するよう**努めなければならない**。単なる努力目標であって、強制力（義務）はない。よって誤り。

第４編　その他の分野

第二章　公示価格

493

第3章 不動産の鑑定評価の方法

1. 原価法

　不動産を新たに作るとしたら（ 例 同じようなビルをもう一度建てるとしたら、土地を造成するとしたら）いくらかかるかを算定する（**再調達原価**という）。そして、それに減価修正（ 例 築10年のビルなら10年分安くなってる）をほどこして、今現在の価格（積算価格）を求める方法だ。

　なお、対象不動産が土地のみであっても、再調達原価を適切に求めることができるときは、原価法が使える。

2. 取引事例比較法

　似たような不動産がいくらで取引されたかを調べ、その取引価格に一定の補正（ 例 3年前の事例なら3年分の価格変動を考慮）をして、目的の不動産の価格（**比準価格**）を求める方法だ。

　なお、取引事例が特殊な事情（売り急ぎ等）を含み、これが取引価格に影響しているときは、適切に補正しなければならない（事情補正という）。ちなみに、投機的取引事例は用いることはできない。

3. 収益還元法

　その不動産を賃貸したら賃料がどのくらい入るかを算定し、そこから逆算してその不動産の価格（**収益価格**）を求める方法だ。

　なお、収益還元法は、賃貸用不動産または賃貸用以外の事業用不動産の価

格を求めるときに特に有効であるが、**自用の不動産**（自分の住宅等）であっても、賃料を想定することによって、適用**できる**。

注意！ 鑑定評価の手法の適用に当たっては、**複数**の鑑定評価の手法を適用すべきであるなお、複数の鑑定評価の手法の適用が困難な場合でも、できるだけ参酌するように努めるべきである（他の手法で利用できる部分はできるだけ取り入れるようにしなさいということ）。

例　題 原価法は、対象不動産が建物及びその敷地である場合において、再調達原価の把握及び減価修正を適切に行うことができるときに有効な手法であるが、対象不動産が**土地のみ**である場合には、この手法を適用することは**できない**。（R2-25-4）

解　答 原価法は対象不動産が「建物」「建物＋その敷地」の場合において、再調達原価の把握・減価修正を適切に行うことができるときに有効だ（前半は○）。そして、「**土地のみ**」である場合でも、再調達原価を適切に求めることができるときは、原価法が**使える**（後半が×）。よって誤り。

第4編　その他の分野

第三章　不動産の鑑定評価の方法

第4章 不当景品類及び不当表示防止法

 この章から1問出題されようぞ！

1．誰のための法律か？

　商売に競争は付きものだが、不当な景品や不当な表示で客をつるのはルール違反だ。競争は、フェアにやらなければダメ。そこで、**一般消費者保護**のために作られたのが、この法律だ（**お客さんのための法律**）。

2．不当景品とは何か？

　要するに、法外な景品のことだ。法外かどうかは、内閣総理大臣が決め、そういう景品の提供を禁止する。
　では、どの程度の景品の提供なら許されるのか？　それは、次の2つだ。

1. 取引価額の**10％以下**、かつ、**100万円以下**の景品
（抽選等の場合は取引価額の20倍以下、かつ、10万円以下）
2. **登記費用・保険料**等を業者が負担すること

｝これは許される。

3．不当表示とは何か？

　要するに、一般消費者をまどわせるような広告等のことだ。どんな表示が不当表示に当たるかが出題される。

（1）表示しないことが不当表示になる場合

1. **高圧線下**の土地の広告では、高圧線下にある旨（建物の建築が禁止されているならその旨も）とそのおおむねの面積を表示しないと不当表示になる。

2. **市街化調整区域内**の土地の広告では、宅地の造成・建物の建築ができない旨を表示しないと不当表示になる。

3. **接道義務**（➡ 427 頁）に違反する土地の広告では、建物を建築（再建築）できない旨を表示しないと不当表示になる。

4. **古家・廃屋**等が建っている土地の広告では、古家・廃屋等がある旨を表示しないと不当表示になる。

5. **傾斜地**をおおむね **30%** 以上含む土地（マンション・別荘地等を除く）の広告では、傾斜地を含む旨と傾斜地の割合**または**面積を表示しないと不当表示になる。

6. **私道負担**のある土地の広告では、私道負担部分の**面積**まで表示しないと不当表示になる。

7. **道路予定地**については、その旨を表示しないと不当表示になる。

8. 地下鉄のため土地の地下に**地上権**が設定されているときは、その旨を表示しないと不当表示になる。

9. **擁壁無しのがけ**の上か下にある土地については、その旨を表示しないと不当表示になる。

（2）暗記すべき数値が2つある

1. **80　m**……駅から徒歩何分という表示では、道路距離 80m を 1 分として表示しなければならない。ただし、信号の待ち時間や歩道橋の昇降時間は無視していい。 注意！

2. **1　年**……新築と表示できるのは、建築後 1 年未満で未使用の建物のみ。

注意！ ちなみに、1 分未満の端数が生じた場合は、1 分として算出する（たとえば、200 mの場合は、80 mを 1 分として計算すると 2 分 30 秒となるが、3 分と表示しなければならない）。

第4編｜その他の分野

（3）その他の注意

1. 売地の近くに**新駅**ができる予定の広告
   鉄道会社の公表したものを新設予定時期を明示して表示する場合に限って
   OK。業者**独自の予測**なら不当表示になる。

2. **多数**の宅地建物の販売広告
   最低価格と**最高**価格だけ表示すれば OK。ただし、販売物件数が 10 以
   上なら、**最多価格帯とその数**も表示しないとダメ。 注意！
   注意！ **管理費**・共益費・修繕積立金、賃料については、最低額と最高額
   を表示すれば OK（物件が 10 以上でも、最多価格帯とその数の表
   示は不要）。

3. 業者が広告会社に広告ビラを作らせた場合
   その内容が不当表示に当たれば、**業者**の責任になる。

4. **おとり広告**（売る意思のない物件を広告にのせて客よせをすること）
   もちろん不当表示になる。

4．不当景品の提供や不当表示をするとどうなるか？

　そういう場合には、違反行為の差止め等の**措置命令**を出せる。措置命令の
ポイントは、次の3つだ。

1. 措置命令は**内閣総理大臣**の権限だが、消費者庁長官に権限を委任（丸投
   げ）しているから、実際に措置命令を出すのは**消費者庁長官**だ。

2. 措置命令を出すには、「**弁明の機会を付与**」（言い分があるなら聞いてや
   るヨ、という手続）しなければならない。

3. 措置命令は、違反行為が**なくなった後**でも出せる。**再発防止**のためだ。

第 4 章　不当景品類及び不当表示防止法

例　題　新築住宅を販売するに当たり、当該物件から最寄駅まで実際に歩いたときの所要時間が 15 分であれば、物件から最寄駅までの**道路距離にかかわらず**、広告中に「最寄駅まで徒歩 15 分」と表示することができる。(R2-47-2)

解　答　駅から徒歩何分という表示では、**道路距離 80 m を 1 分**として表示しなければならない。よって誤り。

第 4 編　その他の分野

第四章　不当景品類及び不当表示防止法

第5章　土地・建物

この章から2問出題されようぞ！

1．基礎知識

毎年、土地と建物から1問ずつ出題される。まず、ポイントをおさえてほしい。

（1）土地について（宅地に向くかどうかがポイント）

1　**砂礫質の土地** ➡ ○
　　水はけがよく、地すべりもしにくいので、宅地に向く。

2　**扇状地** ➡ ○
　　谷の出口などに扇状にひろがった微高地のこと。扇状地は、砂礫質で、宅地に向く。ただし、土石流災害に対しては注意が必要だ。

3　**自然堤防** ➡ ○
　　河川の両側に自然にできた微高地のこと。自然堤防は、砂礫質で地震や洪水に強いから、宅地に向く。ただし、自然堤防の**背後の低地**は、地震や洪水に弱いから、宅地に向かない。

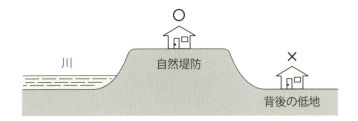

4 台地・丘陵地 ➡ 原則〇・例外✕

　地震や洪水に強いから、宅地に向く。ただし、台地・丘陵地の「**縁辺部**」（はじっこの部分）は、くずれやすいから宅地に向かない。

　また、台地・丘陵地上の「**広い谷**」の部分も、洪水のおそれがあるから宅地に向かない。

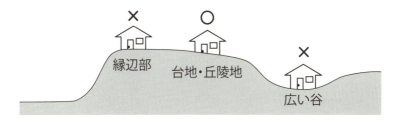

5 干拓地 ➡ ✕

　水面より低いし、地盤も弱いから、地震や洪水に弱く、宅地に向かない。

6 埋立地 ➡ △

　水面より高いから造成工事がしっかりしていれば、干拓地よりはまし。

（2）建物について（耐震性がポイント）

1 木造建築物

㋐ 2階建の場合、**1階に広い部屋**を作ると、耐震性が低くなる（1階に広い部屋を作ると、柱や壁が少ないため、2階の重量を支えにくくなるから）。

㋑ 屋根を**瓦ぶき**などの重い構造にすると、耐震性が低くなる（重心が高くなるから）。

㋒ 2階建では、**すみ柱**（建物の角の柱）は、原則として、**管柱**（途中で継ぎ足した柱）としてはならず、**通し柱**（1階2階を貫く柱）としなければならない。

　例外として、ツーバイフォー工法（厚さ2インチ、幅4インチの角材を組み合わせ、ベニヤ板を加えて先に壁を作り、その壁を組み立てて建物を作る工法）の場合には、1階の箱の上に2階の箱を積み重ねるような

構造になるため、十分強度があるから、通し柱にする必要はない。

㊁ 丸太組構法であっても、一定の基準を満たせば、住宅を建築することができる。

2　鉄筋コンクリート造建築物

コンクリートの材料は、酸や塩等を含んではならない（鉄筋をさびさせるから）。

2．ここだけの話

以上、基礎知識を書いてきた。しかし、実は土地・建物については、以上に書いたこと以外にも、際限なく広い知識が要求され、準備のしようがない、というのが本当のところなのだ。そこで、

 この分野は準備不可能だから → 常識とカンで解くしかない。

これが、究極の受験テクニックだ。ウソかホントか、例題にチャレンジしてほしい。

例　題　山麓や火山麓の地形の中で、土石流や土砂崩壊による堆積でできた地形は危険性が**低く**、住宅地として**好適**である。（H28-49-3）

解　答　石流・土砂崩壊による堆積でできた地形なのだから、崩壊する可能性があり、危険性は**高い**。だから、住宅地には**適さない**。よって誤り。

注意！　これは、本番の正解肢だ。常識とカンで解けばいい、という意味がお分かり頂けたと思う。もっとも常識では対処できない問題が出ることも、もちろんある。しかし、そんな問題は、いくら勉強している人にも決して解けないのだから間違えても差はつかないのだ。大丈夫！

第6章 税　　法

　税法は苦手な人が多いであるぞ。いきなり独学で対処するよりも、通信宅建超完璧講座で「税法アレルギー」を取り除いてもらった方がいいであるぞ！

第1節　不動産取得税（都道府県税）

1. 税法入門

　税法というと、尻ごみしてしまう方が多いが、逃げてはダメだ。税法の基本を、一番よく出る不動産取得税でマスターしてしまおう。

具体例

　Aが、庭付き一戸建て住宅を3億円（住宅1億円、土地2億円）で購入したとする。そうすると、Aは不動産を取得したのだから、不動産取得税を払わなければならない。では、一体、いくら払うのだろうか？

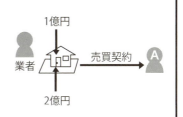

1 住宅には、いくら課税されるか？

不動産取得税の額は、Aが実際に支払った住宅の代金（1億円）ではなく、固定資産課税台帳に登録されている評価額（**登録価格**）を基にして計算する。この税額計算の基になる金額のことを、「**課税標準**」という。

たとえば、Aが買った住宅の登録価格が3,000万円なら、課税標準は3,000万円だ。この3,000万円に、税率を掛ければ、**納付税額**（払うべき税額のこと）が出てくる。住宅の不動産取得税の**標準税率**（通常の税率のこと）は **3％** だから、 注意！

課税標準
（登録価格）　　税率　　納付税額
3,000万円　×　3％＝　90万円　　……これが住宅についての税額

2 土地には、いくら課税されるか？

土地についても、住宅同様、登録価格が課税標準となる。土地の不動産取得税の標準税率は **3％** だから、この土地の登録価格が1億円だとすると、

課税標準
（登録価格）　　税率　　納付税額
1億円　×　3％＝　300万円　　……これが土地についての税額

3 Aの納付税額は？

　　住宅の分　　　土地の分
　　90万円　＋　300万円　＝　390万円

ということになるわけだ。以上が税額計算の基本だ。つまり

課税標準　×　税率　＝　納付税額

この算式が、不動産取得税に限らず、全ての税金の基本だ。

注意！	不動産取得税の標準税率
	①住宅・土地　➡　3％
	②住宅以外の家屋　➡　4％

第6章 税　　法

2. 控　　除

　税金には、様々な「控除」がつきものだ。控除とは、要するに税金が安くなるありがたい措置のことだ。

　控除は、税法のヤマだから、しっかりマスターしよう！

（1）住宅取得の場合の課税標準の定額控除

> 　床面積が **50㎡以上 240㎡以下** の新築住宅を取得した場合には、
> 　　➡ **課税標準** が 1,200 万円引きになる。

　たとえば、上の例で、Aが購入した住宅がこの要件を満たすと、**1** より税額が安くなる。つまり、

$$
\underset{\text{課税標準}}{(3,000\,万円} \;-\; \underset{\text{定額控除}}{1,200\,万円)} \;\times\; \underset{\text{税率}}{3\,\%} \;=\; \underset{\text{納付税額}}{54\,万円}
$$

　　　　　　　　　　　　　　　……これが住宅についての税額

|注意！| 中古の場合は、耐震基準に適合すること等一定の要件に該当することも必要だ。なお、控除額は最大で 1,200万円だ（古いほど、この額が低くなる）。

（2）宅地取得の場合の課税標準の特例

> 　宅地（住宅用地）を取得した場合には、
> 　　　　➡ **課税標準** が $\dfrac{1}{2}$ になる。

　上の例では、Aは宅地を取得したのだから、**2** より税額が安くなる。すなわち、

$$
\underset{\text{課税標準}}{1\,億円} \;\times\; \underset{\text{特例}}{\dfrac{1}{2}} \;\times\; \underset{\text{税率}}{3\,\%} \;=\; \underset{\text{納付税額}}{150\,万円}
$$

　　　　　　　　　　　　　　　……これが土地についての税額

第4編　その他の分野

第六章　税　法

505

第4編 | その他の分野

（3）ま と め

結局、（1）と（2）の結果、Aの納付税額は、

住宅の分 　　土地の分 　　　納付税額
54万円 ＋ 150万円 ＝ 204万円

ということになる。控除前の **3** より 186万円も安い。

なお、（1）と（2）について、2つ注意点がある。

注1 （1）の課税標準の定額控除は、**住宅**についてだけのものであり、土地には適用されない。また、（2）の課税標準の特例は、**宅地**についてだけのものであり、住宅には適用されない。

注2 （1）も（2）も、黙っていると適用してもらえない。「控除して下さい」と**申告**する必要がある。

例 題 個人が取得した住宅及び住宅用地に係る不動産取得税の税率は3％であるが、住宅用以外の**土地**に係る不動産取得税の税率は**4％**である。（R2-24-1）

解 答 不動産取得税の税率は、住宅・土地は**3％**で、住宅以外の家屋は**4％**だ。よって誤り。

3．不動産取得税のその他のポイント

（1） 不動産取得税は、不動産が**存在する都道府県**に納める。不動産とは、土地と家屋（住宅に限らない）だ。

だから、**海外**の不動産を取得しても、不動産取得税は課されない。

なお、ついでに、不動産取得税以外についても整理しておく。

税 ┬ 国　税（**所得税**、登録免許税、印紙税、相続税、贈与税等）
　 └ 地方税 ┬ 都道府県税※（**不動産取得税**等）
　　　　　 └ 市町村税（**固定資産税**等）

※条文上は「道府県税」だが、「都」も含まれるから、「都道府県税」と覚えよ。

第6章　税　　法

（2）不動産取得税が課されるのは土地・家屋の、

　　　1 売　　　　買
　　　2 交　　　　換
　　　3 贈　　　　与
　　　4 新築増改築　　　の場合だ。

注1 売買に限らない点に注意。なお、相続の場合には、相続税が課されるから、不動産取得税は課されない。また、法人の合併の場合も、不動産取得税は課されない。

注2 Aが建売住宅を新築した場合には、Aではなく買主Bが不動産取得税を納めるのが自然だ。そこで、新築家屋については、

　　　1 最初に使用された日、または、
　　　2 譲渡された日

の所有者に不動産取得税が課されることになっている。

もっとも、売るために新築したのに、いつまでたっても売れない場合、永久に不動産取得税を納めなくてよい、としてはおかしい。そこで、

　→ 新築後 6カ月 （ただし、業者が新築した場合には 1 年）経過しても、使用も譲渡もない場合には、新築した者に不動産取得税が課される。

注3 改築の場合、改築により価格が増加したら不動産取得税が課される（増加しなかったら課されない）。

（3）免　税　点

　あまり安い不動産を取得した場合にまで、いちいち課税する必要もないだろうということで、課税標準が次の金額未満の場合には、不動産取得税は課されない。この金額を免税点という。

免税点 ┬ 土地　　　　　　　　　　　　　　→　　　　　10 万円
　　　　└ 家屋 ┬ 売買・交換・贈与の場合 →　一戸につき 12 万円
　　　　　　　　└ 新築・増改築の場合　　 →　一戸につき 23 万円

例題　**相続**による不動産の取得については、不動産取得税は課されない。
（H30-24-3）

第4編　その他の分野

第六章　税　法

507

第4編｜その他の分野

> **解答** 相続の場合には、相続税が課されるから、不動産取得税は**課されない**。よって正しい。

第2節　固定資産税（市町村税）

1．納税義務者

　毎年1月1日（賦課期日）現在に、固定資産課税台帳に所有者として登録されている者が、原則として、固定資産税の納税義務者となる。

　ただし、例外として、土地については、

　1 **質権**が設定されていれば質権者が、

　2 **100年より永い地上権**が設定されていれば地上権者が、

　納税義務者となる。

> **注意！** 市町村は、①所有者の所在が震災等で不明な場合や②相当な努力で探索を行っても所有者の存在が不明な場合は、使用者を所有者とみなして、その者に固定資産税を課することができる（なお、使用者に事前に通知する必要がある）。

> **区分所有建物の敷地**
>
> 敷地利用権が所有権の場合　➡　各区分所有者が共有持分の割合で独立して（**連帯せずに**）納税義務を負う。
>
> 敷地利用権が賃借権等の場合　➡　地主（1月1日に所有者として登録されている者）が納税義務を負う。

> **注意！** 居住用超高層建築物（タワーマンションのこと）については、一定の補正が行われる（上の階に行くほど固定資産税が割高になる）。

2．課税標準

　固定資産税の課税標準は、毎年1月1日（賦課期日）現在の固定資産課税台帳の登録価格だ。この登録価格は、毎年評価替えをすると手間がかかり過ぎるから、3年に1度ずつ評価替えを行うことになっている（一度評価替えが行われると、3年間据え置かれる）。ただし、地目の変換等があれば評価替えできる。

508

さて、大事な特例がある。

> **住宅用地の課税標準の特例**
> 住宅用地の課税標準は
> - 200㎡以下の部分（小規模住宅用地） → $\frac{1}{6}$になる
> - 200㎡を超える部分 → $\frac{1}{3}$になる

具体例

300㎡の住宅用地の登録価格が9,000万円だとすると、

$\begin{cases} 200㎡ → 6,000万円 \times \frac{1}{6} = 1,000万円 \\ 100㎡ → 3,000万円 \times \frac{1}{3} = 1,000万円 \end{cases}$

よって、

　1,000万円＋1,000万円＝2,000万円

この土地の課税標準は2,000万円となる。

なお、この特例は、**貸家用の住宅用地にも適用**される。

3．免 税 点

同じ市町村内において、同じ者が所有する固定資産の課税標準の合計が、次の金額未満の場合には、固定資産税は課されない。

　土地 → **30万円**

　家屋 → **20万円**

4．税　　　率

標準税率 → **1.4％**（財政上必要な場合には、これを超える税率を定められる）

5．新築住宅の税額控除

床面積が50㎡以上280㎡以下の新築住宅は、3年間（3階建て以上の中高層耐火建築物等の場合は、5年間）、120㎡までの税額が → $\frac{1}{2}$になる。

6．そ の 他

（1） 固定資産の価格の決定

固定資産の価格は、**総務大臣**が定めた固定資産評価基準に基づき、市町村長が決定する。

（2） 固定資産の実地調査

市町村長は、固定資産評価員または固定資産評価補助員に固定資産の状況を毎年少なくとも一回調査させなければならない。

注意！　議員は固定資産評価員を兼ねることができない。

（3） 固定資産課税台帳

納税義務者は、固定資産課税台帳のうち自己の固定資産に関する部分について閲覧できる。

注1　借地人や借家人も固定資産課税台帳を閲覧できる。

注2　納税義務者、借地人、借家人は、固定資産課税台帳の記載事項の証明書の交付を請求できる。

第3節　所得税（国税）

1．譲渡所得が出る

（1）譲渡所得とは？

所得税が課される所得にもいろいろな種類があるが、宅建士試験に出るのは、土地建物の譲渡所得（譲渡によるもうけ）だ。

たとえば、2,000万円で買った土地を、3,000万円で売れば、差額の1,000万円が譲渡所得金額になる。この1,000万円に税率を掛けて税額を出すのだ。

> 譲渡価格 －（取得費＋譲渡費用）＝ 譲渡所得金額

（2）「譲渡」とは？

では、「譲渡」とは何か？売買が典型例だが、次の3つが、譲渡に当たるか（当たれば所得税が課税される）どうか判断できるようにしておくことが望ましい（3つとも 難 。無理しなくていい）。

1　離婚の際の財産分与　➡　譲渡に当たる　➡　所得税が課税される。

2　相続税の物納　➡　譲渡に当たらない　➡　所得税は課税されない。

第6章 税　　法

3 **保証人**が自分の土地建物を売却して作った金で保証債務を履行したが、主債務者が無一文のため求償権が行使できない場合 ➡ 譲渡に当たらない ➡ 所得税は課税されない。

（3）「取得費」とは？

次に、「取得費」とは何か？　それは土地建物の原価（元値）のことだ。これについては、次の2つのポイントを押さえてほしい。

1 **贈　　与**

Aが土地をBに贈与した（タダで与えた）。その後、Bがこの土地を売却した場合、Bの取得費はゼロか？　答えは×だ。この場合には、**贈与者Aの取得費**を贈与を受けたBの取得費とみなすことになっている。

2 **古い物件**

昭和27年12月31日以前から引き続き所有している土地建物を譲渡した場合の取得費は、原則として、譲渡価格の5％とされる。

- -

例　題　**贈与**された土地を売却した場合に、譲渡価格から控除される土地の取得費は、贈与を受けた時の時価である。

解　答　時価ではなく、**贈与者の取得費**（贈与者が土地を入手した時の金額）が、贈与を受けた者の取得費とみなされる。よって誤り。

- -

2．長期譲渡所得（5年超）の税率の特例

譲渡した年の1月1日における所有期間が5年を超える土地建物（**居住用に限らない**）を譲渡した場合の譲渡所得を長期譲渡所得という。

> 長期譲渡所得（5年超）の税率は ➡ 15％

なお、所有期間が5年以下の短期譲渡所得の税率は30％だ。短期譲渡は、土地ころがしや投機的取引となり、不動産の高騰をまねくから税率を高くして抑え込もう、という趣旨。逆に、長期譲渡は、長い間塩漬け状態で死蔵されてきた不動産を世の中に放出することであり、不動産の有効利用を促進するから税率を低くして優遇しようというワケ。

第4編　その他の分野

第六章　税　　法

511

第4編｜その他の分野

3．居住用財産の長期譲渡所得（10年超）の軽減税率

譲渡した年の1月1日における所有期間が10年を超える**居住用の**土地建物を譲渡した場合の譲渡所得の税率は、

譲渡所得金額のうち ┬ 6,000万円以下の部分 ➡ 10%
　　　　　　　　　　└ 6,000万円を超える部分 ➡ 15%

この軽減税率は、次の4．の3,000万円の特別控除を受けた場合にも、重ねて適用される。しかし、5．の買換え特例を受けた場合には、適用されない。

4．居住用財産を譲渡した場合の3,000万円の特別控除

居住用財産を譲渡した場合には ➡ 譲渡所得金額から3,000万円が控除される。

（1）この3,000万円の特別控除は、短期譲渡にも長期譲渡にも適用されるが、複数の居住用財産を譲渡し、一方が短期譲渡、他方が長期譲渡の場合には、**短期譲渡所得金額から先に**3,000万円を控除する。

（2）また、長期譲渡所得に3,000万円の特別控除が適用された場合には、**控除後の残額に**、2．または3．の税率が適用される。

（3）なお、次の場合には、3,000万円の特別控除を受けられない。

1. 配偶者、直系血族（自分の実の祖父母、父母、子、孫等）、生計を一にしている親族、同族会社等に譲渡した場合

2. 前年または前々年に、すでに3,000万円の特別控除または5．の買換え特例を受けている場合

3. 7．の収用の場合の5,000万円の特別控除を受ける場合

　　例　題　居住用財産の譲渡所得の3,000万円特別控除は、その個人がその個人と生計を一にしていない**孫**に譲渡した場合には、適用を受けることができない。（R元-23-3）

第6章　税　　法

解　答　**直系血族**に譲渡した場合には、3,000万円の特別控除を受けることができない（孫は直系血族）。よって正しい。

....

5．特定の居住用財産の買換え特例

（1）どんな特例か？

　居住用の土地建物（譲渡資産）を売り、その代金（譲渡価格）で、別の居住用の土地建物（買換資産）を買うことを、居住用財産の買換えという。この場合、次の（2）の要件を満たせば、

Ⓐ　譲渡価格が買換資産の購入価格以下の場合には（**例**5,000万円で売って6,000万円の家を買ったら）　➡　所得税は無税となる。

Ⓑ　譲渡価格が買換資産の購入価格を超える場合には（**例**5,000万円で売って4,000万円の家を買ったら）➡超える部分（1,000万円）に課税される。

Ⓑの場合、上の3．（軽減税率）、4．（3,000万円の特別控除）の適用を受けることはできない。

　つまり、

　「3．（軽減税率）＋4．（3,000万円の特別控除）」

　または「5．（買換え特例）」

のどちらかを選択して適用してもらうことになる。

第4編　その他の分野

第六章　税　法

513

（2）要　件

さて、この買換え特例を受けるための主な要件は、

譲渡資産は	① 所有期間が **10** 年を超えていて ② 居住期間も **10** 年以上で ③ **1** 億円以下で売ったこと（庶民のための特例です！）
買換資産は	④ 土地面積 **500** ㎡以**下** （広すぎる土地は優遇しません！） ⑤ 家屋床面積 **50** ㎡以**上** （狭すぎる家屋は自力で買えるでしょ？）

爺 は、いい頃に 売って、午後 買った。

- 爺：10年超所有・10年以上居住
- いい頃：1億円以下
- 売って：譲渡資産
- 午後：土地500㎡以下・家屋50㎡以上
- 買った：買換資産

> **例題**　特定の居住用資産の買換え特例を受けるためには、**譲渡**した家屋の床面積が 50㎡以上であることが必要である。（H19-26-4 類題）
>
> **解答**　面積に制限があるのは**買換**資産だけ（土地・家屋とも）。譲渡資産は、どんどん市場に放出してほしいから、広すぎる土地でも狭すぎる家屋でも OK。よって誤り。

6．住宅ローン減税（住宅ローン控除）

> 10 年以上のローンを組んで、居住用の土地建物（土地は建物とともに取得する敷地に限る）を取得した場合、10 年間（一定の場合は 13 年間）毎年の所得税から一定額が控除される。

（1）控 除 額

ローン残高が高い人ほど毎年の控除額も大きくなる。ただし、対象となるローン残高の限度は 4,000 万円だ。つまり、ローン残高が 5,000 万円の人も 6,000 万円の人も控除額はローン残高が 4,000 万円の人と同じで、それ以上大きくならない。

注意！　ただし、認定住宅の場合は、1,000 万円プラスされ、5,000 万円が限度となる。

（2）控除を受けるための要件

所得 3,000 万円以下であること。所得が 3,000 万円を超えた年は、控除が受けられない。所得 3,000 万円以下の年だけ控除が受けられる。

7．収用の場合の 5,000 万円の特別控除

> 土地収用法等によって、土地建物（居住用に限らない）が強制的に収用された（買い上げられた）場合には　➡　譲渡所得金額（収用の際の補償金のこと）から 5,000 万円が控除される。

この特別控除は、居住用財産以外にも適用される。では、居住用財産が収用された場合には、4．の 3,000 万円の特別控除と 7．の 5,000 万円の特別控除の両方を受けられるだろうか？　答えは×だ。7．の 5,000 万円の特別控除を受けたら、4．の 3,000 万円の特別控除を重ねて受けることはできない。

8．優良住宅地のために土地を譲渡した場合（5年超）の軽減税率

譲渡した年の 1 月 1 日における所有期間が 5 年を超える土地（建物は含まれない）を、優良住宅地の造成等のために国や地方公共団体に譲渡した場合の譲渡所得の税率は、

譲渡所得金額のうち┬ 2,000 万円以下の部分　➡　10%
　　　　　　　　　　└ 2,000 万円を超える部分　➡　15%

9. 適用関係のまとめ

重ねて適用を受けることができるか？

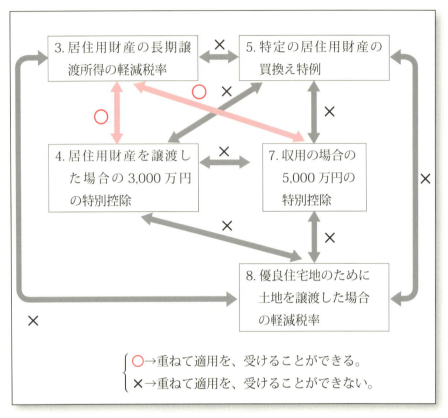

{ ○→重ねて適用を、受けることができる。
  ×→重ねて適用を、受けることができない。

受験テクニック

○（重ねて適用OK）の方が圧倒的に少ない。だから、まず、○の2つをしっかり覚える。そして、その2つ以外は×だ、と覚えておけばOK。

第4節　登録免許税（国税）

1．納税義務者等

（1）　登録免許税は、権利登記を受ける者に課される税だ。だから、原則として表示登記には課税されない。

（2）　さて、権利登記の例として、Aの土地をBが買い、AからBへの所有権移転登記を申請する場合、納税義務者は誰か？　答えは、ABが連帯して納税義務を負う。Bだけが納税義務を負うのではない点に注意！

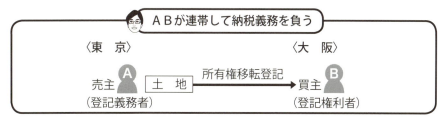

（3）　では、ABは、いつまでに登録免許税を納付しなければならないか？　答えは、登記を受ける時までに納付しなければならない。

（4）　では、納税地はどこか？　答えは、土地建物の所在地を管轄する登記所の所在地だ。納税義務者の住所地ではない（住所地だとすると、上のAの住所が東京でBが大阪なら、どちらが納税地か分からなくなる）。

第4編 その他の分野

2. 税 額 等

課税標準×税率＝税額

　これが他の税金同様、登録免許税額の算式だ。大事なのは次の6点だ。

1　課税標準は、実際の取引価格ではなく、固定資産課税台帳の登録価格をもとに算出された額だ。その額が1,000円未満の場合には、課税標準は1,000円とされる。

2　上の算式で算出された税額が1,000円未満の場合には、税額は1,000円となる。

3　ところで、地上権の設定されている土地については、地上権が**設定されていない**ものとした場合の価額が課税標準とされる（つまり、地上権の価額を控除しない）。

4　そのかわり、地上権の登記名義人がその土地の所有権を取得した場合には、所有権移転登記の税率が通常の $\frac{1}{2}$ になる（つまり、前に納めた地上権の登録免許税の分を負けてもらえる、ということだ）。

5　登録免許税は、 原 則 として現金で納付する。 例 外 として、税額が3万円以下の場合には、収入印紙で納付**してもよい**。

```
━━━━━━━━━ 念のためのまとめ ━━━━━━━━━
  ⎰ 3万円以下の登録免許税　➡　現金または収入印紙
  ⎱ 登記事項証明書の交付手数料　➡　収入印紙
```

6　登録免許税は、登記を受ける時までに納付しなければならないが、まれに、登記後に税額の不足が判明することがある。その場合には、不足額が**追徴**される。

　例 題　登録免許税額が3万円以下の場合にも、**現金納付**が認められる。

　解 答　3万円以下の場合には、印紙納付を**することもできる**が、現金納付でも、もちろんかまわない。よって正しい。

第6章 税 法

3．住宅用家屋の税率軽減措置

（1）住宅用家屋について、

1 所有権保存登記

2 所有権移転登記 注意！

3 抵当権設定登記（被担保債権はその家屋の取得資金に限る）

をする場合には、次の（2）の要件を満たすと税率が通常の場合より低くなる（税率自体は出ないから書かない）。

注意！ 売買・競落による取得に限る（贈与・交換の場合は税率は低くならない）。

（2）税率が低くなるための要件

① 中古の家屋でもよいか？

	新 築	中 古
1 所有権**保存**登記	○	×
2 所有権**移転**登記	○	○
3 **抵当権**設定登記	○	○

注意！ 1つだけ×になるのがポイント

② 家屋の床面積は？

1〜3いずれも ➡ 50㎡以上に限る。

③ いつまでに登記をすればよいか？

1〜3いずれも ➡ 新築または取得後1年以内に登記をする場合に限って税率を低くしてもらえる。1年を過ぎてから登記すると、通常の税率になってしまう。

519

第4編 その他の分野

（3）その他の注意

1. この税率軽減措置は、所得がどんなに高い人でも受けられる（**所得制限なし**）。この点、住宅ローン減税（➡512頁の6.）と異なる。

2. この税率軽減措置は、①**個人**が、②**自分で住むため**の家屋にしか適用されない。だから、①**法人**には適用されないし、②**他人に貸すため**の家屋には適用されない。

3. この税率軽減措置は、**住宅金融支援機構**の支援金融機関からの融資を受けている家屋にも適用される。

4. この税率軽減措置は、住宅用の**家屋**についてだけのものであり、住宅用の土地には適用されない。

5. この税率軽減措置は、要件を満たせば、何回でも受けられる。

例　題　住宅用家屋の所有権の移転登記に係る登録免許税の税率の軽減措置は、登記の対象となる住宅用の家屋の取得原因を限定しており、**交換**を原因として取得した住宅用の家屋について受ける所有権の移転登記には適用されない。（H30-23-2）

解　答　この税率軽減措置は、**売買・競落**の場合に限り、適用される。交換や贈与の場合は適用されない。よって正しい。

第5節　印紙税（国税）

1．課税文書

　印紙税とは、一定の契約書等の文書（課税文書）を作成した場合に課される国税だ。二人以上の者が共同して課税文書を作成した場合には、**連帯**して納税義務を負う。

　では、課税文書に当たるものは何か？　沢山あって書き切れないが、試験に出るポイントは次のとおりだ。

520

（1） 土地建物の譲渡契約書

契約書に記載された契約金額によって税額が定まる。

例 100㎡の土地を、1㎡当たり20万円で売買する旨が記載されていれば、契約金額は2,000万円（その場合の税額は知らなくていい）。

（2） 土地の賃貸借契約書

1 契約書に記載された**権利金**の額によって税額が定まる（賃料額は税額算定の基準とは**ならない**点が出る）。

2 「土地」の賃貸借契約書は課税文書だが、「建物」の賃貸借契約書は課税文書ではない。

$\left\{\begin{array}{l}\textbf{土地}の賃貸借契約書 ➡ 課税文書\\\textbf{建物}の賃貸借契約書 ➡ 非課税文書\end{array}\right.$

（3）（1）・（2）の契約金額を変更する契約書

$\left\{\begin{array}{l}\textbf{増額}変更の場合 ➡ 増加額を記載金額として税額が定まる。\\\textbf{減額}変更の場合 ➡ 記載金額はないものとされ、税額は一律200円\end{array}\right.$
となる。

（4）（1）・（2）の予約契約書、仮契約書

本契約書とは別に、予約契約書、仮契約書にも**課税**される。

2．非課税文書

（1） 建物の賃貸借契約書

1．の（2）2 で勉強済み。

（2） 国、地方公共団体が作成する文書

国等と私人との間で契約が締結された場合、私人の側が保存する契約書は、国等が作成した文書とみなされ、**非課税**文書とされる。これに対して、国等の側が保存する文書は私人が作成した文書とみなされ、**課税**文書とされる。

第4編 その他の分野

3．納付方法

印紙税は、契約書等の課税文書に収入印紙をはり付け、消印して納付する。しかし、時には、誤って過大な額の収入印紙をはり付けて消印してしまうこともあろう。そういう場合には、超過額の**還付**を受けられることになっているから安心だ。

注意！　代理人や従業員が、自分の印章（ハンコのこと）・署名で消印してもＯＫ。

....

例　題　建物の賃貸借契約書には、印紙税は課されない。

解　答　建物の賃貸借契約書は、**非課税**文書だ。よって正しい。これに対して、土地の賃貸借契約書は課税文書だから念のため。

....

4．領収書（受取書のこと）

1 宅地建物取引業者などのプロが作成した領収書　**➜**　**５万円以上**の場合は**課税**文書

2 シロートが作成した領収書　**➜**　**非課税**文書

注意！　プロが作成した領収書のことを営業に関する領収書といい、シロートが作成した領収書のことを営業に関しない領収書という。

5．記載金額

売買契約書の記載金額は、売買代金だが、注意してほしいのは、交換契約書と贈与契約書の記載金額だ。

1 交換契約書　**➜**　交換金額 注1

2 贈与契約書　**➜**　**記載金額のない**契約書となる。

注1　双方の物件の金額が記載されている場合は、**高い方**の金額が記載金額となる。また、交換差金だけが記載されている場合は、交換差金が記載金額となる。

注2　1消費税額が区分記載されている場合、または、2税込価格と税抜価格が記載されていることにより、消費税額が明らかとなる場合には、消費税額は記載金額に含めない。

522

第6章　税　　法

6．ペナルティー（過怠税）

1. 収入印紙をはり付けなかった場合　➡　納付しなかった印紙税額＋その2倍（要するに**3倍**）の過怠税が徴収される。 注意！

2. 収入印紙をはり付けたが消印をしなかった場合　➡　消印をしていない印紙の**額面に相当する金額**の過怠税が徴収される。

注意！　自ら、印紙税を納付していない旨の申出をした場合は、1.1倍の過怠税で許してもらえる。

第6節　　その他の税

1．相続税（国税）

（1）相続税とは？

相続税は、死亡した人の財産を、

1. 相　　　続
2. 遺　　　贈
3. 死因贈与

によって取得した者に課される国税だ。税額を計算する問題までは出題されないが、参考までに算式を示すと、

{ Ⓐ**遺産総額** －（債務額＋葬式費用）} － Ⓑ**基礎控除** ＝ 課税遺産総額

こうして出てきた課税遺産総額を、法定相続分で分けてから税率を掛けて税の総額を算出する。

（2）遺産総額・基礎控除

ポイントは、上の算式のⒶⒷについての次の点だ。

Ⓐ　遺産総額

相続開始前**3年以内**に、相続人（受遺者等を含む）が被相続人から贈

523

第4編 その他の分野

与を受けた財産があれば、その財産は遺産総額に含めて計算する。

Ⓑ　**基礎控除**

　基礎控除＝ 3,000 万円＋（600 万円×法定相続人の数）

　この額を基礎控除として、差し引いて計算する。

> **例　題**　相続開始前 3 年以内に被相続人が贈与した財産は、贈与を受けた者が相続（遺贈、死因贈与を含む）によって他の財産を取得した場合に限って、遺産総額に加算される。

> **解　答**　贈与された財産が遺産総額に加算されるのは、贈与を受けた者が相続人（受遺者等を含む）となる場合に限られる。よって正しい。

2. 贈与税（国税）

　贈与税は、贈与を受けた（タダで財産をもらった）人に課される国税だ。贈与税が課されるのは、個人が個人から贈与を受けた場合に限られる。つまり、

贈与する側	贈与される側	何税か？
個　　人	**個　　人**	**贈　与　税**
法　　人	個　　人	所　得　税
個　　人	法　　人	法　人　税
法　　人	法　　人	法　人　税

＜住宅取得等資金の贈与を受けた場合の相続時精算課税制度の特例＞

　Aは住宅を購入しようとしたが、お金が足りない。そこで、親から住宅資金を援助してもらった。しかし、親から援助してもらったお金に莫大な贈与税がかかったら、Aは、結局住宅を買うことができなくなってしまう。これでは意味がない。

　そこで、親から住宅資金として贈与を受けた場合は、**2,500 万円**までは、

とりあえず、税金を納めなくて OK、ということになっている（2,500 万円を超える部分については 20％の贈与税を納めれば OK）。これで、A はめでたく住宅を購入することができるというわけだ。そして、A の親が死んだときに、相続税で精算する（贈与を受けた財産と相続財産を合わせた金額に対して税金がかかる）という制度が、住宅取得等資金の贈与を受けた場合の相続時精算課税制度だ。

さて、この制度の特例を受けるための主な要件は、

父母・祖父母(贈与者)の年齢	何歳でも OK
子・孫(受贈者)の年齢	**18 歳以上**
取 得 す る 住 宅	① 床面積が 40 ㎡以上で、かつ、床面積の 2 分の 1 以上が自己の居住用であること ② 築 20 年(耐火建築物の場合は築 25 年)以内であること 注1
非 課 税 枠	**2,500 万円**までは非課税 （2,500 万円を超える部分については 20％）

注1　耐震基準等に適合していれば、築 20 年（耐火建築物の場合は築 25 年）を超えていても OK。

注2　増改築の場合でも、工事費用が 100 万円以上である等一定の要件を満たせば、この特例を受けることができる。

第 4 編　その他の分野

第六章　税　　法

さくいん

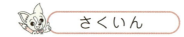

||||あ||||
悪意	17
案内所	293

||||い||||
遺言	77
遺産分割	76
遺産分割協議	76
意思表示	19
意思無能力者	35
慰謝料請求権	266
いすわり更新	227
遺贈	79
一括競売	149
一身専属権	266
一般媒介契約	332
委任	259
威迫	325
遺留分	81
遺留分減殺請求権	82
印紙税	520

||||う||||
請負	260
内金	175
埋立地	501

||||え||||
営業保証金	307
営業保証金の還付	312
営業保証金の取戻し	315
MBS	486
援用	257

||||か||||
海岸法	481
解除	167
解除条件	169
解除するのもされるのも、みんな一緒にやりなさい	170
解除は片道切符	170
買取請求制度	465
開発許可	411
開発区域	420
開発行為	412
開発審査会	416
確定日付のある証書	100
確認判決	112
貸付債権の証券化	486
課税標準	504
課税文書	520
河川法	481
合筆登記	103
割賦販売契約の解除の制限	370
合併登記	104
仮換地	476
仮登記	119
監視区域	464
干拓地	501
換地	476
換地処分	479
換地処分公告	476、479
鑑定評価	494
監督処分	384
還付充当金	321
管理組合	135

||||き||||
危険負担	90
基準日	491
規制区域	464
規約共用部分	126
急傾斜地の崩壊による災害の防止に関する法律	482
求償	152
給付判決	112
丘陵地	501
業	275
供託所の説明	381
強迫	20
業務処理	306
業務停止処分	385
共有	121
共用部分	126
虚偽表示	26

526

さくいん

切土〜467	公共施設〜419
銀行支援業務〜486	工業専用地域〜403
金銭債務〜166	工業地域〜403
近隣商業地域〜403	公示価格〜490

||||く||||

クーリング・オフ〜351	工事完了公告〜417
区域区分〜399	工事完了検査〜454
管柱〜501	公示区域〜491
区分所有法〜124	工事施行者〜468
グリコのおまけシリーズ①〜126	控除〜505
グリコのおまけシリーズ②〜127	公証人〜79
グリコのおまけシリーズ③〜156	公証役場〜79
グリコのおまけシリーズ④〜199	公序良俗〜35
グリコのおまけシリーズ⑤〜218	更新拒絶通知〜244
グリコのおまけシリーズ⑥〜264	公信力〜96

||||け||||

	公正証書遺言〜78
景観地区〜405	構造計算〜454
契約不適合担保責任の特約の制限〜368	高層住居誘導地区〜405
契約不適合の場合の売主の担保責任〜178	口頭の提供〜175
欠格〜71	高度地区〜405
原価法〜494	高度利用地区〜405
現行法〜223	合筆登記〜103
堅固な建物〜225	抗弁権〜196
検索の抗弁権〜196	国土利用計画法〜458
検査済証〜454	誇大広告の禁止〜327
現実の提供〜175	固定金利〜485
原状回復義務〜172	固定資産税〜508

||||さ||||

建築確認〜451	災害○○建築物〜488
建築協定〜455	災害予防代替建築物〜488
建築主事〜422	債権者代位権〜266
限定承認〜73	債権譲渡〜98
検認〜79	債権なければ担保なし〜157、199
建蔽率〜432	催告権〜12
顕名〜38	催告の抗弁権〜196
権利移動〜471	財産上の給付〜228
権利能力〜35	採草放牧地〜471
権利部〜104	再調達原価〜494

||||こ||||

	裁判所に泣きつけ・その①〜233
	裁判所に泣きつけ・その②〜239
行為〜4	債務不履行〜160
合意解除〜177,220	坂登兄弟〜8
合意更新〜226	坂登一郎〜8
更改〜190	

さくいん

坂登二郎	48
坂登三郎	57
坂登四郎	172
坂登五郎	258
詐欺	19
錯誤	24
砂礫質	500
37条書面	382

||||し||||

死因贈与	77
市街化区域	398
市街化調整区域	398
市街地開発事業	400
敷金	212
敷地権	139
敷地利用権	127
事業用定期借地権	241
施行	223
時効	55
時効の更新	66
自己契約	41
自己借地権	240
自己発見取引	332
指示処分	384、385、386
地すべり等防止法	482
自然公園法	481
自然堤防	500
質権	88
市町村マスタープラン	402
指定確認検査機関	451
指定流通機構	334
支店	277
自筆証書遺言	78
事務所	290
借地権	223
借地権の存続期間	224
借地権の対抗力	210
借地借家法	221
斜線制限	446
受遺者	77
収益価格	494
収益還元法	494

集会	129
重過失	25
従業者証明書	305
従業者の教育	331
従業者名簿	292
従前の宅地	476
住宅瑕疵担保履行法	390
住宅金融支援機構	485
住宅金融支援機構債券	486
住宅融資保険	489
住宅ローン減税	514
集団規定	422
重要事項説明書	372
重要事項説明書の記載事項	375
集落地域整備法	481
終了通知	246
取得時効	55
守秘義務	324
承役地	263
償還請求	152
商業専用地区	404
商業地域	403
証券化支援業務	486
使用者責任	265
使用貸借	268
譲渡所得	510
承認	68
消滅時効	63
所得税	510
所有権保存登記	107
所有権留保の制限	371
準工業地域	403
準住居地域	403
準耐火建築物	428
準都市計画区域	398
準防火地域	428
事理を弁識する能力	9
親権者	6
信託受益権	375
信用失墜行為の禁止	306
心裡留保	31
森林法	482

さくいん

す

随伴性	199
すみ柱	501

せ

請求	67
請求更新	227
制限行為能力者	4
清算金	480
生産緑地法	481
正常価格	492
正当事由	227
成年後見人	9
成年被後見人	8
政令で定める使用人	289
施行	223
接道義務	427
善意	17
扇状地	500
善処義務	260
専属専任媒介契約	332
専任媒介契約	332
線引き	399
占有	56
専有部分	125
先履行義務	260

そ

相殺	256
相殺適状	257
造作買取請求権	250
造成宅地防災区域	470
造成主	468
相続	69
相続欠格	71
相続時精算課税制度	524
相続税	523
相続人	69
相続の承認と放棄	73
相続分	69
相当と認める額の地代	232
相当と認める額の借賃	245
双方代理	41
贈与税	524

措置命令	498
損害賠償	164
損傷	143

た

第一種住居地域	403
第一種中高層住居専用地域	403
第一種低層住居専用地域	403
耐火建築物	428
代価弁済	153
大規模建築物	452
第三債務者	266
第三取得者	151
代襲相続	71
台地	501
大都市地域における住宅及び住宅地の 供給の促進に関する特別措置法	482
第二種住居地域	403
第二種中高層住居専用地域	403
第二種低層住居専用地域	403
代物弁済	256
代理	36
代理契約書	335
高さ制限	442
諾成契約	88
宅地	272
宅地造成	467
宅地造成工事規制区域	466
宅地造成等規制法	466
宅地建物取引士	291
宅地建物取引士証	304
建替え更新	230
建物	273
建物買取請求権・その①	233
建物買取請求権・その②	238
建物譲渡特約付借地権	241
建物賃借権の対抗力	211
建物の明渡猶予期間	150
短期譲渡所得	511
単純承認	73
単体規定	422、449
団体信用生命保険	489
断定的判断	325

529

さくいん

担保権 …………………………105

||||ち||||

地役権 …………………………263
地区計画 ………………………409
地区整備計画 …………………409
地上権と賃借権の比較 …………89
中間金 …………………………175
注視区域 ………………………464
長期固定金利 …………………485
長期譲渡所得 …………………511
調停 ……………………………463
帳簿 ……………………………292
眺望地役権 ……………………263
聴聞 ……………………………288
直接融資 ………………………487
直系尊属 …………………………74
直系卑属 …………………………69
賃借権の譲渡・転貸 …………214
賃貸借 …………………………206

||||つ||||

追認 ………………………………7
追認権 ……………………………7
通行地役権 ……………………263
ツーバイフォー工法 …………501

||||て||||

定期借地権 ……………………241
定期建物賃貸借 ………………254
停止条件 …………………………80
提出 ……………………………305
抵当権 …………………………141
抵当権者 ………………………142
抵当権消滅請求 ………………152
抵当権設定者 …………………142
抵当権の順位 …………………145
手付 ……………………………174
手付金等保全措置 ……………360
手付貸与の禁止 ………………326
電子情報処理組織 ……………114
転貸 ……………………………214
天然果実 ………………………144
転用 ……………………………471
転用目的権利移動 ……………471

||||と||||

同意権 ……………………………7
当該 ……………………………104
登記義務者 ……………………111
登記記録 ………………………101
登記権利者 ……………………111
登記識別情報 …………………115
登記事項証明書 ………………109
同時履行 ………………………260
道路 ……………………………426
登録価格 ………………………504
登録消除処分 …………………387
登録の移転 ……………………302
登録免許税 ……………………517
道路法 …………………………481
通し柱 …………………………501
特殊建築物 ……………………452
特定街区 ………………………404
特定行政庁 ……………………422
特定承継人 ……………………130
特定用途制限地域 ……………404
特別縁故者 ………………………81
特別弁済業務保証金分担金 …322
特別用途地区 …………………404
特例容積率 ……………………440
特例容積率適用地区 …………440
都市計画区域 …………………397
都市計画区域の整備・開発・保全の方針 …401
都市計画区域マスタープラン …401
都市計画事業 …………………408
都市計画施設 …………………408
都道府県都市計画審議会 ……401
都市施設 ………………………406
都市緑地法 ……………………482
土地鑑定委員会 ………………491
土地区画整理法 ………………475
取消し ……………………………4
取消権 ……………………………6
取引 ……………………………273
取引事例比較法 ………………494
取引態様明示義務 ……………328

530

さくいん

な

内容証明郵便 ······ 98

に

二重譲渡 ······ 91
日影規制 ······ 442

ね

根抵当権 ······ 158

の

農地 ······ 471
農地法 ······ 471
納付税額 ······ 504

は

媒介 ······ 273
媒介契約 ······ 332
媒介契約書 ······ 335
配偶者 ······ 69
廃除 ······ 71
背信的悪意者 ······ 91
背信的行為 ······ 215
破産管財人 ······ 283
罰則 ······ 387
判例 ······ 50

ひ

非課税文書 ······ 521
非堅固な建物 ······ 225
比準価格 ······ 494
非線引区域 ······ 399
被相続人 ······ 69
必要費 ······ 207
被保佐人 ······ 10
被補助人 ······ 18
表見代理 ······ 53
標識 ······ 290
表示に関する登記 ······ 102
標準税率 ······ 504
標準地 ······ 491
表題登記 ······ 103
表題部 ······ 102
表題部所有者 ······ 106

ふ

風致地区 ······ 405
夫婦間の契約取消権 ······ 266

不可分性 ······ 156
復代理人 ······ 44
付従性 ······ 157、199
負担部分 ······ 187
物権と債権 ······ 88
物権の変動 ······ 87
物権変動の対抗要件 ······ 91
物上代位性 ······ 154
物上保証人 ······ 157
不当景品類及び不当表示防止法 ······ 496
不動産取得税 ······ 503
不動産賃借権の対抗力 ······ 210
不燃材料 ······ 431
不法行為 ······ 264
不法行為者 ······ 95
不法占拠者 ······ 95
文化財保護法 ······ 481
文教地区 ······ 404
分割登記 ······ 104
分筆登記 ······ 103
分別の利益 ······ 203

へ

壁面の位置の制限 ······ 410、416、432、441
変更行為 ······ 121
弁済 ······ 255
弁済業務保証金 ······ 317
弁済業務保証金準備金 ······ 322
弁済業務保証金分担金 ······ 317
弁済業務保証金の取戻し ······ 323
弁済資力 ······ 202
変動金利 ······ 485
返納 ······ 304
弁明の機会を付与 ······ 470、498

ほ

妨害排除請求権 ······ 267
防火地域 ······ 428
包括承継人 ······ 129
放棄 ······ 73
報酬額の掲示 ······ 292
報酬額の制限 ······ 339
法定共用部分 ······ 126
法定代理人 ······ 6

531

さくいん

法定地上権…………………147
法定追認……………………15
法律行為……………………4
保管替え…………………311
保佐人………………………11
保証協会…………………317
保証債務…………………194
補助的地域地区…………404
補助人………………………18
保存行為…………………121
保留地……………………477
本店………………………277

||||ま||||

マスタープラン…………401
丸太組構法………………502

||||み||||

自ら売主の8つの制限……350
未成年後見人………………6
未成年者……………………5
3つの親切その(1)………320
3つの親切その(2)………321
3つの親切その(3)………323

||||む||||

無権代理……………………47
無効…………………………4
無効と取消しの違い………4

||||め||||

免許………………………277
免許換え…………………279
免許取消処分……………386
免許の条件………………279
免税点………………507、509

||||も||||

持分………………………121
盛土………………………467

||||や||||

役員………………………288

||||ゆ||||

有益費……………………208

||||よ||||

用益権……………………105
要役地……………………263

容積率……………………436
容積率の緩和……………440
用途規制…………………423
用途地域…………………403
用途変更…………………452
要物契約……………………88

||||り||||

履行遅滞…………………160
履行不能…………………160
利用行為…………………121
流通業務市街地の整備に関する法律………482
両区域外…………………398
両罰規定…………………387

||||れ||||

連帯債務…………………187
連帯保証…………………204

宅建学院

広大無辺な**宅建士試験の全分野**を「らくらく宅建塾」・「マンガ宅建塾」・「まる覚え宅建塾」・「○×マンガ宅建塾」にまとめ上げただけでなく、問題集「過去問宅建塾（3分冊）」・「ズバ予想宅建塾」を出版。**ミリオンセラー**となったこれらの本を縦横無尽に駆使して、宅建の「た」の字も知らない初心者を合格させている。さらに、宅建士受験BOOK「ズバ予想宅建塾・直前模試編」、宅建塾DVD「宅建士革命」まで出版。**2年連続で全国最年少合格者を輩出**した宅建学院の通信宅建超完璧講座は、一般教育訓練給付制度厚生労働大臣指定講座とされている。

主　著	「らくらく宅建塾」	最高傑作	2年連続で全国最年少合格者を生み出した **宅建 超 完璧 講座** 一般教育訓練給付制度厚生労働大臣指定講座 指定番号 110190020019
	「マンガ宅建塾」「まる覚え宅建塾」 「○×マンガ宅建塾」「過去問宅建塾」 「ズバ予想宅建塾」		
		DVD	「宅建士革命」

本書に関する正誤のお問合せは、お手数ですが文書（郵便、FAX）にて、小社までご送付ください。また電話でのお問合せ及び本書の記載の範囲を超えるご質問にはお答えしかねます。
なお、追録（法令改正）、正誤表などの情報に関しましては、小社ホームページをご覧ください。
https://www.takkengakuin.com/

2022年版　らくらく宅建塾

2017年　3月　7日　初版発行	
2017年12月20日　改訂第2版発行	
2018年12月17日　改訂第3版発行	©2021
2020年　1月　8日　改訂第4版発行	著　者　宅　建　学　院
2020年12月15日　改訂第5版発行	発行人　小　林　信　行
2021年12月10日　改訂第6版発行	印刷所　株式会社太洋社
	発行所　**宅 建 学 院**

〒359-1111　埼玉県所沢市緑町 2-7-11　アーガスヒルズ50　5F
☎ 04-2939-0335　FAX04-2924-5940
https://www.takkengakuin.com/

乱丁・落丁はお取り替えいたします。

ISBN978-4-909084-55-2

「宅地建物取引士」資格受験の専門講座

宅建学院 通信講座

独学では不安、一からやるなら！！

宅建超完璧講座

教育訓練給付制度が受けられます！

受講料 **115,500** 円（税込）

テキスト「らくらく宅建塾」別売 3,300 円（税込）

宅建超完璧講座は、宅建講座のフルコース！
宅建学院の名実ともに No.1 の講座です。

2年連続で全国最年少合格者を輩出しました！

無理なくラクに始められます!!

1. お申込みいただいた日から起算して宅建試験本番までの最適なスケジュールを組みます。
2. 受講生の皆様は、スケジュールに沿って効率よく学習を進めることができます。
3. そして模擬試験を定期的に受験していただき、添削指導という形で管理いたします。

★安心の質問専用ホットライン!!

受講中にわからないことがあれば、何度でも質問できます。疑問点をどんどんぶつけて解決して下さい。

一般教育訓練給付制度（ご注意）

●ハローワークから貴方に教育訓練給付金が支給されるのは受講修了後のことです。受講申込時にはまずご自身の負担で**受講料全額**をお支払い頂きます。
●貴方に受給資格があるかどうかは、お近くのハローワークにお問い合わせ下さい。受給資格がないのにあると誤解して受講されても、受講料を**返金**することはできません。
●教育訓練給付金の支給申請は、受講修了後**1カ月以内**にしなければ受給できなくなります。

教育訓練給付制度厚生労働大臣指定講座については、全単位の受講を**修了**して通信添削の合計得点が全配点の**6割**以上であった方に限り、ハローワークから受講料の**20%**（上限10万円）の教育訓練給付金が支給されます。ただし、次の条件を満たすことが必要です。

■ 過去に教育訓練給付金を受給したことが**ない**方は、
1年を超えるブランクなく通算**1年**以上雇用保険の一般被保険者であること（離職後1年以内までは大丈夫です）。

■ 過去に教育訓練給付金を受給したことが**ある**方は、
その受給対象講座の受講開始日以降に1年を超えるブランクなく通算**3年**以上雇用保険の一般被保険者であること（離職後1年以内までは大丈夫です）。

※よく分からないことがありましたら、ご遠慮なさらずにどんなことでもお尋ね下さいませ！！

苦労せずにらくらく一発合格を目指すなら
合格メソッドがギュ、ギューッと詰まった通信講座で!

一般教育訓練給付制度厚生労働大臣指定講座　指定番号110190020019

4 Stepで一発合格を目指す!

まずはこれ!DVD本講義+問題演習
合格に必要なエッセンスをDVDで楽しくらくらくインプット!宅建の内容を大きく4つの分野に分けて学習していきます。全過程が終了する頃には、いつの間にか自分で考えて答えが出せるアタマに!

次は単元毎の確認テスト!!分野別模試+解説DVD
本講義DVDの達成度の確認として、この分野別模試を解きます。各分野につき模試が一回で全4回となります。また、詳しい解説DVD付きですので、重要なポイントをしっかりとフォローできます。

各分野をまとめて復習!!
総まとめDVD+問題演習
DVD講義で総復習!!
これで分野ごとの学習はもう卒業です。

本番形式で問題演習!!公開模試+解説DVD
最後の最後はやっぱり総合問題!本番と同じ形式で、全6回の模試を解きます。本番で出題可能性の高い問題を宅建学院が本気で予想し作成する最高の演習問題です!

あとは本試験を受けるだけ!

宅建超完璧講座の詳細・お申し込みはコチラから

宅建学院　　検索　https://www.takkengakuin.com/

※ 類似の学校名にご注意ください。

■返品について

●A 交換
商品に破損があった場合には、ご返送頂けば、お客様のご希望により破損のない新品と無料で交換致します。この場合のご返送の送料は、当社が負担致します。ただし、お客様の故意または過失によって商品に破損を生じた場合には、無料での交換はできません。

●B 返金
商品に破損があった場合には、ご返送頂けば、お客様のご希望により代金をご返金することもできます。この場合のご返送の送料も、当社が負担致します。ただし、当社の故意または過失によらずに商品に破損を生じた場合には、代金をご返金することはできません。この場合には、Aの交換だけが対象になります。

「宅地建物取引士」資格受験の専門講座

Takken Gakuin 宅建学院 通信講座

レベルに合わせてムリなく選べる講座です!!

時間がないならこれ！
宅建完璧講座
受講料 103,400 円(税込)　テキスト「らくらく宅建塾」別売 3,300 円(税込)

講義だけでいいならこれ！
宅建準完璧講座
受講料 91,300 円(税込)　テキスト「らくらく宅建塾」別売 3,300 円(税込)

短期間で合格を目指す！
苦しい時の神頼みなら！
宅建総まとめ講座
受講料 29,700 円(税込)　テキスト「らくらく宅建塾」別売 3,300 円(税込)

本講義と総まとめ講義を音声にして、インターネット上で聴けます！電車の中など外出中に講義の復習ができます！倍速もできるので、まさにハイスピードに復習！

ハイスピード宅建講座
（オプション講座）

オプション講座のため単独販売はしておりません。

本講義と総まとめ講義の音声版なので、本講義と総まとめ講義を収録した講座のみのオプションとなります。

ご注意　ハイスピード宅建講座はweb上でのストリーミング配信のみとなります。宅建学院ホームページ（https://www.takkengakuin.com/）でお持ちのスマートフォン・タブレット端末・パソコンで再生できることを確認してからお申込みください。

究極の出題予想！
力試しに最適！(自宅受験)
宅建公開模擬試験
受講料 25,300 円(税込)

超完璧講座を
法人様向けにアレンジ！！
超完璧講座　法人様向け 複数名受講プラン
基本料金 160,000 円
および受講者1人あたり2万円(教材費)(税込)　テキスト「らくらく宅建塾」別売 3,300 円(税込)×人数分

DVDを見るだけ、テキストを使わない感動体験をどうぞ！！
宅建士革命
講義DVD 全3巻　11,880 円(税込)
各巻　3,960 円(税込)

宅建学院 通信講座のお申し込みは
TEL.04-2921-2020
FAX.04-2924-5940　〒359-1111 埼玉県所沢市緑町2-7-11 アーガスヒルズ50 5F

宅建学院　 検索
https://www.takkengakuin.com/

通信宅建 **完璧講座** [注意！] 教育訓練給付金は支給されません。

 時間がないなら→これ！！　　　☎ 質問専用ホットラインあり！！

超完璧講座から**総**まとめ講座の**7**単位を大胆に**カット**！！それ以外はすべて**超**完璧講座と同じ！！**超**完璧講座をスリム・アップしたのがこの**完璧**講座です。つまり、

🔑 キーポイント ▶ **超**完璧講座－**総**まとめ講座＝**完璧**講座

オプションの音声講座「ハイスピード宅建〔本講義音声版〕」も追加できます！

通信宅建 準完璧講座 [注意！] 教育訓練給付金は支給されません。

 講義だけでいいなら→これ！！　　　☎ 質問専用ホットラインあり！！

超完璧講座から総まとめ講座7単位をカットすると完璧講座になり→そこからさらに①分野別模擬試験全4回（計200問）と②公開模擬試験全6回（計300問）をカットすると→この**準**完璧講座になります。もはやこれ以上はカットできないギリギリの講義部分20単位だけの講座です。つまり、

🔑 キーポイント ▶ **超**完璧講座－**総**まとめ講座－分野別模試－公開模試＝**準**完璧講座

オプションの音声講座「ハイスピード宅建〔本講義音声版〕」も追加できます！

通信宅建 総まとめ講座 [注意！] 教育訓練給付金は支給されません。

 短期間で合格！！　　　☎ 質問専用ホットラインあり！！

権利関係、宅建業法、法令上の制限・税法・その他の全科目を総まとめ。

 お届けする教材群！！　　　この講座は宅建**超**完璧講座の単位 25 〜 31 と同一です。

講義DVD →　**超**裏ワザを伝授！！
小テスト全 7 回（計105問）・宿題全 7 回（計140問）→　**超**裏ワザ解説書付き！！

オプションの音声講座「ハイスピード宅建〔総まとめ講義音声版〕」も追加できます！

 通信宅建 **公開模擬試験**（自宅受験） [注意！] 教育訓練給付金は支給されません。

 究極の出題予想！！

これ以上あり得ない全身全霊をかけての究極の出題予想！！名人芸を通り越した芸術領域は、他校には絶対にマネできません！！

 お届けする教材群！！　　　この模試は宅建**超**完璧講座の単位 32 〜 37 と同一です。

全6回の問題　1回50問×6回＝全300問（解説書付き）
解説DVD →　**超**裏ワザを伝授！！

超 宅建超完璧講座	完 宅建完璧講座	準 宅建準完璧講座	総 宅建総まとめ講座	公 宅建公開模擬試験	単位	全タイトル一覧表!! 注意!! 宅建超完璧講座の全37単位から一部分をピックアップしたのが他の講座です。	問題 解説書付き		
							小テスト	宿題	模擬試験
超	完	準			1	権利関係（1）	10問	15問	
超	完	準			2	権利関係（2）	10問	15問	
超	完	準			3	権利関係（3）	10問	15問	—
超	完	準			4	権利関係（4）	10問	15問	
超	完	準			5	権利関係（5）	10問	15問	
超	完				6	**第1回模擬試験**（権利関係前半50問）	—		50問
超	完	準			7	権利関係（6）	10問	15問	
超	完	準			8	権利関係（7）	10問	15問	
超	完	準			9	権利関係（8）	10問	15問	—
超	完	準			10	権利関係（9）	10問	15問	
超	完	準			11	権利関係（10）	10問	15問	
超	完				12	**第2回模擬試験**（権利関係後半50問）	—		50問
超	完	準			13	宅建業法（1）	10問	15問	
超	完	準			14	宅建業法（2）	10問	15問	
超	完	準			15	宅建業法（3）	10問	15問	—
超	完	準			16	宅建業法（4）	10問	15問	
超	完	準			17	宅建業法（5）	10問	15問	
超	完				18	**第3回模擬試験**（宅建業法50問）	—		50問
超	完	準			19	法令上の制限（1）	10問	15問	
超	完	準			20	法令上の制限（2）	10問	15問	
超	完	準			21	法令上の制限（3）	10問	15問	—
超	完	準			22	法令上の制限（4）・その他	10問	15問	
超	完	準			23	税法・その他	10問	15問	
超	完				24	**第4回模擬試験**（法令上の制限・税法・その他50問）	—		50問
超			総		25	権利関係 総まとめ（1）	15問	20問	
超			総		26	権利関係 総まとめ（2）	15問	20問	
超			総		27	権利関係 総まとめ（3）	15問	20問	
超			総		28	宅建業法 総まとめ（1）	15問	20問	—
超			総		29	宅建業法 総まとめ（2）	15問	20問	
超			総		30	法令上の制限・税法・その他総まとめ（1）	15問	20問	
超			総		31	法令上の制限・税法・その他総まとめ（2）	15問	20問	
超	完			公	32	第1回公開模擬試験（総合50問）			50問
超	完			公	33	第2回公開模擬試験（総合50問）			50問
超	完			公	34	第3回公開模擬試験（総合50問）	—		50問
超	完			公	35	第4回公開模擬試験（総合50問）			50問
超	完			公	36	第5回公開模擬試験（総合50問）			50問
超	完			公	37	第6回公開模擬試験（総合50問）			50問

本試験　10月16日（日）

超・完・準 講座一覧表

	超完璧講座	完完璧講座	準完璧講座
DVD	本講義 20単位 総まとめ講義 7単位 模試解説 10単位 ▼ 全37単位	本講義 20単位 模試解説 10単位 ▼ 全30単位	本講義 20単位 ▼ 全20単位
問題 超裏ワザ 解説書付き!!	小テスト 27回(計305問) 宿題 27回(計440問) 分野別模試 4回(計200問) 公開模試 6回(計300問) ▼ 全1,245問	小テスト 20回(計200問) 宿題 20回(計300問) 分野別模試 4回(計200問) 公開模試 6回(計300問) ▼ 全1,000問	小テスト 20回(計200問) 宿題 20回(計300問) ▼ 全500問
通信添削指導	10回	なし	なし
キーポイント	何から何まで入って オールマイティー!!	超完璧講座 －総まとめ講義 ＝完璧講座	超完璧講座 －総まとめ講義 －分野別模試 －公開模試 ＝準完璧講座
インプット (完璧度)	🐱🐱🐱🐱	＞	🐱🐱🐱	＝	🐱🐱🐱
アウトプット (充実度)	🐱🐱🐱🐱	＞	🐱🐱🐱	＞	🐱🐱
受講料 (税込)	115,500円 この倍の価値はあります!!	103,400円 損させません!!	91,300円 大サービス特価!!
オプション ハイスピード宅建※ 本講義	＋15,400円	＋15,400円	＋15,400円
オプション ハイスピード宅建※ 総まとめ講義	＋9,350円	なし	なし
テキスト	「らくらく宅建塾」別売 3,300円(税込)		
質問は?	☎宅建学院講師室直通の質問専用ホットラインあり!!		

※オプション講座のため単独販売はしておりません。

宅建学院
https://www.takkengakuin.com/
類似の学校名にご注意ください。

宅建学院の
ホームページをご覧ください！

 情報も 公開！！

宅建学院が、2年連続で**全国最年少合格者**を
生み出した本当の理由、
知りたくありませんか？
答えは、『**限りなく楽しい受験勉強**』です。

楽しいと、**脳が活性化**して、
ドンドン身について、**ラク**に受かるんです。

貴方も、一生に一度、『**限りなく楽しい受験勉強**』
やってみませんか？

---

https://www.takkengakuin.com/

| 宅建学院 | 検索 |

類似の学校名にご注意ください。

研 企業研修 宅建企業研修

[注意！] 教育訓練給付金は支給されません。

新入社員や従業員の方々 ＋ 講義 →

宅建企業研修

企業様の新入社員や従業員の方々専属で研修を行います。オリジナルプランをきめ細かく相談できるので安心です。

Point 1　合格率が高い！

授業参加に責任感

会社として参加しているので、新入社員や従業員の方々は授業参加により責任感を持ちます。これによって独学で学習するよりも全体として高い合格率が望めます。

グループならではの一体感

受講生となるのは皆同じグループに属する方々ですので、授業空間に一体感が生まれます。また、競争精神も高まるので、独学にはできない学習環境が実現します。

Point 2　一社ごとにプランを作成

柔軟なスケジュール調整

休業日や就業時間等を考慮して、講義の回数や時間をオリジナルに設定します。

予算を抑えても内容は充実

予算内で講義を行い、自宅演習でカバーするようにプランを作成することで、必要な学習量を変えずに予算内で研修を行うこができます。

 例えばこんなプランも！

内定の決まった新入社員を対象に研修をしたい！		例えば7月頃に新入社員の方々の内定が出る場合などで、そこから10月の本試験までの3カ月で一気に合格に必要な内容を叩き込みます。時間を確保しやすいメリットを生かして短期勝負で合格させます。
既存の従業員の就業時間を確保しつつ研修したい！		すでにお勤めされている従業員の方々の場合は、多くの時間を一斉に確保するのは難しいです。そこで、就業時間後や休業日などに授業時間を設定するなどスケジュールを工夫して合格を目指します。

研修スタートまでの流れ

お問合せ
お電話にてお気軽にお問合せ下さい。

ヒアリング
予算や実施時期等をお伺いいたします。

プランご提案
ご納得いただけるまで何度でも最適なプランをご提案いたします。

研修スタート
スケジュールに沿って研修をスタートします。

企業のご担当者様、お気軽にお電話にてご相談ください。

お問合せは
TEL.04-2921-2020

| お申込みの手順 | 下記教材のご購入は、前払いが原則です。 |

① 郵便振替・銀行振込みの場合は、まず講座代金をお振込みの上、その払込票のコピーと
　この申込書（コピーで可）を必ず一緒にご郵送又は FAX してください。
② クレジットをご希望の方はチェック欄にチェックをし、本申込書をお送りください。
③ お申込先　〒359-1111　埼玉県所沢市緑町 2-7-11 アーガスヒルズ 50 5F　宅建学院
　　　　　　TEL. 04-2921-2020　FAX. 04-2924-5940

2022　宅建学院の通信講座申込書

	ご注文商品名	税込定価	申込数
超	宅建超完璧講座 一般教育訓練給付制度指定講座	115,500円	
完	宅建完璧講座	103,400円	
準	宅建準完璧講座	91,300円	
総	宅建総まとめ講座	29,700円	
公	宅建公開模擬試験	25,300円	
法	宅建超完璧講座【法人様向け複数名受講プラン】	16万円+(2万円X　　人)	
ハ本	ハイスピード宅建[本講義音声] （超・完・準オプション）単独販売はしておりません。	15,400円	
ハ総	ハイスピード宅建[総まとめ講義音声] （超・総オプション）単独販売はしておりません。	9,350円	
テキスト	らくらく宅建塾 書籍のみの単独販売はしておりません。	3,300円	
革	宅建士革命 第1巻・第2巻・第3巻	各巻 3,960円	第1巻 第2巻 第3巻 お問い合せ下さい。

※合計金額 をご記入下さい。 （送料はサービスいたします!!）	十万	万	千	百	十	円

ご注意　教育訓練給付金の支給は受講修了後ですから、受給資格がある方も申込時に受講料全額をお支払い下さい。

※お支払い方法	●□に✔をご記入下さい。●商品の発送は全額の入金確認後になります。	□郵便振替	00120-8-662860　宅建学院（タッケンガクイン）	払込票のコピーと、この申込書を必ずご郵送又はFAXして下さい。
		□銀行振込	三井住友銀行小手指支店（コテアシ）　普通　6438161　宅建学院（タッケンガクイン）	
		□クレジット	●宅建学院（04-2921-2020）までご連絡下さい。	

※お名前 （フリガナ）		歳	教育訓練給付	希望する □ 希望しない □

※ご住所　（〒　　　　　　　）

※お電話　　　（　　　　　　）

※ご送金日	20		年	月	日	eメールアドレス	

〈個人情報保護について〉利用目的—本申込書による個人情報は、次の目的に使用いたします。①お申込み品の発送　②商品開発上の参考　③当社商品のご案内の発送　第三者への提供—皆様からお寄せ頂きました情報は、当社以外の第三者への提供はいたしません。個人情報の取扱いの委託—当社は、信頼するに足ると判断した外部業者に、商品発送等の業務の一部を委託することがあります。個人情報の提供の任意性—本申込書のご記入は、みなさまの任意です。但し、※印の必須項目について記入されないと、商品等の送付ができない場合がございます。問い合せ—本申込書による個人情報については、宅建学院へお問い合せください。

らくらく宅建塾シリーズ

[お求めは、全国書店で]

宅建学院の本

苦労して受かりたい方にはおすすめしません。
ラクに受かりたい方だけどうぞ！

らくらく宅建塾
2色刷・A5判・定価本体 3,000円（+税）

- まったくの初心者も合格レベルに引き上げる日本一わかりやすいテキスト！覚えにくい所もゴロ合せや替え歌でらくらく征服。
- イラストで、適切にアドバイス。その他「標語」や「キーポイント」「よく出るポイント」なども掲載。楽しく効率よい学習ができる。
- イラスト・図表も豊富に使用、わかりやすさ抜群！

まる覚え宅建塾 ——— 2021年12月発売予定
2色刷・新書判・定価本体 1,700円（+税）

- これだけ覚えれば本試験もOK！
- 絞りに絞った重要ポイントの整理集。
- 合格のエキスをハンディな新書判に凝縮。

絶賛発売中！

マンガ宅建塾 ——————————————— (絶賛発売中)
2色刷・A5判・定価本体 2,400円（+税）

- わかりやすさ日本一の「宅建塾」がマンガに！
- 全科目の知識がマンガで楽しく身につくテキスト！4コママンガだから結論もすぐ！
- 身近な具体例をマンガにし、宅建士試験がまるごと学べる。
- 「らくらく宅建塾」と一緒に使えば効果バツグン！

【問題集】
○×マンガ宅建塾 2色刷・新書判・定価本体 1,700円（+税）

- マンガ宅建塾の問題集版、問題解説イラスト100％！ イラストで問題文までスッキリわかる。

過去問宅建塾[1]権利関係編 A5判・定価本体 1,800円（+税）——————— 2021年12月発売予定
過去問宅建塾[2]宅建業法編 A5判・定価本体 1,800円（+税）
過去問宅建塾[3]法令上の制限・その他の分野編 A5判・定価本体 1,800円（+税）

- 選び抜かれた過去問に、宅建学院流のわかりやすい解説で、過去問対策は万全！問題・解説見開き2頁。

ズバ予想宅建塾[分野別編必修問題集] A5判・定価本体 2,400円（+税）

- 学習しやすい項目別問題集。問題・解説見開き2頁の構成。受験テクニックも満載！

ズバ予想宅建塾[直前模試編] B5判・予価本体 1,500円（+税）

- 本試験形式の模擬試験問題3回分、150問を収録、宅建学院流のわかりやすい解説。その他、合格に必要な情報が盛りだくさん！

※定価等は変更になることもあります。予めご了承下さい。

〒359-1111 埼玉県所沢市緑町 2-7-11 アーガスヒルズ50 5F
☎04-2939-0335 FAX04-2924-5940 https://www.takkengakuin.com/

 MEMO

MEMO

 MEMO

宅建学院が創り、日本が育てた**らくらく宅建塾**シリーズ
宅建学院のホームページをご覧ください。　類似の学校名にご注意ください。
https://www.takkengakuin.com/

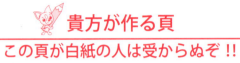

貴方が作る頁
この頁が白紙の人は受からぬぞ!!

- 模擬試験でよく間違えたポイント
- 本番前日に覚えるポイント
- 本番当日(10月16日)に確認するポイント